KB042326

유고(1884년 가을~1885년 가을)

니 체 전 집
KGW VII 3
18

유고(1884년 가을~1885년 가을)
Nachgelassene Fragmente Herbst 1884 bis Herbst 1885

김정현 옮김

책세상

일러두기

1. 이 책은 독일에서 출간된 《니체전집 *Nietzsche Werke, kritische Gesamtausgabe*》(Walter de Gruyter Verlag) 가운데 vol. VII 3에 있는 "Nachgelassene Fragmente Herbst 1884 bis Herbst 1885"를 번역했다.

2. 원서의 자간을 벌려 강조된 단어는 고딕체로, 굵게 강조된 단어는 굵은 글자로 표시했다.

3. 단행본과 잡지는 《 》로, 논문이나 단편, 시, 음악·미술 작품은 〈 〉로 표시됐다.

4. 그리스어와 라틴어의 번역문은 이탤릭체로 표시했다.

5. 그침표(:), 머무름표(;), 말바꿈표(—), 따옴표(" ") 등 대부분의 문장 부호의 사용은 원서를 그대로 따랐으며, 이해를 돕기 위해 옮긴이가 추가한 말은 { }로 표시했다.

6. 맞춤법과 외래어 표기는 1989년 3월 1일부터 시행된 〈한글 맞춤법 규정〉과 《문교부 편수자료》를 따랐다.

차례

〔28 = 시와 시 단편들. 1884년 가을〕

28〔1〕

창조하는 모든 자에게 봉헌하며.

분리될 수 없는 세계여
우리에게 상관하지 말라!
영원히 남성적인 것이
우리를 끌어들인다.

28〔2〕

모든 곱사등이의 등은 더욱더 굽어진다 —
모든 그리스도인은 유대인의 폭리를 취한다 —
프랑스인들은 깊어진다 —
독일인들은 매일 경박해진다!

28〔3〕

태양의 악의.

맑게 갠 하늘에,
이슬의 위로가 있다 해도
땅에는 낮게 샘솟아 오르고,

볼 수 없고, 들을 수 없어도 ― 부드러운 신을 신고 있기에
관대한 모든 사람처럼, 이슬의 위로는 ―
너 그것을 기억하는가, 기억하는가, 뜨거운 가슴이여,
언젠가 네가 갈증을 느꼈던 것처럼,
5 하늘의 이슬이 떨어지는 것을
그을린 채 피로에 젖어 갈증을 느끼며,
그러는 동안 부드러운 잔디밭 길에서
석양빛은 침묵하며
네 주위의 어두운 나무를 통과해 달려가는데,
10 악의에 찬 태양의 작열하는 빛이여,
그러나 그렇게 태양은 침묵하며 네게 물었지 :
너 바보여, 네가 쓰고 있는 것이 무엇인가
찢어진 가면인가?
신들의 가면인가? 너는 누구의 얼굴에서 그것을 찢어냈던가?
15 너는 부끄럽지 않은가, 신의 냄새를 맡으려고
갈망하며 인간 안에 있다는 것이?
얼마나 자주 그랬던 것인가!

진리를 축하하는 사람이라고? 그렇게 나는 신음했다 ―
20 아니다! 시인만이 있을 뿐이다!
가면을 갈구하며, 스스로 위장한다.
찢어진 가면 자체! 신들의 가면의 기만!

맑게 갠 하늘에,

10 유고(1884년 가을~1885년 가을)

초승달이 있다 해도
진홍빛 놀 사이에서 창백하게
질투하면서 기어간다
— 발걸음마다 은밀히
5 걸어놓은 장미 밭에서
그것이 가라앉을 때까지 베어내면
밤을 향해 창백히 가라앉는다
거기서 초승달은 더욱 붉어진다.

10 초승달은 더욱 붉어져
나쁜 행위를 부끄러워한다, — — —

28[4]
황야가 넓어진다 : 아, 누가 황야로 갔던가!
15 황야는 시체를 찾아 헤매는 굶주림이다.
샘과 야자나무가 여기에 둥지를 틀지언정 —
황야의 용 이빨은 씹고 또 씹는다
모래는 이빨 사이에 끼어 있고,
많이 처먹는 고통은
20 여기 턱뼈로 돌들을 가져오고
영원히 여기서 문질러 으깬다
턱뼈로 지치지도 않고 — — —
많이 먹는 굶주림은 여기 이빨 사이에서 잘게 부순다
황야의 용 이빨은 — — —

모래는 이빨이다, 용 이빨의 파종(破腫)이다
그것은 잘게 부수고 또 부순다 — 지치지 않고 부수어버린다 — —
—
모래는 자신의 아이를 씹는 어머니다
5   그 황야의 피부 속으로 날아다니는 비수(匕首)를 가진 — — —

28[5]
너 바늘의 고통이여, 너는 어디까지 나를 몰아댈 것인가?
이미 나는 하늘을 무너뜨렸다
10 새로운 하늘을 지닌 채로, 양념을 너무 많이 넣고
신들을 우러르며 — 승리에 차 너에게 머무른다!
너 바늘의 고통이여, 네게서 내 손은 짧아졌고
네게서 나는 생기에 찬 고양이 발을 마비시켰다
언젠가 내가 했던 것이 나를 부끄럽게 만들었다
15 — — —   매듭을   지며
— — —   길들였다
— — —   가죽
— — —   – 주목(朱木)에
— — —   적응시켰다
20 — — —   재빨리
— — —   몰아댄다

28[6]
가을 나무

12 유고(1884년 가을~1885년 가을)

무슨 일로 그대들 서툰 바보들이 나를 뒤흔든 것일까
내가 환희의 맹목에 빠져 있었을 때 :
두려움보다 더 잔인하게 나를 흔들어놓은 것은 없었다
— 나의 꿈, 내 황금 꿈은 사라져갔다!

5

코끼리의 코를 가진 그대 무소여
먼저 친절하지 말라 : 두드린다네! 두드린다고?
놀라서 나는 그대들에게 접시의 음식거리를 던졌다
황금빛으로 익은 과일을 — 머리를 향해.

10

28[7]
고대 그리스로 가는 새로운 길 위에서
나는 너에게서 독일인을 구원하는 법을 생각해냈다
지크프리트의 풍자적 모습인 너 파르지팔이여!

15

28[8]
멀리 천둥소리가 땅 위로 울리고
빗방울이 방울방울 떨어진다 :
너무 일찍 수다를 떨며, 융통성 없는 사람은,
20 더 이상 자신의 주둥이를 막지 못한다.
대낮은 악의적으로 나를 엿보고
내 등불을 꺼버린다!
오 좋은 밤이여! 오 고독이여!
오 책이여! 오 잉크통이여!

이제 내게는 모든 것이 음울하고 고통스럽게 된다

28[9]
이제, 대낮이다
5   대낮 때문에 피로해져서, 모든 동경(憧憬)의 시냇물은
새로운 위로 때문에 졸졸 소리를 내고,
또한 온 하늘도, 황금 거미줄에 걸려,
피로에 지친 모든 사람에게 말한다 : "이제 쉬어라", —
무엇 때문에 너는 쉬지 못하는가, 너 어두운 가슴이여,
10   무엇이 너로 하여금 다친 발로 도망가게 찔러대는가?

너는 누구를 기다리고 있는가?

너 절망하는 자여! 너 역시 알고 있는가, —
15   너를 바라보는
사람들에게 네가 얼마나 많은 용기를 주는지

아 네가 불평하듯이!   내 도피처는 어디에?
아 누구를 너는 즐겁게 하는가!
20   너는 여전히 감금된 자를 즐겁게 한다.
그러나 감옥은
동요하는 자에게 얼마나 안전한가!
범죄자의 영혼은
얼마나 조용히 잠자는가, 감금된 채 —

이제, 거기서 쥐가 산을 낳았다 —

너 창조적인 것은 어디에 있는가?

5 나를 따뜻하게 하라! 나를 사랑하라
뜨거운 손을 다오
내 얼음 때문에 놀라지 마라!
너무 오랫동안 유령처럼 빙하의 산에서 ———

10 이리저리 떠돌아다니면서, 소동을 일으키면서,
그 어떤 거울에도 나는 앉지 않았다 —
나는 먼지로 온갖 표면에 앉았다
<u>스스로</u>를 잃어버리고, 헌신하면서
마치 개처럼
15

적개심과 밤의 새가 가득한 움푹 들어간 곳, 동굴은
사방으로 노래 부르고 두려워하며,
고독해한다 — .

20 그대들 길의 안식자여! 나 이제 그대들이네!
그대들이 원하는 것은 인질의 몸값인가?
많은 것을 원하는가 — 내 자부심은 이렇게 추측한다.
짧게 말하라 — 내 또 다른 자부심은 이렇게 추측한다.

나는 조용히 누워 있다 ―
사지를 펴고,
사람들이 발을 녹여주고 있는 설죽은 사람처럼
― 딱정벌레는 나를 두려워한다
5

그대들은 나를 두려워하는가? 그대들은 팽팽한 활이 두렵지 않은
가?
아 누군가가 화살을 겨눌 수 있을 텐데 말이다

28[10]
이제 모든 것은 내게 여전히 부분이 된다
내 희망의 독수리는
순수하고 새로운 그리스를 발견했다
귀와 감각의 치료 ―
15

숨막히는 독일의 혼잡한 소리에서
모차르트와 로시니, 쇼팽{이 나왔고}
나는 그리스 땅을 바라보고
배는 독일의 오르페우스인 너의 방향을 바꾼다.
20 오 행운의 섬, 그리스 님프 놀이를 향해
남쪽 땅을 향해
배의 욕망을 돌리는 것을 주저하지 말라
어떤 배도 아직 더 좋은 목적을 발견하지 못했다 ―

이제 모든 것은 내게 여전히 부분이 된다
내 독수리가 지금까지 내게서 눈치 챘던 것 — :
많은 희망이 이미 잿빛으로 바래버린 것일까
— 네 소리가 화살처럼 나를 스친다
5   귀와 감각의 치료,
하늘에서 내게 녹아 내려온 것

나를 향해 녹아 내려온 소리

10   밖으로, 그리스 땅으로
가장 아름다운 뮤즈의 배를 돌린다

28〔11〕

아르투르 쇼펜하우어.

15

그가 가르친 것은 사라졌고,
그가 살았던 삶은 남게 된다 :
그를 바라보기만 하라!
그는 그 누구에게도 예속되지 않았다!

20

28〔12〕
1) 그대, 길을 인식하게 하는 사상들
   옛날엔 근면했지
   창조의 고통

2) 사랑을 찾아 — 언제나 가면을,
　　저주받은 가면을 찾아 부숴야만 한다!

28〔13〕
사랑이란 나와 동행하는 것을 말하는 것이니,
이것은 그리워했던 것을 말하는 것이다!

28〔14〕
양들.

독수리를 보라! 움직이지 않고 동경에 가득 차
그는 심연을 향해 응시한다,
언제나 더 깊은 심연과 싸우는
그곳에서, 자신의 심연을 향해!
갑자기, 직선으로 날아가며
날카롭게
그는 먹이를 향해 달려든다.
그대들은 이것이 배고픔이라고 믿는가?
내장의 빈곤함인가? —
사랑 역시 그것은 아니다
— 독수리에게 어린 양은 무엇인가!
그는 양들을 미워한다
그래서 나는
앞을 향해, 동경에 가득 차,

18　유고(1884년 가을~1885년 가을)

이 어린 양 떼를 향해 달려든다
갈기갈기 찢으면서, 피를 떨어뜨리면서,
안락한 것에 대한 경멸
양들의 어리석음에 대한 분노 ― ― ―
5

28〔15〕
― 부유함에 사로잡힌 죄수
그들의 생각은 무거운 사슬처럼 철그렁 소리를 낸다

10   28〔16〕
그들은 성스럽고 긴 권태로움
그리고 음력과 평일에 대한 욕망을 고안해냈다.

28〔17〕
15   짧게 말하라 : 나에게 충고하라
그렇지 않으면 그대는 내 정신의 자부심을 지치게 한다

28〔18〕
완고한 정신의 소유자, 예민하고 좀스럽다
20

28〔19〕
소같이 용기 있는 호의

28〔20〕

악한 자를 사랑하며.

그대들은 나를 두려워하는가?
5 그대들은 팽팽한 활을 두려워하는가?
아, 누군가가 화살을 겨눌 수 있을 텐데 말이다!

아, 나의 친구여?
사람들이 칭송한 것은 어디에 있는가!
10 모든 '선한 사람들'은 어디에 있는가!
이 모든 거짓의 순진함은 어디에, 어디에 있는가!

언젠가 인간을 바라보았던 사람들은
그렇게 신을 염소로 보았다
15

거짓말할 수 있는 시인은
알면서, 의도적으로
그는 진리만을 말할 수 있다

20 "인간은 사악하다"고
이렇게 여전히 모든 현자들은 말했다 ―
나에게 위로를 주며.

죄 있지만 – 건강하고 아름다운

20 유고(1884년 가을~1885년 가을)

얼룩점이 박힌 맹수처럼

고양이와 도둑처럼
야생에서 편안해하며,
5 창을 뛰어넘는 사람은

조용히, 움직이지 않고, 차갑고, 원만하게 만드는 것,
상징과 기둥이 되도록 만드는 것,
사원 앞에 서는 것
10 보도록 서는 것
             ― 덕인가 ― ?

28[21]
진리를 축하하는 자? 너는 그를 보았던가?
15 조용히, 움직이지 않고, 차갑고, 원만하게
상징이 되고, 기둥이 되어, 선 채로
사원 앞에서 ― 말하라,
누가 너를 굶주리게 하는가?
아니다, 너는 가면을 찾고
20 무지개 피부를 찾는다

창을 뛰어넘는 야생 고양이의 방자함은
온갖 우연의 야생 속으로 나간다!
아니다, 너는 네 꿀을 들이마시는

야생 숲을 필요로 한다.
죄 있지만 – 건강하고 아름다운
얼룩점이 박힌 맹수처럼

5   28〔22〕
                    세상에 지친 자들

우리의 오늘과 어제보다도
더 생각할 것이 많은 시대, 더 곱씹어 생각할 것이 많은 시대

10
여자 없이, 영양이 불량한 상태로
자신의 배꼽을 음미하듯 관찰하는
— 고통의 연인
사악한 냄새를 맡는 자!
그렇게 그들은 신의 관능적 쾌락을 만들게 되었다
15

구름 덮인 하늘에서
사람들이 화살과 죽이는 생각을
자신의 적에게 쏘는 곳,
그곳에서 그들은 행복한 자들을 망가뜨린다
20

그들은 사랑하지만 아, 그러나 사랑받지 못하고
스스로 괴로워한다
아무도 그들을 감싸 안으려 하지 않기 때문에.

22 유고(1884년 가을~1885년 가을)

그대들 절망하는 자들이여! 얼마나 많은 용기를
그대들은 그대들을 바라보는 자들에게 주는가!

그들은 고기 먹는 법이나,
5   여자들과 노는 법을 잊어버렸다,
    — 그들은 절도를 슬퍼했다.

동요하는 자에게 또한
감옥은 얼마나 안전한가!
10   감금된 범죄자의
영혼은 얼마나 평안히 잠을 자는가!
양심이 있는 자만이
오직 양심에 대해 고통스러워한다!

15   28〔23〕

시대의 저편.

이 시대는 병든 여자와 같다
단지 이 시대에 소리 지르고, 사납게 날뛰고, 욕하고, 식탁과 접시
20   를 부수도록 하라.

이리저리 떠돌아다니면서, 소동을 일으키면서
— 그대들은 이미 온갖 표면에 앉았다,
온갖 텅 빈 거울에 이미 잠들었다

〔28 = 시와 시 단편들. 1884년 가을〕 23

— 먼지여

사람들은 어떤 이유로 인해 그러한 것을 의심하게 만든다
고상한 몸짓으로 사람들은 그것들을 설득한다
5

되돌아가라! 그대들은 내 뒤를 거의 따라왔다!
내 진리가 그대들의 머리를 밟지 않도록 되돌아가라!

백발의 민족처럼
10   뇌와 생식기에서 흥분하며

자기를 잃어버리고, 개처럼, 헌신한다

28〔24〕
15   자정에 외치는 소리가 울렸다
— 황야에서 다가왔다

28〔25〕
                          가난의 찬양.
20

그 생각이 차갑고
사슬처럼 철그렁거리는
부의 죄수들에게 내 노래는 맞다

24 유고(1884년 가을~1885년 가을)

28[26]

    오 지금 나에게 피어나는 좋은 시간이여

    오 축제와 같은 커다란 연중 시간이여 ―

    북쪽에서 남쪽으로

5   신들의 손님이여 ― 낯설고 잘 모르지만,

    이름 없는 사람들이여

    그대들 신 같고 왕 같은 손님들이여

온갖 높은 곳에서 나에게 소식이 흘러오고

좋은 향기처럼

10   불안을 느끼는 바람처럼

북쪽에서 남쪽으로 흐른다

    축제 시간이 피어나는 나의 가슴이여

은둔자는 더 이상 고독해져서는 안 된다!

15

내 손님들이 오는 ― 한 해의 한가운데 ―

시간이 다가왔다. 축제와 같이 아름답고 큰 연중 시간이,

이제 나는 연인을 닮아가는데

그의 동경은 시간을 세고,

20   그는 협소한 방에 웅크린 채,

우연의 어두운 골목에 내동댕이쳐질 때까지

관찰하며 서서 보며, 불만스럽게 ― 황홀해하며 있다

    ― 밤바람이 유리창을 두드릴 때,

꽃 달린 나뭇가지로 심술궂게 잠자는 자를 깨운다

28〔27〕

6. 시인 ― 창조하는 자의 고통

아, 길의 안식자여! 이제 〈나는〉 그대들의 {안식자다}
5 그대들은 무엇을 원하는가, 인질의 몸값인가?
{그대들은} 많은 것을 원하라 ― 내 자부심은 이렇게 충고한다 ―
     그리고 짧게 말하라 : 내 다른 자부심은 이렇게 충고한다
나는 충고하기를 좋아한다 : 이것이 나를 쉽게 지치게 한다

10 내 도피처는 어디에?

나는 조용히 누워 있다,
사지를 벌린 채,
사람들이 발을 녹여주고 있는 설죽은 사람처럼,
15 ― 딱정벌레는 내 침묵을 두려워한다
     ― 나는 기다렸다

나는 모든 것을 좋다고 말한다
나뭇잎과 풀잎, 행복, 은총과 비

20

28〔28〕
그대들이 오는 것에 대해
그대들이 가까이 있는 것에 대해
― 그들은 나를 사랑한다

26 유고(1884년 가을~1885년 가을)

그들은 모든 것을 기다렸다 ― 모든 것을 나는 긍정했다
그대들에 대해, 그대들이여

28〔29〕
어떤 것들이 만들어지지 않았던가
춤추는 자의 발에는 뾰족하게

방황하는 동물처럼, 서서히
인간과 인간이 지나간다

28〔30〕
밤의 새들이 가득한 움푹 들어간 곳, 동굴은
사방으로 노래 부르고 두려워하며

28〔31〕
여기에 나는 보고 또 보면서 앉아 있다, ― 그러나 밖을 내다보면
서!
꽃 무더기를 잡아 뜯는 손가락 놀이를 하며
눈물이 눈꺼풀에서
흘러내렸다
부끄러워하며 호기심에 차 : 아 그것은 정말 누구의 문제였던가!

그곳에서 ― ― ―

여기서 나는 사랑하며 또 사랑하면서 앉아 있다. ─ 움직이지 않고,
호수처럼
이러한 거울 호수를 마술사로 보는 사람은 :
그 안에서 우유와 제비꽃, 화강암은 하나가 된다.

28〔32〕

1 붉은 카드 종이
   내게서 많은 좋은 것들이 빠져나가지 않고, 내가 은혜를 모른
   채 잘라버리는 것

2 오전에.

3 모든 감옥에서 빠져나간다 (결혼 공직 I 장소 등)

4 남방 음악

5 그리스인에게 (독일인과 비교해서)

6 그리스도교인에게 (내게는 그리스도교가 필요하지 않다)

7 영국인에 대한 증오 (이에 대해 독일인과 러시아인은)

8 어떤 높은 영혼을 동경함

9 꿈의 봉헌- 감사

10 봄에 대해 (비웃음)

11 나를 준비하는 전투적 정신을 칭송함

12 가장 진지한 아이 ─ 오, 너는 세월이 지나면서 어린 소년이 되
   어가는구나!

13 철학적 청년인 쇼펜하우어에 대해

14 (코르시카에 있는) 나폴레옹에게, 화강암 같은 인간은 어디에
   있는가?

28 유고(1884년 가을~1885년 가을)

⁵ 28〔33〕

"정오의 사상."
프리드리히 니체.

1 나폴레옹에게 (코르시카 : 화강암 같은 인간은 어디에 있는
  가?)

¹⁰ 2 가장 긴 사다리에 대해

3 누군가와 더불어 붙임성 있게, 또한 여전히 풀 베는 사람과도

4 모든 것을 정복한 사람의 유머

5 인간의 천박성에 대해 비웃는 노래

6 가장 깊이 숨어 있는 자 (영원히 눈에 띄지 않는 가면 무도회

¹⁵   에 대한 비웃음)

7 잠에게 (세 시간을 기다리면서, 그에게 말하면서)

8 어떤 순교자도 있어서는 안 된다! (그것을 위해서는 또한 지
  나치게 교활해도 된다 : 나는 빠져나간다. 그러나 나는 모든
  사람들보다 더 안 좋은 상황에 있다!)

²⁰ 9 선량한 유럽인.

10 자정에 출발함.

11 칼리나 : 현재의 내 위험, 최고 절정의 여름에, 유령처럼, 적갈
   색, 가까이 있는 모든 것이 너무 예민하다

12 리하르트 바그너에게

13 붉은 카드 종이 (내게서 많은 좋은 것들이 빠져나가지 않고, 내가 은혜를 모른 채 잘라버리는 것!

14 오전에

15 모든 감옥에서 빠져나간다 (공직, 결혼 등과 같은 것)

16 그리스인에게 (독일인에 대해)

17 남방 음악

18 그리스도교인에게 (내게는 그대들의 그리스도교가 필요하지 않다)

19 영국인에 대한 증오 (이에 대해 독일인과 러시아인은)

20 어떤 높은 영혼을 동경함.

21 꿀의 봉헌, 크게 감사의 말을 함.

22 봄에 대해 (비웃음).

(태양에 대해) 맹목적이 될 것을 부탁함

23 전투적 정신을 칭송함 ― 나를 준비하며.

24 가장 진지한 아이 (즉 너는 세월이 지나면서 어린 소년이 되어 가는구나!)

25 쇼펜하우어에게 (철학적 청년으로서)

28〔34〕

나는 부지런한 자의 근면을 시기한다 :
그에게 하루는 황금처럼 밝게 빛나고 마치 위로 흘러가는 것 같다
황금처럼 밝게 빛나고 마치 다시,
어두운 바다로 내려오는 듯, ―
그의 안식처에는 망각이 피어나네, 고리를 풀며.

28〔35〕
밤에 ― 무엇이 내 창문을 두드리는가?

28〔36〕

꿀의 봉헌.

나에게 꿀을 가져오라, 얼음처럼 신선한 벌집의 황금 꿀을!
그때 바친 모든 것에 나는 꿀로 봉헌하리라,
베푸는 것, 관대한 것 ― : 마음을 드높이라!

28〔37〕

전령의 소리

허무와 재치로부터 만들어진
정신의 풍요로움

28〔38〕
너 시기심 내어 밤에 내 숨소리를 바라다보고
내 꿈속으로 기어 들어오고 싶어 하는 자

28〔39〕
언젠가 ― 이 언젠가란 얼마나 멀리 있는가! 아! 이미 얼마나 달콤
한 말이던가
"언젠가", 잘못 친 종소리처럼

그때 대낮과 의무, 쟁기의 날이
황소의 울부짖음이 다가왔다, ㅡ ㅡ ㅡ

28[40]

오 그대 놀이 하는 자들이여,
숲 속에 있는 그대들 어린아이들, 그대들 웃고 있는 자들이여,
거기서 달아나지 말라 ㅡ 아니다! 나를 보호하라,
부산한 숲을 숨기고,
머물러서, 들어보라! 왜냐하면 나를 몰아대는 것은,
잿빛 아침부터 온갖 오류를 통해 몰아대는 것은,
사냥꾼들이던가? 길의 안식자던가? 생각이던가?
나는 아직 알지 못하지만,
그러나 어린아이들을 바라본다
아이들 놀이를 ㅡ ㅡ ㅡ

28[41]

가장 아름다운 몸은 ㅡ 오직 베일일 뿐,
그 몸을 부끄러워하며 ㅡ 보다 아름다운 것을 덮는다 ㅡ

28[42]

코란을 암송하는 자에게
금주가의 물음

네가 세운 술집은,

모든 집보다 크구나,
네가 그 안에서 빚어낸 술,
　세계는 그것을 다 비워내지 못하네.
언젠가 불사조였던 새,
5　그는 네게서 손님으로 살고 있네,
산을 낳았던 쥐,
　이것이다 ─ 너 자신도 거의!
너는 모든 것이자 아무것도 아니며, 술집이자 포도주며,
　불사조이자, 산이고 쥐라네,
10　영원히 네 안으로 떨어져 들어가,
　영원히 너로부터 밖으로 날아가네 ─
네가 온갖 높이에 잠겨 있다면,
　네가 온갖 깊이의 가상이라면,
네가 온갖 술 취한 자의 상태에 있다면
15　─ 왜, 왜 너에게서 ─ 포도주는?

[Z II 6a]

5   28[43]
어떤 여자가 수줍어하며 말했다
아침 햇살이 비출 때 내게 :
"너는 이미 깨어 있는 정신으로 인해 복되도다
얼마나 너는 복될 것인가 — 취해 있다는 것이!"

10

      28[44]
여기서 웃을 수 없는 사람은, 여기서 읽어서는 안 된다!
그가 웃지 않는다면, "악한 존재"가 그를 이해하지 못하기 때문이
다.

15

      28[45]
                    독일 멍청이들에게.

이 용감한 영국인이여
20   평범한 두뇌의 소유자여
그대들이 "철학"으로 여기는 것은?
다윈을 괴테 옆에 세우는 것은
위엄을 손상시킨다는 의미지 —
천재의 위엄을Majestatem Genii!

모든 평범한 정신의 소유자여
전자는 — 장인(匠人)이라네,
그 앞에 무릎을 꿇고!
그를 우러러본다는 것
5   이것이 의미하는 것은 — — —

28[46]
그대들 만세, 우직한 영국인들
그대들의 다윈 만세, 그는
10   자신의 가축처럼 그대들을 잘 이해한다!

그대들 영국인은 공정하게
그대들의 다윈을 존경한다. 그는
또한 더 이상 가축의 양육을 이해하지 못한다.
15

단지 — 괴테의 위치에 그를 세우는 것은
위엄을 손상시킨다는 의미다
천재의 위엄을!

20   28[47]

잠옷을 바라보며.

축 처진 가운에도 불구하고,
언젠가 독일인은 이해했었다,

36 유고(1884년 가을~1885년 가을)

아, 어떻게 가운이 뒤집어졌던가!
근엄한 옷으로 박아
그는 재봉사에게 넘겼다,
자신의 비스마르크에게 — 분별력을!

5

28[48]

리하르트 바그너에게.

온갖 속박에 병든 너,
10 평화 없는 자, 자유를 갈구하는 정신이여,
언제나 더욱더 승리에 찬 채 그러나 더 묶인 채로,
점점 더 혐오하며, 더 저속하게 되어,
너는 향유 냄새에서 독을 마셨지 —
아! 너 역시 십자가에서 쓰러졌다는 것은,
15 아 너! 아 너 — 극복된 자여!

이 연극 앞에 나는 오래 서 있다
감옥의 냄새를 맡으며, 회한과 원한, 무덤 냄새를 맡으며,
그 사이에는 유향(乳香)의 구름, 교회 – 창녀의 향기가 있고
20 여기서 나는 불안해 못 견디겠다 :
나는 춤추며 광대 모자를 공중에 던진다!
내가 도망갔기 때문에 — —

28〔49〕

스피노자에게.

사랑스럽게 "전체 속에서 일자(一者)"를 향하며,
5 신의 사랑이여, 복되도다, 분별 있어 —
신발을 벗어라! 세 번의 성스러운 땅이여! — —
그러나 이 사랑 속에서
희미하게 타는 복수의 불이 섬뜩하게 먹어버렸다 :
— 유대의 신에서 유대인의 증오를 먹어버렸다! —
10 — 은둔자여, 내가 너를 알고 있었던가?

28〔50〕

거짓 친구들을 위해.

15 너는 훔치는구나, 네 눈이 깨끗하지 못하다 —
너는 오직 생각 하나만을 훔치는가? — 아니다,
누가 그렇게 뻔뻔하게 겸손할 수 있는가!
게다가 이렇게 한 움큼을 잡는다 —
내 것 모두를 잡는다 —
20 그것을 깨끗하게 먹어보라, 너 더러운 놈아!

28〔51〕

로마의 깊은 한숨.

오직 독일적으로! 토이치가 아니라! 이렇게 나는 지금 독일식을 원한다.

"컵 두 잔 분량"에 해당되는 것만을, 이렇게 독일식은 엄격히 머무른다!

28〔52〕

　　　　　　　　"진짜 독일인."

"오 더 나은 위선자의 민족이여,
나는 네게 충실할 것이다, 확실히!"
── 라고 말하라. 그리고 가장 빠른 배를 타고
그는 세계 도시로 갔다.

28〔53〕

　　　　　　　　신약 성서.

이것은 가장 성스러운 기도와
평안과 고통의 책이던가?
── 그러나 그 문에
신의 부정(不貞)이 있다!

28〔54〕

　　　　　　　　수수께끼.

이 단어가 숨기고 있는 수수께끼를 내게 풀어다오 :
"남자가 발견한다면, 여자는 고안한다 ― ―"

28〔55〕

은둔자가 말한다.

생각을 품는다는 것? 좋다! ― 생각은 이렇게 내 소유다.
그러나 생각을 한다는 것 ― 나는 이것을 기꺼이 잊어버린다!
생각을 하는 사람은 ― 미치게 된다
나는 결코 그렇게 하지 않을 것이다.

28〔56〕

결단.

내 마음에 들기 때문에, 현명해지려 하는가
여전히 자신의 부르는 소리에 따라.

나는 신을 찬양한다, 신이 세계를
가장 어리석게 창조했기에.

나 스스로 길을
가장 삐뚤게 달릴 때도 ―
현자는 거기서 시작했고,
바보는 ― 거기서 멈춘다.

40 유고(1884년 가을~1885년 가을)

28〔57〕
파도는 고요하지 않고.
밤은 환한 낮을 사랑한다 ―
"나는 원한다"는 말이 아름답게 울린다
5   "나는 좋아한다"는 말은 더 아름답게 울린다

온갖 영원한 샘들은
영원히 위로 샘솟아 오른다 :
신 자신이 ― 시작했던가?
10   신 자신이 ― 늘 시작하고 있는가?

28〔58〕

방랑자.

15   방랑자는 밤에 간다
유쾌한 발걸음으로,
굽은 골짜기와 오랫동안 계속되는 조소(嘲笑) ―
그는 그것들을 가지고 간다.
밤은 아름답다 ―
20   그는 걸어가며 서지 않는데,
그의 길이 어디로 가기를 원하는지도 알지 못한다.

그때 새 한 마리가 밤새 운다 :
"아 새여, 너는 무엇을 했던가!

너는 왜 내 감각과 발을 멈추게 하는가
달콤한 마음의 불만을 즐기는가
내 귀에 속삭였지! 내가 있어야만 하고
엿들어야만 한다고 ― ―
5 왜 너는 목소리와 인사말로 나를 유혹하는가?" ―

온순한 새는 침묵하며 말한다 :
"아니다, 방랑하는 자여, 아니다! 너를 내가 유혹하지 않았다
어떤 목소리로 ―
10 어떤 여자를 나는 비웃으며 유혹한다 ―
이것이 너와 관계있는 일인가?
오직 나에게만 밤은 아름답지 않다.
이것이 너와 관계있는 일인가? 너는 가야만 하기에
결코, 결코 서지 말라!
15 아직 너는 서 있는가?
내 피리 소리가 너에게 무엇을 했는가,
너 방랑자여?"

온순한 새가 침묵하며 생각했지 :
20 "내 피리 소리가 그에게 무엇을 했는가?
그는 아직 서 있는가? ―
가련한, 가련한 방랑자여!"

42 유고(1884년 가을~1885년 가을)

28〔59〕

독일의 11월에.

가을이구나 : 이것은 ― 너를 여전히 비탄에 빠지게 하네!
5   계속 날아가라! 계속 날아가라!
태양은 산으로 살금살금 걸으며
오르고 또 오르고
걸을 때마다 쉰다.

10 세계가 어떻게 이렇게 시들어졌나!
지쳐 팽팽해진 줄로
바람은 자신의 노래를 부른다.
희망은 달아나고 ―
바람은 그것을 한탄한다.

15

가을이구나 : 이것은 ― 너를 여전히 비탄에 빠지게 한다!
계속 날아가라! 계속 날아가라!
오 나무의 열매,
너 떨고 있는가, 떨어지고 있는가?
20 어떤 비밀이 너
밤에게 가르쳤는가,
얼음 같은 전율이 네 뺨을,
보랏빛 뺨을 감싸는지를 ―

너는 침묵하며, 대답하지 않는가?
누가 아직 말하고 있나? — —

가을이구나 : 이것은 — 너를 여전히 비탄에 빠지게 하네.
5   계속 날아가라! 계속 날아가라!
"나는 아름답지 않구나
— 이렇게 별 모양의 꽃이 말한다 —
하지만 나는 인간을 사랑하지
나는 인간을 위로하지
10   인간들은 지금도 여전히 꽃을 보아야 해,
나에게 몸을 굽혀
아! 나를 따는구나 —
그대들의 눈에서 이제
기억이 빛나네,
15   나보다 더 아름다운 것에 대한 기억이 : —
— 나는 본다네, 나는 본다네 — 그리고 이렇게 죽어가네." —

가을이구나 : 이것은 — 너를 여전히 비탄에 빠지게 하네!
계속 날아가라! 계속 날아가라!
20

28[60]

빙하의 산에서.

제일 먼저

여름이 산으로 올라가는 때, 정오에
지치고 뜨거운 눈을 가진 어린아이가 :
그때 어린아이가 또 말한다,
그러나 우리는 그가 말하는 것을 보기만 한다.
5   그의 숨소리는 병자의 숨소리가 솟아나듯 솟아오른다
열병 앓는 밤에.
얼음 덮인 산과 전나무와 샘이 있다
그에 대한 대답 또한 있는데,
그러나 우리는 그 대답을 보기만 한다.
10   더욱 빨리 바위에서 솟구쳤다 떨어지는
급류는 인사하는 듯
하얀 기둥으로 떨며 서 있다,
동경하며 그곳에.
평상시에 전나무가 보는 것보다
15   전나무는 더 어둡고 진실하게 바라본다.
그리고 얼음과 죽은 잿빛 암석 사이에서
돌연 빛이 새어 나온다 ― ―
그러한 빛을 나는 이미 알았다 : 그것이 내게 의미하는 바를. ―

20   죽은 사람의 눈에도
다시 한번이라는 말이 밝아오고,
그 어린아이가 그를 비탄에 잠겨
휘감고 붙잡아 입을 맞출 때 :
다시 한번이라는 말이 그곳에서 다시 솟아오르고

[28 = 시와 시 단편들. 1884년 가을] 45

빛의 불꽃을 내며
죽은 눈은 말한다 : "어린아이야!
아 어린아이야, 너는 아는가, 내가 너를 사랑하고 있는 줄을!" ―

5   불빛을 내며 모든 것은 말한다 ― 얼음 산
그리고 시냇물과 전나무는 ―
한순간에 여기서 같은 말이 나온다 :
"우리는 너를 사랑한다!
아 어린아이야, 너는 아는가, 우리가 너를 사랑하고 있는 줄을!"
10

그리고 그는
지치고 뜨거운 눈을 가진 어린아이는,
그는 비탄에 젖어 모든 것에 입 맞추고,
언제나 정열적으로,
15   그리고 가려 하지 않는다 :
그는 면사포처럼 자신의 말을 오직
입으로만 분다,
그의 좋지 않은 말
"내 인사는 작별이다.
20   내가 오는 것은 가는 것,
나는 젊어서 죽어간다."

그때 산은 주변을 귀 기울여 듣는데
숨소리조차 없다 :

46 유고(1884년 가을~1885년 가을)

새도 노래하지 않는다.
그때 반짝이는 별빛처럼 산은
몸을 떨며
넘쳐흐른다.
5   그때 산은 사방을 둘러보며 생각하며 ―
침묵한다 ― ―

정오였다,
제일 먼저
10   여름이 산으로 올라가는 때, 정오에,
지치고 뜨거운 눈을 가진 아이는.

28[61]

"방랑하는 자와 그의 그림자."
15   한 권의 책

더 이상 돌아오지 않나? 위로 올라가지 않나?
영양(羚羊)에게도 길이 없는가?

20   이렇게 나는 여기서 기다리며 단단히 붙잡았지.
어떻게 눈과 손으로 나를 잡을 수 있나!

다섯 걸음 사이에 대지와 아침놀이,
그리고 내 안에 ― 세계와 인간, 죽음이 있네!

28[62]

집시인 요릭

저기에는 교수대, 여기에는 형줄
₅ 그리고 사형 집행관의 붉은 수염이 있고,
주변에는 대중과 악의에 찬 눈빛 ─
내 천성에는 새로운 것이 아무것도 없네!
백 걸음으로 이것을 알아라
미소를 머금고 그대들 면상에 대고 소리 지르리 :
₁₀ 내 목을 매다는 것은 소용없지, 소용없네!
죽는다고? 나는 죽을 수 없네!

그대들 구걸하는 자여! 왜냐하면,
그대들이 얻지 못하는 것이 나로 하여금 그대들을 시기하게 했기에 :
₁₅ 사실 나는 고통스럽다. 사실 나는 고통스럽다 ─
그러나 그대들 ─ 그대들은 죽어가고, 그대들은 죽어간다!
백 번의 죽음의 과정 뒤에도
나는 숨소리이자 연기이고 빛이다 ─
내 목을 매다는 것은 소용없지, 소용없네!
₂₀ 죽는다고? 나는 죽을 수 없네!

어느 날엔가 스페인 먼 곳에서 울렸다
나의 그 노래가 양철 두드리는 소리를 내며,
등불은 흐리게 빛을 냈고,

48 유고(1884년 가을~1885년 가을)

노래 부르는 자는 해맑고, 즐겁고 뻔뻔하네.
그때 나는 행복한 비웃음으로
즐겁게 내 나쁜 적대자를 생각했다 :
어떤 도주가 그대들을 구원할 수 있는가,
5 해맑은 친구의 소리가 그렇게 한다.

28〔63〕

요릭-콜럼버스.

10 여자 친구여! 콜럼버스가 말했지.
더 이상은 제노바 사람을 신뢰하지 말라고!
그는 언제나 허공을 응시한다 ―
먼 곳이 그를 너무나 유혹한다!

15 가장 낯선 것이 이제 내게는 귀하다!
제노바 ― 그것은 가라앉았다, 그것은 사라졌다 ―
가슴이여, 냉정히 있으라! 손은 키를 잡고 있을 것!
내 앞에는 바다 ― 그런데 육지는? ― 육지는?

20 그곳으로 나는 가리라 ― 나는
계속해서 나와 내 접촉을 신뢰한다.
바다는 열려 있고, 허공으로
내 제노바 사람은 배를 운행한다.

모든 것이 내게는 새롭고 더 새로워지며,
공간과 시간이 넓은 곳으로 빛나며
가장 아름다운 괴물이
나에게 미소를 짓는다 : 영원성

5

28[64]
　　자유 정신.

작별

10

"까마귀가 소리치며
휙휙 소리를 내며 도시로 날아가네 :
곧 눈이 오네 —
지금도 — 고향 있는 사람에게 복이 있을지니!

15

이제 너는 굳은 채 서서,
뒤를 바라본다! 아, 벌써 얼마나 되었나!
너 바보여 어찌
겨울 앞에서 세계로 — 도망갔는가?

20

세계—하나의 문
천 개의 황야를 향해 말 없이 차갑게 있네!
이것을 잃어버린 자,
네가 잃어버린 것은 어느 곳에서도 멈추지 않네.

겨울의 방랑을 하도록 저주받고,
이제 너는 창백히 서 있네.
언제나 보다 차가운 하늘을 찾는,
연기처럼.

5

날아라, 새여, 윙윙 소리를 내며
사막 새의 소리에 네 노래가 있구나! ─
숨어라, 너 바보여.
얼음같이 차가운 비웃음 속에 네 가슴이 찢어진다!

10

까마귀가 소리치며
휙휙 소리를 내며 도시로 날아가네 :
곧 눈이 오네 ─
고향 없는 자에게 화 있을지니!"

15

답변.

신이 가엽다고!
누군가 생각하네, 내가 다시 되돌아가고 싶어 한다고
20   독일의 따뜻함으로
음울한 독일 술집의 행복으로!

내 친구여, 여기서
나를 막고 멈추게 하는 것은 너의 지성이다.

너에게 연민을 보낸다!
독일의 편벽한 지성에게 연민을 보낸다!

28[65]
5   나 너를 사랑하네, 무덤 동굴이여!
대리석처럼 미끈한 거짓인 너를!
그대들은 가장 자유롭게 비웃는구나
내게는 언제나 영혼이 자유롭다.
오늘만 나는 서서 울고 있다.
10 내 눈물이 흐르도록 놓아두게
네 앞에서. 〈너〉 돌에 새겨진 형상이여,
네 앞에서. 너 그 위에 쓰인 말이여!

─ 그 누구도 알 필요가 없네 ─
15 이 형상을 ─ 나는 이미 그것에 입 맞추었다.
입 맞출 것이 너무 많이 있다네 :
도대체 언제부터 입을 맞추었는가 ─ 놀랍다!
이것을 해석할 줄 아는 자는!
어떻게! 나, 비석의 바보여!
20 나는 내가 심지어 긴 말에
입 맞추는 것을 허용하기에.

28[66]
2.

친구 요릭이여, 용기를 갖게!
네 생각이 너를 괴롭힐 때,
그가 지금 하고 있듯이,
이것은 ― "신"을 의미하는 것이 아닌가! 왜냐하면, 크게 잘못되었
5   기에,
너를 억압하고 괴롭힌 것,
이것은 너 자신의 어린아이일 뿐,
네 살과 피다,
너의 작은 개구쟁이이자 잘하지 못하는 녀석!
10   ― 보고만 있게, 어떻게 그에게 매질이 가해지는지!

자, 친구 요릭이여! 음울한
철학을 읽었는가 ― 나는 여기에서
아직 어떤 격언을 의학과
15   가정의 비방(秘方)으로서 네 귀에 속삭인다
― 내 방법은 그러한 것에 대해 짜증을 낸다 ―
"자신의 신을 사랑하는 자는 그 신을 훈육한다."

28[67]
20   저기에 교수대가 있고, 여기에 형줄이 있으며,
여기에 사형 집행관이, 사형 집행관의 방식이 있고,
붉은 코와 악의에 찬 눈빛이 있고 ―
성직자의 위엄에 찬 수염이 있네 :
백 걸음으로 그대 자신을 알라 ―

그대들 얼굴에 기꺼이 침을 뱉어라 ―
왜 목을 매 죽이는가?
죽는다고? 죽는 것을 ― 나는 배우지 않네.

5   그대들 구걸하는 자여! 왜냐하면
그대들이 얻지 못하는 것이 나로 하여금 그대들을 시기하게 했기
에.
사실 나는 고통스럽다, 사실 나는 고통스럽다
그러나 그대들 ― 그대들은 죽어가고, 그대들은 죽어가네!
10   백 번의 죽음의 과정 뒤에도
나는 빛으로 되돌아가는 나 자신을 느낀다 ―
왜 목을 매 죽이는가?
죽는다고? 죽는 것을 ― 나는 배우지 않네.

15   즉 스페인 먼 곳에서 울렸다,
나에게 노래는 양철 두드리는 소리를 내고.
등불은 흐리게 빛을 냈고,
노래 부르는 자는 해맑고, 즐겁고 뻔뻔하네.
내가 귀 기울여가며
20   내 가장 깊은 물속 심연에 잠겼듯이,
나는 생각하네. 나는 잠자네. 잠을 자네
영원히 건강하게 그리고 영원히 병이 들어.

〔29 = N VI 9. 1884년 가을~1885년 초〕

29[1]

   사람들은 어떤 이유로 인해 그러한 것을 의심하게 만든다. 그러나 고상한 몸짓으로 그것을 설득한다.

— 백발의 민족처럼 뇌와 생식기에서 흥분한다

— 그 문에서 신의 간통이 있게 되는 그대들의 신앙이 나와 무슨 상관이 있단 말인가!

— 그대들은 내 발자국 뒤를 거의 따라왔다 : 내가 그대들의 머리를 밟지 않도록 조심하라!

— 내리꽂히며 덤벼드는 독수리처럼 똑바로 비상하고 움직인다

— 그대들의 낙원은 "칼의 그림자 아래" 있다

— 그리워하며 그는 심연을 응시한다 — 점점 더 심층 깊이 내려가며 원을 그리는 심연을.

— 동요하는 자에게 또한 감옥은 얼마나 안전한가! 그러나 범죄자는 얼마나 영혼의 안식을 취하며 잠을 자는가!

— 나는 곧바로 다시 웃는다 : 어떤 적은 내게서 보상할 만한 것이 적다.

— 우리가 화살과 죽이는 생각을 자신의 적을 향해 쏘게 될 때, 구름이 덮인 하늘에서는.

— 우리의 오늘과 어제보다 더 생각할 것이 많은 시대. 더 곱씹어 생각할 것이 많은 시대

— 이 시대는 병든 여자와 같다 : 이 시대로 하여금, 그저 소리 지르고, 욕하고, 사납게 날뛰고, 식탁과 접시를 부수게 하라!

— 빙하 산 위의 유령처럼 가장 멀고도 차가운 생각으로 헤매며 다닌다

— 여성 없이, 영양이 불량한 상태로, 자신의 배꼽을 음미하듯 관찰하며 : 그들은 신의 관능적 쾌락을 그렇게 만들어냈다.

— "인간은 악하다" : 이렇게 아직 모든 최고의 현자들은 나에게 위로하며 말했다.

— 얼룩점이 박힌 맹수들처럼 관능적으로 건강하고 아름답다

— 나는 하늘 전체를 해맑게 만들고 바다 전체를 출렁거리게 만드는 바람과 같은 사람이다.

— 이리저리 떠돌아다니면서, 먼지를 일으키면서, 그대들 여행하는 자들이여, 그대들은 온갖 표면에서 잔 적 있었다. 그대들, 온갖 창유리와 텅 빈 거울에 붙어 있는 먼지여!

— 불행은 침묵한다 : 자신의 불행에 대해 노래 부를 수 있는 사람은 자신의 불행을 넘어서도 날아갈 것이다.

— 간단히 하고, 내게 충고하라 : 그렇지 않으면 그대들은 내 정신의 자부심을 피곤하게 만든다.

— 그들은 성스럽고 가장 긴 권태로움을 그리고 월요일과 평일에 대한 욕구를 고안해냈다.

— 여기에 어마어마한 것들이 돌고 있다 : 벌써 어지러워하는 자, 스스로 미래의 심연으로 빠져 들기를 갈망한다.

— 부의 죄수들 : 그들의 생각이 차가운 사슬처럼 철그렁거린다.

— 완고한 정신을 가진 사람들, 예민하고 좀스럽다

— 이것이 소인의 성향이다 : 그들은 위대함을 끌어내리고, 멸시하며 아첨하고 싶어 한다.

— 자기를 잃어버리고 개처럼 헌신한다

— 아, 그들은 위대한 말들과 나약한 행위로 다시 되돌아간다 : 아, 그들은 스스로를 덕 있는 자라고 부른다!

— 아, 그들은 사랑하면서 사랑받지 못한다! 그 누구도 그들을 감싸 안으려 하지 않기 때문에, 그들은 스스로 괴로워한다.

— 너는 너무 부유하다. 너는 너무 많이 타락하고 있다 : 왜냐하면 너는 너무 많은 질투를 만들기 때문이다!

— 상황이 좋지 않다 : 많은 사람들이 거짓말을 할 생각을 했고 거기서 비로소 진리를 만났다.

— 그대 절망하는 자들이여! 그대들을 바라보는 사람들에게 그대들은 얼마나 많은 용기를 주고 있는가!

— 야생의 상태에 있는 고양이와 여자처럼 집에 있으면서 창문을 통해 뛰어넘는다.

— 그들은 자신의 신과 세계를 무(無)에서 만들어냈다 : 얼마나 놀라운 일인가 ―

— 그대들은 충분히 말하지 않고 있다. 뭐라고? 모든 것이 가상이라고? 모든 것은 거짓이다! 뭐라고? 모든 것이 고통과 몰락이라고? 모든 것은 고통을 주고 몰락하게 만드는 것이다!

— 그대들은 이미 그를, 즉 가장 추한 인간을 만들었던가? 신이나 선, 정신 없이도 ―

— 아, 나의 친구들이여! 선과 선한 자는 어디에 있단 말인가! 이러한 거짓말의 순진함은 어디에 있단 말인가!

― 언젠가 인간을 보았던 사람들은 신을 염소로 본다

― 뭐라고! 덕이란 조용하고, 움직이지 않고, 차갑고, 원만한 것
이며, 상징과 기둥이 되게 하는 것이란 말인가? 사원에 보라고
세워둔 것이란 말인가?

5 ― 그대들은 당겨서 팽팽하게 된 활을 두려워한다 : 아, 거기에
누군가가 화살을 겨눌 수 있을 텐데 말이다.

― 알면서 의도적으로 거짓말을 할 수 없는 사람이 어떻게 진리
를 말할 수 있단 말인가!

― 그는 절도에 대해 슬퍼하면서 걱정스레 다가선다 : 그는 고기
10 먹는 것이나 얌전한 여자와 노는 것을 잊어버렸다.

― 뛰어오르기에 실패한 호랑이처럼 능숙하지 못하고 부끄러워
한다.

― 인간 ― 하나의 긴 밧줄, 그대들은 내가 그 안에서 연결된 매
15 듭이라며 나를 설득하고자 하는가? (차라투스트라가 웃는다.)

꿈속에서 잠자는 개를 깨운다 : 양자는 불구대천의 원수처럼 부
딪친다 ― 그러나 양자는 경악하는 자일 뿐이다!

꿀을 가지고 와라, 얼음처럼 신선한 벌집 속의 황금 꿀을! 꿀이라
면 나는 선사하는 것, 베풀어주는 것, 호의 있는 것, 이 모든 것들을
20 희생하리라 ― 마음을 드높이라!

나는 부지런한 자의 부지런함을 질투한다 : 황금빛으로 빛나고
하루가 그에게 떠오르는 것 같다 ― 먼 곳으로부터 어슴푸레한 영
원으로.

언젠가 ― 아, 이 언젠가란 말이 얼마나 멀리 있단 말인가! 마치

숲 속에서처럼 길을 잃은 종소리는 얼마나 달콤한가, 그 말〔言〕은
이미 얼마나 달콤하단 말인가!

날아가는 비수로 글을 썼다 ― "오래된 그리고 새로운 목록들"
5 ― "소처럼 용감한 호의"
― 하루가 점차 사라진다
― 가시처럼 엉킨 머리들,
골치 아픈 녀석들
― 관과 톱질
10 ― 너무 잽싼 거미원숭이들처럼 ―
차가운 목욕탕 물에서처럼 빨리 들어갔다 빨리 나온다
내가 출발할 시간이 되었고 시간이 지났다
병든 개가 내 주위를 돈다. 허약한 놈들

15 29〔2〕
파울Paul 언어학의 근본 원리
잔더스Sanders
로이트홀트Leuthold, 뤼케르트Rückert, 헤벨Hebbel
켈러Keller, 고(古)독일어를 사용하는 작가(대여 도서관, 고서점)
20 영국의 서정 시인?

29〔3〕
어떤 낯선 인간을 대면할 때, "그는 누구인가? 그가 원하는 것은
무엇인가? 그는 무엇을 할 수 있는가?"라는 물음이 우리의 머리를

스치고 지나간다 — 이러한 질문에서 얻는 대답에 따라 우리는 이 인간의 가치를 정한다. 우리 자신이 독립적이고, 영향력 있고, 강하다면, 우리는 이때 즉시 그의 가치가 우리에게 가치 있다고 규정한다 : 우리가 의존적이고 어떤 집단이나 공동체에 편입되어 있다면, 그의 가치에 대한 우리의 물음은 다음과 같은 것을 의미한다 : 그는 우리에게, 즉 집단에게 어떤 가치를 가지고 있는가?

29〔4〕

　(나에게는　1) 여자 요리사가

　　　　　　 2) 음악가가

　　　　　　 3) 강의하는 사람이

　　　　　　 4) 일종의 의식을 집행하는 전문가가 없다)

　성공의 개연성　: 피라미드형. 내 인생의 폭 넓은 소질. 실패를 이용함

　첫 번째 성공으로서　: 쾨젤리츠Köselitz (내 취향) — 두 번째 성공(도덕적 효과)으로서 슈타인Stein

　재정 상태　: 오버베크Overbeck에게서

　　　　　　　나움부르크에서

　　　　　　　슈마이츠너Schmeitzner에게서

우리는 어떤 결론에 도달했고 무엇을 **확신했는가**?

　1) 내 거주지

　　a) 엥가딘에서 나는 삶의 혜택을 받았다

차라투스트라

　　b) 니스에서 나는 차라투스트라를 마치는 혜택을 받았다

　　c) 두 장소는 내 과제에 적합하다 : 니스는 세계 시민적이고,
　　　질스는 산악이 높은 지형이다

(두 장소는 내가 받은 인상에 기여했음에 틀림없다. ―)

기본적으로 ― 유럽적 사명 때문에 독일에 살지 말 것.

　　　　　　 ― 대학 사이에 있지 말 것 ―

　　　　　　 ― 나보다 앞선 사람들 : 쇼펜하우어와 리하르트 바
　　　　　　　 그녀는 유럽적 운동이라는 평판을 받고 있다.

아마도 두 장소에서 일종의 교수 활동이 가능할 것이다

그 다음으로 찾아야 할 것이 무엇이 있는가?
　은둔. 휴양지. 진정제.

29[5]

　　　　　　　　　보다 높은 인간들에게.

전령의 외침
프리드리히 니체.

29[6]
모든 덕에는 이면과 손실이 있다.

29[7]

가르칠 것 :

  1) 격리

  2) 정치 권력에 대해

  3) 대지를 관리하는 의지

  4) 스스로를 선량한 자나 자기 스스로 올바른 자와 혼동하지 말
    것

  5) 국가들이 연합하는 것

  6) 교회가 성자에 대한 믿음을 흔들었을 경우처럼, 보다 높은 인
    간에 대한 믿음을 흔들었을 경우에 강자와 부자에 대해

  7) 헌신과 단념의 동기로서의 신에 대해

  8) 대부분의 잘못된 자들에게서 최고의 유형

불멸하는 모든 것들의 죽음.

힘, 야생 상태, 에너지, 관대함이 없는 상태

격정, 드라마

29[8]

  위대한 사상을 지니고 홀로 있다는 것은 견딜 수 없다.

  계획. 나는 이 사상을 함께 나눌 수 있고, 그 점에서 몰락하지 않는
  사람들을 찾고 부른다.

  보다 높은 인간이라는 개념 : 자기 자신뿐만 아니라, 인간에 대해 고통
  스러워하며, 자기 자신에 있어서도 단지 "인간"을 창조할 수밖에
  없는 인간

― 즐겁게 회피하는 모든 것과 신비주의자의 탐닉에 대해.

― "조직적으로 준비된 자들"에 대해.

― 잘못된 자들인 우리! 최고의 유형! 우리를 구원하는 것은 "인간 자체"를 구원하는 것이다 : 이것이 우리의 "이기주의"인 것이다!

4. 차라투스트라. 그가 자신의 마지막 고독을 견뎌낸다는 사실을 스스로 노래 부르는 것이 차라투스트라의 노래다 :

29[9]

그대들은 나를 사슬로 묶어놓았다 : 그러나 내 사형 집행관들마저 내 제자가 된다.

29[10]

그들은 나에 대해 좋지 않게 생각한다 ― 그러나 그렇기 때문에 나는 그들을 신뢰하지 않을 것이다 ; 그들은 나를 사소하게 생각한다 : 나는 내가 그들 자신을 얼마나 크게 만드는지 관망할 것이다.

29[11]

― 파고(波高)가 점점 더 높이 올라간다 : 내 작은 배는 곧 더 이상 마른 땅에 있지 않게 될 것이다

― 당나귀에게도 날개를 달아주고 암사자의 젖을 짜는 사람

― 정오가 초원에 있는 시간에 : 그 시간에는 어떤 목자도 피리를 불지 않는다

― 알려지지 않은 신의 노래

― 구름 걷힌 침묵 (알프스 산맥의 작열) (은둔자)

― 귀여운 개

29〔12〕

  1. 전령의 외침.　　　2. 위대한 정오에.
  3. 선한 자의 위선.　　4. 맹세한 사람들.

29〔13〕

선한 자의 위선에 대해.

1) 동기 : 그대들은 나를 법정에 데려간다 ― 그러나 나는 그대들을 나의 사도로 만들고 당나귀에 날개를 달아준다

2) 미래의 모든 인간에게 봉헌하는 높은 곳에서의 노래. 구름 걷힌 침묵

3) 나는 너희를 포용한다 ― 아, 나는 내 아이의 간질병 같은 경련의 몸짓을 본다.

4) 그대들은 어디에 있는가? 내 주변은 불구자들로 가득 차 있다

5) 모든 미래가 나와 너희 안에서 해결되지 않은 채 싸운다 ― 우리가 어떻게 기이한 모습으로 있지 않을 수 있단 말인가!

6) 경건한 자들에게. 그들은 사건들의 보다 높은 연관성과 인격의 절대적 의미를 느끼며 자신을 잘못된 자라고 느낀다. ― 모든 것이 하나의 운명이라면, 나 또한 모든 것들에게 운명이다.

29[14]

(4)

꿀의 봉헌.

방문 ― 유혹(과 징후) 불행이 다가오는 냄새

　　　　시인

　　　　미쳐버린 청년

　　　　왕 (정치인 "농부")

　　　　커다란 도시의 바보

　　　　여자 (남자를 찾는다 ―)

　　　　예언자

　동물들을 정찰하러 보내다.

　일곱 번째 고독.

　성자 "다시 한번?" 결단.

　사자(獅子)와 비둘기 떼.

　소식.

　동굴과의 작별 : 고독에서 떨어져 나옴. 모든 좋은 것의 영원 회귀.

29[15]

죽어가는 차라투스트라는 대지를 부둥켜 안는다. ― 아무도 그것을 그들에게 말하지 않았다고 해도, 그들 모두는 차라투스트라가 죽었다는 것을 알았다.

29〔16〕

　이러한 늙어 빠진 민족들에게서 유지될 수 있는 것은 아무것도 없다 — 그들은 서로를 가로막고 거역하고 싶어 한다 : 아래에서 위까지 그들은 똑같다. 즉 그들은 이제 모두 천민적이다.

　언어와 신문 —

29〔17〕

　1 최선을 다하는 자에 의해 다수가 착취됨
　2 은둔자가 냉소주의자와 금욕주의자로 무너진다
　　　— 이곳에서는 그들의 힘이 소모되고
　　　　　　　　그들의 힘이 부족하다
　3 우리의 적대자 절대적 도덕의 선생.

29〔18〕

　신에 대한 경외감은 모든 사물과 인간보다 높은 존재가 있다는 확신의 연관성에 대한 경외감이다.

　신들을 만드는 것 —

　신들에 따라 스스로와 다른 것들을 만드는 것 —

　예술가는 신들을 만드는 자다 (그는 우수한 것을 선별하고, 그것을 두드러지게 만든다 등)

29〔19〕

　차라투스트라는 동물에게 "우리는 손님 맞을 준비를 해야 한다"고 말한다.

29[20]

도덕적인 문제에 있어서 본능은 가장 예민하게 형성되고 선택된 취향의 예술적인 문제와 같은 것을 필요로 한다. 대부분의 인간 행동은 나에게는 "관찰하기 위한 것이 아니다".

29[21]

차라투스트라는 먼저 잘못된 자들한테서 초대를 받는다 — 그는 "그대들은 나와 함께 즐겁게 놀려 하는 것이 아니라 나를 통해 자신들을 구원하려 한다"고 말하면서 그것을 거절한다.

마침내 그의 "행복에 넘치는 자들"이 다가온다.

29[22]

"누가 아직도 나를 사랑하는가" — 어떤 얼어붙은 정신

간질병 환자

시인

왕

29[23]

차라투스트라의 깊은 인내심과 시간이 오고 있다는 확신.

손님들 : 예언자는 검은 염세주의를 확산시킨다.

(프랑스 혁명에서처럼) 범죄자들에 대한 관용

징후 : 불타는 커다란 도시

시대 앞에서 되돌아가려는 유혹 — 동정을 일으킴.

섬의 침몰에 관한 소식

마침내 : 이제야 나는 그들이 살아왔는지 물어보고자 한다.

— 독수리를 밖으로 내보낸다 —

고독한 자들에게 보내는 전령의 외침

이중의 연속적 기호

1) 인간의 타락에 관한

2) 위대한 개별자가 있다는 것에 관한

그대들과 더불어 나는 주인이 될 수 없다.

29〔24〕

방황하는 자 (호기심)

왕.

예언자.

산에 있는 젊은이.

대도시의 바보.

성자 (마지막으로).

어린아이들의 무리.

시인

29〔25〕

잘못된 자들(고립된 자들)과 함께 성장하며 선별된 "민족" 사이에 있는 대립을 묘사하는 것

29〔26〕

차라투스트라 : 나는 행복에 넘쳐흐르고, 내가 참견할 수 있는 그

누구도, 내가 감사를 표할 수 있는 그 어떤 사람도 가지고 있지 않다. 나로 하여금 그대들, 나의 동물들에게 감사를 표할 수 있게 하라.

1.   1. 차라투스트라는 자신의 동물들에게 감사하며 그들을 손님으로 맞을 준비를 한다. 기다리는 자의 은밀한 인내심과 자신의 친구들에 대한 깊은 확신.

2 ― 9.   2. 고독을 포기하려는 유혹으로서의 손님들 : 나는 고통받는 자들을 도우려고 오지 않았다 등. (프랑스 회화)

          3. 은둔자-성자 경건한 자.

10 ― 14. 4. 차라투스트라는 자신의 동물들을 정찰하러 내보냈다. 기도도 하지 않고, ― 동물들 없이 홀로 있다. 최고의 긴장!

15.   5. 독수리와 뱀이 "그들이 온다"고 말했을 때, 사자가 다가온다 ― 그는 울고 있다!

16.   동굴과의 영원한 작별. (일종의 축제 행렬!) 그가 도시에 도달할 때까지, 네 마리 동물들과 함께 마중한다

― ― ―

29〔27〕

젊은이가 주저함. "우리는 이미 이 가르침을 견뎌왔다. 그러나 우리는 그것으로 인해 많은 것을 파괴하게 될 것이 아닌가?"

차라투스트라는 웃는다 : "그대들은 해머가 되려 하는가. 나는 그대들에게 해머를 주었다

29[28]

모든 덕은 획득된 덕이다. 우연한 덕이란 없다. 아버지들한테서 모인 것이다 ―

29[29]

신과 함께 하는 혹은 신이 없는 고독의 문제 ― 이러한 기도, 감사, 사랑은 허공 속으로 사라져간다

29[30]

예언자 : 나는 모든 영혼의 비밀스러운 피로를, 무신앙과 비신앙을 발견했다 ― 외견상 그들은 자유롭게 행동한다 ― 그들은 피로하다. 그들 모두는 자신의 가치를 믿지 않는다.

아, 너 차라투스트라여! 너를 파괴하는 것은 작은 번개 하나로도 충분할 것이다!

좋다. 그러나 거기 머무를 것 ― ― ―

29[31]

모든 것을 다시 한번 말하라 (**메두사의 머리**처럼 반복하면서)

29[32]

첫 장면. 차라투스트라는 자신의 동물들과 함께 어리석게도, 꿀을 봉헌하며, 스스로 소나무와 비교하고, 자신의 불행에도 감사하며, 자신의 하얀 수염을 보며 웃는다.

예언자에 의해 놀란다
커다란 피로의 이유

고통받는 자들의 복음, 지금까지는 그들의 시대였다.

평등.

위선.

29[33]
차라투스트라 5 : 가시적 세계와 관련해 인간적인 것에 대해 전적으로 인정하는 것 — 싫증이 나서 관념 철학과 설명을 회피함. 인간에 대한 반감. — 사물들 속의 "오류"를 우리 창조력의 결과로 설명하는 것!

29[34]
"그대들에게 행운과 예속이 있기를!"

29[35]
현상 세계에서 무의식적으로 창조하는 것과 예술가다운 것을 또한 의식하면서
무의식적인 거짓말쟁이
우리 도덕성의 무의식적인 측면 전체, 예를 들자면 우리의 무의식적 위선

29[36]

　세련됨 ― 기품 있음.

29[37]

　다수에 있어서의 힘인지, 소수에 있어서의 힘인지에 대한 여부,
그 느낌이 그렇고 그렇게 과두 정치적 형식을 규정하기도 하고 중우
정치적 형식을 규정하기도 한다.

29[38]

　말라서 고갈된 영혼

29[39]

　당나귀를 가지고 있는 두 명의 왕
　　존경하는 것을 배우지 못한 천민
가장 기뻐하는 사람 ― 예언자 음울함
위대하고 온전한 인간 ― 병든 천재
천민의 적 ― 두 명의 왕
아름답고 고귀한 자 ― 의사, 퇴화와 나약함
위선을 부리지 않는 자 ― 정신의 거짓 참회자
떨고 있는 몸
도움을 간청하는 자들의 무리
"이제 천재의 소리를 들어보라!"
혐오감에 쌓여 차라투스트라는 침묵한다.
나팔 부는 사람의 영혼

행복의 위선자

29〔40〕

새로운 계몽.
영원 회귀의 철학을 위한
준비.
프리드리히 니체

29〔41〕

힘은 악하다 : 우리는 또한 그 악에 대해서 충분히 위대하지 못하다.

창조자는 파괴자다 : 우리는 창조와 파괴를 할 수 있을 만큼 충분히 위대하지 못하다.

29〔42〕

커다랗게 잘못된 것의 사소한 개선

29〔43〕

오 차라투스트라여, 너는 인간의 운명에 관심을 갖고 있는 최초의 사람이자 유일한 사람이다 : 우리는 이미 네가 누구인지를 알고 왔다. 이전에는 가장 힘든 사람들도 그 안에서는 가볍게 여겨졌다 : 보라, 운명은 우리의 능력과 예견을 넘어서며, 그곳에서 신은 몸소 볼 수 있다고 그들이 말했던 것을.

그러나 그는 말한다 : "능력이라고? 예견이라고? 나와 무슨 상관

이 있단 말인가! 시도해보자! 모든 것이 여기서는 미리 하는 행위에 달려 있다!"

29〔44〕

또한 다른 사람들도 인간의 미래를 걱정하는 법을 배운다는 것, 그들이 말 없이 있다는 것, 신음은 우리와 이웃과 오늘을 넘어 모든 곤궁한 상황에서 벗어나게 된다.

29〔45〕

팔과 다리와 네 행위의 도구가 성장하기를 너는 기다린다 — 너에게서 어린아이가 성장하기를 그리고 유산(遺産)이 {증식하기를}

29〔46〕

그러나 나는 더 좋게 말해야만 했다 : 너의 선한 양심, 즉 너의 성실성의 잔여물. 아주 사소한 잔여물이다. 너는 이미 화폐 위조자이기 때문이다

29〔47〕

그것에 이름 붙이기를 원하는 자는 그것을 "차라투스트라의 유혹"이라고 부를 수 있다.

(결론)

29〔48〕

나는 가장 좋은 것을 그들과 공유하지 않는다.

29[49]

이러한 겸손 속에서도 여전히 기술과 위선이라는 씨앗이 있다. 그러나 내가 보는 것, 내가 모든 감각을 동원해 냄새 맡는 것은 — 너는 너 자신을 혐오한다.

너는 너 자신에게 싫증나 있고 피곤해한다.

29[50]

폭풍우가 몰아치는 밤에 사냥하는 마왕.

너 협곡을 휘도는 밤바람이여, 너는 무엇을 말하고 있는가?

29[51]

교황에게 : 너는 아름다운 손을 가지고 있다. 많은 은총을 나누어 준 그러한 사람의 손을.

차라투스트라가 자신의 손님들에게 — 그대들은 높은 곳으로, 나에게 가도록 압박을 받게 된다. 대중이 말한다. "너희는 올라간다"

선한 유럽인 "나는 온갖 범죄를 저질렀다. 나는 가장 위험한 사상과 가장 위험한 여자를 사랑한다.

교황 : 그대들은 나를 오해하고 있다 : 나는 그대들보다 더 계몽될 수 있다. 전혀 모습이 없는 것이 아니라 오히려 그 모습 속에서 그를 존경하는 것!

"신은 어떤 정신이다"라고 말한 사람은 지금까지 무신앙에 이르는 가장 거대한 족적과 도약을 이루어냈다 :

지상에서 그러한 말을 다시 잘 만드는 것은 쉽지 않다.

차라투스트라가 자발적으로 거지가 된 자에게 : "너는 확실히 어떤 과잉의 상태에 있다 : 그것을 내게 다오!"

내가 알고 있는 차라투스트라의 모습이다.

— 너는 나의 과잉을 혐오하려 하는가?

— 그들은 가난한 자들에게 가장 유리하게 춤을 춘다. 거기에는
불행에 대한 온갖 부끄러움이 있다

— 양심적인 자

거머리 곁에 바싹 붙은 채 내 무지가 시작된다 : 그러나 나는 그
렇기에 스스로 부끄러워하는 법을 잊어버렸다.

29〔52〕

보다 높은 인간

천민이 만족하는 시대에 구토감은 보다 높은 인간을 나타내는 표
시다

29〔53〕

내가 한번 늑대들과 함께 울부짖어야만 한다면, 나는 늑대보다
더 잘 울부짖게 될 것이다.

29〔54〕

어떤 유일무이한 체험을 다시 하기를 원하는 사람은 모든 것을
다시 원해야만 한다.

29〔55〕

나는 말을 만드는 사람이다 : 말에 있어 중요한 것은 무엇인가!

내게서 중요한 것은 무엇인가!

29[56]

　나와 똑같이 하라 : 그대들은 내가 배웠던 것을 배우라 : 오직 행동하는 자만이 배우게 된다.

　그대들은 무엇이 천민이고 천민의 소음인지 배우도록 시장에 서라 : 그대들은 청각과 시각을 곧 잃게 될 것이다.

　내 주위에서 사는 것. 그것은 또한 곧 익숙해진다.

　어떤 덕이 그대들을 설득하고 넘어선 적이 있던가 : 그대들은 그것을 알지 못하고 그것 때문에 화를 내지는 않는다 : 그대들 안에 있는 온갖 좋지 않은 것은 그것에 대해 복수를 하고자 한다 : ─

　즉 그대들 보다 높은 인간들이여, 그대들은 자신의 덕을 가장 가혹하게 벌주게 될 것이다.

29[57]

　방랑〈자〉

　향수, 이는 고향을 향한 것도 아니고, 생가나 조국을 향한 것도 아니다. 나에게는 이 양자가 없기 때문이다 : 오히려 나에게는 고향이 없다는 것에 대한 슬픔이 있다.

29[58]

　오늘날 그대들은 보다 높은 인간들이다. 즉 자신의 신이 죽은 경건한 자, 천민 시대의 지나치게 선량한 자, 목적도 귀향도 없는 방랑자, 소식을 잘 알고 있는 자이자 양심적인 자, 자기 자신을 파괴하는 미몽에서 깬 마술사, 영(零)이자 십(十)을 의미하는 보라색 옷을 입은 왕

5   영이자 십을 의미하는 그대들 보라색 옷을 입은 왕들이여, 그대들 정신의 양심적인 자들이여 ― ― ―

    돈도 없이, 오 차라투스트라여, 돈도 없이! 돈이 없는 것보다 더 추한 것은 없다!

10

    우리 모두 기뻐하고 즐거워하자 : 그대들 보다 높은 인간들이여, 신에 관한 한, 그러니까 그를 ― 악마가 데리고 올 수 있다!

29[59]

15   고독한 자에게 커다란 공포가 덮친다면, 그가 달리고 달리는데 어디로 달리는지 모른다면?

    거친 폭풍우의 소리가 울려온다면, 그에 대해 번개가 생겨난다면, 그의 동굴이 유령으로 그를 무섭게 만든다면 ―

20   서툰 시인들과 게으른 동물들에게 말해졌다고 한다 : 아무것도 창조할 필요가 없는 자, 그에게 허무가 만들어지게 된다.

29[60]

    마지막 죄

80 유고(1884년 가을~1885년 가을)

29[61]

　이러한 보다 높은 인간의 환성 소리가 이슬 바람처럼 그에게 다가왔다 : 그의 가혹함이 녹아버렸다. 그의 가슴이 뿌리에 이르도록 전율한다

5

29[62]

　여기서 미래가 산고를 겪는다. 여기서 심연이 벌어진다. 여기서 지옥의 개가 짖어댄다. 여기서 최고의 현자가 현기증을 느낀다.

10　29[63]

　꿀의 봉헌.
　예언자.
　시인.
　왕들.
15　성자.

　일곱 번째 고독.
　새로운 동물들 속에서.
　행복한 자들의 소식.
20　동굴과의 작별.

29[64]

　— 세월은 다시 흘러간다. 차라투스트라의 머리는 하얗게 되었다. 그러나 차라투스트라는 자신의 동굴에 앉아 시간에 유의하지 않은

채 밖을 바라보았다. 세계는 차라투스트라의 세계를 잊어버렸다 :
그 역시 세계를 잊었던가?

그대들이 나에게서 몸을 데우고자 한다면, 내 곁에 가까이 오지
마라 ― 그렇지 않으면 그대들은 심장을 태우게 될 수도 있다. 나는
너무나도 뜨겁고, 내 불꽃이 내 몸에서 부서져 나오지 않도록 애써
강제한다.

우리는 네 앞발을 묶어버렸다 : 이제 너는 긁을 수가 없다. 너 상
처 난 고양이여!

너무 오랫동안 벽에서 광채를 냈던, 목마르고 건조해진 칼로 ―
― ―

붉은 점이 있는 뱀과 같은 칼로

29[65]

1. 비극의 탄생.
2. 반시대적 고찰.
3. 인간적인 너무나 인간적인.
4. 방랑자와 그 그림자
5. 아침놀.
6. 즐거운 학문.
7. 차라투스트라는 이렇게 말했다.
8. 디오니소스 혹은 : 성스러운 광란의 축제

29[66]

정오와 영원
프리드리히 니체.

제2장 :
전령의 외침.

정오와 영원
프리드리히 니체.

제3장 :
이름 없는 자가 축복을 내린다.

29[67]

폰 우바로프von Ouwaroff, 논노스 폰 파노폴리스Nonnos von Panopolis 작가.

르투르노Letourneau 정념의 생리학(현대 과학 도서관에 있음)

아미엘 내면의 일기journal intime II권 회상 I 비엘 카스텔Viel Castel {백작}

기요Guyau, 도덕 개요 (파리 알캉)

벨하우젠Wellhausen, 개요 I / 베를린 라이머 1884년

아돌프 쉘Adolf Schöll, 괴테

논문 총집 2권, 고전 문학. (베를린, 헤르츠)

고치Gozzi 카사노바Casanova 골도니Goldoni 드 브로스De
Brosses 마이어Mayer 4권

〔30 = Z II 5, 83. Z II 7b. Z II 6b.
1884년 가을~1885년 초〕

30〔1〕

　유럽이 곧 위대한 정치인을 산출했으면 한다. 오늘날 천민적 단견의 좀스러운 시대에 "위대한 현실주의자"로 칭송을 받는 사람은 하찮은 존재로 있게 된다.

30〔2〕

　첫 장에서 : 나의 가치 평가를 논리 속으로 집어넣는 것. 예를 들어 안전에 대한 가설 등

30〔3〕

　나는 어디에서 고향같이 느낄 수 있는가? 나는 오랫동안 그것을 찾았다. 이러한 추구는 끊임없는 내 고향 찾기로 머물러 있었다.
　왜 추한 언어에 반해 있었던가. 우리의 어머니들이 그 언어를 사용했기 때문인가? 나와 내 아버지들에게 사랑할 만한 것이 별로 없다면, 왜 이웃을 싫어한단 말인가!

30〔4〕

　1　차라투스트라
　2　예언자
　3　첫 번째 왕

〔30 = Z II 5, 83. Z II 7b. Z II 6b. 1884년 가을~1885년 초〕 87

4 두 번째 왕

5 가장 추악한 인간.

6 양심적인 자.

7 선한 유럽인

8 자발적으로 거지가 된 자.

9 늙은 교황

10 나쁜 마술사.

30[5]

어떤 시대가 자신의 가장 위대한 정신을 알지 못하고, 자신의 고유한 밤에 솟아오른 경탄할 만한 천체에 주목하지 못한다면, 그것은 언제나 그 시대의 탓이 아니다. 아마도 이 별은 더 멀리 떨어져 있는 세계에 빛을 비추도록 정해져 있을 것이다. 만일 이 별이 너무 일찍 알려지게 된다면, 그 시대는 아마도 심지어는 하나의 운명이 될 수도 있을 것이다 — 따라서 그 시대는 자신의 과제를 이루도록 유혹을 받게 되고, 이것으로 인해 다시 다가오는 시대에 손해를 입히는 일이 있을 수도 있다 : 그로 인해 그 시대는 이미 처리되었어야 했을 과제를 다가오는 시대에 남겨놓았으며, 아마도 그것은 바로 이 다가오는 시대의 힘에 적합하지 않은 과제일 것이다.

30[6]

도덕적 가치 평가의

비판

30[7]

　　그러나 차라투스트라여, 좋은 시간을 위해 한 말씀 하시길!

　　너는 오늘 만찬에 나를 초대하였다 : 내가 희망하건대, 너는 그러
한 연설로 나를 쫓아내려 하는 것이 아닌가?

5　　좋은 포도주에 취한 당나귀 전체

　　포도주가 흐르는 숨겨진 샘을 너는 가지고 있지 않은가

　　두 마리 어린 양들

　　함께 식사하고자 하는 사람은 또한 준비를 해야만 한다. 여기에
도살할 양들과 점화해야 할 불이 있다

10　　숲 속의 야수처럼

　　시인은 우리에게 노래를 불러주어야만 한다

　　인사.

　　만찬.

15　　즉흥 시인.

　　동물들의 수수께끼.

　　웃는 자의 노래.

30[8]

20　　　　　　　　　매혹하는 자.

　　나는 피곤하다 : 나는 삶을 사는 동안 헛되이 위대한 인간을 찾았
다. 그러나 차라투스트라 역시 더 이상 없다.

　　차라투스트라는 진지하게 말했다 : 나는 너를 안다. 너는 모든 사

람을 매혹하는 자다. 그러나 내 생각에 너는 너 자신에게서 단지 험오감만을 거두어들였다.

네가 위대함을 추구하는 것은 존경할 만하다. 그러나 너의 비밀 또한 누설된다 : 너는 위대하지 않다.

너는 누구인가? 그는 깜짝 놀라며 적대적인 눈빛으로 말했다. 누가 나에게 그렇게 말할 수 있단 말인가? ─

네 양심의 가책 ─ 차라투스트라는 대답하면서 매혹하는 자에게서 등을 돌렸다.

30[9]

삶에서 죽고, 행복 속으로 파묻혀 숨어버리고, ─ 누가 그렇게 하는가 ─ ─ ─ 몇 번이나 그는 다시 부활해야 하는가!

오 행복이여, 나는 미움과 사랑을 통해 스스로 내 표면에 도달했다 : 오랫동안 나는 미움과 사랑이라는 무거운 공기 속에 걸려 있었다 : 무거운 공기가 나를 공처럼 밀고 당겼다

자신의 죽음을 미리 즐기는 사람처럼 쾌활하게.

세계는 고요하지 않은가? 어두운 가지와 잎사귀로 이 고요가 어떻게 나를 휘감는가.

오 나의 영혼이여, 너는 노래하고자 하는가? 그러나 어떤 목자도 피리를 불지 않는 시간이다. 정오가 초원에서 잠을 잔다.

너무 좋은 것을 많이 맛본 모든 사람들의 황금빛 비애.

나는 얼마나 오랫동안 잠잤던가? 이제 나는 얼마나 더 오랫동안 깨어 있어야 할까!

30[10]

　서로 돕든 종속되든 간에 커다란 위기가 닥쳤을 때 의사소통을
해야 할 필요성은 유사한 기호로 유사한 체험을 표현할 수 있었던
저러한 방식의 근원적 인간을 서로 접근할 수 있게 할 수 있었을 뿐
이다. 그들이 너무 다양했기에, 그들은 기호를 통해 의사소통을 하
려는 시도에서 잘못 이해되었다 : 접근은 이렇게 성공했지만, 결국
무리는 그렇지 못했다. 그 결과 생겨난 것은 일반적으로 체험(혹은
욕구나 기대)의 의사소통 가능성이란 선택하며 훈련시키는 힘이라
는 사실이다 : **보다 유사한 인간들**이 남아 있다. 생각해야 할 필요
성, 의식 전체는 의사소통의 말을 해야 할 필요성 때문에 비로소 다
가오게 된다. 일반적 의미에서 보면, 먼저 기호가, 그 다음에 개념
이, 끝으로 "이성"이 오게 된다. 가장 풍요로운 유기체적 생명은 의
식 없이 스스로 자신의 연주를 완주해낼 수 있다 : 그러나 곧 그의
생존이 다른 동물들과 함께 생존하는 것과 연결된다면, 의식의 필
요성 또한 생기게 된다. 이러한 의식은 어떻게 가능한가? 나는 그
러한 물음에 대한 대답(즉 단어를 의미하는 것이지 다른 것을 의미
하는 것은 아니다!)을 생각해낼 수 없다. "어떻게 선험적 종합 판단
이 가능한가?"라는 물음을 던진 적이 있는 늙은 칸트가 때마침 내
게 떠오른다. 그는 마침내 "그것을 할 수 있는 능력에 의해서"라며
놀라운 독일적 통찰력으로 대답했다. — 그러나 마약이 잠자게 만
드는 것은 어떻게 된 것인가? 몰리에르Molière에게 있어서의 저 의
사는 "매번 수면을 야기하는 힘Vis soporifica이 있다"고 대답했다.
저 칸트적인 "능력"이라는 대답에도 마약이, 적어도 수면을 야기하
는 힘이 있었다 : 얼마나 많은 독일 "철학자"들이 그것에 잠들어버

렸던가!

30〔11〕
앒과 양심.
프리드리히 니체.

30〔12〕
내 친구들아, 그대들은 그대들의 장점을 이해하지 못하고 있다 :
보다 높은 인간들이 이 시대를 고통스러워하고 있다면, 그것은 어
리석음일 뿐이다 : 그들은 그것을 더 잘 소유하지 못했다.

30〔13〕
비극의 탄생.
1872년 초에 독일에서는 "음악 정신으로부터의 비극의 탄생"이
라는 낯선 제목을 달았을 뿐만 아니라, 그 제목에 의해 충분히 놀라
움과 호기심의 자극을 주었던 책 한 권이 출간되었다. 사람들은 그
저작자가 어떤 젊은 문헌학자였으며, 동시에 문헌학 동업자들의 입
장에서 그에 대한 반대가 있었으며, 심지어 아마도 어떤 문헌학 문
하의 거두이자 소를 키우는 목자의 권고마저 있었다는 것을 경험했
다 ― ― ―
― 어떤 의도 없이, 어떤 신비적 영혼의 기호가 기술되어 있었던
독립적이고 자족적인 책 ― ― ―
― 젊음과 미숙함이 넘쳐흐르고, 무겁고, 가득 차 넘치고, 또한
너무 독일적인 것이 많은 ― 그 안에서는 거의 대립적인 재능이

휘몰아치고 부딪쳤다. 또한

― 감각에 영향을 미치는 정신으로

― (피부가 민감하다고 전제한다면) 여기서 누군가가 경험에서 우러나온 것처럼, 모든 나라 가운데 가장 낯선 나라에서 아주 가깝게 닿을 수 있는 곳으로 되돌아오면서, 모든 것을 말하지 않고, 모든 것을 침묵하지도 않은 채, 학자의 수도복과 모자에 숨어서, 그러나 충분히 숨지는 않은 채로, 디오니소스적인 것의 섬뜩한 세계에 대해 말한다는 것이 약간 몸서리치는 일이지만 허용될 것이다.

리하르트 바그너는 부족하고 우연한 자신의 교양과 아주 모순된 저 예언자적 본능의 깊이로부터 그가 독일적 문화뿐 아니라 독일적 문화의 운명을 제어하는 저 운명적 인간을 만났다는 사실을 짐작했다.

〔31 = Z II 8. 1884년 겨울~1885년〕

5

31〔1〕

도덕의 실제적 극복

31〔2〕

차라투스트라 제4장에서는 왜 지금 위대한 정오의 시간이 오는가를, 즉 차라투스트라가 방문함으로써 있게 된 것이지만, 그러나 그에 의해 해석된 시간에 관한 묘사를 정확히 말할 필요가 있다.

차라투스트라 제4장에서는 왜 "선택된 민족"이 창조되어야 했는지를 정확히 말할 필요가 있다. ― 이 민족은 못난 인간과 대립되는, 성품이 좋은 보다 높은 본성과는 반대다(방문자에 의해 특징지어진다) : 차라투스트라는 오직 이러한 성품이 좋은 인간들에게만 마지막 문제들을 알릴 수 있고, 오직 그들에게만 이러한 이론의 활동을 요구할 수 있으며(그들은 이러한 일을 하기에 충분히 강하고 건강하고 준엄하고, 특히 고결하다!), 그들에게 대지를 지배할 해머를 넘겨줄 수 있다.

차라투스트라에서 서술되어야 할 내용은

1) 보다 높은 유형의 극단적 위험 (여기서 차라투스트라는 자신이 처음으로 등장하는 때를 상기한다)

2) 선한 인간은 오늘날 보다 높은 인간과는 반대되는 편에 서게 된다 : 이것은 가장 위험한 전환이다! (― 예외에 반대해서!)

3) 고독한 자, 목적을 이루지 못한 자, 스스로의 입장을 잘못 표명
하는 자들은 타락한다. 그리고 그들의 타락은 자신들의 실존
에 반대되는 근거로 여겨진다 ("천재의 신경증")

4) 차라투스트라는 그가 섬들로 이주하도록 조언했을 때, 자신이
무엇을 했으며, 그리고 왜 자신이 섬을 찾아갔는가를 (1과 2에
서) 설명해야만 한다 (이 섬들은 그가 마지막 계시를 하기에는
아직 성숙되지 못한 곳이 아닌가?)

31〔3〕

차라투스트라 제6부에는 창조하는 자와 사랑하는 자, 부정하는
자의 위대한 종합이 있게 된다.

31〔4〕

차라투스트라의 제4부에서는 메두사의 머리로서의 위대한 사상이
다루어진다 : 세계의 온갖 특성은 굳어버리고, 얼어붙은 죽음의 투
쟁이 된다.

31〔5〕

너는 너에 대해 말하는 것인가, 아니면 나에 대해 말하는 것인가?
그러나 너는 이제 나를 속이든지 아니면 너를 속이게 되는 것이 아
닌가, 너는 배반자에 속한다, 시인인 너는! ― 네가 살아온 것에 대
해 부끄러움 없이, 너의 체험을 이용하며, 너의 가장 사랑하는 것을
집요한 눈길에 내맡기면서, 모두 마셔 말라버린 잔에 네 피를 쏟아
부으면서, 너 자만심에 가득 찬 자여!

31[6]

천재는 차라투스트라를 자신의 사상을 구현하는 것으로 본다.

31[7]

마지막으로 : 네 눈을 열라, 전체 진리를 보라 : 보다 높은 인간이 존재하는 것인가 아니면 존재하지 못하는 것인가!!

31[8]

"오 차라투스트라여, 이제 이것이 너의 걱정이다! 너를 속이지 말라 : 많은 사람의 눈길이 단순하고 저열하기 때문에, 이것이 너를 우울하게 만드는 것인가? 그러나 고독한 자들이 오히려 더 잘못된다" — 이에 대해 차라투스트라는 이유를 든다.

1) 동정에 대한 중대한 오류 — 사람들은 고통받는 모든 나약한 자들을 보존해왔다.

2) 사람들은 "유유상종"을 가르쳐왔으며 이것을 통해 양심이 있도록 만들었다 — 위선적 행동을 할 필요가 있었으며, 아첨할 필요가 있었다.

3) 지배 계급은 보다 높은 인간에 대한 믿음을 나쁘게 표출해왔고, 부분적으로는 부정해왔다.

4) 천민이 지배하는 추악한 것의 엄청난 영역 : 여기서 가장 고귀한 영혼은 누더기를 입고 다니고 오히려 추함을 더 과장하려 한다.

5) 가장 고귀한 영혼을 위한 온갖 교육이 결핍되어 있다. 이 영혼은 스스로 구원을 얻기 위해 갑옷을 입고 일그러져야만 한다.

종합해서 말하면 : 보다 높은 인간이 차라투스트라에게 **구조**를 간청하는 외침. 차라투스트라는 이 고귀한 영혼에게 참아낼 것을 경고하며, 스스로 자기 자신에 대해 "내가 몸소 체험하지 못했던 것, 그것은 무(無)다!"라고 말하면서 전율을 느끼고, 스스로 행복하다고 위로하면서 "최고의 때가 왔다"고 인식한다. 불만을 터뜨리고 행복에 관련된 자신의 희망에 대해 비웃음을 터뜨린다. "너는 우리를 돕고자 하지 않는가? 크게 복수하도록 우리를 도와달라!" 너는 불행한 자에 대해 가혹하구나! ― 다른 데로 생각을 돌려보자.

차라투스트라에게 있는 불신과 불안으로 되돌아가보자. 그는 동물들을 밖으로 내보낸다.

31[9]

차라투스트라 제4부. (계획.)

1. 꿀 봉납

2. 보다 높은 인간이 구조를 간청하는 외침. 무리. (약 50쪽)

3. 높은 곳에 있는 차라투스트라의 동정 ― 하지만 혹독하다. 자신의 과제에 머무를 것 ― "때가 되지 않았다"

4. 차라투스트라의 경멸. 예언가가 가시를 남길 때는 떠날 것.

5. 동물들을 밖으로 내보내며 불안에 사로잡힘.

6. 일곱 번째 고독 : 궁극적으로는 "메두사의 머리". (약 40쪽)

7. 성자는 그것을 이긴다. 위기. 갑자기 뛰어오르며. (경건한 **체념**의 날카로운 대비)

8. "위대한 자연에 대해." 승리의 노래.

9. 사자와 비둘기 떼. 동물들의 귀환 (모든 징조가 그곳에 있다는

것을 인식한다). 소식.

10. 동굴로부터의 마지막 작별 (영원 회귀라는 위로를 주는 것이 처음으로 모습을 드러낸다)

31[10]

1. 불안한 자, 고향을 잃어버린 자, 방랑자 ― 이 선한 유럽인은 여러 민족을 사랑하기 때문에, 자신의 민족을 사랑하는 것을 잊어버렸다.

2. 부끄러워하고, 고독하며, 파괴자가 되지 않기 위해 너무나도 고독을 선택할 준비가 되어 있는 음울하며 야심 가득한 민족의 아들 ― 스스로를 도구로 제공한다.

3. "거머리의 뇌"라는 사실을 존중하는 자는 과도한 양심의 가책에 사로잡혀 스스로 벗어나고자 한다! 가장 예민한 지적 양심

4. 시인은 근본적으로 거친 자유를 갈구하며 고독과 인식의 엄격함을 선택한다.

5. 자신을 꾸며야만 하고(역사적 의미), 언제나 새로운 의복을 찾는 더없이 추악한 인간 : 그는 자신의 모습을 견디어내려 하며 마침내 자신의 모습이 보이지 않도록 고독 속으로 들어간다 : ― 그는 스스로 부끄러워한다.

6. 새로운 도취의 수단을 만들어내는 자, 음악가, 그리고 마침내 애정 어린 심정 앞에 무릎 꿇고 내가 아니라 저 새로운 도취의 수단으로 나는 당신들을 이끌고자 한다!고 말하는 매혹하는 자

7. 모든 것을 버리고 어떤 사람에게 거지로서 "너에게는 남은 게

있으니 나에게 주라!"고 말하는 부자

8. 지배하는 것을 포기하는 왕 : 우리는 지배하는 것보다 더 존귀한 사람을 찾는다!

9. (광기의 발작으로서의) 천재는 사랑이 부족해서 얼어버린다. "나는 아무 생각도 없으며 또한 신도 아니다" ― 커다란 상냥함 "그를 더 사랑해야 한다!"

10. 행복의 배우

11. "평등"에 대항하는 두 명의 왕 : 위대한 인간은 없으며 따라서 경외감은 없다.

12. 선한 자들

13. 경건한 자들

14. "스스로를 위해 존재하는 자들"과 성자들

그리고 그들의 망상 "신을 위해서"란 "나를 위해서"다.

무한한 신뢰에 대한 욕구, 무신론, 유신론

우울하게 결단함

메두사의 머리

31[11]

초안.

― 꿀 봉납.

― 구조를 간청하는 외침.

왕들과의 대화.

선한 유럽인 ― 바다에서 일어난 사고에 대해 설명하다.

거머리의 뇌.

자발적으로 거지가 된 자.

매혹하는 자.

더할 나위 없이 추한 인간. (민족.)

― 환영 인사.

― 만찬.

― 마술사의 노래.

학문에 관해.

보다 높은 인간에 대해.

― 장미의 말.

은자가 몰락에 대해 설명하다.

일곱 번째 고독에 대해.

얼어붙은 자.

맹세.

동굴을 마지막으로 방문함 : 기쁨의 소식. 그곳에서 그는 잠을
잔다. 아침에 일어난다. 웃는 사자.

　　― 커다란 변화와 강해짐 : 몇 마디 말을 하다. "나"를 회피한
　　　　다는 것.

$$18 : 110 \mid 6$$
$$\underline{108}$$

8

10을 만들 것

31〔12〕

너는 어디로 가려 하는가? 하고 그는 큰 소리로 물었다. 그의 목

소리는 낯설게 다가왔고, 모습을 바꾸어 거꾸로 자신에게로 왔다.
— "나는 잘 모르겠다"

　네 동물들은 — 네 동물들은 어디에 있는가?

　오 차라투스트라여 이제 네가 사랑하는 사람은 더 이상 살아 있
지 않다! — 그는 땅에 몸을 구부리고, 고통스러워 소리치면서 자기
손을 땅속에 묻었다.

　모든 것이 헛된 것이었다!

31〔13〕

　내게 어떤 일이 잘못된다면, 그 때문에 내가 잘못된 존재인가? 내
게 중요한 일을 나 스스로가 잘못 만드는가? 따라서 인간이란 잘못
된 존재인가?

　이것은 병이자 열병이다.

31〔14〕

　웃는 사자 — "두개의 달 앞에서 여전히 이것을 본다는 것"은 몸속
에 있는 나의 심장을 돌려놓는 일이다.

31〔15〕

　너희는 내 가슴의 문을 닫기 바로 전에 왔다 : 나는 너희가 열두
번째 시간에 들어가고자 하는 일을 아직은 용서하지 않았다.

31〔16〕

1　은자가 완전히 드러날 때까지.

2 일곱 번째 고독에서.

3 결단, "너는 모든 것을 다시 한번 원하는가, 이 모든 기다림 등을. ─ " 나는 원한다! (어둡게 밤으로 떠나라)

4. 가장 이른 아침. 웃는 사자, 소식, 그러나 혹독하고 엄격하지만, 그러나 빛을 발하면서.

31〔17〕

차라투스트라는 자신의 친구에 대항해 자기 가슴을 부수어버린다.
자신의 동물들에 대해
자신이 사랑했던 모든 것에 대해
정오에 이르고자 하는 의지 전체를
결론 : 자신의 가슴을 디티람보스적으로 부수어버리는 것

31〔18〕

(내게는 이미 새 친구가 있다는 것을 그들에게 말한다 ─

31〔19〕

(너는 이 어린아이들보다 어리다. 이것이 사람들이 내게 말한 두 번째 유년기란 말인가? 차라투스트라 제6장)

31〔20〕

즉 차라투스트라는 산에서 솟아오르는 아침 태양처럼 일어났다 : 힘차게 빛을 발하면서 그는 그쪽으로 걸어갔다 ─ 그의 의지가 갈망한 위대한 정오를 향해, 그리고 아래로 내려갔다.

31〔21〕

그러나 사자는 차라투스트라의 손으로 떨어지는 눈물을 핥았다. 그의 가장 내면적인 심정이 움직이면서 돌아섰지만, 그러나 그는 한마디도 하지 않았다. 그러나 사람들은 독수리가 질투에 차서 사자의 움직임을 바라보았다고 말한다.

마침내 차라투스트라는 자신이 휴식을 취했던 바위에서 일어났다 : 그는 산에서 솟아오르는 아침 태양처럼 일어섰다. 힘차게 빛을 발하면서 등등.

31〔22〕

1 한밤중에.

2 일곱 번째 고독.

3 치유.

4 은자의 손에 있는 맹세.

5. 친구들의 소식과 웃는 사자.

31〔23〕

— 사자 역시 똑같은 것을 맹세한다. 그러나 반 정도만 맹세한다
   : 사자는 한쪽 눈이 멀었기 때문이다.

31〔24〕

— 그들 둘은 한껏 큰 소리로 웃어댄다. "우리 시인들이 꾸미고 버티는 법을 어찌 알겠는가! 내 생각에는, 등등."

31〔25〕

　　— 자기 파괴의 충동 : 한 사람에게서 모든 기반과 힘을 빼앗는 인
　식을 향해 손을 뻗치는 것

31〔26〕

　　— 만일 그대들이 자신에 관한 쾌와 불쾌의 법칙을 느끼고, 더 높
은 법칙을 느끼지 못한다면 : 그러면 좋다. 이제 가장 그럴듯한 생각
이 아니라, 가장 편안한 생각을 선택해보라 : 너희에게 무신론이 왜
필요하단 말인가!

31〔27〕

　　— 저열한 인간들이 신을 올려다보는 것처럼, 우리는 당연히 한
번쯤 나의 위버멘쉬를 올려다보아야만 한다. 차라투스트라 제6장.

31〔28〕

　　— 무신론과 유신론의 대립이 있는 것이 아니다 : "진리"와 "비진
리"의 대립이 있는 것이 아니라, 우리가 타인에게 적절히 (더 많이!)
허용하는 가설을 우리 자신에게는 더 이상 허용하지 않는다는 사실
만이 있을 뿐이다. 경건성이란 세속적인 인간이 견뎌낼 수 있는 유일한
형식이다 : 대중의 모습에 구역질이 나는 오늘날처럼, 우리는 민족
에 대해 구역질을 느끼지 않기 위해, 민족이 종교적이 되기를 원한
다 :

31〔29〕

— 우리는 스스로를 보다 위험한 상태로 세워놓고, 오히려 고통과 결핍의 느낌에 빠져 들게 한다 : 우리의 무신론은 불행을 찾는 것인데, 천박한 종류의 인간은 몸에서 이것을 전혀 이해하지 못한다.

31〔30〕

정오와 영원

프리드리히 니체.

제1부 : 차라투스트라의 유혹.

31〔31〕

볼 수 없고, 또한 들을 수 없지만, 이슬의 위로가 이미 땅에서 낮게 솟아오를 때, 맑은 공기가 있을 때 —

— 왜냐하면 위안을 주는 이슬은 부드러운 신을 신고 있기 때문이다.

그곳에서 회상하는가, 너 뜨거운 가슴이 어느 날엔가 얼마나 갈망했는지, 그을리고 피로에 젖어 하늘의 눈물과 이슬 방울을 얼마나 갈망했는지를 회상하는가?

— 그사이에 저녁 햇살이 심술궂게 내 주위에 있는 검은 나무들을 지나 누런 풀길을 향해 달려 나갔다. 눈부신 햇살이, 악의에 차서.

너는 진리를 구하는 자인가? — 그들은 그렇게 비웃었다 — 아니다! 마술사일 뿐이다! 한 마리 동물, 거짓말을 할 수밖에 없는, 영리하고, 약탈하면서, 살금살금 다가서는 한 마리 동물이다.

이 동물은 알면서 의도적으로 거짓말할 수밖에 없으며, 먹이를 탐내면서, 여러 가지로 변장을 하고, 스스로 가면이 되어, 스스로 다리를 넘어서면서 —

이것이 — 진리를 구하는 자란 말인가? 바보일 뿐이다! 시인일 뿐이다! 잡다한 이야기를 하면서, 바보의 가면을 쓰고 잡다한 소리를 내지르면서, 거짓 무지개 환영의 다리에 올라타면서 —

네가 보았던 사람들처럼 침묵하지 않고, 완고하고 무뚝뚝하고 냉담하게, 상징이 되고 신의 기둥이 되고, 신전 앞에 세워져, 신의 문지기가 되고 —

아니다. 그러한 진리의 상태를 비유적으로 말한다는 것에 적의를 품으면서, 모든 창문을 통해 모든 우연에 뛰어드는 고양이같이 변덕으로 가득 차서, 신전 앞보다는 야생에 더 친숙함을 느끼면서,

너는 탐욕스러운 입술을 다시며 달려왔던 저 야생의 숲에 더 갈구하듯 냄새를 맡으며 접근해 들어간다, 마치 얼룩진 맹수가 부정할 정도로 건강하고 아름답고, 성스러울 정도로 조롱하고 성스럽게 피를 갈구하는 것처럼.

혹은 오랫동안 움직이지 않고 심연을, 점점 더 심층 깊이 내려가며 원을 그리는 자신의 심연을 바라보는 독수리처럼,

그리고 나서 갑자기, 직선을 그리며 급격히 움직이며 날면서 아래로 내려가 양들을 낚아채고, 돌연히 아래로 기갈이 들어 고통스럽게 모든 양들의 영혼을 몰아대며, 오직 양처럼 곱슬곱슬 뒤얽히고자 하는 양들의 편안함으로 바라보기만 한다.

— 마술사의 동경은 독수리와 같고, 표범과 같으며, 천 개의 가면 속에 있는 너의 동경도 그와 같다, 너 바보여! 너 시인이여!

너와 같은 인간은 신을 양처럼 바라본다 : 인간 속에 있는 신을 찢으면서, 인간 속에 있는 양을 찢으면서 웃는다 ─

이것이 네 행복이다! 표범이나 독수리의 행복이다! 마술사와 바보의 행복이다! ──

초승달이 이미 진홍색 빛 사이에서 푸른빛으로 시기하듯 슬그머니 가버릴 때, 맑은 공기가 있을 때,

─ 낮을 미워하면서, 그것이 가라앉을 때까지, 밤을 향해 창백하게 가라앉을 때까지, 점점 은밀하게 공중에 매단 장밋빛 초원에서 초승달이 되어가면서 :

언젠가 나는 스스로 내 진리의 광기에서, 내 낮의 동경에서, 낮에 지치고 빛 때문에 병들어 그렇게 가라앉았다 ─ 앞으로, 저녁을 향해, 어둠을 향해 가라앉았다.

진리 하나로 인해 불타버리고 갈증을 느끼며 : ─ 아직 회상하는가, 거기서 너 뜨거운 가슴이 얼마나 갈망했는지를 회상하는가? ─

나는 온갖 진리에서 쫓겨났다! 바보일 뿐이다! 시인일 뿐이다!

31〔32〕

나를 따뜻하게 만드는 사람은 누구인가? 나를 아직도 사랑하는 사람은 누구인가? 뜨거운 손을 다오, 가슴의 화로를 다오!

길게 누워, 전율하면서, 사람들이 발을 녹여주고 있는 설죽은 사람처럼, 흔들리면서, 아! 알지 못하는 열병에, 날카로운 끝을 가진 차가운 추위의 화살 앞에 몸을 떨면서 ─

너에 의해 내몰리면서, 사상이여! 말할 수 없는, 숨겨진, 창조적인 사상이여! 구름 뒤에 있는 너 사냥꾼이여!

아래로 너에 의해 번쩍거리면서, 나를 어둠 속에서 응시하는 너 갑작스러운 눈이여

─ 그렇게 나는 눕는다. 나를 구부리고 비틀어보라. 온갖 영원한 고문에 고통스러워하며 너를 만난다. 가장 잔인하고 영원한 사냥꾼, 너 알려지지 않은 신이여!

더 깊이 있게 만나라, 한 번만 더 만나라! 이 가슴을 찌르고 깨부숴라! 이 고문하는 자는 부러진 이촉의 화살로 무엇을 해야 하는가?

인간의 고통에 대해 지치지 않는 너는 불행을 즐기는 신들의 번개같이 번쩍이는 눈으로 무엇을 다시 보는가? 너는 죽이려 하지 않는 것인가? 고문만 하려 하는 것인가, 고문을?

바로 너는 밤에도 가만히 다가와 나의 숨쉬는 소리를 질투하며 듣고, 내 심장 소리를 엿듣고, 내 꿈에 올라타서,

내 꿈에 날카로워진 의혹의 화살을 던지며, 가슴을 깨뜨려버리는 자여 : 언제나 준비되어 있는 사형 집행인인 신이여, 무엇 때문에!

무엇 때문에 나를 고문하는 것인가? 너는 무엇을 스스로에게 고문하기를 원하는가? 내가 말하는 것을 너는 원하는가?

혹은 내가 개처럼 네 앞에서 굴러야만 하는가, 나를 잊고 헌신하며 열광하여 너에게 사랑의 꼬리를 흔들어야 하는가?

헛되구나! 계속 찔러라, 가장 잔인한 가시여! 아니다. 개가 아니다.

─ 가장 잔인한 사냥꾼인 나는 단지 너의 야수일 뿐이다!

네 가장 자긍심 있는 포로, 너 구름 뒤에 있는 약탈자여! 자, 말해보라, 너, 노상 강도여, 나에게서 무엇을 원하는가? ─

너 번개를 감추는 자, 알려지지 않은 자, 말해보라, 너 나의 사상이여 : 너는 무엇을 원하는가, 알려지지 않은 자 — 신이란 말인가? —

뭐라고? 인질의 몸값이라고? 인질의 몸값인 네가 원하는 것은 무엇인가? 많은 것을 요구하라 — 내 자부심은 이것을 충고한다. 그리고 간단히 말하라 — 내 또 다른 자부심은 이것을 충고한다!

하하! 네가 나를 원한다고? — 내 전체를? 하하! 바보인 네가 나를 고문하고, 내 자부심을 괴롭힌다고?

나에게 사랑을 다오 — 누가 나를 여전히 따뜻하게 만드는가? 누가 나를 여전히 사랑하는가? 따뜻한 손을 다오, 가슴의 화로를 다오 —

가장 고독한 자인 나에게 적에 대한 냉정함 그 자체를 주라, 적을 연모하는 법을 배우며 — 가장 잔인한 적인 너는 나에게 **스스로를 헌신하라!**

하! 그곳에서! 그곳에서 그는 스스로 도망친다. 내 마지막 유일한 동지여! 내 위대한 적이여! 내 알지 못하는 자여! 내 사형 집행인인 신이여!

아니다! 네 모든 고문과 더불어 되돌아오라! 온갖 고독 가운데 마지막 고독으로 — 오 되돌아오라!

내 모든 눈물의 실개천이 너에게로 흐른다! 내 마지막 가슴의 불꽃이 — 너에게로 타오른다! 오 되돌아오라, 내 알려지지 않은 신이여! 내 마지막 행복이여! — —

31〔33〕

— 양치는 목자가 떼 지어 움직이는 양 떼의 등을 넘어 바라보는 것처럼 : 작게 떼 지어 움직이는 잿빛 파도의 바다.

— 철썩거리며 나는 천박함의 강가를 두드린다. 거친 파도가 어쩔 수 없이 모래를 물어뜯을 때 파도처럼 철썩거리면서 —

— 귀엽게 알랑대는 개

— 고분고분하며, 열망하며, 망각하며 : 이 파도는 모든 것을 망가뜨리지는 않는다.

— 푸른 야채에 고무되어, 살찐 친구들을 싫어하며.

— 이러한 것들은 예민하다 : 왜 그대들이 양의 발톱으로 그것을 움켜쥐어도 되는가? 말이라고 모두 주둥이에 속하는 것이 아니다 : 그러나 이 병들고 아픈 시대에 대해 고통을 느껴보라! 커다란 구제역(口蹄疫)에 대해 고통을 느껴보라.

— 움푹 들어간 곳과 동굴에 가득한 밤새들이

사방으로 노래를 부르고 두려워하면서

— "이 시인들이란! 그들은 의사에게 자신의 벗은 몸을 보일 때에도, 여전히 화장을 하고 있다!" (차라투스트라가 이 점을 부정하지 않고 웃었을 때, 시인은 바로 자신의 하프를 팔에 끌어안고 입을 열어 새로운 노래를 불렀다.

— 악의에 찬 창백한 불빛이 그의 눈에서 쏟아져 나왔고, 그는 입을 열었다가 다시 닫았다.

— 저녁이 바다 위로 온다 : 음산하고 창백한 구름에 다가가며 그는 흔들린다. 동경하는 자가 진홍색 안장에서 —

— 피로에 지쳐 자신의 조용한 정박항에 들어온 배처럼, 대지에

기대어 : 거미가 땅에서 그를 향해 거미줄을 지어내는 것만으로도 충분하다. 그곳에 힘이 더 센 비둘기 따윈 필요 없다!

31〔34〕

⁵　　— "오 내 동물들이여! 내 커다란 행운이 내 운명을 바꾸는구나! 나는 이제 춤을 추어야 한다, — 나는 넘어지지 않는다!"

　　— 그들은 사소하고 대략적인 사실 앞에 굽실대면서 있다. 그들은 자신의 발에 묻은 먼지와 오물에 입을 맞춘다 : 그리고 여전히 즐거워하며 날뛴다 : "드디어 여기에 현실이 있구나!"

¹⁰　　— 그대들은 나에게 그대들의 희망에 대해 말하고 있는가? 그러나 그 희망은 짧은 다리를 하고 있고 사팔눈이 아닌가? 그곳에 이미 절망이 기다리고 있지 않은지 그 희망은 언제나 구석에서 보고 있지 않은가?

　　— 너희 가운데 누가 진정으로 그의 모레가 좋다고 말한단 말인가! 누가 맹세할 수 있단 말인가? 누가 한 집과 하나의 생각 속에서

¹⁵　오 년이나 머무른단 말인가?

　　— 인간은 악하다 : 현자들 모두는 나를 위로하며 이렇게 말했다 : 아, 이것이 오늘만이라도 참이라면!

　　— 그 때문에 나는 여기서도 이러한 높이에 도달했다! 나는 결과적으로 위대한 인간을 보려 하는 것이 아닌가? 보라, 나는 쾌활한

²⁰　노인을 발견한다.

　　— 죽은 자를 더 이상 보관할 수 없는 약해질 대로 약해진 무덤들이여, 아, 곧 부활이 일어나게 될 것이다!

　　— 꿈에 대해 : "내가 필요로 하는 것은 너의 것이 아니다. 그러나

나는 너를 삶의 선물처럼 받아들였다 : 받는 사람으로서 나는 너에게 봉헌을 한다

— 벼락이 그들의 음식에 떨어지고 그들의 주둥이가 익숙해진 불덩이를 먹는다!

31〔35〕

— 고집스럽게 그리고 농부처럼 거칠고 교활하게

— "선한 의지"의 인간이라고? 신뢰할 수 없구나

— 여성들에게 묻는다 : 남성은 즐거워하기 때문에, 생산하지 못한다!

— "사람들은 가장 혹독하게 자신의 덕목 때문에 벌을 받는다."

— "싸늘하구나, 달빛이 빛난다. 하늘에는 구름 한 점 없다 : 살맛이 나지 않는다, 오 차라투스트라여!"

— "많은 사람이 스스로 지쳐버렸다 : 처음부터 그를 기다려왔던 행운이 이제야 그에게 다가왔다."

— 도대체 내가 뇌우가 머무는 곳이란 말인가? 그러나 온갖 구름이 내게 오며 알려주기를 원한다 —

— 나는 점점 커지는 구름처럼 나 자신을 모으고 점점 더 조용해지고 어두워진다 : 번개를 낳아야 하는 모든 것이 그렇게 한다.

— "그대들은 나에게서 따뜻해지기를 원하는가? 내가 그대들에게 조언을 하는데, 너무 내게 가까이 오지 말라 : — 그렇지 않으면 그대들은 스스로 손을 태우고 싶은 것이다. 왜냐하면 보라, 나는 너무 뜨겁기 때문이다. 애써서 나는 내 불꽃이 억지로 내 몸에서 빠져나가지 않도록 한다."

― 네 앞발이 묶여 있구나, 너 상처 난 고양이여, 이제 너는 긁을
수 있지 않은가, 그리고 네 푸른 눈으로 독을 바라보는구나!

― 너무나 오랫동안 목마름을 느끼며 벽에 걸려 있던 건조해져
번쩍거리는 칼을 가지고 : 이것은 욕망에 불꽃을 튀기며, 다시 피를
마시기를 원한다.

― 칼들은 붉은 반점이 있는 뱀처럼 서로 뒤섞인다.

― 나는 반향을 귀 기울여 듣는다, 아! 나는 칭찬만을 듣는다.

31〔36〕

― 나처럼 하라, 나처럼 배워라 : 행동하는 자만이 배운다.

― 경멸하는 것보다 존경하는 것에 부당한 것이 더 많다

― 매혹하는 자 ― 나는 이미 여러 가지 색의 천을 내보일 줄 안
다. 말〔馬〕을 다룰 줄 아는 사람은 안장도 다룰 줄 안다.

― 네가 하늘을 원망(怨望)하고 있다면, 네 별자리를 하늘에 던져
라 ― : 이것이 네 모든 악의일 것이다!

― 세계는 이제 조용하지 않은가? 이러한 조용함이 어마어마한
투쟁을 하며 얼마나 나를 감싸고 있단 말인가!

― 그대들은 스스로를 잘 꾸밀 수 있는가, 그대들 시인이여!

― 그는 스스로 덕을 극복할 수 있었다. : 그리고 이제 자신 안에
있는 온갖 나쁜 것들이 이에 대해 복수를 한다.

― 여기서 너는 장님이다. 왜냐하면 여기에서는 너의 성실성이
귀 기울이기 때문이다.

― 나는 반향에 귀 기울였다. 하지만 나는 단지 칭찬만을 들었다.

― 그는 자신의 높이에서 스스로 떨어졌다. 저열한 인간에 대한

사랑이 그를 유혹했다 ― : 이제 그는 사지가 부러진 상태로 있다.

― 그는 스스로에 대해 너무 많은 말을 한다. 이것은 자신을 감추려는 재주였다.

― 만세! 진리가 언젠가 여기서 승리했다는 사실이 어떻게 나오게 되었는가? 심각한 오류가 진리를 돕기 위해 왔다.

― 그는 내게는 무관심했다. 그는 나를 두렵게 하지 않았다.

― 인간이란 얼마나 초라한가! 사람들은 내게 그 자신은 스스로를 사랑한다고 말한다 : 아, 이 사랑 역시 얼마나 초라한가!

― 나는 이 칼들을 가지고 저 어둠 역시 자른다!

31〔37〕

― 태어난 사람은 병이 든다.

― 그대 창조하는 자들, 모든 이들이여, 그대들에게는 순수하지 못한 것이 많이 있다 : 이것이 그대들로 하여금 어머니가 될 수밖에 없게 한다.

― 고통은 닭과 시인으로 하여금 시끄러운 소리를 내게 한다.

― 새로운 어린아이, 새로운 더러움. 태어난 사람은 정화되어야만 한다.

― 자신의 자부심을 뽐내면서

― 마치 기름과 물을 뒤섞어 흔드는 것처럼

― 그대들 주변에 산다는 것, 이것은 곧 우리 안에서도 스스로 익숙해진다는 것이다.

― 자립적인 사람들, 그대들은 스스로 서는 법을 배워야만 한다. 그렇지 않으면 그대들은 넘어지게 된다.

— 나 스스로 내게 이 관(冠)을 씌웠다. 그 밖에 어떤 손도 이것을 하기에 충분히 강하지 않았다.

— 그들은 이미 풍요로움 속에 있는 것처럼 몰래 빨아먹으면서. 그리고 그들 가운데 많은 사람을 나는 넝마주이나, 썩은 고기를 먹는 새라고 부른다.

— 모든 위대한 것들은 그 목적을 위해 굽어 있고, 행복해서 고양이처럼 등을 굽히며 그르렁 소리를 낸다. 물결이 굽이쳐 흘러가듯, 그대들이 용기를 지니고 있는지 어떤지 볼지어다!

— 너의 덕은 임신한 사람들을 주의하는 것이다 : 너는 네 성스러운 열매와 미래를 보호하고 아끼고 있다.

— 배의 난파(難破)는 그를 다시 육지로 토해냈다.

매혹하는 자 — 그대들은 곧 다시 기도하는 법을 배우게 될 것이다. 늙은 정신의 위조범 역시 그들의 정신을 잘못 주조했다.

31〔38〕

— 그는 더 이상 어디로 가고 있는지 모른다. 육지에는 불이 비처럼 내리고, 바다는 그를 육지로 다시 토해낸다.

— 은밀하게 자신의 죽음을 미리 즐기는 사람처럼 유쾌한 기분으로

— 자신이 어디로 가고 있는지 아는 자만이 자신의 풍로(風路) 역시 안다.

— 악마가 껍질을 벗을 때, 그 이름 역시 떨어져 나간다 : 이 이름은 또한 피부이기도 하다.

— 모성적인 것이 나를 존중한다. 아버지는 언제나 우연일 뿐이다.

― 네 고독을 궁지로 함께 몰아넣는 것을 잊지 말라

― 너는 그들의 빛이 되려 한다. 그러나 너는 그들을 태워버렸다. 네 태양 자체가 그들의 눈을 찔렀다.

― 이제 지하 세계가 울부짖는다. 온갖 그림자는 다시 너를 낳고
5 소리를 지른다 : 삶 ― 이것은 고문이다! ― 그럼에도 너는 삶의 옹호자가 되려 하는가?

― 열망하는 눈과 갈리아적 영혼이라는 또 다른 반찬거리

― 훔치는 것을 보는 곳에서, 나는 기꺼이 손해 보는 것을 택할 것이다.

10 ― 악마는 신에게서 멀리 떨어져 있다. 그는 인식의 친구이기 때문이다.

― 물구나무서려 하는 코끼리처럼 행복하고 기이하게

― 번개가 더 이상 해를 주지 않는 것만으로는 충분하지 않다 : 그것은 나를 위해 일하는 것을 배워야만 한다.

15

31〔39〕

― 그는 그들로 하여금 그들이 길을 잃어버렸을지도 모른다고 믿게 한다 ― 이 아첨하는 자! 그들에게 길이 있을지 모른다고 아첨을 떤다.

20 ― 그는 자신의 목적을 잃어버렸다 : 아, 얼마나 그는 자신의 상실로 시간을 보내며 고통스러워하게 될 것인가!

매혹하는 자 ― 네가 위대함을 갈구한다는 네 안의 사실이 알려지게 된다 : 너는 위대하지 않다.

― 자신의 이름을 알지 못하면서 "나는 증오가 아닐까?"라고 묻

는 가장 깊은 사랑

— 생명 속에서 죽고 숨어 있고 묻히고 감추어진 채로 : 오 차라투스트라여, 너는 몇 번이나 다시 부활하게 될 것인가!

— 진실이 밝혀졌다 : 이제 이것은 더 이상 나의 문제가 아니다. 조심하라! 언젠가 너는 너무 많은 것을 알고 있는 상태가 될 수 있다!

— 자유 정신이 아니라, 새로운 정신을 속박받는 자들은 가장 깊이 증오한다.

— 오 행복이여, 나는 증오와 사랑으로 나의 표면에 도달했다 : 너무 오랫동안 나는 어려움이 있는 사람들이나 우울증이 있는 모든 사람들처럼 심층에 매달려 있었다

— 나는 더 오랫동안 나를 깨우기 위해 충분히 잠을 잤다.

— 최고로 부당하다. 그들은 모든 사람이 동일한 권리를 갖기를 원하기 때문이다

— 그는 당연히 그렇게 오랫동안 자신의 불행을 품고 있다 : 이렇게 추한 알 속에 아름다운 새가 숨어 있다.

— 그는 마침내 자신의 덕의 별자리가 빛을 비추기를 원한다 : 이것을 위해 그는 자신의 정신을 어둡게 만들었고, 새로운 밤이 앞에 걸려 있다.

— 시체처럼 무익하게

— "그리고 네 마리 동물들은 아멘이라고 말했다"

31〔40〕

— 가장 성스러운 자도 다음과 같이 생각한다 : "나는 내가 흥겨

위하는 대로 살고자 한다 — 혹은 나는 더 이상 살 마음이 없다."

— 그대들 넘치는 자들, 그대들은 배가 튀어나온 병처럼 너무 협소한 목에서 물방울을 떨어뜨린다 : 사람들은 종종 이미 그러한 병을 다 마셔버렸다. 조심하라!

— 가장 큰 활동이 거의 사라지자마자, 작은 활동이 드러난다.

— 내가 언제나 두려워하는 곳에서, 나는 마침내 더 원하게 될 것이다! 결국에는 자신의 심연을 사랑하는 법을 배우게 된다.

— 어떤 현자에게 있어서 나를 놀라게 하는 대부분은 그가 언젠가 영리할 때다.

— 제7일에 있어서 모든 피조물처럼 극히 행복하고 피로해하면서 유럽인 — 나는 어느 곳에서 내밀해질 수 있을 것인가? 나는 오랫동안 이것을 찾았다. 이것을 찾는 것은 지속되는 나의 시련이다.

— "우리는 한 세기의 가장 기쁜 사람을 보기 위해 온다"

— 그는 흔들리지 않는다. 그는 자기 자신보다는 그대들을 더 관대히 보기 때문에 불평한다.

— 그의 엄격함은 붙임성 있는 방식을 가장한다

— 오히려 상인으로서 거래하는 것이 낫다!

— 그들은 그에 대해 말한다 : "그가 올라간다." 그러나 그는 모든 공처럼 그대들을 통해 자신의 높이로 올라가도록 압박을 받게 된다 — 그가 그대들에게서 고통받는다는, 즉 그대들과 내 무거운 공기를 통해, 이것이 그를 올라가게 만든다.

— 여기에는 명예욕마저 억압된다 ; 그들은 오히려 첫째가 되는 것보다는 마지막이 되는 것을 더 갈구한다.

31〔41〕

— 그대들은 그대들이 생각하는 것 이상으로 미래의 사람들을 잊어버렸다 : 그대들은 사람들 대부분의 행복을 잊어버렸다.

— 이제 내가 사랑하는 사람은 한 사람도 살아 있지 않다 : 나는 어떻게 나 스스로를 견뎌야 할 것인가!

— 덕에는 오직 도약과 비상만이 있을 뿐이다 : 그곳에서 그 누구도 {벗어날 수 없다} —

— 그는 자신의 적을 찾다가, 자신의 친구를 발견했다

— 이 모든 죽은 자들에게서 아직도 뭔가를 훔쳐내는 법을 알고 있는 너희, 시체 도둑이여!

— 너희의 의지에 척추를 만드는 일

— 신의 살해자에게, 선한 자들을 유혹하는 자에게

— 깊이 오해하면서, 고독의 모세한테서 눈을 뜨고, 오랫동안 의욕하면서, 어떤 과묵한 자가, 모든 탐욕스러운 자의 적대자가 —

— 그대들을 (가장 깊이) 밑바닥에서부터 경멸하는 자, 그는 이렇게 함으로써 그대들의 가장 큰 은인이 아니었던가?

— "그들의 머리에는 내 왼쪽 새끼발가락에서보다도 더 옳음의 의미가 적다"

— 어떤 매복자와 도청자는 불신과 궤양투성이로, 급작스럽게 할 준비를 하면서

— 나는 그것을 미리 할 생각이 없었다. 나는 그것을 반드시 이후에 해야만 한다 — 즉 모든 것을 나는 "훌륭하게 만들어야만" 한다.

— 새장과 협소한 가슴인 그대들이여, 그대들은 어떻게 자유 정신이 되고자 하는가!

연기 가득한 방과 증기 가득한 방인 그대들이여

보다 양심적으로 — 그는 자신의 믿음을 위해 내면적으로 태워지는 것이 아니라, 자신이 믿기 위해 어떠한 소망도 찾을 수 없었다.

31〔42〕

— 도대체 내가 인간을 사랑하는가? 그러나 그들은 내 작품이다.

— 오 그대들 현자들이여, 그대들의 어리석음에 어찌할 줄 모르게 기뻐할지라도, 그대들은 이들에게서 배웠다! 오 그대들, 가난한 자요, 보잘것없는 자들이여, 넘쳐나는 자들이여, 그대들의 멍에는 가볍도다! 에〈머슨〉283

— 그러나 노인이 그렇게 말했을 때, 차라투스트라는 떨리는 손을 잡고 그 손에 입을 맞추었고, "내게서 물러서라, 내 유혹자여"라고 말하면서 웃었다 — 왜냐하면 그가 고통을 느끼는 중간에 어떤 장난스러운 기억이 떠올랐기 때문이다.

— 일일 교사와 또 다른 쉬파리

— 빈곤한 영혼, 소상인의 영혼! 왜냐하면 돈이 금고로 떨어질 때, 소상인의 영혼도 함께 떨어지기 때문이다.

— 인식의 담비 또는 나비

— 돈 소리가 나는 곳, 창녀가 지배하는 곳

— 우리는 장갑을 끼고 돈과 환전꾼을 잡아야만 한다 : 손으로 관계하는 모든 것들을.

— 대부분의 사람들은 사리사욕을 취하기에는 너무 어리석다

— 어떤 사랑은 그들의 광기다. 그들은 하나를 위해 모든 것을 희생한다.

— 너는 이것을 사려 하는가, 그렇다면 너무 적게 주는 것이 아닌가 : 그렇지 않다면 그들은 "아니다"라고 말하고 "청렴한 사람들"보다 더 강해진 덕으로 그 행위에 대해 자부심을 느끼며 가게 된다.

— 내 친구여, 덕은 "……을 위해", "……때문에", "……으로"와 같은 것을 작동시키지 않는다; 덕에는 그러한 사소한 단어를 들을 수 있는 귀가 없기 때문이다.

31〔43〕

— 그대들 서툰 시인이자 어리석은 동물들이여, 아무것도 창조할 수 없는 자에게는 창조한다는 것이 하나도 문제가 되지 않는다!

— 가볍게 끝내면서, 비상할 준비가 되어 있는 자, 더할 나위 없이 가볍게 끝내는 자

— 내가 그대들에게 해야 하는 것을 그대들은 내게 다시 할 수 없다 : 보복이란 없다!

— 고독은 익어간다 : 그러나 이것은 생장하지 못한다.

— 그들이 나를 추적한다고? 그럼 좋다, 그렇게 그들은 나를 뒤따르는 법을 배우게 된다. 모든 성공은 지금까지 잘 추적한 자들에게서 있었다.

— 번개가 진흙탕을 무시하고 지나가듯이, 나는 경솔하게 그대들을 무시했다.

— 그는 내 가장 깊은 치욕을 보았다. 그 목격자에게 나는 오직 나 자신의 복수를 하고자 한다.

— 모든 것을 본 신은 죽어야만 했다 : 인간은 이러한 목격자가 살아 있다는 것을 견디지 못했다.

— 자신이 가장 하고 싶은 일을 하도록 강요당하고 강간당해야만 하는 어떤 수치스러운 자.

— 배우처럼 참을성 없이 : 정의를 기다릴 시간이 없는 자

— 그대들 강자들, 게다가 이제 그대들은 약자들의 덕을 갈구하는 눈길로 바라본다 : 그러나 그대들은 이런 예쁜 처녀 곁을 엄격한 자세로 지나가야만 한다!

— 너는 네가 꿈꾸고 있는 것을 한 번도 느끼지 못한다 : 오, 그렇게 너는 아직 깨어 있는 상태에서 멀리 있다!

— 나는 뇌우가 머무는 곳이 아닌가? 온갖 바람이 내게 와서 내 긍정과 부정의 대답에 대해 묻는 것이 아닌가?

31〔44〕

민중의 지도자 — 그는 금지된 것을 추구한다 : 이것이 그의 온갖 덕의 근원이다.

— 네 목적을 위해 너는 참 빨리 달리고 있다 : 그러나 네 마비된 다리는 또한 말에 앉아 있다. 네가 말에서 뛰어내린다면, 그곳에서, 바로 네 높이에서 너는 실족하고 말 것이다!

— 이 점에서 나는 헌정하는 자를 인지한다 : 그는 받는 자에게 감사한다.

— 고독한 나날은 용감한 걸음걸이로 가고자 한다

— 새로운 봄은 치유라고 불리는 내 온갖 가지 속에서 솟아오른다. 나는 남풍(南風)의 목소리를 듣고 부끄러워한다 : 내 젊은 날 행복의 부끄러움은 어둡고 촘촘한 잎새를 갈구한다.

— 공정함과 너그러움 속에서 유영하며, 그 어리석음에 기뻐하

고, 그리고 행복은 지상에서 그렇게 진부하다

— 다 들이마셔 메마른 영혼이 바닥의 침전물을, 그리고 모래가 있는 강바닥을

실향민 — 감옥 역시 동요하는 자에게 얼마나 확실한가! 감금된 범죄자는 얼마나 편히 잠을 자는가!

매혹하는 자 — 탁월한 몸짓으로 확신을 주지만, 그러나 어떤 이유에서 불신하게 되는 그러한 사람

— 유대인과 중국인처럼 뇌와 성기에서 흥분을 일으키는

— 그 문에는 신의 간통이 서 있다 그대들의 믿음,

— 그대들은 너무 가까이에서 내 뒤를 쫓아온다. 그대들 주제넘은 자, 뒤쫓는 자 : 의도치 않게 언젠가 나는 그대들의 머리를 밟게 될 것이다! (진리여 양심적인 사람에게 말하라)

— 그대들 평화의 태양은 언제나 나를 너무 무겁게 하는 것처럼 생각된다 : 오히려 나는 내 칼의 그림자에 앉아 있는 편이 좋다

31〔45〕

— 온 하늘을 환하게 만들고 바다 전체를 출렁대게 하는 바람처럼

— 사방으로 소용돌이치면서, 사방으로 떠돌아다니면서, 그대들 동요하는 자들. 그대들은 먼지로 온갖 거울과 유리창에 앉았던 것처럼, 일찍이 온갖 표면적인 것 위에 잠들어버렸다

— 그는 노래를 부른다 : 거기서 어쩌면 그 또한 자신의 불행을 넘어 날아갔는가, 자유로운 새는? 왜냐하면 불행한 자는 침묵하기 때문이다.

— 나로 하여금 충고하게 해주시오 : 그대들은 증거를 댐으로써 내 정신의 굶주림에 지치게 된다.

— 그들은 가장 성스러운 권태, 그리고 휴일과 평일의 욕구를 고안해냈다

— 여기서 어마어마한 것들이 순환하며 회전한다. 여기서 심연이 입을 벌리고 있고, 여기서 미래라고 불리는 지옥의 개가 짖고 있다. 여기서 가장 현명한 영혼이 현기증을 느끼게 된다.

— 그대들 부의 죄수여, 그대들의 사상이 차가운 쇠사슬처럼 철커덩 소리를 내는 것이 아닌가?

— 여자 없이, 불량하게 음식을 섭취하고, 배꼽을 조용히 관찰하며 호흡을 세고 있는 지루한 자들 : 그들은 신의 쾌락보다 더 좋은 어떤 걸 발견해낼 수 있었단 말인가?

— 달이 희미한 빛을 비추고 있는 시간에 유령이 겨울 지붕에 있는 것처럼, 가장 멀고 찬 사상 속을 돌아가면서

— 적대적인 사람에게 잘할 수 없는 사람 : 왜냐하면 그는 곧 바로 다시 웃기 때문이다.

— 덕에 있어서 고향처럼 편안한 사람은 보다 신뢰감을 주며, 보다 조롱조로 그대들과 이야기한다.

31〔46〕

차라투스트라 : 신은 먼 곳에서 바라보아야 한다 : 그렇게 해야만 그는 잘 두드러져 나타나게 된다. 그렇기 때문에 악마는 신한테서 멀리 거리를 유지한다. 신은 아름다운 가상의 친구이기 때문이다.

31〔47〕

매혹하는 자

천민처럼 덕과 체념 앞에 무릎을 꿇고, 그러나 특별히 위대한 순결 앞에 : 그 앞에 나는 구걸하며 꿇어 엎드렸다.

내게 낯선 것과 내가 알아서는 안 되는 것을 나는 신성하다고 말했다 : 내 코는 내가 냄새 맡을 수 없는 것의 냄새를 가장 잘 맡는다

차라투스트라는 말한다 : 많은 천민이 네 안에 있을 수 있다 : 그것을 고향처럼 편안해하는 사람은 보다 신뢰감을 주며, 보다 조롱조로 이야기한다

31〔48〕

— 자신의 양심을 투덜대게 만드는 이 답답하고 불안에 사로잡힌 사람들 : 왜냐하면 그들은 언제나 자신의 내적인 짐승으로 인해 고통스러워하기 때문이다.

— 사람들이 적대적인 사람을 향해 화살과 죽은 사상을 쏠 때, 구름 덮인 하늘에서는

— 우리의 오늘과 어제보다 더 생각할 것이 많은 시대, 더 곱씹어 생각할 것이 많은 시대

— 이 시대 : 이 시대는 미친 듯이 소리 지르고 욕을 해대며 식탁과 접시를 부숴버려야 직성이 풀리고, 마침내 다시 조용해지는 병든 여자 같지 않은가?

— 경직된 정신의 소유자, 예민하고 좀스럽다.

— 오 그대들은 얼마나 슬프단 말인가! 오 그대들의 어릿광대 역시 얼마나 슬프단 말인가!

— 오 그대들 절망하는 자들이여, 그대들은 그대들을 설득하려는 모든 사람들에게 얼마나 많은 용기를 북돋아주고 있는가!

— 그대들이 생각하는 것보다 상황은 훨씬 더 나쁘다 : 많은 사람들은 거짓말을 하고 있다고 생각한다. 보라, 그는 그곳에서 비로소 진리를 만났던 것이다!

— 너는 너무 부유하다, 오 차라투스트라여, 너는 너무나 많은 이들을 망쳐놓는다. 너는 우리 모두를 질투하게 만든다!

— 오오 그들은 사랑하지만 사랑받지는 못한다. 그 누구도 그들을 감싸 안으려 하지 않기 때문에, 그들은 스스로를 물어뜯는다. "나에게는 사랑할 만한 것이 아무것도 없단 말인가?" 그렇게 그들의 절망은 소리친다.

— 작은 영혼의 성향은 바로 이와 같다 : 그들 영혼은 스스로 위대하다고 아첨하고 칭송받고 싶어 하여, 자신들과 협상한다.

31〔49〕

— 아, 그들은 강한 언어와 나약한 행위로 떨어져버리고 말았구나! 아, 그들은 다시 스스로를 덕 있는 자라고 부르는구나!

— 그들은 어느 날 무(無)에서 자신의 신을 창조했다 : 신이 그들에게 아무것도 아니라는 것은 얼마나 놀라운 일인가

— 그대들은 "슬프다! 모든 것이 가상이다!"라고 말한다. 그러나 이 모든 것은 거짓이다. 그대들은 "모든 것은 고통이요, 몰락이다!"라고 말한다. 그러나 그대들은 언제나 충분히 말하지 않는다 : 왜냐하면 모든 것은 고통받게 하고, 몰락시키려 하기 때문이다!

— 신(神)도 없고, 선(善)도 없고, 정신도 없이 — 우리는 그것을

〔31 = Z Ⅱ 8. 1884년 겨울~1885년〕 129

고안해냈다. 모든 인간 가운데서 가장 추악한 것을!

　— 아, 내 형제들이여! 선과 선의 믿음은 어디에 있는가? 이 모든 거짓의 천진성은 어디에 있는가!

　— 뛰어오르는 데 실패한 호랑이처럼 서툴고 부끄러워하면서

5　　— 그는 고기 먹는 것이나 얌전한 여자와 노는 것을 잊어버렸다. 그는 절도에 대해 슬퍼한다

　— 언젠가 — : 아 이 언젠가란 얼마나 멀리 있는 말인가! 이미 이 "언젠가"라는 말은 얼마나 달콤한 말이며, 잘못 친 종소리처럼 빽빽한 숲 속에서 길을 잃어버렸단 말인가 —

10　　— 그렇구나, 인간, 인간이여 — 그는 기다란 직물이며, 차라투스트라는 그 안으로 연결된 매듭이라고 불린다! (예언자)

　우화 — 멀리 있는 것들에 대해 꿈꾸는 방랑자가 부지불식간에 고독한 거리에서 잠자는 개와 부딪치는 것처럼 : 불구대천의 원수처럼 거기서 그들 둘은 서로를 바라본다. 죽도록 놀란 이 둘은! 그

15 럼에도 불구하고 근본적으로 : 그들이 서로를 쓰다듬고 어루만지는 일이 얼마나 자주 일어났던가

　— 대낮이 사라진다. 우리가 출발할 시간이 되었고 시간이 지났다

20　31[50]

　— 가시처럼 엉킨 머리들, 골치 아픈 녀석들

　— 뛰어오르는 거미 — 원숭이처럼 성급하게

　— 관과 톱질 사이에서

　— 날렵한 개들과 나약한 무리들이 나 때문에 싸운다.

— 차가운 목욕탕 : 너는 네 머리와 심장을 가지고 그곳에 들어가고자 하는가? 너는 금방 붉은 게가 되고 말 텐데!

— 근면하고 신실한 사람, 그에게 하루는 황금처럼 밝게 빛나고 마치 위로 흘러가는 듯하다.

5 — 어슴푸레한 영원에 휩싸여, 그리고 내 위에는 구름 걷힌 침묵이 있다.

— 당나귀에게 날개를 주고 자신을 고발한 자를 변호인으로 만들고, 암사자의 젖을 짜는 사람

— 내 주위의 파고(波高)가 더욱 높이 올라간다 : 이제 내 작은 배는 더 이상 마른 땅에 있어서는 안 될 것이다.

10

— 그대들은 나를 사슬로 묶어놓았다. 그러나 우리의 입이 묶여 있을 때, 사형 집행관과 고문하는 자들은 가장 잘 설득할 수 있는 이유들이다.

— 그들은 나를 하찮게 생각한다 : 그들은 내가 그들을 보다 위대하게 만들고자 했다는 것에 대해 복수한다!

15

— 목자가 피리를 불지 않는 시간 : 정오가 초원에서 잠자고 있기 때문이다.

— 자신이 사랑하는 것 때문에 고통받고자 하는 여성

자발적으로 거지가 된 자 — "가난한 자에게 주는 것, 이것은 신(神)을 빌려주는 것이다 : 선량한 도박장 주인이 되어라!"라고 말했던 저 늙고 교활한 경건성.

20

내가 네 믿음 속에 있다면, 나 또한 너의 변화 속에 있게 될 것이다.

왜냐하면 그의 의지는 위대한 정오와 그의 하강을 요구하기 때문

이다

31〔51〕

— 그대들은 나를 희생자라고 부르는가? 그러나 희생했던 자는 그것이 희생이 아니었다는 것을 알고 있다.

— 과잉과 이성의 괴물, 천 개의 손으로 소비하는 자, 그 안은 태양처럼 균일하다

— 언젠가 "나는 진리다"라고 말한 어떤 사람이 있었다. 어떤 불손한 자에게 그의 대답보다 더 정중한 것은 없었다.

시인 — 내 감각과 내 동경은 적고 긴 것을 찾아간다 : 얼마나 나는 너희의 하찮고 짧은 아름다움을 경멸했던가!

— "진리는 없다. 모든 것이 허용된다." 그대들은 이렇게 말하고 있는가? 아! 이 말 역시 참이란 말인가, 이 말이 허용되는 것이 무엇이 문제 된다는 말인가!

— 이미지, 춤, 소리, 과묵함으로 말하는 것 : 세계 모두가 기호와 비유가 아니라면, 세계 모두는 무엇을 위해 있단 말인가!

— 무거운 화강암같이 단단한 고양이들, 시원의 가치가 거기 있다 : 누가 이것의 가치를 전도시킬 수 있단 말인가!

— 위대한 인간, 자신의 관심사 때문에 자신의 연민을 버리고 자신의 값싼 마음을 부수어버릴 수 있는 자 : 그는 성공하기 위해 과감하게 많은 사람과 많은 것을 희생시키고, 또 스스로에게 그렇게 할 것을 요구한다 —

— 커다란 불행의 황야 속에서 기둥으로 서고, 딱딱하게 응고되어 화석이 되어버린다

— 너무 많은 좋은 것을 맛보았던 사람으로서 자신의 금빛 갈색의 슬픔에 젖어 고요히

— 천 년간의 내 주인의 영토, 내 영지 —

— 너는 이것을 알고 있지 않은가? 네가 행한 모든 행동 속에서 모든 사건의 역사는 반복되고 단축된다.

그대들의 의미는 부조리고, 그대들의 익살은 말도 안 되는 익살이자 얼토당토않은 익살이다

31〔52〕

— 증오하면서도 시기하며 : 너는 네 적을 오직 자신만을 위해 갖고자 한다!

— 인식하려는 길에서 그렇게 많은 수치심이 극복될 수 없다면, 인식은 얼마나 자극을 주지 못했던 것일까!

— 그대들은 자신의 경향성이라는 짐마차로서의 유용성을 사랑한다 : 그러나 그 바퀴의 시끄러운 소리는 그대에게도 역시 참을 수 없지 않은가?

— 어떤 사람이 이미 자신의 궤도에 올랐는지의 여부는 발자국이 말해준다 : 자신의 목적에 가까이 다가가는 사람은 춤춘다.

— 그대들은 진심에서 말한다 : 그러나 그대들의 안락한 성벽은 그대들이 침대에서 일어나는 것을 원하지 않는다.

— 네 덕은 네게 사랑스러운 것이었다. 이렇게 네 덕은 이제부터 또한 덕이라 부르지 않고, 네 취미라고 부른다 — 즉 좋은 취미를 원한다!

— 뱀은 말했다 : 그러나 차라투스트라, 너 현명한 자여, 어떻게

네가 그렇게 행동할 수 있었는가! 그것은 어리석음이었다! ─ "그 것은 나에게도 충분히 힘든 일이 되었다."

─ 네 안에 있는 나쁜 양심 : 이것은 너에게 말하는 오래된 조상의 목소리다. 나의 친구여, "원죄", 이것은 분명 네 유전된 덕의 증거다.

─ 고귀한 감정에 대해서도 그대들은 무언가를 말하는구나! 높은 곳에서 나는 깊고 확실한 것을 그리고 마침내는 내 근저와 고향 땅을 느낀다.

─ 철저한 선생, 모든 것을 학생들을 위해 진지하게 여기고 자기 자신마저 진지하게 여기는 자.

─ 정신을 갖는 것으로는 충분하지 않다 : 우리는 아직도 이것을 받아들여야 한다. 이것을 하기 위해서는 많은 용기가 필요하다.

31〔53〕

─ 오, 신이라는 것이 생겨났을 때 그대들이 "사랑"으로 칭송한 놀랍고도 잔인한 신을 넘어서 온갖 사랑이 아직도 신적인 것이 되지 못했던가?

─ 차갑고 냉담한 인간, 그들에게서 사람들은 그들이 어리석다는 사실을 믿으려 하지 않는다

─ 마음이 온순하고 평안한 사람은 외도 또한 사랑한다 : 그러나 무조건적인 자들 모두에게 화 있을진저! 이것은 병든 성벽이다.

─ 칭찬하는 것은 질책하는 모든 것보다 더 주제넘은 짓이 아닌가?

─ 아무런 이유 없이 그대들은 언젠가 이것을 믿도록 배워왔다 :

내가 어떻게 어떤 이유를 달아 이것을 그대들에게 내동댕이칠 수 있단 말인가!

— "나는 내 신을 철저히 사랑한다 : 나는 내 신이 나를 다시 사랑하도록 어떻게 원할 수 있을까! 사랑하는 모든 사람들이 그렇게 하듯이, 내 신은 **마땅히** 나를 믿는 어리석은 짓을 해서는 안 된다!

— 그대 열병을 앓고 있는 자는 모든 것을 유령으로 보며, 그대 열병이 없는 자는 그것을 텅 빈 그림자로 본다 : 그러나 이 양쪽의 사람들은 동일한 말을 필요로 한다!

— 내 기억은 "내가 이것을 했다"고 말한다. 그러나 내 자존심은 "내가 이것을 했을 리 없다"고 말하면서 이것을 용납하지 않게 된다. 결국에는 기억이 양보한다!

— 그의 눈은 차고 건조하다. 그 눈앞에서 모든 것들은 털이 **빠져** 적나라하게 드러나 있고 색깔이 없다 : 이제 그대들은 거짓말을 할 수 없는 그의 무능력이 "진리를 향한 사랑!"이라고 생각한다

— 아끼는 손으로 **죽이는** 사람을 아직 보지 못했다면, 그대들은 인생을 제대로 보지 못한 것이다!

— 그는 전율하고, 자신을 보고, 손으로 머리를 문지른다 — 이제 그대들은 그를 인식하는 자라고 부른다! 그러나 열병으로부터의 자유는 아직 인식이 아니다.

31[54]

— 오늘날의 인식하는 자, 그는 다음과 같이 가르친다 : 언젠가 신은 동물이 되려 했다 : 자, 인간을 보라 : — 동물로서의 신!

— 위대한 사랑은 앙갚음이나 보복을 하지 않는다. 보복은 위대

한 사랑의 바다 속에 잠겨버렸다.

　— 그럼에도 불구하고 마침내 나에게 가르치라 : "모든 나쁜 것에는 좋은 이면도 있다."

　— 그대들 익사하는 모든 자들이여, 그대들은 나 자신의 모습이기도 한 그 힘차게 수영하는 자에게 매달려 있으면서, 그대들이 여기에서 무엇을 원하는지 내가 모를 것이라 생각하는가?

　— 내가 보다 높은 인간에게 보다 쉬운 길을 만들어주고 보다 편안한 오솔길을 제시하고자 했다고 그대들은 생각하는가? 그대들의 이러한 방식은 점점 더 소멸되어야 한다. 그러면 나 스스로 그것에 대해 웃는 법을 더 잘 배우게 될 것이다

　— 그대들은 아직도 최고로 강한 자를 그대들과 함께 심연으로 끌어당기기를 원한다 : 그렇게 맹목적이고 어리석게 그대들은 구출하는 자를 잡는다!

　— 나는 보다 큰 재난을 보는 법을 가르쳤다. 나는 그대들이 소리치는 것에 대해 불쾌해하지 않는다.

　— 그대들의 불행이 나와 무슨 상관이 있단 말인가! 나의 원죄는 그대들에게 연민을 느낀다는 것이다!

　— 그대들은 그대들이 잘하지 못하는 것을 내가 잘한다고 생각하는가?

　— 이제 나는 내 황금 낚싯대를 이 어두운 바다 속으로 던진다 : 윙윙 소리를 내며 낚싯바늘이 그 슬픔의 배 속으로 물려 들어간다.

　— 이제 나는 가장 기이한 인(人)-어(魚)를 내게 유인한다. 이제 나는 저 아래에서 모든 것이 잘못 태어나고 뒤틀려 태어나게 된다는 것 때문에 금빛 갈색의 웃음을 웃고자 한다

— 너를 열어라, 너 순수하지 못한 인간-바보의 품이여! 너 심연
의 바다여, 네 가장 다채로운 괴물과 반짝거리는 게를 나에게 던져
라

31〔55〕

그대들 비속하고 기이한 자들이여, 그대들 잘못된 자들이여, 웃
을 만한 많은 것이 있지 않다면, 그대들의 불행이 나와 무슨 상관이
있다는 말인가! 그대들에게 연민을 느낀다는 것 — : 나에게 아직도
남아 있는 한, 시간은 그렇게 말했다

그대들 익사하는 모든 자들이여, 그대들은 그대들이 내 수준의
높이로부터 무엇을 원하고 있는지를 내가 모른다고 생각하는가 :
바다가 그대들을 삼켜버린다 : 이제 그대들은 힘차게 수영하는 어
떤 사람에게 매달리려 하는가?

참으로, 그렇게 맹목적이고 거칠게 그대들은 손발을 사용해 구출
하는 자를 잡아서, 가장 강한 자를 여전히 그대들의 심연으로 끌어
당긴다!

새끼손가락을 더 이상 그대들에게 뻗치지 않는, 힘차게 수영하는
사람인 나는 이제 이것에 대해 웃는다 : 왜냐하면 그대들이 그를 잡
을 때, 그대들은 아직도 그것을 위해 손과 가슴을 이용하려 하기 때
문이다.

내가 곧 그대들에게 내려가든지 말든지 그대들이 살아가고, 살고
자 하는 것은 그대들의 불손함이다

31〔56〕

"그대들 왕들과 너 한 마리 당나귀여!"

31〔57〕

차라투스트라의 머리카락이 검어졌다 (사자와 비둘기 떼)

31〔58〕

— 동경은 땅으로 줄달음질했다. 그리고 모든 은자의 문을 두들기며 "차라투스트라가 아직도 살아 있단 말인가?"라고 말했다

31〔59〕

— 제대로 질문하는 자에게는 이미 반쯤은 대답이 된 것이다.

31〔60〕

— 우리는 머리 뒤에도 눈을 가져야만 한다!

31〔61〕

왕들과의 대화

— "나는 내 앞에 있는 왕들을 본다 : 그러나 나는 보다 높은 인간을 찾고 있다."

— 이 말씀의 검으로 너는 우리 가슴의 어둠을 단숨에 해결한다

— 우리는 첫 번째 사람이 아니다. 이것은 틀림없이 다음의 것을 의미한다 : 우리는 결국 이러한 거짓에 물려버렸고 구역질 나게 되었다

— 그럼에도 불구하고 마침내 나에게 가르치라 : "모든 나쁜 것에는 두 가지 좋은 이면도 있다"

— 오 차라투스트라여, 그대들의 머리에는 너의 왼쪽 새끼발가락에서보다도 더 옳음의 의미가 적다.

— 형편없는 천민들 가운데서 명예욕은 스스로 목매 죽는다 : "여기에서는 기갈이 들어 이러한 민중의 제일 앞선 자들보다도 제일 나중인 자가 더 의미 있는 자다."

— 제대로 질문하는 자에게는 이미 반쯤은 대답이 된 것이다. —

— 그럼에도 불구하고 이것이 어떻게 다가오고 다가올 수밖에 없었는지를 보라 : 우리는 머리 뒤에도 눈을 가져야만 한다!

— 지극히 부당하다 : 왜냐하면 그들은 모든 사람에게 적용될 동일한 척도를 원하기 때문이다

— 참을성 있는, 농부처럼 거칠고 꾀 있는

— 그들은 법칙에 매달리면서, 법칙을 "고정된 땅"이라고 부르고 싶어 한다 : 왜냐하면 그들은 위험에 지쳐 있지만, 그러나 근본적으로 그 앞에서 법칙마저 피하는 어떤 위대한 인간, 어떤 항해사를 찾고 있기 때문이다

— 커다란 구제역 — 예민한 것들 — 그대들은 양의 발톱으로 그것을 움켜쥔다. 말이라고 해서 모두 다 주둥이에 속하는 것은 아니다.

그들이 자신의 여자들을 사모할 때, 귀엽게 알랑대는 개

그들의 여성들 : 고분고분하고, 음란하고, 망각하는 — 그들 모두는 창녀 가까이에 있다.

— 그들 가운데 누가 여전히 진정으로 그의 모레에 대해 좋다고

말하는가? 누가 여전히 맹세하고 약속할 수 있단 말인가? 그들 가운데 누가 여전히 오 년 동안 한 집에, 하나의 생각 속에 머물러 있단 말인가?

선한 의지를 가진 인간들, 그러나 {그들은} 신뢰할 수 없으며, 새
5 로운 것을 갈구한다. 새장과 협소한 가슴이여, 이 연기 가득한 방과
증기 가득한 방이여 ─ 그들은 자유 정신이 되고자 한다 ─

그들은 천민한테서 몸과 가슴을 느끼고 있으며, 이것을 숨기고
싶어 하며 기꺼이 고귀한 것을 이끌어내 걸치고 싶어 한다 : 〈그들
은〉 그것을 교육이라고 부른다 ─ 그들은 그것을 열심히 추진한다

10 그들은 대다수 사람들의 행복에 대해 말하면서 미래의 사람 모두
를 위해 그들을 희생한다

그들에게는 자신의 덕이 있다. 사람들은 그것들을 어떤 가격에도
살 수가 없다. 너무 적게 요구하지 말라, 그러면 그들은 "싫다!"고
말하며 뽐내면서 가고, 자신의 덕에서 강해진다. "우리는 가장 청렴
15 한 사람들이다!"

일일 교사와 다른 쉬파리들

때때로 그들은 자신이 가장 하고 싶은 일을 하도록 강요당하고
강간당해야만 하는 수치스러운 자처럼 있다.

─ 그의 평화의 태양은 내가 답답하고 기력이 없다고 생각한다 :
20 나는 오히려 움직이는 검의 그림자 속에 앉아 있는 편이 낫다.

─ 정당함과 너그러움 속에서 유영하며, 그 어리석음에 기뻐하
고, 그리고 행복은 지상에서 진부하다

만찬.

왕은 이렇게 말했고, 모든 사람들이 차라투스트라를 향해 가까이 다가가 그에게 다시 한번 존경으로 답례했다. 그러나 차라투스트라는 머리를 흔들면서 그들에게 손으로 예의를 표했다.

그는 자신의 손님에게 말했다. "여기에 온 것을 환영합니다! 나는 여러분에게 새롭게 환영의 인사를 합니다. 그대들 기이한 사람들이여! 내 동물들 역시 존경과 두려움에 가득 찬 채 여러분에게 인사합니다 : 즉 그들은 그렇게 지체 높은 손님을 아직 한 번도 보지 못했다!

그러나 그대들은 나에게 작은 위험도 되지 않는다 — 내 동물들은 나에게 이렇게 속삭인다. "너, 이 절망하는 자들을 주의하라!" 품에 있는 뱀이 나에게 말한다. — 나에 대한 그대들의 사랑으로 이 부끄러운 조심성을 용서하라!

내 뱀은 은밀하게 물에 빠진 자들에 대해 내게 말한다 : 바다가 그들을 끌어당겼구나 — 거기서 그들은 기꺼이 힘차게 수영하는 어떤 자에게 달라붙는다.

참으로, 이렇게 맹목적으로 거칠게 물에 빠진 자들은 팔과 다리로 구조하는 자와 선한 의지를 가진 자를 찾으며, 그래서 그들은 가장 강한 자를 그들의 심연으로 함께 끌어당긴다. 그대들은 — 그러한 물에 빠진 자가 되려 하는가?

나는 이미 작은 손가락을 그대들에게 내밀었다. 슬프구나! 그대들은 이제 나에게서 무엇을 더 취하고자 하며 그대들에게서 무엇을 잡아 찢으려 하는가!" —

그때 차라투스트라는 이렇게 말하면서 악의와 사랑으로 가득 찬 채 웃었고, 다른 한편 손으로 독수리의 목을 쓰다듬었다 : 즉 이 독수리는 그의 옆에서 곤두선 채로 있었고, 마치 차라투스트라를 그 방문자한테서 보호하는 것 같았다. 그러나 그 다음에 그는 오른쪽에 있는 왕에게 손을 뻗었고, 이 왕은 그 손에 입을 맞추었으며, 이전보다 더 대담하게 새롭게 시작했다 : ――――

31[63]
　만찬.
　웃는 자의 노래.

　인사.
　만찬.
　즉흥 시인.
　장미의 연설.

31[64]
　그러나 차라투스트라가 자신의 손님들을 그와 같이 다시 즐겁게 느끼고 서로 이야기했을 때, 그는 그들을 떠나 자신의 동굴 앞에서 조용한 발걸음으로 빠져나왔다. 그는 자신의 마음에게 말했다. "그들은 행복하구나. 나는 그들을 치료했다 : 그렇게 좋지 않게 시작했던 이날은 얼마나 훌륭하게 끝나려 하는가! 그때 이미 저녁이 바다 위로 다가왔고, 동경하는 자인 그는 자신의 자줏빛 안장에서 몸을 흔들며 다가왔다. 하늘은 그것을 맑게 바라보고, 세계는 깊이가 있

다 : 오 나에게 온 그대들 기이한 자들 모두여, 그대들이 그것을 하는 것은 정당하다 : 나에게는 이미 살 만한 가치가 있구나!" —

이렇게 차라투스트라는 자신의 마음에게 말하면서 더욱 조용해졌다 : 그러나 그사이에 차라투스트라의 손님들이 한 사람씩 순서대로 동굴 밖으로 나왔다. 여기 밖에서 그들이 보았던 것이 마침내 그들 모두를 조용하게 만들었다. 그들은 서로 그렇게 서서, 말 없이 손을 뻗으며 밖을 내다보았다 : 그러나 이때 깊은 심연에서 은밀하게, 저 오래되고 둔탁한 종소리가, 저 차라투스트라의 자정의 종소리가 울려 나왔고, 그 타종 소리를 그는 기꺼이 세면서 운율을 주어 노래를 불렀으며, 또한 이번에도 그 타종 소리는 즐거움과 고통을 무겁게 싣고 왔다 : — 그때 그들 모두의 마음은 오싹해졌다.

그러나 모든 것을 잘 헤아리고 있는 차라투스트라는 악의와 사랑으로, 그들을 제대로 바라보지 않고, 오히려 혼잣말하는 어떤 사람처럼, 크지 않지만 충분히 명료하게 말했다 : "오, 그래도 내게서 이 절망하는 자들을 보라! 오, 그래도 내게서 이 절망하는 자들을 보라!"

— 그러나 그의 손님들이 이 말을 들었을 때, 곧 그들은 단번에 그들의 변화와 치유를 알아차리게 되었다 : 그때 그들은 자기 스스로에 대해 웃었고, 모두 차라투스트라에게 뛰어 올라와 감사하고, 존경하면서, 사랑하면서, 혹은 그것이 모든 사람의 속성에 맞는 것처럼 그의 손에 입을 맞추었다 : 그리고 몇몇 사람들은 울기도 했다. 그러나 예언자는 즐기며 춤을 추었다. 많은 사람들이 생각하고 있듯이, 또한 그 당시에도 아주 달콤한 포도주로 가득했을 때, 그는 분명 여전히 달콤한 인생으로 더욱 가득 차 있었으며 온갖 삶의 피로를 거절했었다. 차라투스트라는 어떻게 예언자가 춤을 추었고 손

가락으로 가르쳤는지 주의 깊게 살펴보았다 : 그러나 이후 그는 단번에 감사하는 자들이나 사랑하는 자들의 무리에서 빠져나왔고, 몇 걸음 기어 올라가 가파른 절벽으로 도망쳤으며, 이때 장미 몇 송이와 장미 덩굴을 꺾었다. 이미 말했듯이, 이 높은 곳에서 손에 장미를 들고 그는 마지막으로 저 저녁에 말을 건넸다 : 더 이상 의심을 품지 않았던 이러한 절망한 자들의 무리를 내다보면서, 굳건한 육지에 서 있던 물에 빠진 자들에 관해 그는 온 마음으로 웃었고, 화관이 되도록 장미들을 감았고 사람들이 다음과 같이 부르는 말을 했다 :

장미의 연설.

웃는 자의 이 왕관, 이 장미 화환-왕관 : 나 자신이 이 왕관을 나 스스로에게 씌우며, 나 자신이 나의 웃음소리에 대해 성스럽다고 말했다. 그것을 하기에는 그 어느 다른 자도 오늘날 충분히 강하지 않다고 나는 느꼈다.

그럼에도 불구하고 그대들이 이것을 보기 위해 내 동굴을 찾아왔다는 것이 얼마나 훌륭한 일인가! 언덕을 올라가며 적절한 장소에서 "도대체 차라투스트라는 아직도 살아 있는가?"라고 묻는 그대들의 걱정과 동경에 나는 얼마나 감사하고 있는가.

제대로 질문하는 자에게는 이미 반쯤은 대답이 된 것이다. 진정 아주 훌륭한 대답은 그대들이 오직 여기서 눈으로 본 것이다 : 차라투스트라는 여전히 살아 있으며 그 이상이다 :

— 차라투스트라는 춤추는 자, 차라투스트라는 날갯짓으로 신호하는 가벼운 자, 새들 모두에게 신호를 보내며, 날 준비가 끝난 채

로 있는 비상할 준비가 된 자, 신처럼 가볍게 뜨는 자 — 나 자신이 이 왕관을 스스로에게 씌운다!

— 차라투스트라는 예언자, 차라투스트라는 진리에 과묵한 자, 그는 조급한 자도 아니고, 도약이나 외도를 사랑하는 무조건적인 자도 아니다 — 나 자신이 이 왕관을 나 스스로에게 씌운다!

모든 대지의 눈물이나 온갖 인간의 탄식으로 나를 뒤흔들라 : 언제나 나는 물 위의 기름처럼 다시 위에 있게 될 것이다.

언젠가 나는 대지로 인해 슬퍼했다 : 그때 내 악의는 하늘의 별들을 찢어 땅에 이르게 했다 — 이것이 차라투스트라의 온갖 복수의 방법이다.

만일 대지에 또한 습지나 고뇌가, 그리고 나쁜 진흙의 온 바다가 있다면, 가볍게 걷는 사람은 진흙 너머까지 달려간다 — 깨끗한 얼음 위에서처럼 빨리.

만일 내가 적을 필요로 하며 때때로 스스로를 내 나쁜 적이라고 한다면 : 적은 나에게서 보상할 만한 것이 거의 없다. 나는 온갖 폭풍우가 몰아친 이후에 너무 빨리 다시 웃는다

나는 이미 여러 황야에, 황야의 야생 속에 있었던가 : 나는 황야의 성자가 되지 못했다. 아직도 나는 거기서 몸이 굳어버린 채, 무감각하게, 화석이 되어, 하나의 기둥으로 서 있지 않다 : 오히려 나는 활보하고 있다.

어떤 사람이 이미 **자신**의 궤도를 걷고 있는지의 여부는 걸음걸이가 말해준다. 내가 걸어가는 것을 보라! 그러나 자신의 목적에 다가서는 자는 — 춤춘다!

훌륭한 모든 것은 둥글게 구부러진 채 자신의 목적으로 다가온

다. 마치 고양이처럼 그것들은 등을 둥글게 구부린다. 그것들은 자신의 가까운 행복 앞에서 안으로 그르렁 소리를 낸다 : 훌륭한 모든 것들은 웃는다!

여기 대지에서 가장 큰 죄는 어떤 것이었던가? 그것은 "여기에서 웃는 자들에게 고통이 있기를!"이라고 말한 자의 말이었다.

그가 대지에서조차 어떤 이유를 찾지 못했던 것은 웃음거리가 아닌가? 그는 그렇게 오직 너무 나쁘게만 찾았다 : 어린아이는 여기에서도 여전히 이유를 찾는다. 오, 그래도 그가 스스로 찾았으면 좋겠구나!

그는 충분히 사랑하지 않았다. 그랬다면 그는 또한 웃는 자인 우리를 여전히 사랑했을 텐데 말이다. 그러나 그는 우리를 증오하며 우리만을 경멸했다. 그는 우리 웃는 자들에게 울부짖음과 이를 떠는 것을 약속했다!

사람들이 이 무조건적인 자인 그를 사랑하지 않았던 곳에서, 그는 바로 끓어오르고 구워지는 것을 원했다. 그 스스로 충분히 사랑하지 않았다 : 그랬다면 그는 사람들이 그를 사랑하는 것을 갈구하지는 않았을 텐데 말이다.

그러한 모든 무조건적인 자여, 길을 열어라! 이것은 가련한 병든 방식이며, 천민의 방식이다. 그들은 이러한 삶을 제대로 바라보지 못하며, 무거운 발과 가슴을 가지고 있다.

네 마음을 드높여라, 내 형제들이여, 높이! 더 높이! 그러나 나에게서 또한 다리를 잊지 말라! 그대들의 다리 역시 높이 올려라, 그대들 훌륭한 춤추는 자들이여, 더욱 훌륭하도다 : 그대들은 또한 물구나무서 있구나!

행복 속에도 둔중한 짐승이 있다. 처음부터 둔하게 걷는 자가 있다. 물구나무서려고 애쓰는 코끼리처럼, 행복에 넘치는 그러한 자들인 그들은 놀라울 정도로 애쓴다.

그러나 더 좋은 것은 불행보다는 행복 앞에서 바보처럼 되는 것이다! 마비되어가는 것보다는 서툴게 춤추는 편이 훨씬 낫다! 그러나 내 진리는 나를 따라 배운다 : "모든 나쁜 것에는 두 가지 좋은 이면이 있다."

그럼에도 불구하고 이렇게 슬픔과 모든 야경꾼의 비애는 내게서 잊힌다! 오, 오늘날 내게서 여전히 어릿광대는 얼마나 슬프게 생각되는가! 이러한 오늘은 천민적이다 : 그러나 이 — 오늘은 그렇게 내게서 잊힌다!

여기 자신의 산속 동굴에서 아래로 돌진하는 바람처럼 나에게 돌진하라. 바람은 자기만의 장단에 맞추어 춤추고자 하며, 바다를 떨게 하고 춤추는 발자국 아래서 뛰어오르고자 한다.

당나귀에게 날개를 주는 자, 암사자들의 젖을 짜는 자 : 오늘날 폭풍우처럼 모든 천민에게 다가오는 바로 이러한 나의 대단히 훌륭한 정신을 존경한다 —

가시처럼 엉킨 머리, 골치 아픈 머리를 가진 자는 예민하고, 온갖 작고 까다로운 잡초에 예민하다. 제대로 보지 못하는 자들, 비관주의자들, 심한 중독자들 모두를 변설로 속이는 거칠고 훌륭하며 자유로운 이러한 폭풍우여 :

— 천민적인 재빠른 개를 증오하는 자들인, 모든 잘못된 음울한 녀석들 : 온갖 자유 정신 가운데 바로 이 나의 정신을, 초원 위에서처럼 바다 위에서 춤추며 웃는 폭풍우를 존경한다.

너 개구쟁이이자 장난꾸러기여, 나오라, 이제 나오라! 그러나 너 훌륭한 거친 바람이여, 너는 누구에 대해 말하고 있는 것인가? 네가 행복의 섬을 찾을 때까지 울부짖는 소리나 환호처럼 넓은 바다를 날라 —

5 내 어린아이들아, 너희의 섬에 인사하라. 그들에게 태양 이웃, 눈〔雪〕이웃, 독수리 이웃의 인사를 전하라. 그들에게 너희 아버지의 사랑을 인사로 전하라!

내 어린아이들이여, 잘 태어난 나의 아이들이여, 내 새롭고 아름다운 종족이여 : 내 어린아이들은 자신의 섬에서 무엇을 망설이는
10 가?

그들이 마침내 그들의 아버지에게 다가오는 시간이, 최고의 시간이 아직 되지 않았단 말인가? 그 머리가 하얗고 회색이 되어버린 사람으로서 나는 내 어린아이들을 기다렸단 말인가? — 너 훌륭한 폭풍우의 정신은 그들의 귀에 이렇게 속삭인다 — 너 대단히 훌륭
15 한 폭풍우의 정신이여, 나오라, 나오라! 너 산속의 동굴로부터 바다로 내달리라. 너 서둘러 저녁이 되기 전에 내 어린아이들에게도 축복을 내리라 —

내 행복으로, 이러한 장미 화환의 행복으로 그들을 축복하라! "어디서 그런 행복이 왔는가?"라고 묻는 의문 부호처럼 이 장미를 그
20 들의 섬으로 던지라.

그들이 다음과 같이 묻는 법을 배울 때까지 : "우리 아버지는 아직 살아 계시는가? 뭐라고, 우리 아버지 차라투스트라가 아직 살아 계시다고? 우리의 늙은 아버지 차라투스트라가 여전히 자기의 어린아이들을 사랑한다고?"

내 최고로 좋은 행복으로 내 어린아이들이 내게로 오게끔 꾀어내라! 그들이 내 진실한 황금 갈색의 아버지에 대한 동경에 이르게끔 유인하라! 그들에게 길고 긴 부성애의 꿀이 떨어지게 하라!

바람이 불고, 바람이 불며, 달이 나타난다. — 오, 내 멀고도 멀리 있는 어린아이들이여, 여기 너희의 아버지에게 너희는 머무르지 않는단 말인가? 바람이 불며, 하늘에는 구름 한 점 없고, 세계는 잠이 든다. — 오, 행복이여, 오, 행복이여!

그러나 차라투스트라는 이러한 말을 결코 하지 않았는데, 그때 그는 가슴의 근저에 이르기까지 뒤흔들렸다 : 왜냐하면 그가 자신의 발밑을 내려다보았을 때, 그는 완전히 홀로 있다는 사실을 깨달았기 때문이다. 그는 자신의 손님들을 잊어버렸다 — 그의 손님들 역시 그를 잊어버렸던 것일까? "너희는 어디에 있느냐? 너희는 어디에 있느냐?"라고 차라투스트라는 밤을 향해 소리쳤지만, 그러나 밤은 침묵했다. —

"너희는 어디에 있느냐? 너희는 어디에 있느냐? 내 동물들이여"라고 차라투스트라는 다시 한번 밤을 향해 소리를 쳤다. 그러나 그의 동물들 역시 말이 없다 — —

31[65]

마술사의 노래.
학문에 대해.
장미의 연설.

31〔66〕

　행복한 사람들은 호기심이 많다.

31〔67〕

　그대들이 나를 주인과 장인(匠人)이라고 부른다면 : 나는 이러한 장인이 스스로에 대해 생각하는 바를 운(韻)에 맞춰 그대들에게 말하고자 한다.

　말하자면 나는 언젠가 내 집의 문에 대해 쓴 적이 있다. 내가 의도하는바, 이 지옥 입구에 대해 : ＿＿＿

31〔68〕

　지상에서 가장 강한 자들은 최초의 인간들이 아니라고 할 때보다 지상에서 더 큰 불행은 없다. 즉 모든 것이 일그러져 잘못되기 때문이다. ＿＿＿

　그러나 모든 것이 잘못된다면, 천민이 주인이 되고자 노력하는 것이 얼마나 놀라운 일인가? 그러면 천민의 덕은 "보라, 오직 나만이 덕이다!"라고 말한다.

　그러한 일은 오늘과 내일 사이에 일어난다 : 그러나 어떻게 이 일이 다가왔고 다가와야만 했던가 ＿＿＿

31〔69〕

　나는 독일어로 분명하게 그대들과 말하고자 한다

　지금까지 나는 그대들과 함께 일을 시작하는 방법을 거의 알지 못했다 ― 여전히 가장 좋은 방법은 우리가 서로 함께 음식을 먹는 것이다.

31 [70]

   두 명의 왕

   자발적으로 거지가 된 자

   마술사

   정신이라는 양심적인 자

   가장 추한 인간

   퇴직한 교황

   방랑자

   정오에 잠자는 자

〔32 = Z II 9. 1884년 겨울~1885년〕

32[1]

도덕적 가치 평가를

그 뿌리로 소급하는 것.

32[2]

그는 네가 우리를 혐오감에서 구원한다고 우리 모두를 위해 말했다 — 이것은 이 나쁜 시대의 가장 나쁜 병들 가운데 하나다

차라투스트라 : 그대들은 어떤 선물을 내게 가지고 왔는가 — 그대들은 그대들이 내게 선물한 것조차 알 수 없단 말인가!

너는 새로운 귀족을 훈육하는 것을 가르친다

너는 식민지를 세우고 국가의 소상인 정책을 존중하도록 가르친다

네게 인간의 운명이 달려 있다

너는 자신을 넘어서는 도덕을 이끌어간다("선과 악"이라는 죄의
식뿐만 아니라, 인간의 극복)

보다 높은 인간에 대한 차라투스트라의 말. 그대들은 이런 나쁜 시대의 장점을 발견해야만 한다.

[32 = Z Ⅱ 9. 1884년 겨울~1885년] 155

32〔3〕

　좋은 식사 시간.

　보다 높은 인간에 대해.

　마술사의 노래.

5　학문에 대해.

　장미의 연설.

32〔4〕

"가장 추한 인간"에게

10　오 내 영혼이여. 인간 때문에 낙담하지 말라! 오히려 네 눈은 아
직 모든 그 악한 자, 기이한 자, 무서운 자를 보며 즐거워하라!

　"인간은 악하다" — 여전히 모든 시대의 현자들은 나를 위로하면
서 내게 이렇게 말했다. 오, 오늘은 나에게 탄식하는 법을 가르쳤다
: "뭐라고! 그것이 아직도 참인가?"

15　"뭐라고? 이러한 위로(慰勞)는 사라지는가?" 내 소심함은 이렇게
탄식했다. 그러나 이제 이 가장 신적인 것이 나를 위로했다.

32〔5〕

　오늘날 혼합에 대해 말하고자 하는 천민. 그 안에서 모든 것은 모
20　든 것 속에 뒤죽박죽 섞였다 : 불평불만을 털어놓는 자, 성자, 젊은
귀족, 유대인들, 신 그리고 노아의 방주에서 나온 각각의 동물.

　오늘날 이러한 여자들 — 그들 역시 진정 저열한 천민적 여자들
이 아닌가? 고분고분하고, 향락적이고, 잘 잊어버리고, 동정적이다
— 그들 모두는 창녀 가까이에 있다.

— 내 친구들이여, 그대들은 그대들의 여자들에게 이러한 것을 설명한 적이 있으며, 그것에 대해 예의 바르고 호의적으로 말하고 있다 : "내 연인이여, 오직 너만이 예외다. 차라투스트라가 네게 인사를 전해달라고 한다."

32[6]

너, 늙고 나쁜 마술사여, 내가 너에게 존경을 표하는 것은 너의 최선이자 가장 성실한 면이다 : 너는 마침내 피로에 지치게 되었고, "나는 위대하지 않다"고 말한다. 너는 너무 늦게 이런 성실성에 이르렀다.

네 악마가 네게 오랫동안 "그러나 먼저 많은 사람들이 너를 믿고 있다. 네가 바로 그들을 구원할 수 있는지 말해보라. 네가 그것을 할 수 있기에는 아주 잘못되었다!"고 속삭이고 있듯이, 너 평화가 없는 자, 속이는 자, 구원할 수 없는 자여.

32[7]

그러나 이제 이 어린이 방, 내 동굴을 나에게 남겨두고, 그곳에서 나오라! 여기 밖에서 그대들의 뜨거운 오만을 식히고 행복 앞에서 고요해지기를 배우라.

밤은 명료하게 보이고, 달은 빛나며, 하늘에는 구름 한 점 없다 : 그대들 기이한 자들이여, 삶이 살 만한 가치가 있는 것인지 내게, 그대들 자신들에게 물어보라!

그러나 차라투스트라는 그가 이미 한번 했던 말을 했다. 그때 그는 생명에 영원성을 긍정하는 말을, 이와 똑같은 생명에 영원성을

주는 말을 했다 : 그러나 그의 목소리가 변했다.

차라투스트라의 물음을 들었던 모든 사람들은 그에 대해 가슴으로 대답했지만, 그러나 아무도 말하지는 않았다. 그들은 그렇게 서로 말 없이 손을 모으고 쳐다보면서 앉아 있었다. 그곳에서는 ― ― ―

32[8]

고향 없는 향수. 방랑자.

1 : 그러니까 내가 영원하지도 않고, 유대인도 아니지만, 그렇다고 할지언정, 나는 영원한 유대인이 되기에 별로 부족하지 않다.

2 ― 내 주변에 사는 것, 그것은 또한 곧 익숙해진다.

3 ― 악마가 허물을 벗게 되면, 그 이름도 떨어져 나가게 된다. 이것은 또한 피부다.

4 ― 그가 어디로 가는지 아는 자만이 또한 그 순풍을 안다.

5 ― 그는 목적을 잃어버렸다 : 아, 그는 어떻게 자신의 상실의 시간을 보내게 되고 고통을 잊게 될 것인가!

6 ― 그는 그들이 길을 잃었을 거라고 그들에게 말한다 ― 이 아첨하는 자! 그들에게는 길이 있어야 한다고 그들에게 아첨한다!

7 ― 진상이 밝혀진다 : 이제 더 이상 내가 알 바 아니다. ― 조심하라, 너는 너무 많이 깨어 있을 수 있다!

8 ― 가장 성스러운 자 역시 생각한다 : "내가 원하듯이 나는 살고자 한다. ― 아니면 나는 더 이상 살 의욕이 없다!

9 ― 나는 어디에서 고향에서처럼 있을 수 있을까? 나는 오랫동안 그것을 찾았다 : 내 끊임없는 불행은 그러한 찾기에 있었다.

10 ― 나는 미리 그것을 원하지 않았다. 나는 정말 나중에 그것을 원해야만 한다 ― 즉 나는 모든 것을 "훌륭하게 만들어야" 한다

11 ― 내가 사랑하는 ― 사람은 이제 더 이상 살지 않는다 : 나는 나 스스로 어떻게 여전히 견뎌내야만 할까!

12 ― 이 새장과 협소한 마음 ― 그들은 어떻게 자유 정신이 되고자 했던가! 온갖 범죄를 저지르지 않았던 사람이, 어떻게 ―

13 ― 일일 교사들과 다른 쉬파리들

14 ― 돈 소리 나는 곳에서, 창녀가 지배하는 곳에서, 사람들이 장갑을 끼고 만지고 공격할 수 있는 곳에서

15 ― 자신이 가장 하고 싶은 일을 하도록 여전히 강요당하고 강간 당해야만 하는 너무 수치스러운 자들

16 ― 유대인과 중국인처럼 뇌와 성기에서 흥분하는

17 ― 사람들이 고상한 몸짓으로 확신하지만, 어떤 이유를 달아 불신하게 만드는 그러한 자

18 ― 동요하는 자에게 감옥은 또한 얼마나 안전한가! 감금된 범죄 자들은 얼마나 고요히 잠자는가!

19 ― "너는 진리의 뒤를 너무 가깝게 따라가지 않게 주의하라 : 그렇지 않으면 진리가 네 머리를 밟게 될 수도 있다!

20 ― "뭐라고? 너는 자신을 자유 정신이라고 부르는가? 너는 이미 온갖 범죄를 저질렀는가? 네 존경할 만한 심장을 부수어버렸는가?

21 ― 말라버린 모래 영혼, 건조한 하상(河床) : 뭐라고 ― 자유 정신이라고?

22 ― 그는 금지된 것을 얻기 위해 노력했다 : 이것이 그의 온갖 덕의 원천이다.

23 — 네가 겨울 지붕 위에 있는 유령처럼, 가장 멀리 떨어져 차가운 생각 속에서 몽유할 때까지?

24 — 먼지를 일으키면서, 이리저리 떠돌아다니면서, 쉬지 않고 동요하면서 : 내가 이미 먼지로 온갖 거울과 창문에 앉았을 때, 온갖 표면에서 이미 나는 잔 적 있다.

25 — 그대들이 생각하는 것보다 상황은 훨씬 좋지 않다 : 많은 사람들이 거짓말할 생각이었고, 거기서 그는 비로소 진리를 만났다! —

26 — 자신의 양심을 불평하게 만드는 이 답답한 불안에 사로잡힌 자들 : 나는 그들과 같지 않다

27 — 유럽은 무엇을 만드는가? — 오, 그것은 병들고 기이한 여자다 : 사람들은 이 여자로 하여금 미쳐 날뛰며 소리 지르고 식탁과 접시를 부수게 해야 한다. 그렇지 않으면 사람들은 그녀 앞에서 휴식을 취하지 못한다 : 사랑하는 것에서 고통스러워하고자 하는 여자.

28 — 우리의 오늘과 어제보다 생각할 것이 많은 시대, 곱씹어 생각할 것이 많은 시대

29 — 아, 선과 선한 자에 대한 믿음은 어디에 있단 말인가! 아, 이 온갖 고상한 거짓말의 순진성은 어디에 있단 말인가!

30 — 그들이 한때 무(無)에서 창조했던 신이란 — 얼마나 기이한 일인가! 이 신은 그들에게 이제 무(無)가 되어버렸다

31 — 뛰어오르는 거미원숭이들처럼 너무 서둘러

32 — 차가운 목욕탕 — 너는 네 머리와 가슴으로 그곳에 들어가고자 하는가? 아, 금방 너는 붉은 게가 되고 말 텐데! (차라투스트라

는 불처럼 붉은 어떤 인간이 오는 것을 바라본다)

33 ― 관 만드는 일과 관을 톱질하는 일 사이에서 사는 것. 나는 무덤 파는 사람의 도구가 될 의향이 없었다

34 ― "진리란 없다! 모든 것이 허용된다!" 나는 온갖 범행을 저질렀다 : 가장 위험한 사상들, 가장 위험한 여자들

35 ― 언젠가 내 감각은 적은 것과 긴 것을 향했다 : 그러나 오늘날 내 감각은 어디에 있는가! 나는 참으로 작고 짧은 아름다움을 그렇게 경시하지 않았다

36 ― 인식하려는 길에서 그렇게 많은 수치심이 극복될 수 없다면, 인식은 얼마나 자극을 주지 못했던 것일까!

37 ― 오늘날의 인식하는 자, 그는 다음과 같이 가르친다 : 신이 동물이 되고자 했다는 사건이 언젠가 일어났다 ― : 신 자신이 동물로서 : 자 보라, 이것이 인간이다!

38 ― 자유 정신, 그러나 나약한 의지. 푸드덕 활개 치는 박쥐의 날개, 그러나 부러진 척추

39 ― 이들 친애하는 조국, 그것들은 곧 빗장을 걸어 잠그고 다투게 된다.

1, 9, 24, 2, 39, 13, 14
6, 5, 4, 35, 8, 37, 30
38, 11, 10
21, 32, 33, 23, 27, 16, 28
15, 36, 22, 20, 34, 7, 25, 3, 16, 26, 29
18, 12

19

선량한 유럽인

1, 9, 24, 2 (조국에 대해 웃으면서) 고향 없이, 유랑자 13, 14 즐기면서 8

6, 5, 4, 35 목적 없이, 무(無)를 통해 억제하면서 37, 30

38 나약한 의지의 11, 10

21, 32, 33 가장 강한 (자극을 주는) 사상, 가장 차가운 목욕탕 23 거주했다 :

　먼저 27 : 이것은 유럽 세계를 의미한다

　16, 28 그리고 유대인처럼 회색 민족

15, 36 (수치심을 극복하는 것 — — 22, 20 사상의 범죄 행위 34 "모든 것이 허용된다"

　7, 25, 3, 16, 26, 29 도덕에 대해 가득 비웃으면서

18, 12 새장에 스스로를 가두는 위험

19 정신이 피로에 젖어, 혐오감을 보이며

32[9]

아는 자와 양심적인 자.

— 오늘날의 인식하는 자, 그는 다음과 같이 묻는다 : 그러나 인간이란 무엇인가? 신 자신이 동물인가? 즉 언젠가 신은 동물이 되고자 했다고 나는 생각한다.

— 차갑고 냉담한 인간들, 사람들은 그들이 어리석다는 사실을 믿으려 하지 않는다 : 사람들은 그들이 나쁜 영민함을 지닌 것으로 나쁘게 해석한다.

— 아무런 이유 없이 그대들은 이것을 믿지 않도록 배워왔다. 어떻게 내가 어떤 이유를 달아 그대들에게 이러한 믿음을 내동댕이칠 수 있단 말인가!

— 칭찬하는 것은 비난하는 모든 것보다 더 주제넘은 짓이 아닌가? 나는 칭찬하는 것 역시 잊어버렸다. 그 안에 수치심이 없다.

— 이 아는 자들과 양심적인 자들. 이제 그들은 어떻게 손으로 죽이는가!

— 내 기억은 "내가 이것을 했다"고 말한다. 그러나 내 자존심은 "네가 그것을 했을 리 없다"고 말하며 청을 들어주지 않는다. 결국에는 기억이 양보한다.

— 그의 눈은 차고 건조하다. 그 앞에서 모든 것들은 털이 빠지게 되고 색깔이 없어진다. 그는 거짓말할 수 없는 자신의 무능력에 고통스러워하며, 이를 "진리를 향한 의지"라고 부른다!

— 그는 전율하면서 주변을 바라보고, 손으로 머리를 쓰다듬는다. 이제 그는 인식하는 자를 질책할 수 있다. 그러나 열병의 자유는 아직 "인식"이 아니다.

— 열병을 앓고 있는 자는 모든 것을 유령으로 보며, 열병이 없는 자는 모든 것을 텅 빈 그림자로 본다. — 그러나 이 양자의 사람들은 동일한 말을 필요로 한다.

— 그러나 너 현명한 자여, 어떻게 네가 그렇게 행동할 수 있었던가! 어리석음이었다! — "이것은 내게도 충분히 힘든 일이 되었다."

— 오늘날 정신을 소유하는 것으로는 충분하지 않다 : 우리는 또한 그것을 취해, 정신을 "끄집어내야"만 한다. 이러한 일을 하기 위해서는 많은 용기가 필요하다.

― 선생이기 때문에, 인식하기 위해 썩는 그러한 사람들도 있다 ; 그들은 오직 학생들 때문에 사물을 진지하게 생각하고 스스로 함께 한다.

― 무거운 화강암같이 단단한 고양이들, 시원의 가치가 거기에 있다 : 너, 오 차라투스트라여, 너는 그것들을 전복시키려 하는가?

― 그대들의 의미는 부조리고, 그대들의 익살은 말도 안 되는 익살이자 얼토당토않은 익살이다.

― 매일 황금빛으로 빛나고 마치 위로 흐르는 듯한 저 부지런하고 성실한 자들

― 먼 것들을 꿈꾸는 방랑자가 고독한 거리에서 잠자는 개와 부딪친 것처럼 : 뜻밖에 불구대천의 원수처럼 이 둘은 너무 놀라며, 서로를 바라보았다. 그들이 서로 쓰다듬고, 애무하고, 기운을 북돋는 것은 근본적으로 어떻게 일어나는 일인가! 이 두 고독한 자들이여!

― 완고한 정신을 가진 사람들, 예민하고 좀스럽다

― 나로 하여금 충고하게 하라 : 네 증거는 내 정신의 배고픔을 지치게 한다.

― 너는 네가 꿈꾸고 있다고 한 번도 느끼지 못한다 : 아, 너는 깨어 있는 상태에서 아직 멀리 있구나!

― 내 친구여, 덕은 "위해", "때문에", "그것으로"와 같은 것을 행하지 않는다. 그것에는 그러한 사소한 말을 들을 수 있는 귀가 없다.

― 너무 깊이 불신하며, 고독과 오랜 의지를 지닌 이끼로부터 웃자라서, 과묵한 자, 너 탐욕스러운 자의 적이여

― 그는 자신의 믿음 때문에, 내면으로부터 작은 생나무들을 불
태우지는 않는다 : 그는 오히려 오늘날 자신의 믿음에 대해 더 이상
용기를 찾을 수 없기 때문이다.

― 시체처럼 쓸모없는, 삶 속에서 죽고, 묻히고, 숨겨져 있는 : 그
는 더 이상 존속할 수 없다. 이 웅크리고 앉아 있는 자, 매복해 있는
자 : 어떻게 그가 언젠가 부활할 수 있단 말인가!

― 번개가 더 이상 손해를 입히지 않는 것으로는 충분하지 않다.
그는 나를 위해 일하는 법을 배워야만 한다.

― 너는 그들에게 빛이 되고자 한다. 그러나 너는 그들을 태워버
렸다. 너의 태양 그 자체는 그들의 눈을 파냈다.

― 진리가 여기서 승리한 일이 도대체 어떻게 일어났는가? 아주
강한 오류가 그것에 도움을 주었는가?

― 여기에서 너는 눈이 멀었다. 왜냐하면 여기에서 너의 성실성
이 멈추었기 때문이다.

― 그들은 작고 뭉뚱그려진 사실들 앞에서 굽실거린다. 그들은
그들의 발아래 있는 먼지와 오물에 입을 맞춘다. 그들은 유혹한다 :
"여기에 마침내 현실이 있다!"

32[10]

자발적으로 거지가 된 자.

그러고 나서 나는 자연으로 돌아왔다

― 너는 고기 먹는 온갖 즐거움을 싫어하며, 푸른 야채에 열광하
는 사람들에게 속하는가? 산에서 설교하는 자는 설교하라, 그리고
사랑스러운 동물들을 위한 철학

— 그들은 차다 : 번개가 그들의 음식으로 떨어졌고 그들의 주둥이는 불을 처먹는 법을 배웠다!

— 나는 나 자신에게 지쳐 있다 : 그때가 돼서야 처음부터 나를 기다렸던 내 행운이 내게 왔다.

— 그들은 그때 앞발이 묶인 채 앉는다. 이 긁어대는 고양이여. 이제 그들은 긁어댈 수 없다. 그러나 그들은 푸른 눈으로 독을 바라본다.

— 많은 사람들이 이미 자신의 높은 곳에서 떨어졌다. 밑바닥에 있는 사람들에 대한 연민이 그를 유혹했다 : 이제 그는 그곳에서 사지가 부러진 채 누워 있다.

— 내가 그렇게 했다는 것이 무슨 소용이 있었던가! 나는 반향에 귀 기울였는데, 그러나 칭찬만 들었다.

— [1]그들은 이미 부유함 속에 앉아 있듯이 몰래 빨아먹고 있다. 그들 가운데 많은 사람들을 나는 넝마주이와 썩은 살코기를 먹는 새라고 부른다.

— [1]나는 그들이 어떻게 그들의 아버지한테서 도둑질하는 것에 익숙해졌는지 보았다 : 나는 불리한 일을 맡는 것을 선호했다.

— [1]탐욕스러운 눈, 쓰디쓴 영혼

— [1]이 상인보다 더 장사를 잘한다! 돈과 환전꾼은 장갑을 끼고 잡아야만 한다!

— [1]가장 큰 선행이 결코 사라지지 않는 곳에서 작은 선행이 드러난다.

— [1]그대들 엄청나게 풍요로운 자들이여, 그대들은 마치 배불뚝이와 같이 너무 좁다란 병의 목에서 물을 뚝뚝 떨군다 : 성급함이

종종 그러한 병의 목을 깨지 않게 조심하라!

— [1]나는 우리의 부자들을 보았을 때, 부를 부끄러워했다. 나는 내가 가지고 있던 것을 스스로 버렸고, 이때 나 자신을 황야로 내던졌다.

2 — 내 귀중한 낯선 자여, 너는 어디에 머무르고 있는가? 오늘은 누군가 폭리 장사를 하지 않는가? 그들은 어떤 값을 치러서라도, 모든 것을 몸소 매수할 수 있다 : 그러나 네가 그들을 사들이고자 한다면, 너무 적게 제공하지 말라. 그렇지 않으면 너는 그들의 덕을 강하게 만든다. 그렇지 않으면 그들은 너에게 부정적인 말을 하게 된다! 그리고 매수되지 않는 자로서 뽐내며 출발한다 — 이 모든 일일 교사들이자 종이 쉬파리들!

— 협소한 영혼, 상인의 영혼 : 돈이 금고(金庫)로 뛰어들게 되면, 상인의 영혼도 함께 뛰어들게 된다.

— "이 점에서 나는 엄청나게 풍요로운 자를 알아본다 : 그는 받는 사람에게 감사한다"고 차라투스트라는 말한다.

— [1]부의 죄수들, 그들의 생각이 사슬처럼 차갑게 철그렁거린다.

— [1]그들은 가장 성스러운 권태로움 그리고 음력과 평일에 대한 욕망을 고안해냈다.

— 먼 것들을 꿈꾸는 방랑자가 뜻밖에 고독한 거리에서 잠자는 개와 부딪친 것처럼 : 불구대천의 원수처럼 그때 이 둘은 너무 놀라며 서로를 바라보았다 : 그러나, 근본적으로는 : 그들이 서로 쓰다듬고 애무하는 것이 어떻게 일어났는가, 이 두 고독한 자들이여!

— "가난한 자들에게 주는 것, 이것은 신(神)을 빌리는 것이다. 훌륭한 물주가 되라!"라고 말한 저 늙고 간교한 경건성에서가 아니라

— 그대들은 유용성을 그대들 성향의 마차로서 사랑한다. 그러나 그 마차 바퀴의 소음이 그대들을 견딜 수 없게 하는 것은 아닌가? 나는 쓸데없는 것을 사랑한다.

— [1]그대들 여자들은 고분고분하고 탐욕스러우며 잘 잊는다 : 그들 모두가 창녀에까지 이르는 것은 아니다.

나는 고요함을 사랑한다. 그리고 저 사람들은 어떤 이유로 소음을 사랑한다 ― ― ―

32[11]

보다 높은 인간에 대해.

"그대들은 어린아이처럼 되지 않는가" ― 아니다! 아니다! 세 번을 부정한다! 이것이 지나갔다. 우리는 또한 천국으로 가기를 원하지 않는다.

우리는 사람이 되었고, 그렇게 우리는 땅의 부를 원한다.

(아니다! 아니다! 세 번을 부정한다! 어떤 하늘의 종소리인가! 종소리란 말인가! 우리는 천국으로 가기를 원하지 않는다 : 땅의 부가 우리 것이었으면!)

"그대들은 높은 곳으로, 내게로 밀어붙여졌다 : "그대들이 올라가고 있다"고 대중은 말할지 모른다, 그대들은 내게 ― 밀어붙여진 자들이다!

― 천민의 만족이 지배하고, 혐오감이 이미 보다 높은 인간을 나

타내는 시대에 :

32〔12〕

일곱 가지 고독.

내가 늑대와 함께 한번 울부짖어야 한다면, 나는 잘할 것이다. 늑대는 가끔 "너는 우리 늑대들보다 더 잘 울부짖는다"고 말했다.

32〔13〕

윤창(輪唱).

그러나 그들이 오랫동안 그렇게 서 있었고 밤의 은밀함이 그들의 가슴에 점점 더 다가왔을 때, 저 놀랄 정도의 긴 하루에 가장 놀라운 것이 일어났다. 즉 먼저 가장 추한 인간이 새롭게 목젖을 울리면서 코로 가쁘게 숨을 몰아 쉬기 시작했다. 그러나 그가 그것을 언급했을 때, 그의 입에서는 어떤 문제가, 그들이 들었던 모든 것에서 애끓는 듯한 느낌이 들었다는 말이 분명하고 명료하게 나왔다.

내 친구들 모든 이들이여, 그대들은 어떻게 생각하는가?라고 그 추한 인간이 말했다. 이날을 위해 — 나는 이 삶 전체를 살았다는 사실에 대해 처음으로 만족하고 있다.

내가 그렇게 많이 증언한다는 사실은 여전히 오랫동안 내게 충분하지 않다. 지상에서는 삶을 살 만한 가치가 있다. 차라투스트라와 함께 하루를 지내는 것은 나로 하여금 대지를 사랑하게 가르쳤다.

"이것이었던가? — 삶이란? 나는 죽도록 말하고자 한다. 그럼 좋다! 다시 한번! 차라투스트라를 위해!"

내 친구들이여, 그대들은 어떻게 생각하는가? 그대들은 나처럼 죽도록 말하고자 하지 않는가 : "이것이었던가 — 삶이란? 차라투스트라를 위해 — 그럼 좋다! 다시 한번!" —

너 우리의 의사이자 구원의 땅이여 — 오 차라투스트라여, 우리로 하여금 앞으로 너와 함께 가게 해다오!

가장 추한 인간은 이렇게 말했다 ; 그러나 그때는 자정에 못 미친 시간이었다.

그때 차라투스트라는 격렬히 손을 내밀어, 자신의 손으로 그의 손을 꼭 부여잡으면서, 귀중한 선물이나 보물이 뜻하지 않게 하늘에서 떨어진 그러한 사람의 목소리로 놀라움에 떨며 외쳤다 :

"뭐라고? 네가 그것을 말하는가, 내 친구여? 이것이 너의 의지인가? 이것이 너의 전체적이고 최종적이며, 가장 최선의 위대한 의지인가? 그럼 좋다! 그것을 다시 한번 말해보자!" — —

가장 추한 인간은 그가 명령받은 바대로 행했다 : 그러나 보다 높은 다른 인간들은 그의 맹세를 듣자마자, 갑자기 그들의 변화와 회복을 의식하게 되었고, 누가 그들에게 그와 같은 것을 선물했는지 의식하게 되었다 : 그때 몇몇 사람은 웃고, 몇몇 사람은 우는, 각자의 방식이 있다는 듯이 차라투스트라에게 감사하고, 존경을 표하고, 애무하거나 그의 손에 입을 맞추며 뛰어갔다! 그러나 늙은 예언자는 기꺼이 춤을 추었다. 많은 사람들이 생각하듯이, 그 역시 달콤한 포도주에 젖어 있었을 그때, 확실히 그는 여전히 달콤한 인생에 젖어 있었다. 그리고 모든 졸음을 거부했다. 그 당시 당나귀가 춤추었다고 설명하는 사람조차 있다. 즉 가장 추한 인간은 그 당시에 그를 자신의 새로운 신으로 숭배했을 때, 그에게 미리 물 대신 마실 포도주를 주었다. 이것은 이제 이러한 사정에 있을 수도 있고, 또한 다른 사정에 있을 수도 있다 — 아마도, 차라투스트라의 역사를 설명하는 모든 사람이 그렇게 믿지는 않을 것이다 — : 그러나 확실히 가장 추한 인간도 좋지 못한 이러한 일을 할 수 있었을 것이다.

그러나 차라투스트라는 스스로 예언자가 어떻게 춤추며 손으로 그것을 가리켰는지 주시했다. 그러나 그러고 나서 그는 사랑하는 자들과 존경하는 자들이 뒤섞여 있는 곳으로부터 단숨에 빠져나왔으며, 손가락을 입에 대고 조용히 할 것을 요구했다. 깊은 밤이 되자 차라투스트라는 커다란 돌림 노래를 선창했고, 그의 손님들이 순서대로 장단을 맞추면서 커다란 윤창에서 노래를 부르기 시작했다. 차라투스트라의 동굴과 밤마저 귀 기울이며 들었던 것과 마찬가지로, 그러나 당나귀와 독수리, 뱀도 귀 기울였다. 그러나 이 윤창은 다음과 같았다 :

내 형제들이여, 그대들의 가슴을 고양하라, 높이! 더 높이! — 그러나 내 발 또한 잊지 말라! 그대들의 다리 또한 높이 들라. 훌륭히 춤추는 그대들이여, 그대들이 또한 거꾸로 꼿꼿이 있는 것이 훨씬 좋다!

귀 기울여 들어보라! 들어보라! 깊은 자정이 가까이 왔다!

이때 늙은 예언자에게는 다음과 같은 생각이 떠올랐다 : "무거운 동물이 또한 행복 속에 있다. 처음부터 서툴게 걷는 동물이 있다. 거꾸로 서고자 노력하는 코끼리처럼 그것들이 악착같이 노력하는 것은 기이한 일이다.

귀 기울여 들어보라! 들어보라! 깊은 자정이 가까이 왔다!"

그때 가장 추한 인간에게 다음과 같은 생각이 떠올랐다 : "마비된 발로 걸어가는 것보다는 서툴게 춤추는 것이 훨씬 낫고, 불행보다는 행복 앞에서 바보스럽게 되는 것이 훨씬 낫다. 그러나 이것은 차라투스트라의 최선의 진리다 : 최악의 것에도 두 가지 좋은 이면이 있다.

귀 기울여 들어보라! 들어보라! 깊은 자정이 가까이 왔다!"

그때 늙은 마술사에게 다음과 같은 생각이 떠올랐다 : "이제 나는 슬픔과 모든 야경꾼의 비애를 잊었다. 나는 하늘 전체를 해맑게 만들고 바다 전체를 출렁이게 만드는 바람처럼 그렇게 할 것이다 : 이제부터 나는 차라투스트라처럼 할 것이다.

귀 기울여 들어보라! 들어보라! 깊은 자정이 가까이 왔다!"

그때 오른쪽에 있는 왕에게 다음과 같은 생각이 떠올랐다 : "온갖 대지의 눈물과 인간의 탄식과 함께 내 몸을 떨게 된다면, 나는 언제나 다시 물 위의 기름처럼 위에 있게 될 것이다. 그러나 나는 이것을 이 차라투스트라에게서 배워 따라 했다.

귀 기울여 들어보라! 들어보라! 깊은 자정이 가까이 왔다!"

그때 왼쪽에 있는 왕에게 다음과 같은 생각이 떠올랐다 : "나는 어떤 때에는 대지가 원망스러울 때가 있다 : 그때 내 악의는 하늘의 별들을 대지까지도 끌어내린다 : 이것이 차라투스트라의 복수의 방식이다.

귀 기울여 들어보라! 들어보라! 깊은 자정이 가까이 왔다!"

그때 선한 유럽인에게 다음과 같은 생각이 떠올랐다 : "대지에 또한 늪과 비애가 있고, 온 바다가 검은 진흙에 덮여 있다면 : 차라투스트라처럼 가벼운 발걸음을 가지고 있는 사람은 번쩍이는 얼음 위를 재빨리 지나가듯이, 진흙 위를 그렇게 지나간다.

귀 기울여 들어보라! 들어보라! 깊은 자정이 가까이 왔다!"

그때 자발적으로 거지가 된 자에게 다음과 같은 생각이 떠올랐다 : "누군가가 이미 자신의 궤도에 올라섰는지의 여부는 발걸음에서 드러난다 : 차라투스트라가 가는 것을 보라! 그러나 자신의 목적에 가까이 가는 자는 춤을 춘다.

귀 기울여 들어보라! 들어보라! 깊은 자정이 가까이 왔다!"

그때 정신의 양심을 가지고 있는 자에게 다음과 같은 생각이 떠올랐다 : "모든 좋은 것들은 둥글게 구부리며 그 목적에 다가간다. 고양이처럼 그것들은 이때 등을 구부리고, 자신들 가까이 있는 행복 앞에서 안으로 그르렁 소리를 낸다. 모든 좋은 것들은 웃는다.

귀 기울여 들어보라! 들어보라! 깊은 자정이 가까이 왔다!"

그때 늙은 교황에게 다음과 같은 생각이 떠올랐다 : "여기 지상에서 지금까지 가장 큰 죄는 무엇이었던가? 그것은 "여기에서 웃는 사람들에게 화(禍)가 있으라!"라고 말한 사람의 말이었다.

귀 기울여 들어보라! 들어보라! 깊은 자정이 가까이 왔다!"

최후의 죄.

1.

그러나 그 당시에 차라투스트라 자신에게 무슨 일이 일어났는가? — 정말이지, 그날 밤에 그에게 일어났던 일을 누가 헤아리고 싶단 말인가! 즉 그는 보다 높은 인간들의 행복을 보았을 때, 오랫동안 수많은 벌목꾼에게 저항했던 도토리나무가, 무겁게, 갑자기, 자신을 넘어뜨리고자 했던 사람들을 놀래며 넘어지듯이, 돌연히 넘어졌다. 그러나 차라투스트라가 넘어뜨리는 데 사용한 도끼는 — 이 도끼는 **동정**이라 불렸다. 이러한 보다 높은 인간들의 행복에 대한 동정.

2.

그가 땅바닥에 누웠을 때, 보다 높은 인간들은 몸을 던져 그를 다시 일으켜 세웠다 : 그러나 이미 그는 스스로 일어섰고, 주위에 몰려 있던 모든 것을 밀어젖히면서 소리쳤다 : "계속하라! 계속! 계속!" "나를 놓아주게" 그는 고통스럽고 깜짝 놀라 친구들의 가슴이 얼어붙도록 소리쳤다. 단지 그를 제지하는 어떤 손이 뻗어 오기 전에, 그는 머리 위로 긴 옷을 입었고, 검은 밤 속으로 뛰면서 사라졌다.

그 후 그의 친구들은 오랫동안 듣지 못하고 말하지 못한 채 서 있었다. 왜냐하면 그들에게 이 산은 낯설었고, 그 누구도 이 시간에는 겨우 백 걸음 범위 내에서도 길을 찾을 수 없었기 때문이다. 즉 자정이 가까워졌다. 그들이 스스로를 돕거나 헤아리는 법을 알지 못했을 때, 마치 스스로 슬프고 차가운 생각이 드는 듯, 그들은 마침내 다시 차라투스트라의 동굴로 갔고, 바로 그곳에서 약간 눈을 붙이면서 좋지 않은 많은 생각과 환영에 사로잡혀 밤을 지냈다.

그러나 사건이 일어난 것은 첫 새벽의 시간이었는데, 이때 스스로를 차라투스트라의 그림자라고 부르던 저 방랑자가 자신의 동반자들을 남기고 은밀히 떠나면서 동굴 앞에서 길 잃은 자들을 정탐했다. 얼마 지나지 않아 그는 동굴 안을 향해 소리 질렀다 : "저기 차라투스트라가 온다!" 그때 그들 모두는 좋지 않은 생각들을 벗어던지고, 이제 다시 대낮이 된다는 희망에 젖어 뛰어올랐다. — 당나귀 역시 그들과 함께 나가 차라투스트라를 정탐했다 — 자 보라, 그때 그들은 먼 곳에서 기이한 광경이 벌어지고 있다는 것을 알아챘다. 즉 차라투스트라가 길을 천천히, 천천히 올라왔던 것이다 : 때때로 그는 조용히 서서 뒤를 돌아보았다. 그러나 그의 뒤에는 마치 차라투스트라 스스로가 지체하며, 서서히 발걸음을 옮기고, 종종 뒤를 돌아보고 있다는 듯이, 힘 있고 노란 동물이 걷고 있었다. 차라투스트라가 그것을 향해 머리를 돌릴 때면 언제나 그 동물은 몇 걸음 서둘러 앞으로 왔지만, 그러나 또다시 지체되었다. 거기서 무슨 일이 일어나고 있는 것일까? 그때 보다 높은 인간들은 스스로 물으면서 가슴이 뛰었다 : 왜냐하면 이 힘센 노란 동물이 산의 사자라고 잘못 추측했기 때문이다. 그런데, 자 보라, 갑자기 사자는 그들을 알아채게 되었다. 그때 그 사자는 거칠게 포효했고 그들에게 덤벼들었다 : 즉 이들 모두는 외마디 소리를 내지르며 그곳에서 달아났다. 짧은 시간 동안 차라투스트라는 홀로 있었고 자신의 동굴 입구에서 놀란 채 서 있었다. "도대체 내게 무슨 일이 일어났던가?"

그는 자신의 마음에게 말했다. 반면 강한 사자는 부끄러워하며 그의 무릎을 밀치면서 다가왔다. "나는 도대체 어떤 긴박한 절규를 들은 것일까?" 그러나 그때 어떤 기억이 그에게 다가왔고, 그는 일어났던 모든 일들을 돌연히 파악하게 되었다. 그는 기뻐 날뛰며 어제 아침에 그가 앉았던 바위가 여기에 있다고 말했다 : 거기에서 나는 똑같은 외치는 소리를 들었다. 오 그대들 보다 높은 인간들이여, 그것은 그대들의 긴박한 절규였다!

내 고난은 저 늙은 예언자가 어제 아침에 내게 경고했던 것이었다. 그는 나를 내 최후의 죄를 범하도록, 그대들의 고난에 대해 연민을 갖도록 유혹하려 했다!

그러나 그대들의 행복은 내 위험이었다 — : 그대들의 행복을 동정한다는 것, 이것을 — 그는 알아채지 못했다! 오, 이 보다 높은 인간들이 나에 대해 알아챈 것은 무엇인가!

그럼 좋다! 그들은 도망쳐버렸다 — 나는 그들과 함께 가지 않을 것이다 : 오 승리다! 오 행운이다! 나는 이것에서 성공했다!

그러나 너, 내 동무이자 상징이여, 너 웃고 있는 사자여, 너는 내 곁에 머물러 있구나! 그럼 좋다! 자 이제! 너는 명예를 위해 적당한 때에 내게 왔다. 너는 내가 세 번째로 존경하는 동물이다!

차라투스트라는 사자에게 이렇게 말했고, 전날 그가 앉았던 바위에 깊은 숨을 들이쉬며 누웠다 — : 그때 그는 의문이 나서 높은 허공을 바라보았다 — 즉 그는 위에서 그의 독수리의 날카로운 소리를 들었다.

내 동물들이 돌아오는구나, 내 두 마리 존경하는 옛 동물들이여라고 차라투스트라는 소리쳤고 진심으로 기뻐했다 : 내 어린아이들이 돌아다니다 나에게 오는지 그것들은 탐색해야만 했다. 진실로, 내 어린아이들이 왔다. 왜냐하면 사자가 왔기 때문이다. 오 승리여! 오 행운이여!

표시.

그러나 이 밤이 지나고 아침이 되자, 차라투스트라는 자신의 보금자리에서 뛰어올라, 어두운 산에서 나온 아침 해처럼 상기된 빛으로 즐거워하며 떠날 채비를 하면서 자신의 동굴에서 나왔다.

그는 외쳤다. "나는 깨어났는데, 그들은 여전히 잠자고 있구나 ― 이것은 내 진정한 동반자가 아니다. 이 보다 높은 인간들은.

그들보다 더 높이 도달해야만 한다. 의기양양한 자, 자유로운 자, 의식이 맑은 자는. ― 웃는 사자가 내게 와야만 한다 : 이 온갖 사소하고 짧고 기이한 곤궁이 나와 무슨 상관이 있단 말인가!

나는 이제 그를 기다린다. 나는 이제 그를 기다린다" ― 차라투스트라는 이렇게 말하며, 생각에 잠긴 채 자신의 동굴 앞에 있는 바위 위에 앉았다.

"누가 대지의 주인이 되어야만 하는가? 그는 이렇게 다시 시작했다. 자! 그곳에 있는 이들은 분명 아니다 ― 나는 오히려 그곳에 있는 이들을 내 해머로 때려 부순다. 그러나 나 자신이 해머다.

사람들이 그들로 하여금 지상의 쾌락으로써 열망하게 하고, 그들에게 용기 있게 말할 때면, 그들은 바로 지상에서 그것을 견뎌낸다. 뭐라고! 이 대지 위에서 그것을 오직 견뎌낸다고? 대지 때문에 나는 그러한 말에 수치심을 느낀다.

오히려 나는 이 온순하고 잘못된 자보다는 내 주변에 있는 야생의 악한 동물들을 원한다. 뜨거운 태양이 부화(孵化)하는 기적을 다시 본다면 나는 얼마나 행복할 것인가 —

— 대지 자체에도 자부심을 느끼는 성숙하고 잘난 모든 동물들. 인간은 지금까지 그들에게서 실패했는가? 자! 그러나 사자는 성공했다."

다시 차라투스트라는 먼 생각의 나라로, 그리고 또한 자신의 가슴에도 길을 열지만 증인 없는 침묵 속으로 빠져 들어갔다.

32〔16〕

꿀의-봉헌.

절규.

왕들과의 대화.

방랑자.

자발적으로 거지가 된 자.

봉직하지 않는 교황.

정신의 고해자.

양심 있는 자.

가장 추한 인간.

정오에 잠자는 자.

인사.

만찬.

보다 높은 인간에 대해.

마술사의 노래.

학문에 관해.

후식-시편

부활한 자.

자정에.

5 폭풍우가 몰아치는 밤에 사냥하는 마왕.

웃는 사자.

32〔17〕

선한 유럽인.

10 독일적이라는 것은 무엇인가?

선한 자들의 위선.

위대한 정신의 소유자들. 철학자.

예술가와 기만하는 자.

지성의 염세주의자.

15 정신과 소유 310.

유식한 자들의 지배에 대해 318

치료법에 대해.

32〔18〕

20 큰 정치에 대해.

독일적이라는 것이 무엇인가?

"형벌" 개념에 대해.

치료법에 대해.

이웃-사랑에 대해.

위대한 정신의 소유자들.

그리스인들에 대해.

그리스도교도들과 성자들.

도덕에서의 위선.

5   우리의 교육에 대해.

무리-도덕.

32[19]

국가의 업무와 공무원.

10   학자 ─ 바보스러운 자.

그리스인에게서 배워야 할 점

철학자들의 미신에 대해.

선한 유럽인 (사회주의)

신을 부인하는, N. 125

15   동정과 이웃 사랑에 대해

32[20]

귀족을 위해.

노예를 지향하는 것에 대해.

20   사회주의자들에 대해. 235번

국가의 죽음에 관해.

무리-본능으로서의 도덕.

위대한 인간.

형벌에서의 부조리.

예술가들은 얼마나 거짓된가.

염세주의자들과 다른 자들에 대해 ───

선한 인간과 우둔함.

잘못된 해석의 가치, 126번

5   예민한 은밀주의

독일적이라는 것이 무엇인가.

천재의 오해.

32〔21〕

10   심연으로부터 이름 없는 냄새가 솟아오른다. 영원이라는 비밀스
러운 냄새

오, 자정이여! 오, 영원이여!

32〔22〕*

15   허무주의적 파국 :

기호 : 동정의 만연

정신적 과로와 규율 상실

쾌 혹은 불쾌 ─ 모든 것이 이것으로 환원된다

20   전쟁의 영광에 대한 반대 운동

국경 설정과 민족-적대감에 대한 반대 운동

"형제애……"

---

* 1888년 초에 씀.

종교가 여전히 우화나 엄격한 문장을 말하는 한, 종교는 무용해진
다

어마어마한 의식 상태 :

마치 어떤 오래된 요새에서처럼

〔33 = Z II 10. 1884년 겨울~1885년〕

5   33〔1〕

좋은 식사 시간.

이미 오후에 시작된 이 긴 만찬이 중간쯤 진행되던 때였다 : 그때 누군가가 말했다 : "밖에서 바람이 얼마나 윙윙 소리를 내며 불고 있는지 들어보라! 누가 지금 밖의 세상에 있고 싶어 하겠는가! 우리
10   는 차라투스트라의 동굴에 앉아 있는 것이 좋다.

세계가 이미 동굴이라면, 세계는 역시 우리 자신과 같이, 배를 위해 훌륭하고 안전한 항구이기 때문이다. 우리가 여기에 — 항구에 있다는 사실이 얼마나 좋은가!"

이러한 말들이 나왔을 때, 아무도 대답하지는 않았지만, 그러나
15   모두 서로를 바라보았다. 그럼에도 불구하고 차라투스트라는 스스로 자신의 자리에서 몸을 일으켜, 붙임성 있는 호기심으로 자신의 손님들을 순서대로 뜯어보았다. 그리고 마침내 말했다 :

"내 새로운 친구들이여, 나는 그대들에게 경탄한다. 그대들은 진실로 절망하는 자처럼 보이지 않는다. 그대들이 여기 이 동굴에서
20   구조를 요청하는 소리를 짧게 질렀다는 것을 누가 믿는단 말인가!

내 생각에, 그대들이 서로 옆에 나란히 앉아 있다면, 그대들 자신은 사회에 별로 쓸모가 없으며, 서로 마음을 언짢게 만들지 않는가? 그대들을 웃게 만드는 어떤 사람이 그대들에게 와야만 한다 —
— 어떤 훌륭하고 즐거운 어릿광대, 머리와 발로 춤추는 어떤 사

람, 바람과 잡힌 들짐승, 어떤 늙은 바보와 차라투스트라 — 그대들은 어떻게 생각하는가?"

이 말을 하고 있을 때 오른쪽에 있는 왕이 몸을 일으키며 말했다 : "오 차라투스트라여! 너 자신의 이름에 대해 그러한 사소한 말로 말하지 말라! 너는 그렇게 함으로써 우리의 경외감에 고통을 주고 있다.

자 보라, 누가 우리로 하여금 이미 더 이상 절규의 소리를 지르지 않게 하는지, 왜 우리의 눈과 가슴이 열려 황홀한 상태에 있고 우리의 용기가 제멋대로 구는지 우리는 잘 알고 있다.

오 차라투스트라여, 지상에서, 강하고 높은 의지가 성장하는 것보다 더 즐거운 것은 없다 : 이 의지는 지상의 가장 아름다운 식물이다. 전체 전경은 그러한 나무 한 그루에서 생기를 돋게 한다.

오 차라투스트라여, 너처럼 키 크고, 말 없으며, 강하게, 홀로, 가장 휘기 쉬운 나무로 훌륭하게 성장하는 자를 나는 소나무와 비교한다.

— 그러나 결국 강하고 푸른 가지로 자신을 지배하기 위해 뻗어가며, 폭풍우 앞에서 강한 의문을 제기하며, 높은 곳에서 편하게 느끼면서,

— 보다 강한 어조로 대답하는, 어떤 명령하는 자, 승리한 자 : 오 그러한 식물을 보는 자, 그 누가 높은 산으로 올라가지 않을 것인가?

오, 차라투스트라여, 여기 네 나무에서 갈증을 느끼는 자, 잘못된 자 역시 기운을 북돋운다. 네 모습을 보면 동요하는 자 또한 안정하게 되고 그의 마음이 치료된다.

우리가 비로소 구조를 요청하는 소리를 지른다는 것이 얼마나 좋은 일인가 : 우리는 네 모습을 볼 때까지 그렇게 해야만 할 것이다! 온갖 혐오감, 온갖 무거운 공기가 우리에게 묻고 우리를 찾아 우리에게 올라가는 법을 가르쳤던 것에 대해, 우리는 이제 얼마나 이 모든 것들에 대해 감사하는가, —

— 적절한 곳에서, 적절한 높이에서 묻는 법을 가르친다는 것 : "도대체 차라투스트라는 여전히 살아 있단 말인가? 차라투스트라는 어떻게 여전히 살아 있는가?"

제대로 묻는 자에게는 이미 반쯤은 대답이 되었다. 진실로 아주 제대로 된 대답이란 우리가 여기서 눈으로 보는 것이다 : 차라투스트라는 여전히 살아 있다. 아니 그 이상이다, —

— 차라투스트라는 춤추는 자다. 차라투스트라는 날개로 신호를 보내는 경쾌한 자이며, 모든 새들에게 신호를 보내고 준비가 되어 있는, 비상할 준비가 된 자이자, 신적인 변덕자다.

— 차라투스트라는 웃는 자이며, 차라투스트라는 침묵하는 자이지, 성급한 자도 무조건적인 자도 아니며, 뛰어오르고 선회하는 것을 사랑하는 자다.

— 웃음의 왕관을 쓴 자, 장미 화환의 왕관. 오, 차라투스트라여, 즉 너 스스로 이 왕관을 네 머리에 씌운다. 오늘날 그 어느 다른 사람도 그렇게 하기에는 충분히 강하지 않다!

네가 어떤 비관론자가 본 것보다 더 좋지 않은 것이나 더 음울한 것을 보고, 네 지옥을 아직 그 어떤 성자도 지나가지 못했다 해도,

— 네가 새로운 밤들을 자신에게 덮어씌우고 얼음같이 음울한 안개처럼 새로운 심연으로 올라갔다 해도 : 결국 너는 계속 반복해서

〔33 = Z II 10. 1884년 겨울~1885년〕 187

너의 다채로운 텐트를 너 자신의 위로 팽팽하게 펼친다,

— 네 웃음을 너는 밤과 지옥과 안개의 심연 위로 펼쳐놓는다. 너의 크고 강한 나무가 서 있는 곳, 그곳에서 하늘은 더 이상 어두울 수 없다."

그러나 차라투스트라는 여기서 왕의 말을 가로막고, 입에다 손가락을 갖다 대며 말했다 : "그렇다 이 왕들이여! —

— 그들은 맹세하는 말이나 중대한 말을 이해하고 있다 : 그들 자신이 그것에 익숙해졌다! 그러나 이때 내 귀가 주의를 기울여야 할 점은 무엇인가?

내 귀는 이때 점점 더 작아지게 되는데, 그대들은 그렇게 보지 않는가? 말하자면 내 귀는 온갖 커다란 미사여구를 피하는 것이다.

그대들 왕들이여, 진실로 그대들은 그러한 찬사로 가장 강한 자에게 예속될 수 있으며, 사람들은 그러한 한 잔의 포도주를 그 누구를 위해서도 마셔서는 안 된다. 하물며 나를 위해서도 안 된다 : 왜냐하면 나는 저 찬사에도 불구하고, 내 뻔뻔스러움 덕분에 —

내 뻔뻔스러운 의지 덕분에 : 그러나 이 의지는 혹독하고 높고 예민한 것들을 요구한다 : 찬사와 명예는 그것에 도달하지 못한다.

이것은 참이다 : 내가 이미 여러 곳의 황야나 황야의 야생지에 살았다고 해도, 나는 황야의 성자가 되지 못했다. 나는 여전히 그곳에서 굳어진 채, 무감하게, 화석이 되어, 기둥으로 있지 못하고 있다.

네가 생각하는 자를, 나는 나무, 한 그루 높고 강한 나무와 같다고 본다. 이것은 참이다. 마디같이 굽은 채 유연한 단단함으로 나는 바다 위에, 살아 있는 등대 위에 서 있다.

내 새로운 친구들이여, 나는 기꺼이 그러한 나무로서 그대들에게

눈짓을 보내고자 한다. 가지를 넓게 벌리고, 강한 의지로 : 내게 올라와 나와 함께 이 드넓고 먼 곳을 보자고 나는 말하려 한다!

33〔2〕
                    "다시 한번!"에 관해

　　그때 차례대로 어떤 일이 있어났는데, 그 가운데 하나는 다른 것보다 기이했다.

　　— 그가 이미 이를 갈고 입술을 다물었을지언정, 그러나 음산한 구름이나 마비 같은 동정이 그를 덮쳤다.

　　그때 — 독수리가!　　　— 나는 어디에 있는가!

　　그는 도망간다.

〔34 = N VII 1. 1885년 4월~6월〕

34[1]

즐거운 지식Gai Saber.

자기-고백.

프리드리히 니체.

자〈기-고백〉: 근본적으로 내게는 이 용어가 너무나 즐겁다 : 나
는 내게서 고백도, 나 자신도 믿지 않는다.

근본적으로 내게는 이 용어가 너무나 즐겁다 : 이 책이 "50만 개
의 생각들"이라면, 내게는 더 마음에 드는바, 내가 이 책을 그렇게
부르고자 한다면, 이것은 내 독자들에게는 너무 터무니없이 들릴
수도 있을 것이다. 즉 내 독자들을 고려해서 ― ― ―

고등 교육.

최고의 교육.

미래 철학자들에 관한 사상.

미래 철〈학자들〉에 관한 추측.

34〔2〕

이 19세기를 보는, 이 커다란 도〈덕적〉 위선의 시대를 보는 내 눈
빛이 점점 더 깊어지는 정도에 따라, 나는 매년 더 솔직해진다 : 오
늘날 나는 비밀을 지킬 이유가 점점 더 적어지는 것을 느낀다. 오늘
날 어떤 여론이 위험할 수 있겠는가! 더 이상 아무것도 "깊은 우물
에" 빠지지 않는 곳에서 말이다! 그리고 그 여론이 위험하고 파괴적
이라면, 바람직한 것은, 많은 것이 넘어지고, 그럼으로써 많은 것이
세워져야만 한다는 사실이다

34〔3〕

젊은 시절에 나는 불행했다 : 아주 모호한 인〈간〉이 내 길 위에
있었다. 내가 있는 그대로의 그의 정체를 알아차렸을 때, 즉 그를,
어떤 것하고도 진정한 관계를 갖지 않는 (심지어는 음악에 대해서
마저 그러한 관계를 갖지 않는) 위대한 연기자로 알게 되었을 때,
나는 구역질이 나고 아팠으며, 따라서 가장 유명한 모든 인〈간들〉이
연기자이며, 그렇지 않으면 그들은 유명해지지 못했을 것이고, 내
가 "예술가"라고 부른 사람에게서 중요한 문제는 연기력일 것이라
고 믿었다.

34〔4〕

내가 "디오니소스적"이라고 느꼈던 것을 나는 얼마나 위장한 채
진술했던가! 그저 몇 세대의 문헌학자들이 새로운 작업 영역을 여
는 효과만을 산출하기에도 얼마나 현학적이고 지루하며, 전적으로
지식이 불충분한가! 고대 세계로 가는 이러한 접근로는 가장 잘 파

문혀버렸다. 예를 들어 괴테나 빙켈만Winckelmann처럼, 특히 그리스인들에 대해 지혜가 있다고 자부하는 사람은 그곳으로부터 아무 냄새도 맡지 못했다. 그리스 세계는 오늘날 학자들이 가지고 있는 넉살 좋은 천성이 원하는 것보다 백 배나 더 감추어져 있는, 낯선 것처럼 보인다. 여기서 어차피 인식되어야만 한다면, 오직 그리스적인 것은 그리스적인 것을 통해 확실히 인식된다. 그리고 다시금 ─ 솟아오르는 샘에서 나온 체험만이 ─ 이것은 또한 그리스적인 것을 과거 세계에서 다시 인식할 수 있는 저 새롭고 커다란 눈을 주게 된다.

34〔5〕

  부가적 언급 : 가장 큰 사건들을 인간이 느끼게끔 요구하는 것이 가장 어렵다 : 예를 들어, 그리스도교적인 신이 "죽었다"는 사실, 우리의 체험에서는 천국의 선이나 교육이, 신적인 정의가, 내재적인 도덕이 더 이상 표현되지 않는다는 사실이 그렇다. 유럽인들에게 느낌이 오게 하기 위해, 이것은 아직 몇 세기를 필요로 하는 엄청나고 새로운 소식이다 : 그리고 나서 그것은 시간에 따라 모든 사물의 중점이 사라지는 것처럼 보이게 될 것이다. ─

34〔6〕

  나는 독일 제국의 빛나는 외양에 의해 기만당할 수 없었다. 나는 나 자신의 차라투스트라를 썼을 때, 그 배경으로 유럽의 상황을 염두에 두었다. 이러한 상황에서 오늘날 독일에서도 우리가 이미 프랑스에서 찾는 것과 동일한 끔찍하고 더러운 정당 운영이 지배하고 있다.

34〔7〕

우리가 일찍이 여자의 머리가 "깊이" 있다고 인정한 적이 있던
가? 나는 어떤 여자의 머리에 대해서도 지금까지 존경심을 가진 적
이 없다. 갈리아니Galiani와 비교되는 데피네D'Epinay란!

그리고 정의, ─ 이것은 언제나 ── ── ──

34〔8〕

오직 이탈리아인만이 피비린내 나는 풍자극에서 순수하고 근원적
이다. 천재 바이런Byron에게 결정적인 전환을 이루게 해준 부라티
Buratti에게서. 카르두치Carducci에게서조차 그러한 것은 아무것도
아닌데, 이를 독일인이나 프랑스인이라고 더 잘하지는 못했을 것이
다.

34〔9〕

나는 스스로를 알지 못한다 : 자기를 인식하라는 요구는 내게는
신적인 장난이거나 그리스적인 유치한 장난(어리석은 짓)으로 보인
다 : 그들은 이 점에서 풍부하다! ─ 그러나 한 사람이 오백 가지가
넘게 자신의 견해를 말했다면, 다른 사람이 그를 "안다"고 말하는
것은 가능하다. 그렇다!

34〔10〕

예를 들어 "여성 중심주의Femininisme"와 같은 "학문성"의 허

세, 그러나 또한 독일 잡지 "레뷰-스틸"의 허세

34〔11〕
우리의 시대는 이전 시대의 도덕으로 먹고살아간다.

34〔12〕
파스칼은 기후가, 해맑고 쾌청한 하늘이 그에게 영향을 준다는 생각으로 인해 고통스러워한다. 이제는 ― 환경Milieu 이론이 가장 편안하다 : 모든 것이 영향을 끼친다. 결과는 인간 자신이다.

34〔13〕
내 위를 나빠지게 하는 혹은 내 위가 전혀 소화시키지 못하는 것들 : 감자, 햄, 겨자, 양파, 후추, 기름에 튀긴 모든 것, 반죽한 빵, 꽃양배추, 배추, 샐러드용 야채, 식용 유지를 사용한 모든 야채, 포도주, 소시지, 고기에 사용한 버터 소스, 파, 신선한 빵의 속 부분, 이스트로 발효시킨 모든 빵 조각
석쇠에 구운 모든 것, 설익은 모든 고기, 송아지 고기, 구운 소고기, 양고기 넓적다리 살, 양고기, 달걀 노른자위, 우유와 생크림 역시, 쌀, 거칠게 간 곡물, 삶은 따뜻한 사과, 녹색의 완두콩, 콩, 홍당무, 뿌리, 물고기, 커피, 버터, 흰 빵의 갈색 껍질.

34〔14〕
열린, 결연한 신뢰의 성벽은, 사람들이 그것을 오늘날 민주주의 시대에 필요로 하듯이, 호감과 존경을 받기 위한 것이다 ― 간단히

말해, 그것을 하는 사람이 오늘날 "성실한 인간"으로 대우받게 되는 것이다 : 이것은 도덕주의자에게 웃음거리를 많이 주게 된다. 모든 깊이 있는 인간들은 여기서 그들의 안도의 성벽을 즐기게 된다 : 희극 놀이를 하는 것은 대단히 즐겁다 — — —

34[15]

고대인들은 크게 소리 내서 읽었다.

34[16]

예를 들어 영국의 천민처럼 절도 없는 인간들에게서 절제의 이론은 자연히 엄청난 힘을 얻게 된다. 절도 있는 인간들에게서 이 이론은 웃음을 자아내는 문제다.

34[17]

디오니소스적인 것. 내가 "체험자"로서 말할 수도 있었을 만한 것을 학자로서 말한다는 것은 얼마나 불행한 조심성인가. "미학"이 창작할 수 있는 사람과 무슨 관계가 있단 말인가! 사람들은 자신의 손으로 하는 작업을 해야 하며, 새로운 것을 추방해야 한다!

34[18]

20세기.

갈리아니 신부가 언젠가 말했다 — — — 나는 이제 전적으로 내 죽은 친구 갈리아니의 비호전적인 견해에 동의하지 않기 때문에, 몇 가지 사실을 예언하거나, 어쩌면, 그로 인해 전쟁의 원인을 유발시키는 것을 두려워하지 않는다.

34〔19〕
　가장 전율할 만한 지진 뒤에 새로운 물음을 가진 엄청난 자각

34〔20〕
주의하라. 이전 세기는 고딕 양식을 야만 상태라고 거부했다 (고트인은 그 당시에는 야만인과 같은 의미를 가지고 있었다) 이전 세기는 호메로스를 거부했다. 그 안에는 하나의 취향이 있다 : 자신을 긍정하고 부정하고자 하는 강한 의지. — 호메로스를 다시 즐길 수 있는 능력은 아마도 유럽인의 가장 큰 성과일 것이다 — 그러나 이것은 충분히 비싼 대가를 치렀다.

34〔21〕
　파리Paris 냄새를 풍기는 어떤 과도한 성애적 병약성을 제외하면 보들레르는 이미 완전히 독일적이다.

34〔22〕
　텐Taine, 그는 헤겔과 앙리 베일Henri Beyle 사이에서 전형적인 것을 찾는 창안의 대담함을 가지고 있었다. 본질적이라고 일컬어지는 그의 방법은 다음과 같다 : 역사는 오직 개념을 통해서만 파악될 수 있다. 그러나 역사적 인간은 개념을 창출시켜야만 한다 : 오직 네다섯 가지 요소들만 있는 역사가 가장 개념적이다.

34[23]

부르주아의 변장, 예를 들면 살람보Salambô나 성 안토니우스 Antonius로서

34[24]

근본적으로 피상적이고 가벼운 다수의 존재들은 ─ 민족이나 개인이나 ─ 그들이 언젠가 놀라 힘들고 우울하게 될 때, 자신의 가장 귀중한 최고의 순간을 갖게 된다. 이와 마찬가지로 일찍이 영국의 경건주의 속에서, 또는 오늘날 영국의 구세군으로서 도덕적으로 불평하기 시작한 천민 무리에게 아마도 참회의 경련은 "인간애"를 발휘하는 그들 최고의 능력일 것이다. 사람들은 이것을 정당하게 인정해야만 한다. ─

그러나 다른 사람들은 훨씬 가볍게 될 때, 훨씬 높은 인간이 된다! 이것은 의심의 여지가 없다 : 어떤 종류의 인간이 끊임없이 돈이나 명예나 지위를 바라보지 않고, 온 세대를 거쳐 선생이나 의사, 사제나 모범적인 인간으로 살아왔다면, 마침내 보다 높고 섬세하고 정신적인 유형이 생겨난다. 그러한 한, 목사는, 그가 강한 여성에 의해 양육된다고 가정할 때, 과거의 보다 높은 인간이 발생하기 위한 일종의 준비다.

34[25]

단테와 플라톤과 같은 그러한 독단적 인간들은 가장 멀리 있지만, 아마도 그럼으로써 가장 큰 자극을 줄 수 있을 것이다 : 이들은 적당히 짜 맞추며 확신하는 인식의 집에서 산다. 한 사람은 자기 자신

의 집에서, 또 한 사람은 그리스도교적–가부장적 집에서 산다.

전혀 다른 힘과 움직임이 불완전한 체계 속에서, 자유롭고 폐쇄
적이지 않은 전망으로 자신을 유지하게 한다 : 즉 독단적이 세계 속
에서. 레오나르도 다 빈치는 미켈란젤로보다 훨씬 높이 있으며, 미
켈란젤로는 라파엘로보다 훨씬 높이 있다.

34[26]

사람들은 오늘날 교양인들 (품위를 위해! — 신문을 읽는 모든 사
람들) 가운데 깊이 있는 인간을 칭송한다. 그러나 깊이 있는 인간이
라 칭송할 수 있는 사람들이 스스로 깊이에 대해 얼마나 알 수 있단
말인가! — 그들은 위험한 인간들이다 : 이 점에 대해서는 전혀 의
심의 여지가 없다. 평상시 사람들은 심연에 대해 칭송하지 않는 것
이 예사다!

34[27]

철학적 친구에게 보내는

편지.

차라투스트라는 이렇게 말했다와

때를 맞추어.

프리드리히 니체.

34[28]

미신 : 존재자를, 무한자를, 순수 정신을, 절대 인식을, 절대 가치
를, 물자체를 믿는 것! 이 명제에는 도처에 모순이 숨어 있다.

34〔29〕

회의적 항변.

34〔30〕

감각 지각은 우리에게 무의식적으로 일어난다 : 우리에게 의식되는 모든 것은 이미 가공된 지각이다

34〔31〕

그는 **스스로**를 위해 크게 해방된다 — 그가 그것을 다른 사람한테 요구하거나, 그것을 다른 사람에게 알리거나 강요하는 것이 자신의 의무라고 보는 것은 아니다

34〔32〕

가치를 창출하는 데 있어서 수천 년간의 큰 썰물

34〔33〕

미래의 법칙 부여자.
1. 기원.
2. 가장 구속된 정신.
3. 큰 해방.
4. 인간에 대한 고통.
5. 새로운 의지.
6. 해머.

34〔34〕

내게 있어서 경솔함 — 반대로 수도사들에게도 마찬가지다. 나는 내 안에 있는 지나치게 큰 동정에 대해 화가 난다 : 내 자아가 깨어 있고 선한 것일 때, 나는 즐겁다.

34〔35〕

1. 아벨라르Abélard는 교회적 권위에 이성을 부여하고자 했다. 결과적으로 데카르트는 모든 권위가 오직 이성에 있다는 사실을 찾아냈다.

2. 파스칼의 내면적 문제로서 이성의 자기 극복 — 그리스도교적인 "믿음"에 유리하게.

34〔36〕

"믿음"의 문제는 본래적인 것이다 : 본능이 이성적 판단이나 이유보다 더 가치 있는가?

"앎과 믿음"에 대한 수많은 논쟁들 가운데, 공〈리주의〉와 직관주의는 이러한 가치 평가의 문제를 숨기고 있다.

소크라테스는 이성의 입장에서 본능에 대해 단순한 입장을 취했었다. (그러나 근본적으로 그는 오직 잘못된 동기만을 가지고 온갖 도덕적 본능을 뒤좇았다 : 마치 동기가 이성에서 나온 것인 양. 플라톤 등도 마찬가지였다.)

자신도 모르게 플라톤은 이성과 본능이 동일한 것을 원하고 있다는 사실을 찾으려 했다. 오늘날에 이르기까지 칸트, 쇼펜하우어, 영국인들도 마찬가지다.

근본적으로 최고 권위에 대한 복종의 본능이 먼저 놓이게 되었다. 즉 하나의 본능이. 정언명법은 이러한 본능과 이성이 일치하는 곳에서 소망된 하나의 본능이다.

5 34〔37〕
칸트는 섬세한 두뇌를 가지고 있고, 지나치게 꼼꼼한 영혼을 가지고 있다

34〔38〕
10 내가 이렇게 뻔뻔스러운 주장을 하는 것을 용서하기 바란다 : 내가 여성 해방론자나 해방된 여성보다도 여성에 대해 더 높고 깊으며, 또한 더 학문적인 견해를 가지고 있기 때문에, 나는 해방에 대항하는 것이다 : 나는 그녀들의 강점이 어디에 있는지 훨씬 잘 알고 있으며, 여성들에 관해 "그들은 자기가 무엇을 행하는지 알지 못하고 있다"고 말하는 것이다. 그들은 자신들의 현재의 노력을 통해 자신들의 본능을 없애고 있다!

34〔39〕
벤담과 공리주의는 엘베시우스Helvétius에게 의존하고 있다 ― 이
20 것은 도덕에 관한 최후의 큰 사건이다. 독일 철학에는(칸트 쇼펜하우어) 아직도 여전히 "의무"나 "동정의 본능"이 있다 ― 소크라테스 이래의 **오래된** 문제 (즉 금욕주의 혹은 그리스도교, 개인의 귀족주의 혹은 무리의 선)

34[40]

내가 필요로 하는 사람은

    a) 내 위(胃)를 관찰할 사람이며

    b) 나와 함께 웃을 수 있고 자유분방한 정신을 가진 사람이며

    c) 내 사교 모임에 자부심을 느끼며, 나에 대한 올바른 존경심의 태도로 "타인"을 품을 수 있는 사람이며

    d) 책 한 권을 우롱하지 않고 내 앞에서 낭독할 수 있는 사람이다

34[41]

바람 — 프랑스적인 의지와 근본적으로 무리의-도덕의 커다란 비밀, "동정을 갖는다는 것", 이타주의는 이에 대한 위선적 표현 방식이다.

34[42]

주의하라! 지금까지 대부분의 예술가들은 (역사가를 포함해), 가장 위대한 예술가들 가운데 몇몇 사람조차, 교회와 도덕 법칙에 대한 자신들의 의존성에 대해 말할 수 없는 고용인(신분 있는 사람들이든, 영주든, 부인들이든 "대중"이든 간에)에 속했다. 루벤스는 당대의 고상한 세계를 그렸다. 그러나 아름다움에 관한 자신의 척도가 아니라, 자기 시대에 아른거리는 취향에 따라 그린 것이다 — 즉 이는 전체적으로 자신의 취향에 반하는 것이었다. 이 점에서는 반 다이크van Dyk가 더 고상했다 : 그는 자신이 그렸던 모든 것들에 그 스스로 최고로 존경했던 것들을 첨가했다. "재현"했을 때, 그는 아래로 추락한 것이 아니라, 위로 상승했던 것이다.

자신의 대중 앞에서 예술가의 노예적 **종속성**은(제바스티안 바흐
조차 자신의 고차원적인 미사의 헌사에서 이것을 불멸의 고통스러
운 언어로 털어놓은 것처럼) 아마도 음악에서 인지하기 훨씬 어려
울 것이다. 그러나 이것은 그 안에 점점 더 깊이 근본적으로 숨어

5   있다. 내가 이 점에 대해 내가 고찰한 바를 알리고자 할 때, 내게 귀
기울이는 것은 참을 수 없는 일이 될 수 있을 것이다.

34[43]

주의하라! 이미 프랑스 혁명 이전에 풍부하게 전주곡으로 연주했

10 고, 이와 마찬가지로 혁명 없이도 자신의 길을 앞으로 향하도록 만
들었으며, 그리고 전체적으로 보아 모든 목자나 선도자에 대해 무
리가 우위를 점하게 되는 그러한 중류나 하류 계층이 서서히 나타
나고 등장하는 것 (저열한 유의 정신과 몸을 포함해)

1) 정신의 우울 ― 고상한 문화에 적합하듯이, 금욕주의적이고

15   부박한 행복의 겉모습이 병존하는 것이 줄어든다 : 사람들이
이전에 감당했고 숨겼던 많은 고통을 보고 듣게 만든다.

2) 도덕적 위선, 스스로 도덕을 통해 **특징지으려** 하지만, 무리의
덕을 통해 특징지어지는 하나의 성벽 : 무리의 능력 밖에서는
〈늘〉 인정되거나 평가되지 못하는 동정, 배려, 선행

20 3) 정말로 많은 양의 동정과 더불어 즐거워하는 감정, 모든 무리
동물이 가지고 있는바, 대규모의 공존 속에서의 희열 ― "공공
심", "조국", 개인이 고찰하지 못한 모든 것

34〔44〕

괴테의 판단에 따르면, 디드로는 프랑스인들이 비난했던 모든 것 속에서 진정 독일적인 것(성 오간Ogan 248쪽)을 제시했다. 그러나 갈리아니에 따르면, 나폴리 사람들도 자신들의 취향을 완벽히 받아들였다.

34〔45〕

어떤 파리 사람이 그 취향을 가질 수 있다면, 독일 취향을 가진 보들레르는 빅토르 위고를 참을 수 없으며, 그를 "천재 당나귀"라고 부를 때 독일적으로 느끼고 있는 것이다.

34〔46〕

내가 내 안에 있는 통일된 그 무엇을 가지고 있다면, 이 통일이란 분명 의식된 나 또는 감정, 의지, 사유 안에 놓여 있는 것이 아니라, 다른 곳에, 즉 보존하고 자기화하고 분리하고 더 많이 뻗어 올라오는 내 유기체 전체의 현명함 속에 놓여 있는 것이다. 이 유기체에 대해 내 의식된 나란 단지 하나의 도구일 뿐이다. ― 감정, 의지, 사유란 언제나 그 원인이 내게 완전히 알려져 있지 않은 마지막 현상일 뿐이다 : 마치 하나의 현상이 다른 현상의 뒤를 잇게 되는 것처럼, 이러한 마지막 현상의 연속은 아마도 단지 하나의 가상일 뿐이다 : 사실에 있어서는 아마도 원인이 그러한 형태로 서로 연관될 수 있기에, 결과-원인은 내게 논리적 심리적 연관성이라는 인상을 만든다. 정신적 영혼의 현상이 비록 비슷하게 보일지라도 다른 정신적 영혼의 현상으로부터 야기되는 직접적인 원인이라는 사실을 나는 부정한다. 참된 원인의 세계는 우리에게 숨겨져 있다 : 이것은 말할 수 없을 정도로 훨씬 복잡하다. 지성과 감각이란 무엇보다도 단순화된 기관이다. 우리의 잘못된, 축소된, 논리화된 원인의 세계는 그러나 우리가 그 안에서 살 수 있는 세계다. 우리는 우리가 우리의 욕구를 만족할 수 있는 만큼 "인식"한다.

몸에 대한 연구는 말할 수 없을 정도의 복잡한 개념을 제공한다.
우리의 지성이 몇 가지 고정된 형식을 가지지 않는다면 우리는 살 수 없을 것이다. 그러나 그것으로는 모든 논리적 사실의 진리를 입증하지 못한다.

34〔47〕
그것으로 말미암아 자신의 적대자를 악의 없고 안전하게 만들기 위한 소크라테스의 간교한 자기 왜소화, 그 결과 그는 자제력을 잃고 자신이 생각한 바로 그것으로부터 다음과 같이 말하게 된다(생각하고 있는 것을 곧바로 드러내 말한다) : 천민의 예술 개념! 아테네에서 논리는 편안히 있지 못했다.

34〔48〕
주의하라! 보다 총명한 머리와 선한 의지 같은 것 : 사람들은 취향을 이유로, 자신의 체험을 "신에게 영광을 돌리도록" 적당히 해석하는 것을 견딜 수 없었다. 내가 생각하는 것은 도처에서 그의 배려, 경고, 처벌, 교육의 자취를 보는 것이다. 이와 마찬가지로 훌륭한 문헌학자(그리고 일반적으로 문헌학적으로 곁눈질하는 모든 학자)

는 잘못된 텍스트 해석(예를 들어 설교단 위에서 설교하는 프로테스탄트에 속하는 설교자의 텍스트 해석 ― 왜 식자층이 더 이상 교회에 나가지 않는 것일까 ―)에 대한 적의를 가지고 있으며, 또 마찬가지로 커다란 "덕", "성실성" 등의 결과로 인해 취향에 대한 온갖 체험의 종교적 해석이라는 위조 화폐에 이르게 된다. ―

34[49]

그로부터 궁극적으로 독일 "철학자"가 논리와 아름다움의 정언명법과 같은 어떤 것을 추론해낼 수 있었을 단순성, 명료함, 규칙성, 밝음에 대한 우리의 관심 ― 그것으로부터 나는 강한 본능이 존재하는 것을 인정한다. 그 본능은 강하기 때문에 우리의 모든 감각 활동을 지배하고, 우리를 풍부하게 가득 찬 실제적인 (무의식적인 ―) 지각으로 환원하고, 조정하고, 동화시키며, 단지 이렇게 정돈된 형태로 이 지각을 우리의 의식에 보여주게 된다. 이러한 "논리적인 것", 이러한 "예술적인 것"은 우리의 지속적인 활동이다. 이러한 힘을 그렇게 주권적으로 만든 것은 무엇이었던가? 분명한 것은 인상의 혼란스러움 앞에서 이것 없이는 그 어떤 생명체도 살지 못했다는 사실이다.

34[50]

(나는 도대체 왜 유기체가 일찍이 **발생되어야** 했는지 이해하지 못하고 있다 ― ―)

34[51]

    화학이 보여주는 것은 모든 질료란 그것이 할 수 있는 만큼 그렇게 자신의 힘을 추동하며, 그곳에서 제3의 그 무엇이 생겨난다는 사실이다.

    어린아이의 특성은 부모에 관한 가장 정확한 지식으로도 도출될 수 없다. 왜냐하면 우리에게 작용하는 제3의 작용이 있기 때문이다. 이 특성은 : 그러나 제1의 작용과 제2의 작용, 즉 그것들의 특성이 "제3의 작용"으로서 부가될 수 없는 것이다.

34[52]

    원인의 고리는 우리에게 숨어 있다 : 작용의 연관성과 연속은 단지 어떤 병존만을 제공한다 : 이와 같은 것이 또한 여전히 규칙적일 수 있을 때, 이로 인해 우리는 그것을 필연적인 것으로 파악하지 않는다. — 그럼에도 불구하고 우리는 서로 뒤이어 일어나는 다양한 일련의 그러한 연속성을 밝힐 수 있다 : 예를 들어 피아노를 칠 때 두드린 건반의 연속, 두드린 줄의 연속, 울리는 음조의 연속.

34[53]

    원인성에 대한 본능의 비판.

    어떤 행동이 동기를 지향하며 일어난다는 믿음은, 모든 사건이란 의식적 생명체의 속성에 따라 일어난다고 상상하는 시대에 본능적으로 점차 일반화되었다. "목적인causa finalis이란 동력인causa efficien이다 : 모든 사건은 어떤 동기에 근거해 발생한다" —

    이러한 믿음은 오류다 : 목적이나 동기란 우리로 하여금 어떤 사건을 이해하고 유용하게 하기 위한 수단이다. ― 이와 마찬가지로 일반화란 오류며 비논리적인 것이다.

목적이란 없다.

의지란 없다.

34〔54〕

전도된 시간 질서.

"외부 세계"가 우리에게 작용한다 : 작용은 두뇌로 전송되어, 그곳에서 준비되고 정돈되고 그 원인으로 되돌아간다 : 그 다음으로 원인이 투사되고, 그때에야 비로소 사실이 우리에게 **의식**되는 것이다. 즉 현상 세계는 "그것"이 작용하고 작용이 준비된 이후에 우리에게 비로소 원인으로 보이는 것이다. 즉 우리는 언제나 일어난 사건의 질서를 역전시킨다. ― "내"가 보고 있는 동안, 그것은 이미 다른 어떤 것을 보는 것이다. 이러한 상황은 고통에 있어서도 마찬가지다.

34〔55〕

감각에 대한 믿음. 지성이 감각으로부터 지성이 해석하는 원재료를 받아들인다는 것이 우리 지성의 근본 사실인가. 감각이 제공하는 원재료에 대한 태도는 도덕적으로 고찰할 때, 진리에 대한 의도에 의해 이끌리는 것이 아니라, 지배하고, 동화하고, 부양하고자 하는 의지 같은 것에 의해 이끌리는 것이다. 우리의 끊임없는 기능은 완전히 이기주의적이고, 마키아벨리적이며, 우려할 염려가 없고, 예민하다. 명령과 복종은 최고로 작동되며, 이로 말미암아 완전히 복종될 수 있으며, 개별적 기관은 많은 자유를 갖는다.

목적에 대한 믿음 속에 있는 오류.

의지 — 지나친 가정.

전도된 시간-질서.

원인성에 관한 믿음의 비판.

우리 존재의 근본 사실로서의 감각에 대한 믿음.

중심적 폭력 — 그것이 지배하는 것과 본질적으로 달라서는 안 된다.

발생의 역사는 특성을 설명하지 못한다. 후자는 이미 알려져 있음에 틀림없다. 역사적 설명은 우리에게 익숙해진 연속성으로의 환원이다 : 유비를 통해.

34[56]

기계론적 세계-설명은 하나의 이상(理想)이다 : 가능한 한 적게 설명하는 것이 가능한 한 많은 것을 설명하는, 즉 형식화하는 것이다. 여전히 필요한 것은 빈 공간의 부정이다. 공간은 생각하는 것을 규정하고 제한한다. 또한 세계는 영원히 반복하는 것으로 규정된다.

34[57]

어떻게 대중의 성격이나 "대중의 영혼"이 생겨나는가 하는 것, 이것이 개인의 영혼이 발생하는 것에 대한 설명을 제공한다. 먼저 일련의 활동이 개인에게 억지로 강요되는 것은 생존의 조건으로서 그활동이 보다 확실해지고 더욱 깊이 있게 되는 데 익숙해지는 것이다. 커다란 변화를 체험하고, 새로운 조건 아래 빠져 들게 되는 대

중은 그들의 힘이 새롭게 분류되는 것을 보여준다 : 이러저러한 개
인이 나타나게 되고 중요성을 얻게 된다. 왜냐하면 생존하기 위해
개인에게는, 예를 들어 지금의 독일인에게 있는 실질적인 무미건조
한 감각과 같은 것이 현재 더 필요하기 때문이다. 모든 성격은 단지
5 역할이다. 철학자들의 "인성" ─ 근본적으로 페르소나.

34〔58〕
  수(數)는 우리로 하여금 세계를 다루게 하는 우리의 커다란 수단
이다. 우리는 우리가 수를 셀 수 있는 만큼만, 즉 어떤 항상성을 인
10 지할 수 있는 만큼만 파악한다.

34〔59〕
  도덕의 숨은 의도에 의해 철학의 발걸음은 지금까지 가장 크게
방해받았다.
15

34〔60〕
  우리가 감각 세계를 단지 날카롭게만 하거나, 아니면 날카롭게
생각할 때, 우리의 감각 세계 안에도 완전히 다르게 우리의 감정에
작용하는 하나의 세계가 생겨난다.
20

34〔61〕
  원인성에 대한 선입견
  의지에 대한 선입견
  목적에 대한 선입견

인성에 대한 선입견

인식 : 잘못된 개념, 즉 그 정립에 대해 우리가 그 어떤 권리도 갖고 있지 않은 개념.

제거 1) 의지의

　　2) "무엇 때문에"나 "무엇을 통해서"라는 목적의

　　3) 결과적으로 또한 원인성의

　　　(이 양자로부터 이끌어내게 되는)

34[62]

"어떻게 선험적 종합 판단이 가능한가?" ― 많은 사람들을 만족시켰던 칸트의 유명한 답변은 "그것을 할 수 있는 능력에 의해서"였다.

34[63]

가장 유용한 개념들은 남아 있게 된다 : 설령 그것이 잘못 발생했을 수 있어도 말이다.

34[64]

"진리에 대한 믿음"이라는 제1권에서 충격을 주는 것 : 진실성은 유용하다. 그러나 단지 소량으로만, 특히 책임질 것이 없는 그러한 사람에게 유용하다. 철학자들에 대한 존경도 마찬가지다.

34[65]

유럽 정신의 일반적인 조야화(粗野化), 기꺼이 솔직함이나 성실성이나 학문성이라고 자만하는 것을 듣게 되는 그 어떤 어설픈 솔직성 : 이것에 속하는 것은 민주주의적 시대 정신의 사상이나 그 축축한 공기의 지배다 : 더 구체적으로 말하면 — 이것은 신문 읽기의 결과다. 사람들은 신문을 읽을 때, 안락함이나 취해 있는 상태를 원한다 : 전적으로 사람들에 의해 읽히는 것들은 대부분 신문이나 신문과 같은 종류의 것이다. 사람들은 우리의 평론지나 우리의 학술잡지를 둘러본다 : 그곳에 무엇인가를 쓴 사람들 모두는 "점잖지 못한 모임"에서처럼 말하며, 자제력을 잃거나 더욱이 기대어 앉는 의자에 앉는다. — 이 점에서 대부분의 가치를 저의에 두거나, 말해진 모든 것 이상으로 자신의 책에 있는 줄표를 사랑하는 어떤 사람에게는 좋지 않은 상황이 된다. — 언론의 자유는 문체에, 그리고 결과적으로 정신에 기초를 두고 있다 : 이것을 갈리아니는 100년 전에 이미 알고 있었다. — "사상의 자유"는 사상가에 기초를 두고 있다. — 지옥과 천당 사이에서, 박해나 영원히 저주받은 추방이나, 왕이나 부인들의 불쾌한 시선의 위험 속에서 정신은 휘고 대담해졌다 : 저런! 오늘날 정신은 무엇이 되어가는가!

34[66]

항상 아이러니한 것 : 그렇게 진정한 사상가를 살펴보는 것은 즐거운 느낌이다. 이 모든 것은 하나의 전경이며, 그가 근본적으로 어떤 다른 것을 원하고, 아주 대담한 방식으로 원한다는 사실을 발견하는 것은 더욱 기분 좋은 일이다. 나는 소크라테스의 마술사가 그였다고 믿는다 : 그는 어떤 영혼을 가지고 있었고, 그 뒤에는 또 하나의, 그리고 그 뒤에는 또 다른 하나의 영혼을 가지고 있었다. 맨 앞에서 크세노폰이 잠자고 있었고, 두 번째에서는 플라톤이, 그리고 세 번째에서도 다시 한번 플라톤이 잠자고 있었는데, 그러나 플라톤은 자기 자신의 두 번째 영혼을 가지고 있었다. 플라톤 자신은 많은 뒷구멍과 전경을 지니고 있는 인간이다.

34[67]

주의하라! 우리 시대는 그것의 가장 본질적인 본능에서 회의적이다 : 보다 섬세한 거의 모든 학자들이나 예술가들은 기꺼이 그것을 인정하지 않는다 할지라도 그것을 회의하고 있다. 염세주의나 부정적인 말은 단지 정신의 안일을 위해서만 더 쉬울 뿐이다 : 민주주의적 공기를 가진 우리의 축축한 시대는 무엇보다 안일하다. 정신이 예민한 곳에서 그는 말한다 : "나는 알지 못한다", "나는 나 자신과 그 누구도 신뢰하지 못한다", "나는 어디로 나가는지, 어디로 들어오는지 더 이상 알지 못한다", "희망한다 — " 이것은 거짓말하는 자와 선동적인 연설가나 예술가를 위한 상투어다. 회의란 — 많은 인종이 크게 교차할 때 반드시 발생하게 되는 것과 같이, 어떤 생리적 특성을 나타내는 표현이다 : 유전된 많은 가치 평가들은 서로 투쟁하며, 성장할 때 서로를 교란하게 된다. 여기에서 없어지는 힘은 대부분 의지다 : 따라서 그 누구도 스스로를 보증할 수 없기 때문에, 책임에 대한 큰 두려움이 있다. 공동체에 숨은 채, 그곳에서는 "한 손이 다른 손을 덮어 감춘다"고 말한다. 이렇게 무리의 천성이 형성된다 : 명령하고 과감한 의지를 가지고 있는 강한 사람은 그러한 시대에 반드시 또한 집권하게 된다.

34[68]

　　사람들은 지금까지 철학자들이 얼마나 열악한 상황에 있었는지 불평하고 있다 : 진실은, 지나온 모든 시대에 걸쳐 힘 있고 교활하고 대담하고 냉혹한 정신을 교육시키는 조건이 오늘날보다는 더 양호했다는 것이다. 오늘날 선동가−정신은 학자의 정신과 마찬가지로 양호한 조건을 가지고 있다. 그러나 그럼에도 불구하고 규율이 부족해 거의 모든 사태를 규명하지 못하는 우리의 예술가들을 살펴보라. 그들은 더 이상 폭력적이지 않으며, 자기 스스로에 대해 폭력적인 힘을 사용하는 것을 배우지도 않는다. 오늘날처럼 여성이 그렇게 하찮았던 적이 언제였던가! 모든 것이 더 편안한 상황이 되기를 원하기 때문에, 모든 것은 더 나약해진다. ― 나는 육체적 고통이라는 가장 가혹한 삶을 살았다 : 그 아래에서 나 자신을 붙잡고 있었던 의식, 그리고 침묵하며 ― ―

34[69]

　　이전 세기의 가장 예민한 두뇌, 흄과 갈리아니, 이들 모두는 국가 봉사를 신뢰했다 : 스탕달과 토크빌Tocqueville도 마찬가지다

34[70]

　　흄은 (칸트의 용어로 말하면) 어떤 권리로 그것이 상상하는지 자신에게 해명과 대답을 주는 이성을 요청한다 : 즉 그 무엇이 창조될 수 있으며, 만일 그것이 세워진다면, 이를 통해 또한 다른 그 무엇이 필연적으로 세워져야만 한다는 것이다. 왜냐하면 이것이 말하는 바는 원인 개념이기 때문이다. 선험적으로, 개념으로부터 그러한 연

관 등을 생각하는 것은 이성으로는 완전히 불가능하다는 것을 그는 모순 없이 증명했다 — 그러나 논증의 권리에 대한 근거를 묻는 것은 어리석은 일이었다. 그는 자신이 시험하고자 했던 행동을 했다.

34[71]

예를 들어 칸트의 정언명법에 있어서와 같은 교육자의 거짓말. "데카르트가 있음에도 불구하고, 그러나 신은 사기꾼이 되어야만 하는가?"

34[72]

주의하라! 진실하고, 도덕적으로 엄격하고, 추한 것은 서로 연관 있다 : 그리스도교는 이것을 훌륭하다고 느꼈다. 아름다운 인간은 오직 예외적으로 진실하지 않으며, 또한 선하지도 않다.

34[73]

우리를 플라톤이나 라이프니츠와 구분하는 것과 마찬가지로 우리를 칸트와 구분하는 것 : 우리는 정신적인 것에서도 오직 생성만을 믿는다. 우리는 철저히 역사적이다. 이것은 커다란 격변이다. 라마르크Lamarck와 헤겔 — 다윈은 단지 뒤이은 결과일 뿐이다. 헤라클레이토스와 엠페도클레스의 사유 방식은 부활했다. 칸트 역시 "순수 정신"이라는 명사와 형용사 사이의 의미 모순을 극복하지 못했다 : 그러나 우리는 — — —

34〔74〕

　　인간의 **지평**. 철학자는 인간이 어느 정도까지 향상될 수 있는지를 음미하는 일에 극단적인 노력을 기울이는 사람이라고 파악할 수 있다. 특히 플라톤은 자신의 힘이 미치는 한 그렇게 했다. 그러나 그들은 이것을 개인으로서 행한다. 어느 정도까지 인간이 발달되게끔 몰아붙일 수 있는지, "양호한 상황에서" 그렇게 할 수 있는지를 생각하는 황제나 건국자 등의 본능은 아마도 훨씬 위대했을 것이다. 그러나 그들은 "양호한 상황"이 무엇인지 정확히 파악하지 못했다. 지금까지 어디에서 "인간"이라는 식물이 가장 화려하게 성장했는지에 대한 커다란 의문 : 이것을 위해서는 역사에 대한 비교 연구가 필요하다.

34〔75〕

　　주목할 만한 것은 스토아 학파의 사람들과 거의 모든 철학자들에게 먼 곳을 보는 시선이 얼마나 없었는가 하는 점이다. 그리고 다시금 항상 **무리**의 욕구만을 대변하는 사회주의자들의 어리석음이 그러했다.

34〔76〕

　　규제적 방법의 원리를 처음 언급하는 기계론적 관념. 가장 잘 논증된 세계관이 아니라, 가장 심한 엄격함과 규율을 필요로 하게 만들고 대부분 모든 감상적인 것을 배제하는 세계관. 동시에 육체적이고 영적인 성장을 위한 시련 : 잘못된 의지 나약의 인종은 이 점에서 감각에 의해, 혹은 우울증에 의해, 혹은 인도 사람들처럼 양자에 의해 몰락하게 된다.

34〔77〕

그리스도교를 진정한 무리 종교로서 크게 칭찬하는 것.

34〔78〕

정오와 영원.

1. "진"과 "위"에서 자유롭다

2. "선"과 "악"에서 자유롭다

3. "미"와 "추"에서 자유롭다

4. 보다 힘 있는 인간으로서 보다 높은 인간, 그리고 지금까지

의 시도 : "적절한 시간이 되었다."

5. 해머 — 인간이 부수어버릴 수 있는 어떤 위험.

34〔79〕

칸트는 자신의 범주-표를 가지고 "이것은 지금까지 형이상학의

도움으로 수행할 수 있었던 것 가운데 가장 어려운 사업이었다"고

주장할 근거가 있다고 생각했다. — 그럼에도 불구하고 사람들이

그가 자부심을 가지고 있었던 곳을 오해하는 것은 아니다.

34〔80〕

거침과 섬세함은 페트로니우스Petronius에게도 있고 호라티우스

Horatius에게도 있다 : 이것은 내게는 가장 기분 좋은 것이다. 이것

은 그리스적 취향에 속한다. 호메로스는 라 로슈푸코La Rochefoucauld 주변에 있는 인간에게는 너무 거칠었다. 그들은 사소한 것을 즐길 수 없었다. 그들은 오늘날 많은 독일인들처럼 스스로에게서 어떤 높은 감각을 붙잡고 있었고, 자신들 안에서 저열한 영역을 즐기는 것처럼 그 어떤 것이 생기게 될 때, 스스로를 경멸했다. 아리스토파네스는 그와 반대되는 인물이다 : 인간의 허무는 ― 고대적인 것이다.

34[81]

선두에 세우는 것 : 본능 역시 생성되었다. 이것은 초감성적인 것을, 일찍이 동물적인 것을, 일찍이 전형적으로 인간적인 것을 증명하는 것이 아니다.

정신이 생성되었고, 여전히 생성되고 있다는 사실, 왜냐하면 그렇게 생각하는 개인들은 훨씬 유리한 기회를 가졌기 때문에, 우리에게 지금 가장 친숙하며 어떤 식으로든 우리에게 가장 유용하게 유전된 무수한 종류의 추론과 판단 아래 있다는 사실, 그것으로는 "진위"에 대해 증명된 것이 아무것도 없다는 사실 ― ― ―

34[82]

― 반(反)-칸트.

"능력, 본능, 유전, 습관" ― 그러한 용어로 어떤 것을 설명할 수 있다고 생각하는 사람은 오늘날 겸손해야만 하고 그 밖에도 나쁜 빛을 지고 있음에 틀림없다. 그러나 이전 세기를 빠져나오는 출구에서 분노가 일어난다. 갈리아니는 모든 것을 습관과 본능으로 설명했다. 흄은 습관으로부터 인과율의 의미를 설명했다 ; 칸트는 아주 조용히 "그것은 능력이다"라고 말했다. 특히 그가 또한 도덕적 능력을 발견했을 때, 전 세계는 행복했다. 여기에 이러한 철학의 마법이 있었다 : 튀빙겐 학파의 젊은 신학자들은 덤불 숲으로 들어갔다 — 모두 찾으려 했다 — 능력을. 그런데 모든 것을 다 찾아낸 것이 아니었던가! 셸링은 그것을 "지적 관조", "초감성적인 것"을 찾기 위한 능력이라고 명명했다. 쇼펜하우어는 이미 충분히 평가된 능력에, 더욱이 그와 같은 것을 발견할 수 있는 의지에, 다시 말해 "물자체"가 있다고 생각했다. 영국에서는 도덕의 본능주의자와 직관론자들이 생겨났다. 그것은 믿음과 앎이라는 낡은 문제, 어떤 내용을 주장한 "일종의 형식적 믿음"이었다. 역사는 본질적으로 신학자들과 연관 있다. 남몰래 라이프니츠가 다시 살아났고, 라이프니츠 뒤에는 — 플라톤이 살아 움직였다. 상기/ἀνάμνησις 등과 같은 개념. 회의적으로 시작하는 이러한 움직임은 사실 회의에 반하는 것이며, 이것은 정복 속에서 즐긴다

34[83]

주의하라! 불명확하고, 나쁘게 훈육된 비철학적인 정신의 소유자가 쓴 저작이 스스로 지고 있는 가장 큰 부담이란 아직은 결코 그 부족한 결론의 능력도, 그 논리의 고정되지 않고 흔들거리는 걸음걸이도 아니다. 그것은 그 저작을 위해 그러한 것들이 봉사하게 되는 개념 그 자체의 불확정성이다 : 이러한 인간은 머릿속에 오직 형태 없이 유영하는 개념의 오점들만을 가지고 있을 뿐이다. — 그러나 훌륭한 작가에게는 그가 쓴 문장 형식의 힘이나 간결함만이 강조되는

것이 아니다 : 만일 예민한 콧구멍을 가진 인간이라면, 그러한 문필가가 먼저 자신의 개념을 엄밀한 방식으로 확정하고 훨씬 확고하게 만들며, 즉 자신의 용어로 명료한 개념들을 연결하도록 끊임없이 강제하고 연습한다는 것을 알아맞히게 되고 냄새 맡게 된다 : 이러한 것이 이루어지기 전에는 글을 쓸 수 없을 것이다! — 그 밖에도 불확실한 것, 어슴푸레한 것, 희미한 것 속에도 많은 마술이 있다 : 아마도 헤겔은 대부분 이렇게 명정(酩酊)의 방법으로 가장 명료하고 차가운 온갖 것에 대해 말하는 자신의 기술을 통해 외국에 영향을 미쳤을 것이다. 이것은 실제로 커다란 도취의 영역에서 지금까지 고안된 가장 특이한 것 가운데 하나였다. — 그리고 이것은 정말 실제로 독일적 천재성의 문제였다! 왜냐하면 우리는 오직 독일인과 독일의 "덕자(德者)"가 뚫고 지나간 그 어디에서 또한 조야하고 예민한 술에 대한 관심이나 욕구를 운반하거나 동반했기 때문이다. 우리 독일 음악의 매혹적인 힘은 아마도 여기에 있을 것이다.

34〔84〕
주의하라! 플라톤과 근본적으로 소크라테스 이후의 사람들이 했던 것 : 이것은 개념들에 대한 어떤 법칙 부여였다 : — 그들은 자기 자신과 그들의 제자들에게 "우리 사이에서 이것 그리고 이것은 이 단어로 생각되어야만 하고 **마땅히** 그렇게 느껴져야만 한다"고 확신했다 : — 이로 말미암아 그들은 가장 확실하게 자신의 시대와 환경으로부터 벗어났다. 이것은 불명료한 것들과 그들 개념의 혼란에 대해 보다 높고 훨씬 까다로운 본성을 드러내는 예민한 혐오의 속성들 가운데 하나다.

34〔85〕

그와 같은 방식으로 2천 년 동안 철학자들을 바보로 만들었으며 합리성의 이성을 붕괴시킨 이러한 엄청난 힘이란 도대체 무엇인가? 그리스도교가 요구한 바와 같은 저 본능, 저 믿음 : 이것은 무리 본능 그 자체며, "인간"이라는 동물의 무리적 믿음이자, 하나의 권위 — (독일적인 무리 본능으로부터 칸트가 "정언명법"이라고 명명한 것과 같은 것)에 완전히 예속되는 것을 원하는 무리적 요구다. 사실 이것은 위태롭게 동요하는 연약하고 나약한 무리 동물에게는 절대적으로 명령하는 자, 선도자를 얻으려는 가장 큰 안도와 은혜다 : 이것이 그들의 첫 번째 삶의 조건이다. 브라만 계급들은 이러한 안도를 이해했고, 예수회원들도 마찬가지였으며, 거의 모든 수도원에서 근본 성향은 이러한 것이다 : 즉 결과적으로 언젠가는 자기 스스로 명령하는 것을 야기하게 되는 영원한 선동을 벗어나는 것이다. 믿고자 하는 이러한 본능 역시 본래는 여성적 본능이다. 만일 여성들이 자신들에게서 복종과 예속을 원하는 엄격한 선생 한 사람을 찾거나, 또는 자신의 "완성"이라는 마음가짐 속에서 여성을, 예를 들어 리하르트 바그너처럼 숭배하고 헌신하며 희생하는 피조물로, 희생자로 표현하는 예술가만을 찾게 된다면, 그때 그들은 행복에 겨워 "자신을 잃는다" : 즉 그녀들 최후의 본능 속에서는 자기 자신에 대해 확인하고 만족한 채로. — 훨씬 약한 형식으로 사람들은 가장 사랑스러운 유럽인이며 또한 가장 무리적이기도 한 프랑스인들에게서 그것을 본다 : 그들이 그들 자신의 정신 앞에서 언젠가 "무조건 복종하는 것"을 깨달을 수 있다면, 그들에게는 좋은 일이 될 것이다 : 마치 나폴레옹 앞에서처럼. 혹은 또한 "프랑스 혁명의 이념" 앞에서 ― 혹은 또한 빅토르 위고 앞에서(이 사람은 자신의 긴 삶을 사는 동안 언제나 자유라는 이름으로 이 가장 아름다운 무리-본능에 아름다운 말과 화려한 외투를 걸쳐주었다). ― 그리스도교가 다가왔을 때, 고대는 가치 평가의 대립에 의해 안으로 이리저리 마음을 빼앗겼고(로마 시민이라는 어리석은 평등 개념의 생리학적 조건 혹은 로마 제국이라는 어리석은 국가 확장의 결과로), 그리스도교는 큰 위안을 주었다.

34[86]

단어는 개념을 표현하는 음표다 : 그러나 개념은 다소 반복하면서 함께 오는 감각의 확실한 집합이다. 우리가 자명하게 이해하는 것은 우리가 아직 동일한 단어를 사용하고 있지 않다는 것이다 : 우리는 또한 같은 유의 내면적 체험을 나타내기 위해서도 같은 단어를 사용해야만 한다 ― 우리는 이러한 것들을 공동으로 가지고 있어야만 한다. 그렇기 때문에 어떤 민족의 인간들은 훨씬 잘 이해한다 : 혹은, 만일 인간들이 유사한 기후, 활동, 욕망의 조건 아래서 오랫동안 함께 살았다면, 그러한 것 가운데 어떤 유는 그들 모두에게 바로 이해될 수 있는 우세한 체험이 된다 : 빨리 스스로 이해하는 것이 그 결과다. 스스로 결혼하는 것, 유전은 다시금 그 결과다. 이것은 인간을 가장 확실하게 서로 연결하는 것이 무엇인지를 빠르고 쉽게 자신의 욕망에 암시하고자 하는 욕망이다. 다른 한편으로 사람들이 단어에서 다양한 것을 생각하는 데까지 이르게 된다면, 우정과 애정 관계에 대해서는 확정적인 것이 아무것도 없다. 어떤 그룹의 감각이 전경에 서는가의 문제가 즉 가치 평가를 제약한다 : 그러나 가치 평가는 우리의 가장 내적인 욕망의 결과다. ―

　내 저작들과 같은 저작을 이해하는 것이 왜 어려운가 하는 것을 설명하기 위해 이것을 말했다 : 내면적인 체험, 가치 평가와 욕망은 내게 다른 것이다. 나는 몇 년 동안 사람들과 교류해왔고, 내 마음 속에 있었던 것들을 결코 말한 적이 없을 정도로 체념과 정중함을 행했다. 나는 인간들과 거의 그렇게만 살아왔다. ―

34〔87〕

　우리는 명령하는 자, 최고의 위치에 있는 자가 우리 의식 안에 숨어 있다고 상상한다. 결국 우리는 이중의 두뇌를 가지고 있다 : 우리의 의지, 감정, 사유와 같은 어떤 것을 스스로 의지하고, 느끼고, 사유하는 능력을 우리는 "의식"이라는 단어로 파악한다.

34〔88〕

주의하라! 하나의 개념을 확고히 하고 확정할 수 있는 저 법칙을 부여하는 폭력적인 정신의 소유자나, 유동적인 것이나 정신을 오랫동안 화석화시킬 수 있으며 거의 영원히 전할 수 있는 이러한 정신적 의지력을 가지고 있는 인간은 최고의 의미에서 명령하는 인간들이다 : 그들은 "나는 이러이러한 것이 보인다는 것을 알고자 한다. 나는 그것을 이렇게 정확히 원한다. 나는 그렇게 하기 위해, 오직 그렇게 하기 위해 그것을 원한다"고 말한다. ― 이러한 종류의 법칙을 부여하는 인간은 반드시 어떤 시대에나 가장 강한 영향력을 발휘했다 : 인간의 모든 전형적인 형태는 그들의 은혜를 입은 것이다 : 그들은 조형자며 ― 그 밖의 것은 (이러한 사례에서 가장 일반적인 것들 ―) 그들과는 달리 오직 음조(音調)로 유지되었다.

34[89]

우리 정신의 가장 확고한 운동, 그리고 예를 들어 공간 표상이나 시간 표상이나 "논증"에 대한 욕구에서처럼 우리의 규칙적인 체육 : 인간 정신의 이러한 철학적 습관은 우리 자신의 고유한 잠재 능력 이다 : 즉 이것은 우리가 정신적인 많은 것에서 더 이상 달리할 수 없 다는 것을 말한다. 이것을 우리는 심리적 필연성이라고 부른다. 이 러한 것은 생성된다 : ― 우리가 믿고자 하는 것은 우리의 공간, 우리 의 시간, 우리의 인과성의 본능이 인간을 제외하고도 의미를 갖는 그 무엇이며, 말하자면 어린아이 장난 같은 것이다.

34[90]

나는 1) 탈감각화에 적대적이다 : 이것은 이집트인이나 피타고라 스 학파의 사람들에 의해 타락했던 (이것은 불교도에 의해서도 그 렇게 되었다) 유대인들과 플라톤한테서 나온 것이다.

이성애(異性愛)인 사랑amor의 정신화는 이교도적인 상태로 남아 있는 프로방스적 정신 ― 내가 의도하는 바는 "독일화되지 않은" 것 ― 덕분이었다 : 반면에 그것은 고대를 오직 남색(男色)의 정신화가 되게 만들었다.

2) 종말, 휴식, "모든 안식일 가운데 안식일"에 주목하는 온갖 학 설에 반대한다. 그러한 사유 방식은 예를 들어 리하르트 바그너의 "니벨룽겐"의 운율처럼 흥분시키며, 고통스럽게 하고, 때로는 또한 무감각해지는 종족의 특징을 나타낸다.

34〔91〕

"습관" : 이것은 고귀한 인간의 경우보다는 노예적 정조를 가지고 있는 인간의 경우에 그 어떤 다른 것을 의미한다.

34〔92〕

그리스도교적 교회에 신세를 진 것은

1) 잔인성의 정신화다 : 지옥이라는 관념, 고문과 종교 재판, 화형은 그러나 로마의 원형 경기장에서 있었던 장려하지만 그러나 반쯤은 무의미한 학살에 대한 커다란 진보다. 많은 정신, 많은 저의가 잔인성으로 들어왔다. ― 그것은 즐길 만한 많은 것을 고안해냈다 ―

2) 그것은 그 "불관용"을 통해 유럽 정신을 예민하고 연약하게 만들었다. 사람들은 우리의 민주주의 시대에 언론의 자유와 더불어 사상이 얼마나 졸렬하게 되는지를 즉시 보게 된다. 독일인들은 화약을 발명했다 ― 모두 주목하라! 그러나 그들은 그것을 다시 정리했다 : 그들은 신문을 고안해냈다. 고대의 폴리스가 완전히 그와 같은 생각을 품고 있었다. 로마 제국은 그와는 반대로 신앙과 비신앙에 많은 자유를 허용했다 : 오늘날 그 어떤 국가가 허용한 것 이상으로 : 그 결과 즉시 나타난 것은 정신이 가장 크게 퇴화하게 되었고, 우둔하게 되었으며, 조야하게 되었다는 사실이다. ― 라이프니츠, 아벨라르, 몽테뉴, 데카르트, 파스칼은 얼마나 좋게 보이는가! 그러한 정신의 소유자가 가진 연약한 대담성을 보는 것은 교회 덕분에 누리는 즐거움이다. ― 교회의 지적 압력은 본질적으로 굽히지 않는 엄격함이며, 그것으로 인해 개념과 가치 평가는 확실한 것

으로, 영원한 것으로 다루어지게 되었다. 그것을 통해 단테는 유일한 즐거움을 선사한다 : 사람들은 절대 통치 하에서 제약될 필요가 결코 없다. 만일 제한이 있었다면, 그것은 플라톤 덕분에 엄청난 공간 주변에 긴장 상태로 있었다 : 사람들은 그 안에서 바흐처럼 대위법(對位法)의 형식으로 아주 자유롭게 움직일 수 있었다. — 베이컨과 셰익스피어는 사람들이 이러한 "법칙 아래서의 자유"를 철저히 맛보는 것을 배웠을 때, 거의 구토감을 느낀다. 바흐와 헨델과 비교해서 가장 최신의 음악도 이와 마찬가지다.

34〔93〕

프리드리히 대제가 자신의 이웃 국가를 섭정 통치할 때 언제나 "여성주의"를 웃음거리로 만들었듯이, 비스마르크는 "의회주의"를 웃음거리로 만들었다 : 이것은 사람들이 원하는 것을 만드는 새로운 수단이다.

34〔94〕

오늘날 유럽인의 모습은 나에게 많은 희망을 준다 : 극히 지성적인 무리-대중이 퍼져 있는 곳에서 대담하게 지배하는 종족이 형성된다. 임박해 있는 것은 무리-대중을 묶어두기 위한 움직임이 더 이상 단지 전경에만 나오지 않는다는 사실이다.

34〔95〕

과장된 예민함에 의해 가장 훌륭한 세계의 본성이 소외되는 잘못된 관념론에 반대하며. 유럽 남부 전역이 성직자의 금욕으로 억압된 저 감각의 유산에 도달했다는 것은 얼마나 유감스러운 일인가! 셸리, 횔덜린, 레오파르디와 같은 인간이 추락한다는 사실은 정당하다. 나는 그러한 인간을 전혀 높게 생각하지 않는다. 예를 들어 레오파르디가 이전에 자위 행위를 해서 나중에 발기 불능의 상태가 되었다는 것을 들을 때, 그러한 종류의 인간에게서 자연의 타락한 자연성을 빼앗는 보복이 있다는 것을 생각하는 것은 나를 즐겁게 한다.

34[96]

주의하라! 위대한 인간, 자연이 커다란 스타일로 세우고 고안한 인간, 이는 어떤 존재인가? 첫 번째 : 그는 자신의 행위 전체에서 그 길이 때문에 개관하기 어렵고, 따라서 사람을 그릇되게 이끄는 긴 논리를 가지고 있으며, 자신의 삶의 커다란 표면에 자신의 의지를 펼쳐놓고 온갖 사소한 증명 자체를 경멸하고 거부하는 능력을 가지는데, 이 사소한 증명 속에는 또한 세계의 가장 아름답고 "신적인" 사물이 있다. 두 번째로 : 그는 훨씬 차갑고, 혹독하고, 우려할 필요가 없으며, "여론"을 두려워하지 않는다. 그는 "존경"과 존경받는 일에 관계되는 덕을, "무리의 덕"에 속하는 모든 것을 가지고 있지 않다. 그가 인도할 수 없을 때, 그는 홀로 걸어간다. 그때 그에게는 도중에서 만나는 많은 것들에 화내는 일이 일어난다. 3) 그는 "함께하는" 가슴을 원하는 것이 아니라, 봉사하는 자, 도구를 원한다. 그는 다른 인간들과 교류할 때, 항상 그들한테서 무엇인가를 만들려 하고 있다. 그는 스스로가 전달할 수 없는 존재라는 것을 알고 있다 : 그는 "허물없게" 될 때, 그것을 몰취미하다고 느끼게 된다. 그는 사람들이 자신을 그렇게 여길 때, 그것에 익숙하지 못하다. 자신과 이야기하지 않을 때, 그는 자신의 가면을 갖는다. 그는 진리를 말하는 것보다는 오히려 거짓말을 한다 : 이것은 더욱더 정신과 의지를 필요로 한다. 그의 속에는 칭찬이나 꾸짖는 것으로는 도달할 수 없는 그 무엇으로서의, 자기 자신의 위에 그 어떤 법정도 없는 자기 자신의 재판권으로서의 고독이 있다.

34[97]

내가 독일인에게서 기꺼이 알고자 하는 것은 그들의 메피스토펠레스적 본성이다 : 그러나 진리를 말하면, 우리는 자신의 "내성적인 파우스트"를 크게 만들고 자신의 메〈피스토펠레스〉를 작게 만들기 위해 괴테가 필요로 했던 것보다, 메〈피스토펠레스〉라는 훨씬 상위의 개념을 만들어야 한다. 진정한 독일의 메피스토펠레스는 훨씬 더 위험하고, 대담하고, 악의적이고, 교활하고, 결과적으로 솔직하다 : 프리드리히 대제의 내성적인 성격을 생각해보라. 혹은 저 훨씬 위대한 프리드리히나, 저 호엔슈타우펜 왕가의 프리드리히 2세를. — 진정한 독일의 메피스토펠레스는 알프스 산맥을 넘어가며, 그곳에서는 모든 것이 그에게 귀속된다고 믿는다. 그러므로 모차르트처럼 빙켈만에게서 잘 이루어졌듯이, 그에게서 잘 이루어지게 된다. 그는 파우스트와 햄릿을, 웃기게 만든 풍자화로 여기며, 루터도 마찬가지다. 괴테는 모든 것을 안으로 웃는 훌륭한 독일적 순간을 가지고 있었다. 그러나 그때 그 스스로는 다시 축축한 기분에 빠지고 말았다.

나폴레옹이 한 독일 작가를 보고 — 한 인간이 있다고 느꼈을 때,

그의 놀라움이란! 그는 한 사람의 독일 작가를 발견하리라 기대했다! ―

　독일인은 광대하다 : 그들에게서 두 번째 영혼은 하나의 영혼을 낳게 된다. 동굴이 있고, 샛길이 있다. 그는 피상적으로 보일 수 있으며, 개방성과 정직성은 독일인의 뛰어난 기교에 속한다. ― "선량하고 음험하다는 것"은 다른 인간들에게는 불가능하다. 그러나 슈바벤 지방에서 얼마 동안만 살아보라! ―

34[98]

　민주주의 시대는 배우를 높이 추어올린다, 꼭 오늘날과 마찬가지로 아테네에서도 그러했다. 리하르트 바그너는 지금까지 그 시대 안에서 모든 것을 과도하게 제공했고, 한기를 불러일으킬 수 있는 배우라는 높은 개념을 일깨웠다. 음악, 시, 종교, 문화, 저서, 가족, 조국, 교통 ― 이 모든 것은 우선 예술이며, 말하자면, 무대의 태도다!

34[99]

　더러운-독일어! ― 용서하시라! 신문의 독일어! 거기에서 〈나는〉 프리드리히 알버트 랑게Friedrich Albert Lange를 읽는다. 그는 더 성실한 동물이 없으므로, 사람들이 심지어 독일 젊은이들에게 권할 수도 있는 그러한 성실한 동물이다 : 그러나 그는 예를 들어 "현재의 칭찬과 현실의 예찬은 연결된다. 이상적인 것은 변하지 않는다. 자연 과학적으로 역사적으로 정당화될 수 없는 것은 몰락하도록 선고받는다"고 글을 쓴다. 도대체 왜 사람들은 독일 학교에서 라틴어와 그리스어를 배우는가 : 만일 사람들이 그렇게 더러운 뒤범벅에 대해 한 번이라도 구토를 느끼는 것을 배우지 않는다면! 바로 진정한 독일의 타락한 인간들이, 일찍이 헤겔이, 최근에는 **리하르트 바그너가**, 아주 최근에는 오이겐 뒤링이 어떤 감흥을 불러일으켰단 말인가!

34〔100〕

여성에 대한 나의 사상을 통해 내가 한 여류 작가를, 그녀가 자신의 책으로 스스로를 그리고 세상을 충분히 괴롭혔다는 이유로, 임신하도록 하는 복수심으로 몰아가게 된다면, 생각만 해도 끔찍하다!

34〔101〕

늙은 산파는 "만일 어떤 여자가 어린아이들에게 다가가고자 한다면, 그녀는 흔히 하듯이 어린아이들이 자신에게 다가오게 해서는 안 되며, 남자들이 다가오게 해야 한다!"고 말했다.

34〔102〕

— 독일인들이 그들의 문헌이라고 말하는 것 대부분이 목사의 아들들에게 되돌아가는 것은 아닌지 유념하자. — 이제 이러한 독일 시 문학의 기원에는 처음부터 장엄하고, 품위 있고, 완만하며, 무게 있는 장르가 가장 잘 심겨 있을 만한 개연성이 있다 : 즉 빠른 템포나 심지어 급한 템포가 없어지게 될 것이다. (그 문제의 진지함을 완전히 무시하면) 그러한 원리처럼, 양식의 특별한 경쾌함, 간략한

힘, 무거운 사상이 밀려드는 것에 대한 일종의 관심이 피렌체적인 웅변의, 말하자면 변호인의 반향을 주게 된다. 볼테르에게서도 최고 수준의 변호인의 수완이, 변호인의 **템포**가 있다. 내가 작가에게서 발견한 가장 **빠른** 템포는 페트로니우스에게서 발견한 것이었다. 그는 빠른 바람처럼 지나가며, 따라서 열망하지 않는다 : 그는 그것에 대해 너무 즐거워한다.

34〔103〕

독일인들.

추측과 소망

프리드리히 니체

34〔104〕

주의하라! 내가 여기에서 말하고 있는 독일인은 단지 젊고 생성 중인 어떤 존재다 : 나는 그들을 종교 개혁과 30년 전쟁 때의 독일인과 구분하며, 마치 그 당시에 아무 일도 일어나지 않은 것처럼, 이러한 괴리를 넘어서는 역사의 왜곡에는 관여하고 싶지 않다. 과거 종족의 몰락에 비견할 만한 어떤 일이 16세기에 그들에게 일어났다는 사실은 부인하기 어렵게 된다 : 이러한 낙담과 비겁함, 노쇠함, 중국식 변발의 현상을 비유로 말한다는 것 — 이것은 전체적으로 어마어마한 혈통 부패의 결과임에 틀림없으며, 덧붙여 말하자면, 남자다운 남자들은 계속해서 외국으로 나갔고 외국에서 죽거나 사라졌다. 다른 한편으로 그 당시 약간의 친족적인 종족과 의도하지 않은 혼합이 일어났다 : 온갖 기록에 따르면, 전쟁의 난장판은 지극히 치료할 수 없는 것이었다. 여기저기에서 여전히 보다 강한 종족의 생존자들이 있었다 : 예를 들어 예술의 영역에서 우리의 가장 아름다운 남성의 전형인 음악가 헨델이 그 증거다 : 혹은 여성을 언급하자면, 당연히 한창 때 독일 교수들을 왕위에 올려놓은 여자 교수 고체트Gottsched를 들 수 있다. ― 그러나 두 사람의 모습을 관찰해보라! 예를 들어 하노버, 베스트팔렌, 홀슈타인처럼 많은 지역들이 보다 빠르게 정화되었고, 전체적으로 건강을 되찾게 되었다. ― 그곳에는 오늘날에도 여전히 순박하고 농부 같고 냉담한 종족이 있다. ― 가장 안 좋은 상황은 독일 귀족에게 있었다 : 그러한 자는 가장 깊이 상처받았다. 그로부터 집에 남은 것은 알코올 중독 때문에 겪는 고통이었으며, 나갔다가 다시 들어온 것은 매독 때문에 겪는 고통이었다. 오늘날까지 그에게는 정신적인 면에서 함께 이야기를 나눌 만한 것이 거의 없다. 심지어 비스마르크에 관해 말한다 해도, 그의 증조모는 라이프치히의 교수 계층에서 나온 것이다. ―

34[105]

독일인 ― 오늘날에도 여전히 "독일적인 덕"에 대해 지껄이는 어리석은 독일 숭배의 젊은이에 대해서는 말하지 말자 ― 그의 신비적 본성. 아직 독일적 교양이란 존재하지 않았다 : 가장 조야한 야만성의 한가운데서 놀라운 기술로 자신을 숨길 줄 알았던 은둔자가 있었다.

34[106]

독일의 글 쓰는 양식.

메피스토펠레스.

34[107]

리하르트 바그너에게 있어서 잔인성과 그에 밀접해 있는 감성적
감정의 병적인 유약함은 ― 최고로 파리풍이다.

34[108]

나는 민주주의 운동이 피할 수 없는 것이라 생각한다 : 그러나 그
것은 멈출 수 없는 어떤 것이 아니라, 지연될 수 있는 것이다. 그러
나 대체로 무리 본능과 무리적 가치 평가의 지배, 에피쿠로스 학파
와 호의는 상호간에 상승된다 : 인간은 유약해지지만, 그러나 선량
하고 편안해진다.

34[109]

주의하라! 의회란 강하고 유연한 정치인을 위해 외형적으로 유용할
수 있다. 그는 그곳에서 그를 지지할 수 있는 그 무엇을 갖게 된다
― 그러한 모든 것은 저항할 수 있음에 틀림없다! ― 그곳으로 그는
많은 책임을 전가할 수 있다! 그러나 대체로 나는 숫자의 부조리와
다수에 대한 미신이 라틴 종족에서처럼 아직은 독일에서 확정되지
않았기를, 그리고 사람들이 마침내 여전히 정치에서 그 무엇인가를
고안하기를 원한다! 아직 간단하고도 쉽게 다시 근절할 수 있는 깊
은 뿌리를 가지고 있는 보통 선거권의 습관을 잘라내는 것은 별 의
미 없고 위험이 많다 : 반면에 그럼에도 불구하고 그 도입은 오직
긴급 조치나 순간의 조치일 뿐이었다.

34〔110〕

발명의 능력과 의지적 힘의 축적은, 어떤 절대적 지배 덕분에, 노예에게서 가장 크고 가장 신선한 것이 될 수 있는 것으로 내게는 보인다 : 독일적 노예의 지상 지배는 가장 있음직하지 않은 사실에 속하는 것이 아니다. 영국인들은 그 고유한 고집불통의 "자기 영광"을 극복하는 방법을 알지 못한다. 그들은 지속적으로 점점 더 경험적 인간을 장악하며, 궁극적으로 여성을 의회로 보내게끔 조종하고 있다. 그러나 정치를 한다는 것은 또한 궁극적으로 유전의 문제다 : 어떤 인간도 사적인 인간으로 시작해 엄청난 지평을 가진 인간이 되는 일을 하지 못한다.

34〔111〕

독일인들은 지배 계층을 양육해야만 한다 : 나는 세계 정치를 수행해야만 하는 어떤 종족에게서 그 성분으로 없어서는 안 되는 능력이 유대인에게 내재해 있다는 것을 인정한다. 화폐의 의미가 가르쳐지고, 유전되고, 천 번이나 유전될 것이다 : 지금도 유대인은 미국인들과 함께 성장하고 있다.

34〔112〕

나는 무엇인가 새로운 것을 제시한다 : 그러한 민주주의적 실체에 야만인의 위험이 있다는 것은 확실하지만, 그러나 그 위험은 단지 깊은 곳에서만 추구된다. 그러나 높은 곳에서 나오는 다른 종류의 야만인들도 있다 : 그들이 조형할 수 있는 소재를 찾는 일종의 정복하고 지배하는 본성들. 프로메테우스는 바로 그러한 야만인이었다. —

34〔113〕
"직업적 정치인들"이나 신문 구독자의 민족이 없다는 것!

34〔114〕
— — — 독일적 영혼의 사소함이나 가련함은 작은 국가의 결과
가 결코 아니었고, 현재도 아니다 : 잘 알려져 있듯이, 사람들은 여
전히 훨씬 작은 국가들에서도 자긍심을 가지고 있었으며 자찬했다
: 큰 국가 자체가 영혼을 보다 자유롭고 남성적으로 만드는 것은 아
니다. 그 영혼 안에서 "너는 무릎을 꿇어야만 한다!"는 노예적 명법
은 명예 작위나 훈장, 위로부터 아래로 내려오는 은혜의 시선 앞에
서 의도하지 않은 굴복을 강요하며, 이는 어떤 "제국"에서는 단지
더 깊게 몸을 구부리게 하며, 하찮은 군주 앞에서 그랬던 것보다 위
대한 군주 앞에서 오직 더 정열적으로 먼지를 핥게 할 것이다 : 이
점은 의심의 여지가 없다. — 오늘날에도 여전히 하층의 이탈리아
인에게서 관찰되는 것은 귀족적 자족감이나 남성적 양육, 자기 자
신에 대한 확실성이 그들 도시의 오래된 역사에 속하며, 그들 자신
에게 가장 잘 양도되었다는 사실이다 ; 베네치아의 빈곤한 곤돌라
뱃사공은 현실의 추밀(樞密) 고문관인 베를린 사람보다 훨씬 더 인
물이 좋고, 결과적으로 심지어는 더 훌륭한 인간이다 : 이것은 명백
한 사실이다. 이것에 대해서는 여성들에게 물어보자.

34〔115〕

    고용인의 영혼.

    혈통의 부패.

    도덕적 위선.

    "심정."

    불명료함.

    망설이는 자들.

    남국적인 것에 대한 추측.

    추함.

    뒤로 생각하는 영혼.

    프랑스에 대한 의존성.

    독일 교수와 장교.

    독일적 어리석음.

    독일의 글 쓰는 양식.

    은둔자.

    독일 남성에게 있는 "영원히 여성적인 것".

    도취와 음악.

    "역사적 감각"

    배우.

    안락(속물)과 전쟁.

    철학자들.

    염세주의. (프랑스와의 비교).

    지금까지보다 더 많은 무리 동물 ─ 그러나 개인을 위해서도 우호적인 조건이 있다.

34[116]

　칸트에 대해 가장 주목할 만한 것은 그가 라이프니츠의 유혹을 극복했고, 이전 세기의 가장 훌륭한 것, 즉 감각주의를 붙잡고 있다는 사실이다.

34[117]

주의하라! 자신의 젊은 시절에 낭만주의자의 유혹을 받았고, 자신의 가장 훌륭한 본능에 의해 제어된 쇼펜하우어는 근본적으로 머리와 내장을 갖춘 볼테르주의자였다. 그리고 진정 이전 세기의 아이는 ― 그러나 그 밖에는 그리스인과 괴테를 통해 프랑스 취향을 넘어갔고, 무엇보다도 ― 신학자가 아니었다! "성격의 불변성", 즉 독일어로 말하면 아마도 나태함은, 그리고 다른 한편으로 천재의 무오류성에 대한 믿음(독일어로 말하면 아마도 자만)은 그로 하여금 너무 일찍 거룩하게 말하게 하고, 그를 자기 자신을 "발전"시키지 못하는 "철없는 짓거리"로 ― 내가 뜻하는 것은 그의 의지의 형이상학이다 ― 이끌었다. 재능을 가지고 있지만 내적 불화의 상태를 가지고 있는 인간이 머릿속에는 훨씬 훌륭한 다섯 가지 체계라는 쓸데없는 것을 가졌고, 그중 하나는 다른 것보다도 언제나 더 참되거나 거짓된 것이었다.

34[118]

　우리는 "인과적" 연관성을 이해하지 못한다. 그러나 우리는 하나의 사실이 확인될 수 있기 위해 더 많은 사실들이 포함되어야⟨만⟩ 한다고 본다. 우리의 분석은 병존의 문제를 제기한다. 이때 생겨나는 수(數)는 저 현상들 상호간의 연관성에서는 별 의미가 없으며, 오히려 잘못된 결론으로 이끌 수 있다 : 인간은 많은 본능 속에서 확정되어 있기 때문에, 그와 관계해서 수 관계의 유사성이 생겨나게 된다.

34〔119〕

우리의 사상은 인과적 직접적 관계 속에서 서로 연관되어 있는가? 혹은 그 논리적 결합이란 하나의 가상인가? 내 생각에 그 결과란 모든 것을 야기하는 과정이 우리에게 "결론"이나 그와 같은 것을 나타내는 이러한 사상과 결합되는 것이다. 이것이 단지 최종적 부분인가? — 혹은 하나의 사상이 다른 사상에 직접적으로 작용하는 것이 있는가? 여기에는 최소한 하나의 "원인"이 있다는 말인가?

34〔120〕

"텅 빈 가상과 기만"이라는 현상 세계, 현상들 사이를 연결시키는 인과성의 욕구, 그와 마찬가지로 "텅 빈 가상과 기만" — 이것으로 인해 기만적인 것과 가상적인 것에 대한 도덕적 배척이 논의된다. 우리는 그것을 극복해야만 한다. 물자체란 없고, 또한 절대적 인식도 없으며, 관점주의적인 것, 기만적인 특성은 실존에 속한다.

34〔121〕

내 가치 평가나 어떤 인간의 평가가 다른 인간들에게 동일한 가치 평가나 판단에 어떤 정당성을 주지 못한다는 사실 : — 하물며 그가 나와 동일한 위치에 있거나 동일한 지위에 있다고 할지라도 말이다. 그 반대의 사유 방식은 신문의 사유 방식이다 : 인간과 사건에 대한 가치 평가는 모든 사람이 자신이 소유하고 있는 것에 따라 파악할 수 있는 그 어떤 것 "자체"다. 여기에는 모든 것이 같은 수준에 있다는 전제가 있다. — 진실하다는 것이 활자체로 강조된다

5

34[122]

　만일 우리가 자신의 발생(부모)을 안다고 할 때, 발생된 그 무엇은 잘 알지 못한다는 사실 : 오히려 발생 조건에서 "유사한" 그 무엇을 발굴하기 위해 우리가 그것을 이미 알아야만 한다는 사실 — 그

10 리고 이것이 대부분 하나의 가상이라는 사실 : — 참으로 어린아이에게 있는 부계와 모계적 요소를 다시 인식한다는 것은 단지 하나의 집합에서만 가능하다. 우리는 설명하기 위해 무의식적으로 새로운 그 무엇을 단지 하나의 집합이나 연합적 질서로 파악하고자 한다. 즉 분석은 실제적 발생에 관계하는 것이 아니라, 하나의 꾸며진,

15 전혀 일어나지 않은 "기계적" 연합 질서나 부가된 것에 관계한다. 설명하는 사람은 사실을 그것 자체보다 더 미련하고 간단하게 생각한다.

34[123]

20 　인간은 어떤 위계 질서 안에 있는 다수의 힘들이다. 따라서 명령하는 자가 있는데, 그러나 명령하는 자 역시 자신을 보존하는 데 기여하며, 따라서 스스로 그 존재에 의해 제약되는 모든 것을 복종하는 자에게서 만들어야만 한다. 이러한 생명체 모두는 친족적 속성이 있어야만 한다. 그렇지 않으면 그것들은 서로 봉사하거나 복종

할 수 없다 : 봉사하는 자는 어떤 의미에서 복종하는 자가 되어야만
한다. 예민한 사례들에서 그들 사이의 역할은 잠정적으로 바뀌어야
만 한다. 보통 명령하는 자는 바로 복종해야만 한다. "개인"이라는
개념은 잘못된 것이다. 이러한 존재는 고립된 채로는 결코 존재하
지 않는다 : 중점은 변화하는 무엇이다. 세포 등의 지속적인 생산은
이러한 존재 수의 지속적인 변화를 제공한다. 덧붙임으로써 만들어
지는 것은 전혀 없다. 우리의 산수는 이러한 관계를 설명하기에는
너무 조야한 그 무엇이며, 단지 개별적 산수일 뿐이다.

10   34〔124〕

우리의 의식적 사유의 논리는 우리의 유기체, 우리의 개별적 신체 기
관이 그와 같은 것을 필요로 한 저 사유의 조야하고 가볍게 된 형식일 뿐
이다. 예를 들어 우리가 거의 짐작하지 못하는 동시적 사유가 필요
하다. 아마도 언어의 예술가가 그렇다 : 음절의 무거움과 가벼움을
다시 생각하는 것, 미리 생각하는 것, 동시에 발음상 내지 생리학상
후두(喉頭) 조건을 지닌 사상의 무게를 비유로 찾는 것이 동시에 일
어나게 된다 ― 그러나 물론 의식된 상태로는 아니다.

우리의 인과 감정은 우리 유기체의 실제적 인과 감정에 대해 완전
히 조야하며 개별적인 무엇이다. 특히 "앞에 있는"이나 "뒤에 있는"
이란 커다란 소박함이다.

결과적으로 : 우리는 이제 의식, 시간의 의미, 공간의 의미, 인과
의 의미에 맞는 모든 것을 획득해야만 한다 : 이 모든 것이 의식되
지 않고 오랫동안 이미 훨씬 풍부하게 있어온 이후에. 보다 정확히
말하자면 가장 간략하고 소박하며 단순화된 어떤 형식 : 우리의 의

식적 의지, 감정, 사유는 훨씬 포괄적인 의지, 감정, 사유에 봉사한다. — 정말 그런가?

우리는 여전히 계속해서 성장하며, 우리의 시간-공간의 의미 등은 여전히 발전해나간다.

34[125]

미리 말할 수 있는 것은 아무것도 없다. 그러나 인간 유형의 확실한 향상에서는 지금까지 우리가 알지 못했던 새로운 힘이 드러날 수 있다. (즉 대립의 종합?)

34[126]

최종적인 인식 불가능성에 대한 클라이스트Kleist의 탄식

34[127]

우리는 예를 들어 우리 방식의 논리로 가르치는 데 있어 초보자다. 혹은 우리의 정열로. 혹은 우리의 기계론으로. 혹은 세계를 눈을 위한 것으로, 숫자를 세는 산술적 오성을 위한 (명백하고 계산할 수 있는) 것으로 구성하는 가장 진지한 시도인 우리의 원자론으로.

34[128]

우리의 "수단과 목적"은 우리로 하여금 진행 과정을 다루게 하고, 관조할 수 있게 하는 매우 유용한 약칭이다.

34〔129〕
1. 진리를 향한 의지.

2. 선악의 저편.

3. 예술가로서의 인간.

4. 고귀한 정치에 대해.

5. 양육하는 사상.

34〔130〕
추상적 사유는 많은 사람에게는 수고로움이다. ― 내게는 좋은 날에 있는 축제이자 도취다.

34〔131〕
총사령관이 전체적인 조망을 잃지 않기 위해 많은 것을 경험하려 하지도 않고 또 경험할 수도 없듯이, 우리의 의식적 정신에서도 무엇보다 배타적으로 위협해 쫓아내는 충동 하나가 있음에 틀림없다. 즉 오직 확실한 사실만을 보여줄 수 있는 하나의 선별하는 충동이 있음에 틀림없다 ―. 의식은 유기체가 가장 폭넓게 뻗는 손이다 : 그것은 확실한 손임에 틀림없다. 우리 논리, 우리 시간의 의미, 공간의 의미는 명령을 위한 단축 능력이다. 개념이란 하나의 고안물인데, 그 개념은 완전히 상응하지 않지만, 그러나 많은 것이 어느 정도 상

응하게 된다 : "두 가지 사물이, 세 번째 사물과 마찬가지로, 그 자체로 같다"는 문장은 1) 사물 2) 동일성을 전제한다 : 이 양자는 존재하지 않는다. 그러나 이렇게 고안되고 굳은 개념이나 수의 세계를 가지고 있는 인간은 기호를 가지는 것처럼, 엄청난 인간들을 사실들로부터 자신의 것으로 만들고 자신의 기억에 등기하는 수단을 얻는다. 이러한 기호 장치가 인간의 우월성인데, 이는 바로 인간이 개별적인 사실로부터 가능한 한 멀리 떨어짐으로써 그렇게 된다. 경험을 기호로 환원하는 것, 즉 점점 더 많은 사물들이 파악될 수 있게 만드는 것은 그의 최고의 힘이다. 정신성이란 어마어마한 양의 사실들을 기호로 통제하는 능력이다. 이러한 정신적인 세계, 이러한 기호의 세계는 단지 "가상이자 기만"일 뿐이며, 이미 온갖 "현상적 대상"과 같은 것이다 — "도덕적 인간"은 잘 격분한다! (나폴레옹에게는, 그가 평가할 때 오직 인간의 본질적인 본능만이 고려되었듯이, 그리고 그가 그 본능으로부터 예를 들어 동정에 대해 어떤 기록도 하지 않을 권리를 예외적으로 가지고 있었듯이 — 이것저것을 잘못 계산하는 위험이 있다)

34〔132〕

도대체 "지각한다"는 것은 무엇인가? 어떤 것을 참되다고 여기는 것이다 : 어떤 것을 긍정하는 것이다.

34〔133〕

주의하라! 지금까지 철학자들의 전체 유형에는 병적인 그 무엇이 있다. 그에게는 잘못된 것이 많이 있을 수 있다. 자기 자신과 인간들을 보다 높이 이끄는 대신에, 철학자들은 옆길로 새는 것을 제일 좋아하면서, 또 다른 길이 있지 않을까 하며 찾는다 : 이것은 아마 그 자체로 이미 퇴화된 본능의 조짐일 것이다. 잘난 인간은 "인간" 이라는 사실과 인간의 도정에 대해 기뻐한다 : 그러나 — 그는 계속 나아간다!

34[134]
　내 가치 판단이 무엇인지는 다른 사람에게 문제가 되지 않는다. 의상을 취하는 것처럼 가치 판단을 받아들이는 것은 그럼에도 불구하고 가장 빈번하게 일어나는 사실이다 : 이렇게 외부로부터 비로소 피부가, 그 다음으로는 살이, 마지막으로 성격이 생기게 된다 : 그 역할이 진리가 된다.

34[135]
　이 독일의 관념론자들을 나는 종종 주시했다. 그러나 그들은 나를 주시하지 않았다 : — 그들은 내가 아는 것에 대해 아무것도 알지 못하고 냄새도 맡지 못한다. 그들은 완만하게 어슬렁거리며 걷고 있다. 그들은 나와는 다른 욕망을 가슴에 가득 채우고 있다 : 그들은 다른 공기, 다른 양식, 다른 쾌적함을 찾고 있다. 그들은 위를 바라보며, 나는 밖을 바라본다. — 우리는 같은 것을 보지 않는다.
　— 그들과 교류하는 것은 내게 불쾌한 일이다. 그들은 자신의 몸에서 이미 정결함을 사랑할 수 있다 : 그러나 그들의 정신은 미성숙하며, 그들의 "결과적으로"라는 말은 내게는 썩은 냄새가 난다. 내게 즐거운 호기심이 일어나는 곳에서 그들은 격노한다. 그들은 내

가 내 노래를 부를 준비가 되어 있을 때 귀를 씻지 않았다.

34〔136〕
— 풍속이 명령했던 바대로 행동할 교활한 근거를 찾았던 이 소크라
테스는 완전히 "델포이의 사제"의 심정에 따라 있었다 : 플라톤이 그
에게 귀의했던 것은 그의 유혹술의 걸작품이었다. 교육받은 개념은
신적인 기원이었으며, 대중적 가치 판단은 영원하고 불변적인 가치
판단이었다 : — 그러나 보다 세련된 종족을 위해 그 가치 판단을
새롭게 청소했고, 변증법적 즐거움이라는 후추와 쑥을 그 가치 판단
과 어울리게 만들었으며, 말하고 행동하는 경쟁심에 불을 붙이기
위해 그 가치 판단을 수다스럽고 매혹적인 젊은이들 사이에서 이용
했다 —

34〔137〕
— 그들은 내게 낯설다 : 그들과 함께 살기 위해, 나는 그들에게 언
제나 내가 참되다고 생각하는 것, 내게 기분 좋아 보이는 것과 정반
대되는 것을 배워야만 했다 : 그들에게서 나는 "금뿐만 아니라, 가
죽도 빛난다"는 격언을 생각해냈다.

34〔138〕
독일에는 언제나 정신이 결여되어 있다. 평균적인 두뇌가 이미
드물기 때문에, 그러한 두뇌를 가지고 있는 인간은 이미 그곳에서
최고의 영예를 받게 된다. 최고로 좋은 평가를 받는 것은 근면과 인
내, 그리고 어떤 냉혈적이고 비판적인 시각이다. 바로 그러한 특성

때문에 독일 문헌학, 독일 전쟁의 특성이 유럽의 지배권을 장악하게 되었다.

34〔139〕

주의하라! 보다 예민하고 현명한 귀에는 덕에 대한 온갖 칭찬이 거의 웃기게 들린다 : 그 귀는 예를 들어 어떤 사람이 "겸손하다"고 이야기될 때(만일 그가 올바로 평가된다면!), 혹은 어떤 사람이 "진실하다"고 불릴 때(만일 그가 기만하고자 하지 않는다면), 혹은 "동정적"이라고 불릴 때(그가 부드럽게 양보하는 가슴을 가지고 있다면), 혹은 정결하다고 불릴 때(만일 그가 한 마리 개구리임에도 다른 한편으로는 기꺼이 늪에서 살지 않는다면), 여전히 어떤 덕도 알아채지 못한다.

34〔140〕

주의하라! 거의 어리석음에 가까운 학문하는 인간의 무해함이 있다 : 그들은 그들의 수작업이 얼마나 위험한지에 대해 냄새를 맡지 못한다. 그들은 자신의 가슴 밑바닥에서 "진리를 향한 사랑"과 "진, 선, 미"가 그들 본래의 문제라고 믿는다. 내가 "위험하다"고 생각하는 것은 해체하는 작용에 관해서가 아니라, 인간이 따르며 살고 있는 모든 가치 평가가 지속적으로 인간으로 하여금 근본을 향하게 한다는 사실을 알아채기 시작한 어떤 사람이 자신에 대해 느끼는 책임의 엄청난 무게에 관해서다.

34〔141〕
주의하라! 수많은 기도(祈禱)를 유약하게 만들고 어쩌면 거세하는 작
용은 종교 개혁 이후로 또한 독일인의 손실에 속하게 된다. 많은 것
을 주는 대신에 많은 것을 요청하는 것은 어떤 경우라도 나쁜 취향
의 문제다 : 굴욕적인 노예 근성과, 예를 들어 성 아우구스티누스가
신 앞에서 고백할 때 몸을 이리저리 굴리는 종종 오만하고 천민적
인 집요함의 혼합은 동물들 가운데서 아마도 인간만이 종교적 감정
을 갖는 것은 아니라는 것을 상기시킨다 : 개는 인간에게 유사한
"종교적 감정"을 갖는다. — 기도하며 신과 교류하는 것은 경건하지
못한 시대에도 상속되어 여전히 자신의 권리를 주장하는 비굴한 기
분과 태도를 기른다 : 독일인은 잘 알려져 있듯이 영주 앞에서, 정
당의 지도자 앞에서, 혹은 "가장 공손한 노예로서"라는 문구 앞에서
죽어버렸다. 이것은 사라져야만 한다.

34〔142〕
주의하라! 덕 모두를 이기주의에서 "이끌어내는" 생각이 내게는 떠
오르지 않았다. 나는 특정한 무리나 공동체의 일시적인 보존 본능
만 존재하는 것이 아니라 "덕들"이 존재한다는 사실이 먼저 증명되
었어야 한다고 생각한다.

34〔143〕
"소름끼치는 열광"에 대한 이러한 여성적 불안

34[144]

주의하라! — 그는 움직이며 다시 입을 다물었고, 마치 아직 무엇인가 말할 것이 있고 무엇인가 말하려고 머뭇거리는 어떤 사람처럼 바라보았다. 그때 그의 얼굴이 조용히 붉어지는 것을 바라본 사람에게 그러한 생각이 들었다. 이것은 약간 시간이 걸렸다 : 그러나 이후에 갑자기 그는 머리를 흔들었고, 자발적으로 눈을 감았다 — 그리고 죽었다. —

즉 차라투스트라가 몰락하는 일이 일어났다.

34[145]

그는 자신의 친구들을 점점 더 높이 이끌며, 또한 자신의 동굴로 그리고 마침내 높은 산으로 이끈다 : 그곳에서 그는 죽었다.

— 축복을 주며 : 무덤이 많은 섬의 동굴.

경유지(經由地) : 매번 말한다.

정오와 영원성

프리드리히 니체.

제1장 :

전령의 외침.

제2장 :

알림.

제3장 :

맹세하는 자.

제4장 :

상승과 하강.

5

34[146]

어떤 조건 아래서 "인간"이라는 식물이 가장 강력하게 높은 곳으로 성장해 올라가는가 하는 문제에 몰두하고 있는 사람에게, ― 그러한 방식으로 몰두하고 있는 사람에게 새로운 정치적 권력의 출현

10 은, 그 권력이 새로운 사상을 제기하지 못할 경우, 아직은 사건이 아니다 : 그는 보다 자세히 관찰할 수 있는 시간을 거의 갖지 못한다.

나를 오해하지 말기 바란다 : 나는 이 책으로 왜 독일 제국의 발생이 내게 중요하지 않은지 설명하고자 한다 : 나는 유럽의 민주화

15 속에서 한 걸음 더 나아가 바라본다 ― 더 이상의 것을 보는 것도, 새로운 것을 보는 것도 아니다. 그러나 민주주의는 국가의 타락 형식이자, 종족의 퇴화 형식이고, 잘못된 자들이 우위를 차지하는 형식이다 : 이것을 나는 이미 한번 말한 적이 있다.

20 34[147]

거의 모든 책들이 자신에게 피상적인 것이 되어버린 사람, 과거의 소수의 사람들을 앞에 두고, 그들이 알고 있는 것을 쓰지는 않지만, 그들이 충분히 깊이 있다고 여전히 믿는 사람.

나는 금지된 많은 것들을 생각했고, 또한 성실하고 세찬 숨결의

정신이 출발하는 그곳에서 유쾌함과 편안함을 느낀다 : 여전히 전달할 그 무엇이 있다고 느낄 때, 나는 언제나 놀라움으로 그것을 바라본다. 사람들에게 알려진 내 사상보다는 내가 그어놓은 줄표가 내게는 더 낫다는 것을 내가 제대로 잘 알고 있다고 해도 말이다.

나는 얼마나 많은 학자들에게 몰두할 수 있을까. 만일 내가 아마도 개별적인 경우로 이 작업을 했다면 말이다 ―

자유, 섬세함, 안심이 필요한 영역으로 학자들을 몰아넣는 불쾌한 일은 그들이 자기 자신을 넘어서 볼 수 없다는 사실에 기인한다 ― 즉 그들은 그들이 체험하지 못하는 그곳에서 볼 수 있는 눈이 없기 때문이다. 예를 들어 도덕적 양심이 무엇인지를 묘사하기 위해서는, 파스칼의 양심처럼 어떤 사람은 깊이 있고 상처받고 어마어마한 존재여야만 하며, 그러고 나서 여전히 위로부터 이러한 혼란스러운 체험을 관조하며, 질서를 부여하고, 마음껏 웃는 밝고 악의적인 정신의 저 넓게 펼쳐진 하늘을 소유해야만 한다.

내가 젊었을 때, 나는 내 야생 동물을 사냥하기 위해, 숲 속의 사냥개처럼 ― 내가 의도하는 것은 인간 영혼의 역사 속으로 ― 몰고 갈 수 있는 백 명쯤 되는 학자가 내게는 없다고 생각했다. 그동안 나는 학자들 역시 내 호기심을 자극했던 것들을 찾기 어려웠다는 사실을 배웠다.

34〔148〕

소크라테스는 깊이 있었고 ― 그의 아이러니는 일반적으로 인간들과 교류할 수 있기 위해, 무엇보다 천박하게 **행동할** 필요성이 있었다는 데 있다 ―, 카이사르는 깊이를 가지고 있었다고 나는 믿는

다 : 아마도 저 호엔슈타우펜의 프리드리히 2세도 마찬가지였을 것이며 : 레오나르도 다 빈치도 확실하다. 그가 일찍이 젊었을 때 예수회원에 대해 행동했던 것처럼, 자신의 장려하고 아주 나쁜 영혼으로부터 그리스도교 자체를 비웃기 위해 단지 30세의 나이로 너무 일찍 죽었던 파스칼도 적지 않은 정도로 그렇다.

34[149]

주의하라! 나는 라파엘로보다는 미〈켈란〉젤로를 더 존경한다. 왜냐하면 그는 자기 시대의 온갖 그리스도교적인 베일과 편견을 통해, 그리스도교적이고 라파엘로적인 문화보다 더 고귀한 문화의 이념을 보았기 때문이다. 한편 라파엘로는 충실하고 겸손하게 오직 자신에게 주어진 가치 평가만을 섬겼고, 지속적으로 찾거나 동경하는 본능을 자기 안에 담지 못했다. 그러나 미〈켈란〉젤로는 새로운 가치들로부터 법칙 부여자의 문제를 보고 느꼈다 : 또한 "자기 안의 영웅"을 극복하기 위해 필요했던 승리적 완성자의 문제를 마찬가지로 보고 느꼈다. 또한 자신의 동정을 초월했으며, 자신에게 귀속되지 않은 것을 가차 없이 분쇄하고 부정했던 최고로 고양된 인간이 빛나고 한 점 탁함 없는 신성 속에 있는 것을 보고 느꼈다. 미켈란젤로는 당연한 일이지만, 오직 순간 속에서만 그렇게 높고 그렇게 자기 시대와 그리스도교적 유럽의 밖에 있었다 : 그는 대부분 그리스도교의 영원히 여성적인 것에 대해 몸을 낮추어 처신했다. 그는 결국 바로 이것으로 인해 붕괴했고, 자신의 최고의 시간의 이상을 포기했던 것처럼 보인다. 즉 오직 가장 강하고 최고의 삶의 내용을 가진 인간만이 — 그러나 낡은 인간은 그렇지 못하다! — 그곳에서 성장할 수 있는 이상이 있었다. 근본적으로 그는 자신의 이상으로부터 그리스도교를 없애버려야만 했다! 그러나 그 일을 하기 위해 그는 사상가나 철학자로는 충분하지 않았다. — 레오나르도 다 빈치는 아마도 오직 저 예술가들에게서 실제로 초그리스도교적인 시선을 가졌던 것 같다. 그는 "동양"을 알고 있으며, 내적인 영역뿐만 아니라 외적인 영역도 잘 알고 있다. 그것이 좋고 나쁜 것이라는 너무 큰 주변 영역을 보았던 유대인을 특징짓는 것처럼, 그에게는 초유럽적이고 숨어 있는 무엇이 있다.

34[150]

주의하라! 쇼펜하우어, 그는 성실한 사상가이자, 자기 자신에게는 철학자가 결코 아닐지라도, 동시에 철학적 대상에 대해서는 형편없는 저작자가 아니다 : 오늘날의 젊은이의 관점에서 보아도 (그리고 그들의 주장에서 개념의 날카로움이나 하늘의 밝은 빛 — 그리고 학문성에서 겸손한 그러한 늙은이의 관점에서도) 아직 {그를} 대체할 만한 사람이 없다. 왜냐하면 그 자신이 존경하는 비판적 칸트의 정신, 괴테, 그리스인, 자유 정신의 프랑스인에 대해 그는 존경하도록 가르치기 때문이다 : 자신의 시대에 그는 아마도 유럽적 지평을 지니면서 가장 훌륭하게 교육받은 독일인이었을 것이다 : 심지어 그가 동양적 눈으로 바라보던 순간마저 있다. 그가 이해했던 염세주의는 이와 마찬가지로 존경이 안착되지 않았던 영역에서 존경의 작은 스승은 결코 아니었다 : 즉 예를 들어 인도의 고대 세계나 고대의 원래 그리스도교나, 개신교적인 학교 교육이 그에 대항해 취향을 바꾸곤 했던 가톨릭 세계 앞에서 말이다.

34〔151〕

"천재"에 대해. 예를 들어 리하르트 바그너는 얼마나 재능이 적은가! 28세가 되던 해에 너무도 초라했기에 (너무나 발전되지 못했고, 개방되지 못했으며, 오히려 너무도 초라했다), 마이어베어 Meyer-beer를 질투했던 — 자신의 생애 동안 그 사실에 대해 화를 낼 정도로 그렇게 심하게 질투했던 음악가가 있었던가? 이것은 따라서 "아름다운 영혼"이라는 철저함으로 일생 동안 그를 용서하지 않기 위한 것인가? 다른 한편으로 사람들은 칸트처럼 당연히 근면과 인내를 칭찬할 만한 것으로 가르친다.

34〔152〕

훌륭한 음악가 가운데 베르디는 바그너와 비교해볼 때 부유한 인간으로 여겨진다 : 그는 검약하고, 자신의 "고안물"을 훌륭하게 "투자"하며, "주요 악상"으로 폭리를 취하고, 자신의 "황금"을 자기 안에 보존할 만한 근거를 가지고 있어, 그러한 방향으로 천 배나 되는 너무나 큰 신용을 즐긴다 : 바그너는 그 유대인을 보고 따라 익혔는가?

34〔153〕

주의하라! 여자는 어머니가 되고자 한다. 여자가 그러한 상태가 될 수 있다는 것을 이미 원하지 않는다면, 그녀는 거의 교도 기관에 갈 정도가 된 것이다 : 그렇다면 그녀의 내적 퇴화는 보통 그렇게 크다.

34〔154〕

주의하라! 독일은 괴테를 제외하고는 오직 한 사람의 작가만을 산출해냈다 : 그는 하인리히 하이네다. — 게다가 그는 또 유대인이다. 그러나 이탈리아, 스페인, 영국에서와 같이 프랑스에서도 마찬가지다. 그곳에서 사람들은 단지 — — — 그는 푸른 꽃을 "독일어로", 물론 회색 당나귀도 "독일어로" 표현할 수 있는 가장 예민한 본능을 가졌다. 그 밖에도 파리 사람들은 그가 파리 사람이 아닌 다른 두 명의 사람들과 함께 파리 정신의 정수를 표현한다고 주장한다. —

34〔155〕

철학자들에 대해.

여성들에 대해.

음악가들에 대해.

민족에 대해.

학자들에 대해.

작가들에 대해.

경건한 자들에 대해.

무리와 무리 본능에 대해.

"선한 인간"

지배자들에 대해.

고대 그리스인에 대해.

디오니소스 — 악마.

선한 유럽인.
유럽 정신을
기술하기 위한 하나의 기여.

5

34[156]

위계 질서에 대한 머리말.

내 판단은 이것이다 : 나는 내 판단을 억누름으로써 아직은 그 누구에게도 내 판단을 그 자신의 판단으로 입에 올릴 권리를 주지 않

10 는다 : 최소한 나는 그것을 공적인 공유 재산으로 여긴다. 나는 그것을 자기 것으로 만드는 사람을 호되게 꾸짖을 것이다. "만인을 위한 평등권"의 시대에 불쾌하게 들리는 그 무엇이 있다 : 이것이 위계 질서다.

15 34[157]

주의하라! 프로테스탄트의 정신이 언제나 어린아이를 다산했으며, 루터처럼 설교단 위에서 그 강한 힘을 가진 것만은 아니라는 저 사실은 — 유럽의 다른 어떤 나라에서보다도 그곳에서 더 크고 스스로 확실한 — 독일에서 저 내적으로 대담한 회의주의를 설명하게

20 된다 : 마키아벨리가 이탈리아인들의 회의주의를 추론한 것과 같은 이유에서 — 그들은 신의 대리자이며, 자신의 저택을 언제나 너무 가깝게 바라보았다 — 너무 많은 독일 철학자들과 학자들은 설교와 기타 교회 부속품의 어린아이로서 "성직자"를 바라보아야만 했다. — 그리고 결과적으로 더 이상 신을 믿지 않는다. 프로테스탄티즘은

처음부터 **본질적으로** "성자"를 믿지 않는다. 독일 철학은 본질적으로 종교적 인간과 제2급의 성자, 대학의 신학자들을 포함해 시골 목사나 도시 목사 모두를 믿지 않는다 — 그러한 한, 독일 철학은 프로테스탄티즘의 지속이 될 수 있을 것이다.

34〔158〕
주의하라! 외부 세계는 우리 기관의 성과며, 따라서 우리의 몸은 외부 세계의 일부며, 우리 기관의 성과다 — 따라서 우리의 기관은 우리 기관의 성과다. 이것은 완전히 부조리한 귀납 추론이다 : 따라서 외부 세계는 우리 기관의 성과가 아니다.

34〔159〕
화살.
유럽의 영혼에 대한 그리고 그것에 반대하는 사상

특권자의 권리.

34〔160〕
화살.
독일 영혼에 대한 그리고 그것에 반대하는 사상.
프리드리히 니체.

34〔161〕
주의하라! 유능한 수공업자나 학자는, 그가 자신의 기술에서 자부심을 가지며 자족하면서 삶을 만족스럽게 바라본다면 훌륭해 보인다. 이에 반해 구두 수선공이나 선생이 고통스러운 표정으로 자신은 원래 더 훌륭한 일을 하기 위해 태어났다고 암시하는 것을 보는 것보다 더 가련한 것은 없다. 소유하고 있는 것보다 더 훌륭한 것은 없다! 그리고 이것은 어떤 유능한 능력을 갖고 그것으로부터 창조하는 것이며, 르네상스 시대 이탈리아어의 의미에서 덕virtu을 말하는 것이다.

34[162]

주의하라! 국가가 불합리하게 뚱뚱한 배를 가지고 있는 시대인 오늘날, 모든 분야나 전문 분야에는 원래의 노동자들을 제외하곤 여전히 "대표자"가 있다. 예를 들어 학자 이외에도 여전히 문필가가, 고통받는 민중 계급 이외에도 저 고통을 "대표하는", 수다스럽게 떠벌리는 말썽꾸러기가 있다. 스스로는 유복하게 있으면서, 의회에서는 뻔뻔스럽게 곤궁을 "대표하는" 직업 정치가는 말할 필요도 없다. 우리의 현대적 삶은 수많은 중개인에 의해 외형적으로 비용이 든다. 이에 반해 고대 도시에서, 그에 대한 여운을 남기고 있는 스페인이나 이탈리아의 많은 도시들에서도 사람들은 스스로 나섰으며, 그러한 현대적 대표자나 중개인을 중요하게 생각하지 않았다 — 비록 내딛는 걸음걸이가 있었다고 하더라도 말이다!

34[163]

천여 년간의 교회의 압력은 화려한 활의 긴장을 만들어냈다. 군주적 압력도 마찬가지다 : (활을 쏘는 대신에) 시도했던 두 가지 긴장 해소는 1) 예수회 정신과 2) 민주주의다. 파스칼은 저 무시무시한 긴장을 나타내는 훌륭한 징후다 : 그는 예수회원들에 대해 포복절도하며 웃었다. 언제나 긴장이 일반적으로 있었던 곳에서 사람들이 혼합된 인종과 연관되어 있다는 것을 전제하면, 나는 전제(專制)적 상황에 대해 만족한다. 물론 : 그렇게 시도하는 위험은 크다. — 유럽의 민주주의는 힘들의 발산이 아니라, 혹은 〈단지〉 가장 사소한 부분에서의 힘들의 발산일 뿐이고, 오히려 특히 자기 방임이나 편하고자 욕구하는 것, 내적 게으름의 발산이다. 언론도 마찬가지다.

34[164]

유럽의 민주주의는 가장 사소한 부분에서의 힘들의 발산이다 : 무엇보다도 이것은 게으름, 미성숙, 나약함의 발산이다.

34[165]

거울.
유럽인을 위해
자기를 묘사할 수 있는 기회.
프리드리히 니체.

34[166]

유럽 영혼의 발달에서 공통점은, 예를 들어 들라크루아Delacroix와 리하르트 바그너를 비교할 때, 프랑스와 독일의 재능 차이에 따라 한 사람은 화가-시인이고 또 한 사람은 음(音)의 시인이라는 것에 있다는 것을 깨달을 수 있다. 그러나 그 밖에는 똑같다. 들라크루아는 그 밖에 대단한 음악가이기도 하다 — 〈코리오란 서곡〉. 그의 최초의 해석가는 일종의 음악 없는 리하르트 바그너인 보들레르다. 두 사람의 표현은 선두에 놓여 있으며, 나머지 모든 것들은 희생된다. 두 사람은 문헌에 의존해 최고의 교육을 받고 스스로 글을 쓰는 인간들이다. 햇빛 없이, 신경질적이고 병적으로 고통받고 있다.

34[167]

"이것은 초록색이다"라는 모든 감각 판단에는 유기체적인 역사 이전 전체가 작동하고 있다. 예를 들어 본능 속에 있는 기억은 일종의 추상과 단순화로서 논리적 과정과 비교할 수 있다 : 가장 중요한 것은 언제나 다시 강조되었지만, 그러나 또한 가장 약한 특성은 남게 된다. 유기체적 영역에서 망각이란 없다. 그러나 체험한 것에 대한 일종의 소화가 있는 것이다.

34[168]

선한 자들. 그들의 어리석음에 대한 관계.

교육과 훈육.

자유 "*부정의 말을 한다*nego". "잠정적으로 : 부정의 말을 하다!"

존경, 분노와 용기

34[169]

예를 들어 수많은 화학적 과정과 같은 어떤 과정의 산출 가능성이나 그와 같은 것의 계산 가능성은 여기에서 "절대적 진리"를 촉진할 수 있는 근거로 여전히 적합하지 않다. 인간이나 인간의 어떤 확정된 성향 혹은 한도와 관계해 언제나 수만 있을 뿐이다. 수 자체는 완전히 우리의 고안물이다.

34〔170〕
"책에 있는" 방식에서 논리적 과정은 결코 나타나지 않으며, 직선이나 두 가지 "동일한 것"으로도 나타나지 않는다. 우리의 사유는 근본적으로 다르게 진행된다 : 하나의 생각과 그 다음의 생각 사이에는 완전히 다른 종류의 중간 세계가, 예를 들어 모순되거나 예속되는 충동 등이 지배한다.

34〔171〕
선험적 종합 판단은 가능하다. 그러나 그것은 ― 잘못된 판단이다.

34〔172〕

호두와 *십자가*/Nuxet crux.
좋은 치아를 위한 철학.

34〔173〕
모든 철학은, 그것이 또한 어떻게 생겨났는지에 따라, 예를 들어 고무시키거나 진정시키는 등 어떤 교육 목적에 기여한다.

34[174]

　선이란 악의 이전 단계다 ; 적은 분량의 악 : ㅡ

34[175]

　어떤 사람이 자기 자신이 아니라, 다른 사람에 대해 신경을 쓴다
고 할 때, 이것은 어리석음의 기호가 될 수 있다 : "보통 사람들"은
이렇게 선한 인간을 생각한다.

34[176]

　도덕이나 종교는 어떤 사람이 원하는 바를 인간에게서 조형할 수
있는 주요한 수단이다 : 사람들이 남아도는 창조력을 가지고, 법칙
부여나 윤리의 형태로 자신의 창조 의지를 오랫동안 관철할 수 있
다는 것을 전제한다면 말이다. 인간이 지금까지 있었던 것보다 더
강하고 깊이 있게 인간을 만드는 수단에 대해 여러모로 생각해볼
때, 나는 무엇보다도 그 어떤 도덕의 도움으로 그와 같은 것이 지금
까지 실행되었다고 생각했다. 내가 이해하고 있는 첫 번째의 것은,
물론 유럽의 철학자나 도덕주의자가 생각하고 있는 보통의 도덕을
사람들이 사용할 수 없다는 점이었다. 도덕 자체가 단지 있을 뿐인
데 말이다 ― 그러한 철학자의 이구동성은 실상 저 도덕이 실제로
지배하고 있다는 사실에 대한 훨씬 좋은 증명이다. ― 왜냐하면 이
러한 도덕은 삶의 안락함, 무위험성, 경박함만을 동경하거나, 최후
의 가장 뒤에 있는 소망으로서 심지어는 모든 지도자나 목자 없이
지낼 수 있는 것까지 갖는 진정한 무리 본능이기 때문이다. 그 두 가
지 가장 훌륭하게 설교된 학설은 "법의 평등"과 "고통받는 모든 자

들을 위한 동감"이다 — 그리고 고통 자체는 모든 무리 동물로부터 없애버려야만 하는 것으로 여겨졌다. 그러나 어디에서 어떻게 인간이라는 식물이 솟아오르게 되었는지에 대해 깊이 생각하는 사람은 유럽의 무리 도덕과 역사의 위조에 반대해 역사에서 많은 것을 끄집어내게 되는데, 그를 위해서는 그 상황의 위험성이 높아지게 되고, 오랜 압력과 강제를 통해 그 발굴 정신과 위장 정신이 시험되어야만 하며, 따라서 오늘날, 잔인성, 침묵, 불쾌함, 권리의 불평등, 전쟁, 모든 종류의 전율, 간단히 말해 모든 무리적 이상과 반대되는 것이 필요하다. 그렇게 반대되는 의도를 지닌 도덕이 오직 주도적 도덕 법칙과 연결되고 그 언어와 화려한 말 아래서 가르쳐질 수 있고 재배될 수 있다는 것, 즉 많은 이행의 형식과 기만의 형식이 발굴될 수 있다는 것, 한 인간의 삶은 그렇게 오래 끄는 의지를 관철하기에는 너무나 짧기 때문에, 여러 세대를 통해 그러한 의지에 지속성을 보증하게 되는 인간들이 육성되어야만 한다는 것 : 이것은 오랫동안 쉽게 말할 수 없는 이 사상의 기타 등등으로서 잘 이해된다. 어떤 특정한, 강한 종류의 인간들에게서 가치의 전도를 준비하고 그들 가운데서 몇 가지 억압되고 비방받는 본능을 발산하는 것 : 이것에 대해 숙고하며, 나는 어떤 종류의 인간이 본의 아니게 대체로 이미 제기된 과제를 위해 지금까지 작업했는지를 깊이 생각했다. 나는 염세주의자를 발견했는데, 모든 것에 대한 그들의 불만족은 현재 존재하는 것에 불만족스러워하면서도 또한 그것들을 최소한 논리적으로 필요로 했다 : 따라서 나는 쇼펜하우어와 서서히 유럽 위에 동터오는 인도 철학에 관한 지식을 호의적으로 생각했다. 심적인 압박 역시 인간들을 갑자기 일깨우는 수단이다. — 마찬가지로 나는 바이런처럼, 무조건 보다 높은 인간에 대한 특권을 믿거나, 선택된 인간에게 있는 예술의 유혹 가운데 무리 본능을 느끼지 못하고 대립되는 것을 불러일으키는 어떤 탐욕스러운 이원론적 예술가들에게 호감을 가졌다. 세 번째로 나는 고대의 발굴을 계속하는 문헌학자들과 역사가들을 존경했다. 왜냐하면 고대 세계에서는 오늘날과는 다른 도덕이 지배했고, 사실 인간은 그 당시에 그 도덕의 얽어매는 힘 속에서 훨씬 강하고 악하고 깊이가 있었기 때문이다 : 고대의 보다 강한 영혼에 영향을 주게 되는 유혹은 아마도 모든 유혹 가운데 가장 섬세하고 눈에 띄지 않는 유혹일 것이다.

이러한 사유 방식 전체를 나는 스스로 디오니소스의 철학이라고 명명했다 : 창조할 때, 사물처럼 인간의 변형은 현존재의 최상의 향유(享有)를 알게 되며, 지배적인 의지에 그러한 힘과 유연성을 부여하면서, 그와 같은 방법으로 인간을 내리누르기 위해 "도덕"에는 단지 하나의 수단만이 있다는 것을 알게 되는 하나의 고찰. 나는 어느 정도까지 종교나 교육 체계가 힘을 모으고 유전하는지에 관해 알기 위해 그것들을 관찰했다. 부적당한 결합이나 삶의 방식에 의해 가장 큰 양의 힘을 다시 잃어버리지 않기 위해서는, 훈육의 법칙보다 더 중요하게 연구될 만한 것이 내게는 없어 보인다.

34[177]

내가 혐오하는 것은 1) 사회주의다. 왜냐하면 그것은 완전히 소박하게 "진, 선, 미"라는 무리의 어리석음과 평등권을 꿈꾸고 있기 때문이다 : 무정부주의 역시 단지 난폭한 방식으로 동일한 이상을 원한다. 내가 혐오하는 것은 2) 의회주의와 신문 사업이다. 왜냐하면 이것은 무리 동물이 주인이 되게 만드는 수단이기 때문이다.

34〔178〕

　나는 역사의 어떤 시점에서 위대한 인간이 출현하는지 주목하고
있다. 긴 시간에 걸친 **전제**(專制)적인 도덕의 의미 : 만일 그 도덕이
활을 부러뜨리지 않는다면, 그 활은 팽팽하게 당겨진다.

34〔179〕

　인류 전체의 발달이 있다는 것은 말도 안 된다 : 또한 전혀 원할
수 없는 것이다. 만일 일종의 유형이 그 높이를 얻었다면, 일종의
인간의 **다양성**을 끄집어내고, 인간을 부수는 ― 즉 창조하고 파괴하
는 ― 인간의 조형은 내게는 인간이 가질 수 있는 최고의 향유로 생
각된다. 플라톤이 개념을 확고하고 영원한 것으로 가르쳤을 때, 그는
확실히 그렇게 제한적이지 않았다 : 그러나 그는 이것이 믿어지기
를 원했다.

34〔180〕

　이 쓸모없는 세계에서 통용되는 것 이상으로 인간의 모든 역사에
이성을 놓지 않는 것 : 많은 것이 가능하지만, 그러나 그러한 것을
너무 오랫동안 원해서는 안 된다. 우연이 모든 것을 다시 부수어버
린다.
　하나의 연극으로서의 인간 : 이것이 **역사의 의미**다 ― 그러나 그
것은 위험한 요소를 담고 있고, 인간은 바라볼 뿐만 아니라, 바라보
고자 하는 조형자로서 스스로 느끼는 것을 배운다. 독일인은 ― ―

— 자명한 사실은 공개적으로나 비밀스럽게 단지 천 개의 가면 뒤에서만 인간의 모든 유기적인 근본 의도가 말해진다는 것이다 : 비스마르크의 연설을 읽어보라.

주의하라! — 지금까지 가면 뒤를 보아왔고 볼 수 있으며, 모든 것이 얼마나 가면인지를 대체로 이해했던 보다 정신적인 인간은 — 당연한 것이지만 그것에 대해 최상의 기분 상태에 있다. "정신성"은, 우리 스스로가 그것과 함께 놀이를 했건 단지 놀이를 당했건 간에, 영원한 카니발의 쾌감이다.

— 역사의 의미와 지정학적 기후적 이국풍은 서로 병존한다.

34〔181〕

더 훌륭한 것과 관계할 수 없는 게으른 인간으로서 나는 내 친구들에게 내가 디오니소스 철학으로 생각하는 것을 언젠가 설명하고자 한다 : 왜냐하면 신들도 철학을 한다는 사실은 내게는 가장 신앙심이 좋은 사람 역시 여전히 즐거움을 가질 수 있다는 품위 있고 경건한 관념으로 보이기 때문이다. 나는 아마도 내 친구의 취향에 따라 내 설명의 솔직함에서 너무 멀리 나아가게 될 것이다 : 그러나 이러한 신마저 나와 대화하는 가운데 훨씬 많이 나아가버렸는데, 만일 내가 그 신에게 아름답고 거짓된 화려한 이름을 붙여도 된다면, 나는 용기를 내어, 존경, 진실함, 성실함, "진리를 향한 사랑"이나 그와 같은 것으로 많이 영예롭게 하고 싶다. 그러나 그 신은 온갖 이러한 아름다운 미사여구로 시작하는 방법을 알지 못한다 — 내 정당화를 위해서는 물론 독일에서 쉽게 "독일어로" 번역하지 못하는 즐거운 *지식*이라는 두 단어로 충분하다.

그러나 이것을 너와 네 동료를 위해 간직하고 있으라 : 나에게는 내 "알몸"을 가릴 이유가 없다. 완전히 뻔뻔스러운 종류의 신성이
5 있는 것만으로도 족하다.

봄이었다. 모든 나무는 신선한 기운의 상태에 있었다 : 내가 숲을 통해 가면서 어린아이다운 것에 대해 깊이 생각했을 때, 나는 내가 무엇을 했는지 제대로 알지 못한 채 피리 하나를 조각해 만들었다.
10 그러나 내가 그것을 입에 올려 피리 소리를 내자마자, 내가 오랫동안 이미 알았던 신이 내게 나타났다.
자, 너 쥐를 잡는 자여, 너는 그곳에서 무엇을 하고 있는가? 너 반 정도는 예수회원이자 음악가여 ─ , 거의 독일인이여!
신이 이러한 방식으로 내게 아부를 하려 해서 나는 놀랐다 : 나는
15 신을 경계하기로 결심했다.
나는 그들을 어리석게 만드는 모든 일을 했고, 그들을 침대 속에서 땀 나게 만들었고, 그들에게 둥근 공 모양의 감자 요리를 주어 먹게 했고, 그들이 주저앉을 때까지 마시도록 명령했으며, 그들을 방 안에만 죽치고 있는 사람이나 학자로 만들었으며, 그들에게 봉
20 사하는 정신의 가련한 느낌을 불어넣었다.

너는 내게 인간을 멸망시키는 나쁜 일을 은밀히 계획하는 것으로 보이는 것이 아닌가?
아마도 신이 대답했을 것이다 : 그러나 그때 그 무엇이 나를 위해

나타난다.

　— 도대체 무엇이 문제인가? 나는 호기심이 나 물었다. —

　도대체 누가?라고 너는 물어야만 한다. 나에게 디오니소스는 이렇게 말했다.

34〔182〕

디오니소스.

철학을 하는

신적인 방식의 시도.

프리드리히 니체

34〔183〕

　그러나 여자가 자신의 아이들을 살아 있는 채로 출산하는 일이 어떻게 일어나는가? 나는 언제나 가련한 동물들이 저항력이 거의 없는 상태에서 질식되어 세상에 나오는 것임에 틀림없다고 생각했다. 이미 기술한 바 있듯이, 문은 좁고 길은 좁다 : 혹은 어떻게 선험적으로 살아 있는 어린아이가 가능한가? — 내가 이렇게 물었을 때, 나는 완전히 독단적인 잠에서 깨어났고, 신의 배를 가격하며, 쾨니히스베르크 출신의 중국인이 가지고 있는 진지함으로 물었다 : "결론적으로 : 어떻게 선험적 종합 판단이 가능한가?" — 신은 "그 것을 할 수 있는 능력에 의해"라고 대답하며 배를 잡고 웃었다.

34〔184〕

　헤겔 : 독일인들의 성향은 스스로 모순된다 — 이로부터 고딕 양

식이 나오게 된다.

바그너 : 그는 목적을 찾을 줄 몰랐고, 또한 이것을 원리로 만들었다 : 고딕 양식 역시 그렇다.

34〔185〕

칸트의 실제적인 역사적 의미를 왜곡하지 말 것! 그 스스로는 자신의 범주 목록과 그것을 할 수 있는 능력을 발견했다는 것에 대해 자부심을 갖고 있었다 : 그의 추종자들은 그러한 능력을 발견한다는 것에 자부심을 갖고 있었다. 그리고 외국에서 독일 철학의 명성은 다음과 같은 사실과 연계된다 : 즉 독일인의 명성을 만들었던 것은 "진리"에 대한 직관적이고 본능적인 이해였다. 그 영향은 큰 반향을 일으킨다. 일종의 학문적 노동의 절약, "사물" 자체에 대한 훨씬 호의적인 접근 — 인식의 길의 단축 : 이러한 꿈은 취하게 만든다! — 주요한 문제에서 쇼펜하우어는 그와 똑같은 황홀 상태를 산출해냈다 : 단지 만족스러운 스피노자적인 뜻을 품고 있는 인간이 아니라, 불만족스러운 인간에게서 : 그는 "의지"를, 혹은 더욱이 속마음을, "결의"를, 욕구 혹은 감각이나 오성을 사로잡는다

34〔186〕

"태연하게 우미함의 신들과 음악의 신에 기대어" 실러 "예술가."

34〔187〕

통치 기관으로서의 의식의 발달 : 오직 일반화에 대해서만 민감하다. 눈이 보여주는 것은 이미 일반화되고 정당화된 것으로 의식된다.

34〔188〕

머리말 : 인간의 위계 질서.

1. 힘에의 의지로서의 인식.

2. 선악의 저편

3. 숨어버린 예술가들.

4. 큰 정치.

5. 해머.

34〔189〕

좀스럽고 창백한 유대인들이나 파리 시민들에게서 너무나 우스꽝스러워 보이는 감각성과 거의 신경증 같은 것 —

34〔190〕

이전 세기에 선량함은 오랫동안 완전히 다른 감정의 상태에 있었던 선한 양심을 자신의 편으로 얻었다.

34〔191〕

정오와 영원.

영원 회귀의 철학.

프리드리히 니체.

머리말 : 인간의 위계 질서에 대해.

제1장 : 지식과 양심.

제2장 : 선악의 저편.

제3장 : 숨어 있는 예술가들.

제4장 : 고귀한 정치.

세5장 : 해미(혹은 디오니소스).

5

34〔192〕

　　　머리말.　　누구를 위해?

독창적인 것.

영혼의 범위.

10　깊이.

힘과 변화.

명령하는 힘.

엄격함

지식 : 정복자의 쾌락

15　큰 책임성.

가면의 기술. 변용.

의사 전달의 힘.

　　　— 디오니소스적인 것 —

20　34〔193〕

도덕의 회의론자들은 얼마나 많은 도덕적 가치 평가를 자신의 회
의 속에서 감당하는지를 언급하지 않는다 : 그들의 상태는 거의 도
덕의 자살이나 아마도 심지어는 그와 같은 것의 미화일 뿐이다.

34〔194〕

어디로부터 우리는 가치 평가를 수용해야 하는가? "삶"으로부터? 그러나 "보다 높고, 깊고, 간단하고, 다양하게" — 이것은 우리가 비로소 삶에 부여한 평가들이다. 어떤 의미에서 "발달"이란 언제나 또한 상실이고, 손상이다. 모든 기관의 세분화마저. 자기 보존과 성장의 광학.

성장의 광학.

어떤 환상의 파괴가 아직은 진리에 이르지 못하고 단지 한 편의 무지 이상(以上)이라는 사실 :

지식과 양심.

도덕주의자들을 위한 도덕.

펠릭스 팔락스Felix Fallax.

34〔195〕

철학자들은 1) 이전부터 형용 모순contradictio in adjecto의 놀라운 능력을 가졌다.

2) 그들은 감각을 불신했던 것과는 달리 개념에 대해서는 절대적으로 신뢰했다 : 그들은 개념들과 단어들이, 머릿속이 매우 어둡고 요구하는 바가 높지 않게 되어가는 시대에서 나온 우리의 유산이라고 생각하지 않았다.

주의하라! : 철학자들에게 최근에 떠오르는 것 : 그들은 개념을 더 이상 선사할 수 없음에 틀림없다. 그들은 순화시키고 밝힐 뿐만 아니라, 제일 먼저 만들고, 창출하고, 세우고, 자신들을 설득시킨다. 지금까지 사람들은 마치 어떤 기적의 세계에서 나온 기이한 지참금처럼 전체적으로 자신들의 개념을 신뢰했다 : 그러나 이것은 결국 가장 멀리 떨어져 있으며, 또한 어리석고도 영리한 우리 조상들의 유산이었다. 우리 안에서 발견되는 것에 대한 이러한 경건함은 아마도 **인식**에서의 도덕적 **요인**에 속하는 것일 것이다. 먼저 전승된 모든 개념들에 대한 절대적인 회의가 필요하다 (그 회의가 아마도 이미 그 이전에 철학자 한 명을 가졌던 것처럼 — 플라톤 : 물론 〈그는〉 반대의 것을 가르쳤다 ― ―)

34〔196〕

여기서 완전히 "지혜를 향한 사랑"이라 명명될 수 없고, 오히려 자부심을 느끼며 훨씬 겸손한 명칭을 요청하게 되는 철학 하나 — 내 철학 가운데 하나 — 가 언급된다 : 이 명칭은 심지어 반발을 일으키는 명칭이 될 수 있는데, 그것은 이미 그 명칭 쪽에서 보면 철학이 되고자 하는 것에 머물러 있게 하는데, 즉 나를 위한 철학에 기여할 수 있다 — 좌우명으로 말하면 : 몇 가지만 있어도 충분하다. 한 가지만 있어도 충분하다. 아무것도 없어도 충분하다. — 이러한 철학은 즉 스스로 오해의 기술이라고 불리며, 자신의 집 대문 위에 "멤몬의 불신 μέμνησ᾽ ἀπιστεῖν"이라고 기록한다.

34〔197〕

그대들은 여성의 비참함으로부터 사람들이 자신의 상황을 향상시켜야만 한다고 시위한다 : 그러나 내가 원했던 것은 그대들이 그보다 나은 상황과 힘에 근거해 그러한 행위를 하는 것이다

34〔198〕

위대한 덕들, 책임성.

민주주의적 사회주의적 운동의 배경으로서 "선한 인간".

5 34〔199〕

1) 차라투스트라가 잡혔다 —

유혹자로서, 그에 대한 피고의 말

엄청난 불확실성과 소인 사이의 커다란 대립

차라투스트라는 도망한 자들을 칭찬한다(그에게 있어서 커다

10 란 위기)

그는 아버지들에게 기억의 축제에 참여할 것을 권유한다

지상의 사방 끝으로부터 모든 귀족들이 밀려옴

결국 어린아이들이 스스로 오게 된다.

2) 인간들의 위계 질서 : 그는 그룹을 향해 흐르는 줄기를 자신한

15 테서 분리시킨다. 그는 결국 그것을 통해 (세대를 통한) 인간 교육

의 정도를 나타낸다.

3) 가장 작은 선택 : 위대한 덕들(책임)이나 해머를 갖고 있는 미

래의 법칙 부여자

4) 작별 : 종교 가운데 종교로서의 영원 회귀 : 위로를 준다.

20

차라투스트라가 잡혔고, 도망친 자의 입장을 비판한다.

그 방향으로 몰려간다(동시에 자신의 대중과 분리된다) 결국 무

리가 온다.

인간 교육의 단계로서 위계 질서 (많은 세대를 통해)

해머를 든 최고의 법칙 부여자.

위대한 덕들의 묘사.

작별.

34〔200〕

철학자는 많은 전경(前景)의 덕들을, 즉 화려한 말들을 필요로 한
다 : 진실성, 성실성, 진리를 향한 사랑과 같은.

34〔201〕

미래의 법칙 부여자.

인간의 위계 질서.

선악의 저편.

예술가로서의 철학자.

디오니소스.

34〔202〕

대지의 주인.

오늘과 내일에 대한 사상.

프리드리히 니체

34〔203〕

다음 세기의 유럽의 상태는 남성적 덕을 다시 양육하게 될 것이
다 : 왜냐하면 사람들이 끊임없는 위험 속에서 살기 때문이다. "일
반적인 군복무 의무"는 이미 오늘날 민족(민족 ― 하나의 언어를 말

하면서 동일한 신문을 읽는 인간이 오늘날에는 "민족"이라고 불리며, 너무나 기꺼이 또한 공동의 기원이나 역사 속에 있고자 한다 : 하지만 과거의 가장 심한 위조에는 성공하지 못했다.)의 투쟁에서 생겨난 민주주의 이념이라는 여성성에 대한 기이한 해독제다.

5

34[204]

내 친구들이여, 그러나 나는 몇 년 동안 무엇에 전념했던가? 쇼펜하우어의 형이상학에서 비로소 만났던 염세주의를 나는 ― 따라서 그러한 사유 방식의 인간은 염세주의라고 하는 최고의 표현을 통해 성장했다 ― 그 반 정도는 그리스도교적인 것에서, 반 정도는 독일의 편협함과 단순성으로부터 구출하기 위해, 심층적으로 사유하도록 노력해왔다 : 나는 즉각 정반대의 이념을 찾았다 ― 모든 사유 방식 가운데 가장 생기발랄하고 생동감 넘치며 세계를 긍정하는 하나의 사유 방식을 : 나는 그것이 기계론적 세계관이 끝나는 사유 속에 있다는 것을 발견했다 : 내가 내 아들 차〈라투스트라〉를 통해 가르쳤듯이 ― 즉 우리 스스로를 영원히 다시 반복하는 것 속에서 파악하는 ― 그러한 영원 회귀의 세계를 견지하기 위해, 실로 최상의 세계에 관한 유머가 그것에 속한다. 결국 내 결론은 모든 가능한 사유 방식 가운데 세계를 가장 부정하는 사유 방식이란 생성, 발생, 경과 자체가 이미 좋지 않다고 말하는 것이며, 절대자, 일자, 확실한 존재, 존재자 자체를 긍정하는 것이다 : 내가 발견했던 것은 신이란 모든 사상 가운데 가장 부정적인 존재이자 삶에 적대적인 존재이고, 모든 시대의 사랑스러운 경건한 자나 형이상학자의 엄청난 불확실성을 통해서만 이러한 "진리" 인식이 오랫동안 스스로를 보존할 수 있었다는 것이다.

　나 스스로 완전히 이 두 가지 사유 방식 가운데 한 가지 사유 방식을 포기할 의사가 없다는 것을 용서하기 바란다 — 나는 대립적인 수단을 필요로 하는 내 과제를 결국 포기할 수밖에 없다. 이것은 인간들이나 민족을 파멸시키거나 천천히 끌고 가거나 심화시키기 위해 잠정적으로 (상황에 따라서는 몇천 년간) 필요한 최고 가치를 지닌 염세주의적 사유 방식이다. 큰 의미에서 창조하는 자의 주장을 제기하는 자는 부정하는 자의 주장 역시 제기하게 되며, 상황에 따라서는 부정하는 사유 방식을 가르치게 될 수밖에 없을 것이다. 이러한 의미에서 나는 현존하는 그리스도교와 불교, 즉 현재의 세계를 부정하는 이 두 가지 포괄적인 형식들을 환영한다. 타락하면서 서서히 말라죽는 민족들, 예를 들어 오늘날의 인도인이나 유럽인들에게 치명적인 일격을 가하기 위해, 나 자신은 여전히 보다 엄격하고, 진정 허무주의적인 종교나 형이상학의 고안을 옹호하고 싶다.

　내가 예언했던 바에 따르면, 나는 그러한 종교에서 내가 "신"이라는 사상에 어떤 의미를 부가하고 싶어 하는지에 대해 그 누구도 의심하게 만들 수 없다. 철학자들 가운데 최고의 허무주의자들은 지금까지 엘레아 학파의 사람들이었다. 그들의 신은 불교의 열반을 가장 잘, 그리고 가장 근본적으로 설명하고 있다. 이때 존재와 무는 동일한 것이다.

34〔205〕

리하르트 바그너에 관한 일 : 그렇게 나는 1876년 여름의 실망을 극복하지 못했고, 작품과 인간에게 나타난 수많은 불완전함은 내게 갑작스럽고 너무나 커다란 일이었다 : — 나는 그것으로부터 달려 나왔다. 나중에 나는 이것이 예술가한테서의 가장 근본적인 분리며, 사람들이 자신의 이상을 바라보았다는 사실을 이해했다. 내가 젊은 시절 그를 바라보았던 그러한 시선 이후에 — 그 증거가 리하르트 바그너에 대해 쓴 내게 남아 있는 작은 저서다 — 삐꺽거리며 정신없이 이렇게 "참을 수 없는 현실"로부터 — 내가 언젠가 그것을 보았듯이 — 작별을 고하는 것 말고는 내게 남아 있는 것이 아무것도 없다. — 그가 늙고 변했다는 사실은 내게는 아무 문제가 되지 않는다 : 이러한 종류의 거의 모든 낭만주의자들은 십자가 아래서 끝나게 된다 — 나는 내가 알았던, 즉 아주 자유로운 인간인 지크프리트라는 인물을 고안했던 성실한 무신론자이자 비도덕주의자인 바그너만을 사랑했다. 그 이후로 그는 여전히 바이로이트 신문의 겸손한 구석으로부터 그가 얼마나 구원자의 피를 높이 평가할 줄 아는지를 충분히 암시했다. — 사람들은 그를 이해했다. 많은 독일인들, 온갖 종류의 순수하거나 불순한 많은 바보 멍청이들은 이후 리하르트 바그너를 자신들의 "구원자"로 믿고 있다. 이러한 모든 것이 내 취향에 거슬린다. —

자명한 사실은 내가 그 누구에게도 그렇게 쉽게 이러한 내 평가를 자신의 평가로 만들 권리를 허용하지 않고 있다는 것과, 오늘날 사회의 몸뚱이에 이처럼 우글거리고 있는 모든 불순한 불량배들에게 리〈하르트〉 바〈그너〉와 같은 그러한 대단한 이름을 대체로 입에 올리는 일을 전혀 허용해서는 안 되며, 그를 칭찬하거나 반대해서도 안 된다는 것이다.

34〔206〕
　연중 장터의 세기 :

34〔207〕
　미래의 법칙 부여자.
　타락한 것으로서 유럽의 성격을 규정함. 연중 장터.
　가치를 발견하는 데 있어서 수천 년 동안의 큰 유산.
　음악을 통한 내 잠정적인 고무 : 내가 "디오니소스적"으로 이해
했던 것. 리하르트 바그너.
　도덕의 분리.

　염세주의와 이와 마찬가지로 낙관주의를 마지막으로 생각한다는
것.

　독일인들. 하르트만
　　　뒤링
　　　비스마르크
　　　리하르트 바그너

34〔208〕
주의하라! "생존을 위한 투쟁" — 이것은 예외적인 상태를 나타낸
다. 보통은 오히려 힘을 위한, "더 많은 것"과 "더 나은 것", "더 빠
른 것", "더 자주 일어나는 것"을 위한 투쟁이다.

34[209]

　오늘날 이러한 우리의 세계, 크게 웅성거리는 우리의 세기, 이 세기는 연중 장터의 취향을 지니고 있으며, 일어나는 사건에서조차 어마어마한 것, 소란스러운 것을 적용할 수 있으며 결과적으로 — 그러한 사건들을 야기할 수 있다

34[210]

　도대체 19세기란 있는 것인가? 아니면 오히려 엷어지고 우둔해진, 놀라울 정도로 길게 늘어난 18세기가 아닐까? 도대체 위대한 것이 일어나고 만들어진다는 것은 무엇인가, 18세기 이전에는 무슨 일이 일어나지 않았고 만들어지지 않았다는 것인가? 비록 18세기에 자라나고 성숙되었던 많은 열매가 비로소 이 세기에 나무에서 떨어졌다고 할지라도 말이다. 프랑스 혁명과 나폴레옹을 정치에서 제거해보면 — 이와 더불어 그대들이 민주주의와 그 무엇을 — — — 독일과 영국의 회의주의를 포함해 프랑스적 감각주의와 쾌락주의를 철학에서 취한다면 — — —

34[211]

　올바른 본능을 가지고 {말하면}, 또한 리하르트 바그너가 덧붙여지는 30년대와 40년대의 저 프랑스 세대에 일어났던 비극적 사건의 강력한 반향, 베토벤이 바이런의 언어를 음으로 즉흥적으로 연주했던 저 화려하고 병적인 방식의 탐욕스러움 : 그 신경의 힘과 의지력이 이미 그것을 하기에는 너무나도 나약했던 인간에 대한 어마어마한 것의 작용

34〔212〕

— 커다란 침묵 — 연중 장터의 세기

— 법칙 부여자의 축복 (또한 "그대들은 스스로 적대자가 되어야
만 한다")

— 그들의 발전 과정의 영혼으로부터 : 그들이 자신의 엄청난 과
제로부터 달아나고자 하는 방법

— 무리 동물의 분석. 사람들은 과거 어느 때보다 전쟁을 위해 인
간들을 더 많이 희생시켜야 한다

— 끔찍하게 큰 추모제.

— 모든 시대의 위대한 인간과 함께 느낌, 우리를 밑으로 내려 보
내지 말 것!

— 더 이상 신이 없기 때문에, 고독은 더 이상 견딜 수 없는 것이
다 : 고귀한 인간은 수행해야만 한다.

— 그대들은 몸을, 감각 등을 원하는가

— 미궁에 있는 인간을 생기 있게 하는 것으로서 냉정한 이성의
칭찬

— 많은 철학의 주인, 깊은 염세주의나 최고의 세계 미화에 대해
힘이 있다.

— 우울증이 있는 사람에게는 명랑함이 필요하다.

34〔213〕

즐거운 지식.
신적인 방식으로
철학을 하고자 하는 시도.

프리드리히 니체.

1. 지식과 양심.
2. 도덕주의자들을 위한 도덕.
3. 오늘과 내일에 대한 사상.
4. 위계 질서에 대해.

34[214]
자기 변용(變容).
선한 자들과 악한 자들
20세기.

34[215]
선술집 학자나 천민의 온갖 덕과 오류로 부자연스럽게 꾸민 오이
겐 뒤링, 그것에 추가해 좋지 않은 취향 역시 온갖 그의 태도에 속
한다.

34[216]
주의하라! A) 우리가 지금까지 인간들이 도덕 앞에서 보여준 전적
으로 화려한 수다스러움을 "훨씬 심한 현기증"이라는 말로밖에는
달리 표현할 수 없는 양심의 순간이, 매우 밝고 재미있는 축제의 순
간이 있다.
    제국의 바보스러움
    B) 우리의 온갖 칭찬과 비난 속에, 평가와 판단 속에, 사랑과 미

움 속에 있는 거짓이 부끄러움을 만든다 : 이것은 저 깊이 있는 인간의 고통이다. 한 걸음 더 나아가서 : 그리고 이러한 부끄러움 역시 부끄럽게 만든다 : 결국 —— 우리는 실컷 웃게 된다.

34〔217〕

주의하라! 우리는 외관과 최근의 가장 훌륭한 개연성이 최소한 믿음에 기여한다는 점을 발견하는 중간에 서 있다 : 어디에서든지 우리는 반대의 것을 가르친다 : 즉 예를 들어 모든 생명체의 영역에서 성적인 출산은 단지 예외적인 경우일 뿐이다. 남성들은 근본적으로 더 이상 변질되고 타락한 여성이 아니라는 것이다 : — 동물적 존재에서 모든 기관은 그 토대 위에서 우리가 "기관"이라고 부르는 것과는 다른 역할을 수행해왔다 : 일반적으로 모든 것은 예측할 수 있는 그 종국적 쓰임과는 다른 방식으로 생겨났다. 그것의 본질이 무엇인가 하는 묘사는 여전히 그 발생에 대해 가르쳐주는 바가 없다 : 발생의 역사는 여전히 무엇이 존재하는지에 대해 가르쳐주는 바가 없다. 온갖 종류의 역사가는 그 점에서 거의 모든 것을 기만한다 : 왜냐하면 그들은 현존하는 것에서 출발해 뒤를 바라보기 때문이다. 그러나 현존해 있는 것은 새로운 그 무엇이며 전혀 해명할 수 있는 것이 아니다 : 어떤 화학자도 이미 그것을 알고 있지 못하다면, 두 가지 요소의 결합에서 무엇이 이루어지는지 예언할 수는 없을 것이다!

34〔218〕

주의하라! 한 인간이 자신의 부모나 조상의 특성을 가지고 있지 않다는 것은 전혀 가능하지 않다 : 외관이 또한 그것에 대해 말한다.

만일 우리가 부모에 대해 몇 가지 점을 알고 있다면, 그 아이에 대한 추론이 가능하다 : 예를 들어 광폭하게 참지 못하는 그 어떤 것이나, 어떤 바보 같은 질투심이 — 이 두 가지 모두는 천민적 유형을 만든다 — 어린아이에게 반드시 넘어가게 되며, 어린아이는 그러한 유전을 감추려고 노력하게 될 것이다. 비천한 출신의 인간들 안에 있는 배우의 재능이 고귀한 자들에게서보다도 더 크다 : "덕"의 위선 역시 이와 마찬가지다.

34〔219〕

부끄러움도 모르고 스스로를 "자유 정신"이라고 느끼는 저 천박하고 바보 같은 학자들에게는 보다 높은 인간의 병(病)-력(歷)에 속하는 모든 것이 비겁이나 진리의 누설, 의지의 나약함으로 통용된다 : 스스로 복종한다는 저것, 자기 자신에 대해 두려움을 갖는다는 것 ― ― ―

34〔220〕

그리스도교적 감정이 그리스적인 아름다움이나 아마도 또한 현대 의회주의와 화해한다는 것 — 이것은 오늘날 로마에서 "철학"이라 불리는 것이다. — 이것을 위해 머릿속에 많은 예민함이 필요하며, 다른 한편으로는 더 많은 열광이 필요하다.

34〔221〕

독일이 부여했던 최상의 것은 비판적 양육이다 — 칸트, F. A. 볼프, 레싱, 니부어 등 회의주의의 방어. — 엄격하고 과단성 있는 용

기, 칼을 다루는 손의 안전, 부정을 말하고 해부하는 즐거움. 반대
운동 : 마지막 낭만주의자인 리하르트 바그너와 함께하는 낭만주의
(비장하다, ———

34〔222〕
주의하라! 인간의 다양성은 지금까지 참 크다.
내가 전 생애 동안 인간에 대해 들어왔고 알았던 판단들은 내가 나
자신에게서 참되다고 여겼던 것으로부터 보통 멀리 떨어져 있었기
에, 나는 마침내 집에서 사용하기 위한 준칙을 만들었다 : "인간을
속이지 않는다는 것은 분별없는 짓이다." 특히 나를 불쾌하게 만드
는 것은 어떤 한 인간을 내 마음에 들게 했던 바로 그 무엇이, 내가
그것에 이름을 붙이려 하자마자, 곧바로 또한 그것의 "외침"에 손상
을 주게 될 것이란 점이다.

34〔223〕
주의하라! 근본 명제 : 현대인에게 알려주는 온갖 것 가운데 퇴락과
같은 것이 있다 : 그러나 질병과 밀접하게 영혼의 실험되지 않은 힘
이나 강력함을 나타내는 기호들이 있다. 소인들을 왜소하게 만드는
이 같은 이유들이 보다 강한 자나 드문 자들을 위대함에 이를 때까지 몰
아댄다.

34〔224〕
오, 제기랄, 이런 시끄러운 소리란! 독일인들은 역사가 전혀 알지
못하는 자신들의 유명한 "독일적인 덕"을 다시 한번 자랑스레 떠들

어댄다. 바이로이트의 명장의 늪에 빠져 있는 것을 덧붙여 계산해 본다고 해도, 몇 명의 반유대주의자들은 그것을 최악의 상태로 몰아댄다.

34[225]

　좌우명 : 내게는 나 자신을 위한 시간이 없다, ― 앞을 향해!

34[226]

주의하라! 스핑크스.

　"이것은 참이 아니다"라는 판단으로 환원할 것. "결과적으로 너는 그것을 참인 것으로 생각해서는 안 된다"는 명법이 따라온다. 아니면 진정 이것이 "결과적으로 너는 그것을 더 이상 참인 것으로 생각할 수 없다"는 것을 의미하는 것인가? ― 이제 우리는 계속해서 예를 들어 태양이 뜨고 지는 것을 보고 있으며, 우리가 허구로 알고 있는 것을 믿는다. 그 어느 곳에서도 상황은 전적으로 이와 같다. "너는 해서는 안 된다"는 것은 삶을 부정하는 명법이 될 것이다. 결과적으로 우리는 기만해야만 하며, 기만될 수 있다.

34[227]

　사람들이 오늘날 독일에서 존경하고 있고, 가장 좋지 않은 독일주의라는 저 자랑스럽게 떠들어대는 온갖 허섭스레기를 가지고 존경하고 있는 저 리〈하르트〉 바〈그너〉 : 저 리〈하르트〉 바〈그너〉를 나는 알지 못한다. 즉 ― 내가 혐의를 발설한다는 것 ― 그것은 주어졌던 것이 아니다 : 이것은 환영이다.

34[228]

나는 오늘날 독〈일인〉의 나쁜 취향을 깊이 생각한다 : 자신에 반하는 역사를 가지고 있고, 자신에 대한 부끄러움을 가져야만 했던 덕스러운 독일주의

34[229]

주의하라! 모든 역사가들의 근본 오류 : 사실들 모두는 파악할 수 있는 것보다 훨씬 사소하다.

34[230]

유혹자.

수많은 눈들이 있다. 스핑크스 역시 눈들을 가지고 있다 : 따라서 수많은 "진리들"이 있고, 따라서 그 어떤 진리도 없다.

34[231]

의지가 완전하게 산산조각 날 때, 저 입김을 통해 형성되고 불어 없어지는, 십만 개의 촉수가 있는 가장 예민하게 움직이는 정신은 ― 아주 우스꽝스러운 그 무엇이다. 모든 것이 그들에게 몰려들기 때문에, 한숨을 내쉬는 예민한 파리 시민들이 그런 것처럼.

34[232]

젊었을 때, 나는 위험한 신성을 만났다. 나는 그 당시에 내 영혼을 통해 움직였던 것을 그 누구에게도 다시 설명하고 싶지 않다 ― 좋은 것이든 나쁜 것이든 모두. 올바로 침묵하기 위해서는 말하는

법을 배워야만 하는 것처럼, 나는 다른 사람을 위해서건, 자기 자신을 위해서건, 배경 있는 인간이 전경을 필요로 하듯이, 그렇게 때때로 침묵하는 법을 배웠다 : 왜냐하면 전경이란 자기 자신한테서 스스로 원기를 회복하고, 다른 사람들을 우리와 함께 살 수 있도록 만들기 위해 필요하기 때문이다.

34〔233〕
　비학문적인 인간의 징조 : 그는 어떤 생각이 자신에게 아첨하며, 그가 자신의 빛 속에서 훌륭하게 드러날 때, 그 생각을 참된 것으로 여긴다.

34〔234〕
주의하라! 선하다는 것이 정신적인 퇴행의 징조가 아닌지, 덕이 감정이나 고조된 감정으로서 어리석은 짓이 시작되는 징후에, 최소한 그 발작에 속하는 것이 아닌지, 아직은 그 반대 증거가 있는 것은 아니다. 우리는 역사를 전망할 때, 무리 동물인 인간이 우세하게 되며, 개별적이거나 무리지어 방황하는 맹수인 인간의 삶의 조건이 힘들어지는 그 어느 곳에서든 정신적 퇴행을 찾게 된다 : 우리는 언제나 발달의 동일한 지점에서 "선한" 인간을 찾게 된다. 모든 민족에게는 "성스러움에 이르기까지의 어리석음이 있다".

34〔235〕
주의하라! 모든 도덕은 자기 예찬의 습관이다. 그것 때문에 일종의 인간은 자신의 속성과 자신의 삶에 기뻐하게 된다 : 이 도덕은 다른 속성의 인간이 끼치는 영향을 "자신의 아래에 있다고" 느낌으로써 스스로 그것을 막아낸다.

34〔236〕

주의하라! 어떤 여성은 너무나 사소하고 기이한 많은 것을 언제나 머릿속에 가지고 있어야만 하고, 남성들의 과제 옆에서 반드시 스스로를 웃기는 존재로 느끼게 된다 ― 신체, 침대, 어린아이 방에서의 많은 걱정이 절약되거나, 암탉이 알을 낳듯이 새롭게 책들을 "낳는" 추한 여성을 제외하고 말이다. ― 계획을 꾀하고 있는 깊이 있는 모든 남성에게는, 삶의 우울한 모습이 부드러워지게 하기 위해, 표면상 명랑하고 너무나 기분 유쾌한 욕구를 충족할 수 있는 재주가 있는 존재를 만난다는 것은 은혜로운 일이다. 따라서 우리는 그 은혜가 이 여성이라는 것을 아주 깊게 느껴야만 한다.

34〔237〕

반유대주의자들 그리고 온갖 세상보다는 자기 자신에 대해서 허풍을 필요로 하는 근본적으로 불성실한 다른 불량배들

34〔238〕

오히려 음울하게 반쯤 망가진 축제처럼 홀로 깊은 생각에 잠겨 아주 조용히 자신의 산에 앉아 있을 것 ; 즉 새들 자체도 이러한 정적을 두려워하게 된다. .

34[239]

　우리의 관심이 요구하는 것을 하는 것이 도덕적이라는 것, 이것을
엘베시우스에게서 전수받았던 벤담한테서 시작해 영국인들은 증명
하려고 시도하고 있다. 그것만이 도덕이 될 수 있으며, 그것을 향해
도덕은 발전되었어야 한다. 역사적으로 완전히 불합리한 것 : 지금
도 취향은 그것에 반대한다 : 반대로 : 이전에 철학자들은 사람들이
현자의 돌처럼 수천 년 전부터 찾는 윤리의 초석을 "그 누구에게도
손해를 입히지 말고, 네가 할 수 있는 한 모든 사람들을 도우라!"로
써 증명하려 했다. ― 인간의 실제적인 행위가 도덕적이라는 사실을
영국인들은 스스로에게 설득시키고자 한다. 무리 본능이 도덕 자체
이며 오직 그렇다는 것, 그 이전에는 ― ―

　중요하다, 주의하라! ― 엘베시우스한테서 시작해서!

34[240]

"인간"의 문제.

프리드리히 니체.

　1. 철학자들의 오류.

　2. 도덕 설교자들의 오류.

　3. 인간들의 위계 질서.

　　무엇을 향해? 이것은 인간이라는 무서운 자연의 사실을 감당할
　　힘을 얼마나 가지고 있는가. 그럼에도 불구하고 ―

　4. 문제 ― 어느 곳을 향해? 새로운 테러리즘이 필요하다.

34[241]

주의하라! 사물에 대한 얼마나 많은 잘못된 해석이 이미 있어왔던 가! 기도(祈禱)하는 모든 사람들이 원인과 결과의 묶음에 대해 생각해야만 한다는 것을 숙고해보라 : 왜냐하면 아무도 기도로부터 "간청"의 요소를, 그것은 기도할 만한 의미가 있으며, "간청을 들어"줄 수 있다는 믿음을 ─ 없애도록 우리를 설득하지 않을 것이기 때문이다. 혹은 저 또 다른 해석이 있는데, 이 해석에서는 어떤 인간의 운명이 자신을 향상하고, 훈계하고, 벌주고, 경고하는 데 "능숙"하다는 것이다. 저 세 번째 해석은 사물 자체의 진행 과정에는 법과 정당성이 있으며, 모든 인과적 사건 뒤에는 여전히 일종의 범죄적 저의가 있다는 것이다. ─ 우리 행위의 도덕적 해석의 전체 역시 단지 하나의 엄청난 오해일 수 있을 것이다 : 그것은 아주 명백히 모든 자연적 사건에 대한 도덕적 해석이 있었던 것과 마찬가지다.

34[242]

올바르고 사려 깊으며 자비심 있고 유능한 인간, "오른쪽에 심장"을 가지고 있는 사람 ─ 그의 옆 자리에 있다는 것은 우리를 즐겁게 한다. 그러나 왜 우리를 즐겁게 하는 이러한 위험하지 않은 인간이 우리로 하여금 강제로 조심하게 하는 위험하고, 알 수 없으며, 예측할 수 없는 인간보다 우리에게 더 가치 있는 것이란 말인가? 우리의 쾌감은 아무것도 증명하지 않는다. 물음 : 위대한 인간들 가운데 앞에서 기술한 바 있는 위험하지 않은 성향의 인간이 존재했던가?

34〔243〕

주의하라! 최고의 정신성과 힘을 가진 인간은 온갖 우연 안에서, 그
러나 또한 전적으로 우연의 눈송이 속에서 성장하는 것을 느낀다.
그는 이성적인 것을 매 순서마다 부정하며, 그 점에서 우연적인 것
을 비웃으며 세상에 밝힌다. ― 이전에는 오직 목적만을 믿었다 :
오늘날 사람들이 오직 *작용인*causae efficientes만을 믿는 것은 한
원인을 다른 원인과 잘못 바꾸는 것이다. *목적인*causa finales도 없
고, 작용인도 없다. 이 양자의 문제에서 우리는 어떤 잘못된 자기
관찰로부터 잘못 추론해왔다 : 1) 우리는 의지를 통해 작용한다고
믿는다 2) 우리는 최소한 작용은 한다고 믿는다. 물론 이러한 믿음
이 없다면 생명 있는 것은 아무것도 없을 것이다 : 따라서 그는 그
러나 이미 ― 참된 것을 필요로 하고 있는가?

34〔244〕

주의하라! "인식"이란 우리가 이미 알고 있는 것을 우리로 하여금 느
끼게 하기 위한 방법이다 : 즉 한 감정이 새로운 어떤 감정과 싸우는
투쟁이며, 외관상 새로운 것을 오래된 그 무엇으로 변화시키는 것이다.

34〔245〕

　내 생각에는 "최고 수준의 범죄자들은 타르페이의 암석보다는 카
피톨에 가까이 있다"고 미라보가 말했다.

34〔246〕

　삶이란 깨어 있는 꿈이다. 한 인간이 예민하고 포괄적일수록, 더

욱더 그는 자신의 삶, 의욕, 성공, 행복, 의도에서 끔찍하고 또한 숭고한 우연성을 느끼게 된다. 그는 한순간 "내가 꿈꾸고 있다"고 느끼는 꿈꾸는 사람처럼 전율한다. 사물의 인과적 필연성에 대한 믿음은 우리가 자용한다는 믿음에 기인한다. 후자가 증명될 수 없다는 것을 보게 된다면, 저 전자에 대한 믿음 같은 것도 없어진다. 여기에 부가되는 것은 "현상"이란 원인이 될 수 없다는 사실이다. 익숙하지 않은 사물을 이미 익숙해진 사물로 되돌리는 것, 낯섦의 감정을 상실하는 것 — 이것이 설명이라는 우리의 감정에 적용된다. 우리는 "인식"하는 것을 원하는 것이 결코 아니고, 우리가 이미 알고 있다는 믿음 속에서 방해받지 않는 것을 원하는 것이다.

34〔247〕

그 어떤 것은 반증될 수 없다 : 그러므로 그것은 아직은 참이 아니다.

유기적 세계 전체는 어떤 존재가 자신의 주변에 있는 허구적 작은 세계를 이어 붙여 연결한 것이다 : 그들이 경험 속에서 자신들의 힘, 욕망, 습관을 자기 밖으로 표출한 것을 그들의 외부 세계라고 한다. 창조하는 (조형하고 고안하고 꾸며내는) 능력은 그들의 근본 능력이다 : 그들은 당연히 그와 마찬가지로 오직 자기 자신한테서 잘못 꾸며진 단순화된 그러한 관념만을 가지고 있다.

"꿈속에서 일종의 규칙인 습관을 가지고 있는 존재" — 이것이 살아 있는 존재다. 어마어마한 수의 그러한 습관들은 결과적으로 혹 독해짐으로써 살아가고, 유적 존재들은 그것들을 기반으로 해서 살아간다. 그들은 아마도 그러한 존재의 실존 조건에서 유리한 관계에 있게 될 것이다.

우리의 세계는 가상이며, 오류다 ─ 그러나 가상이나 오류가 어떻게 가능한가? (진리란 오류의 반대를 나타내는 것이 아니라, 어떤 오류들이 다른 오류들에 대해 갖는 입장을 나타낸다. 즉 대략 그것들이 더 오래되고 깊이 있게 동화되었다는 것을, 우리가 그것들 없이는 살 수 없다는 것이나 그와 같은 것을.)

모든 유기적 존재에서 창조적인 것이란 무엇인가?

─ 각자에게 자신의 "외부 세계"인 것 모두는 가치 평가의 총화를 표현하고, 초록색, 푸른색, 빨간색, 단단함, 연약함은 유전된 가치 평가며, 그것을 나타내는 표지들이다.

─ 가치 평가가 실존 조건과 어떤 관계에 있어야만 한다는 사실, 그러나 전혀 그것들이 참되거나 명확할 것이라고 볼 수 없다. 중요한 점은 바로 그것들의 부정확함이나 불확실성인데, 이를 통해 일종의 외부 세계의 단순화가 생겨나게 된다 ─ 이러한 종류의 지성은 보존하는 데 유리하다.

─ 힘에의 의지는 또한 비유기적 세계를 이끄는 것이거나, 오히려 비유기적 세계란 존재하지 않는 것이다. "먼 곳을 향한 작용"은 제거할 수 없다 : 그 무엇이 또 다른 그 무엇을 이끌어 오고, 그 무엇은 이끌었다고 느낀다. 이것은 근본 사실이다 : 이에 대해 압박과 충돌에 대한 기계론적 사고는 직접 눈으로 보는 것이나 촉감을 토대로 한 가설일 뿐이며, 그것은 우리에게는 직접 눈으로 보는 세계를 위한 규제적 가설로 적용될 수 있을 것이다!

─ 이러한 힘에의 의지가 스스로 표현될 수 있게 하기 위해, 그것은 그것이 이끄는 저 사물을 인지해야만 한다는 것, 그것에 동화될

수 있는 그 무엇이 그것에 근접해 있을 때, 그것이 느낀다는 것.

— 소위 "자연 법칙"은 그 무엇에 대한 힘의 관계들을 위한 형식이다 — — —

— 기계론적 사유 방식은 전경의 철학 중 하나다. 이것은 형식들을 확인할 것을 가르치며, 커다란 위로를 동반한다.

— 다양한 철학적 체계들은 정신의 교육 방법으로 생각될 수 있다 : 그것들은 언제나 특별한 정신의 힘을 최상의 상태로 길러냈다. 사물들을 그렇게 볼 것, 그리고 다르게 보지 말 것이라는 그것들의 일방적인 요구로써.

34〔248〕

디오니소스.

교육자로서의 디오니소스.

기만하는 자로서의 디오니소스.

부정하는 자로서의 디오니소스.

창조자로서의 디오니소스.

34〔249〕

완전한 허구의 표본은 논리다. 하나의 생각이 다른 생각의 원인으로 설정되는 여기에서 사고는 꾸며지게 된다. 모든 정동, 감정, 의욕은 떼어놓은 채로 생각된다. 그와 같은 것은 실제로는 일어나지 않는다 : 이것은 달리 말할 수 없을 정도로 복잡하다. 우리가 저 허구를 하나의 도식으로 설정함으로써, 즉 실제의 사건은 사고 속에서 마치 단순화의 기구를 통해 여과되는 듯하다 : 그것을 논리적 과정의 기호 문자나 전달 가능성, 인지 가능성의 문제로 가져가보자. 즉 그것이 마치 저 규제적 허구의 구도에 상응하는 것처럼 정신적인 사건을 고찰하는 것 : 이것이 근본 의지다. "기억"이 있는 곳에서는, 이러한 근본 의지가 지배한다. ― 실제로는 논리적 사유란 존재하지 않으며, 산술과 기하학의 명제도 실제로부터 취해질 수 없다. 왜냐하면 그것은 전혀 일어나지 않기 때문이다.

나는 무지와 불확실성에 대해 다른 입장에 서 있다. 내 걱정은 그 무엇이 알려지지 않은 채 있다는 것이 아니다. 나는 오히려 일종의 인식이 있을 수 있다는 것에 대해 기뻐하며, 이러한 가능성의 복잡성에 대해 놀란다 : 그 수단은 도식으로서 완전한 허구의 도입인데, 그에 따라 우리는 정신적 사건을 그것이 있는 것보다 훨씬 단순하게 생각한다. 경험이란 기억의 도움을 받아야 가능할 따름이다 : 기억이란 정신적인 과정을 기호로 축약함으로써 가능할 따름이다.

기호 문자.

설명 : 이것은 이미 알려진 것의 기호를 매개로 한 새로운 것에 대한 표현이다.

34[250]

우리는 활동하는 존재며, 힘이라는 것이 우리의 근본 믿음이다. 자유롭다는 것은 "**강제의 느낌**이 없고, 부딪히고 밀려나는 것이 없는" 상태를 의미하는 것이다.

주의하라! 우리가 저항에 부딪히고 그 저항에 굴복해야만 하는 곳에서 우리는 스스로 **자유롭지** 못하다고 느낀다 : 우리가 그 저항에 굴복하지 않고, 그 저항으로 하여금 우리에게 굴복하도록 강제하는 곳에서는 **자유롭다**고 느낀다. 즉 이것은 우리가 "의지의 자유"로 표시하는 우리의 힘의 **증가**의 느낌이며, 우리의 힘이 강제되는 힘과의 관계에서 강제한다는 의식이다.

34〔251〕

의욕 속에는 정동이 있다.

34〔252〕

인식 : 실제적 사건은 작용하는 힘의 측면에서, 그리고 또한 우리의 조형하는 힘의 측면에서 엄청나게 단순화됨으로써 경험이 가능하다 : 그 결과 유사하고 동일한 것들이 존재하는 것처럼 보인다. 인식이란 다양한 것, 수없이 많은 것을 동일한 것, 유사한 것, 계산할 수 있는 것으로 **위조**하는 것이다. 즉 삶이란 오직 그러한 위조 기관에 의해서만 가능할 따름이다. 사고는 위조하는 변형이며, 감정은 위조하는 변형이고, 의욕은 위조하는 변형이다 ― : 이 모든 것 안에는 동화라는 힘이 있다 : 이것은 어떤 것을 우리에게 동일하게 만드는 의지를 전제한다.

34〔253〕

진리란 그것 없이는 특정한 종류의 생명체가 살 수 없을지도 모르는 일종의 오류다. 결국 삶에 대한 가치가 중요하다. 매우 천박하고 덕스러운 인간 ― ― ―

34[254]

　나는 그를 사랑한 것이지 그 밖의 다른 어떤 사람도 사랑하지 않았다. 내 마음에 따라 말하면 그는 부도덕하고, 무신론적이고, 이율배반적인 인간이었으며, 고독하게 걸어가면서 어떤 사실에 대해서는 믿고 싶어 하지 않았던 사람이었다 ― ― ―

34[255]

주의하라! 새로운 사유 방식은 ― 이것은 언제나 새로운 측정 방식이며, 하나의 새로운 측정이나 새로운 감각의 눈금이 현존한다는 것을 전제하며, 언제나 하나의 믿음이다 ― 스스로를 관철하고자 하며, 최초의 사랑의 불길로 자신에게 반론을 제기하는 모든 것에 "이것은 잘못된 것이다"라고 말한다. 이러한 투쟁에서 이 사유 방식은 정교해지며, 스스로를 방어하는 법을 배우게 되고, 이기기 위해 적대자에게서 무기를 빼앗고 기술을 배워 익힐 필요가 있다. "이것이 잘못된 것이다"라는 말은 원래 "나는 그것을 믿지 않는다"라는 말이다. 더 세밀하게 보면 "나는 그것에서 아무것도 느끼지 못한다. 나는 그것에 대해 화내지 않는다"라는 말이다.

34[256]

　그렇게 기이한 사물에 대해 대화를 나눌 수 있을 만한 사람들을 내게로 유혹하기 위해, 나는 안심할 수 없는 많은 시도를 했었다 : 내 모든 저작들은 지금까지 던진 그물망이었다 : 나는 깊이 있고 풍부하고 자유분방한 영혼을 지닌 인간이 내가 던진 그물망에 잡히기를 원했다.

누구에게 의지해 물어보아야 하는가? 아마도 이 세기의 인간들 가운데 영혼에 관한 대부분의 좋고 나쁜 것이 그에게로 내달린 저 다층적이고 비밀스러운 인간인 리〈하르트〉 바〈그너〉에게서 나는 오래된 실험을 했다. 나중에 나는 독일 젊은이들을 "유혹"할 작정이었다 ― 왜냐하면 나는 이십 년 동안 한 독일인에게서 상황이 얼마나 위험하게 진행되어가고 있는지를 잘 알고 있기 때문이다. 한참 후에 나는 세상의 어느 구석에서 내 기이한 것을 기다리고 싶어 한 대담한 남성적 두뇌나 남성적 감정을 위한 언어를 준비했다. 마침내 ― 그러나 사람들은 "마침내" 내가 도달했던 그것을 믿지 않을 것이다. 나는 "차라투스트라는 이렇게 말했다"를 지은 것으로 충분하다.

내가 그것을 허용해야만 하는가? 나는 지금까지 그 어떤 사람도 찾지 못했지만, 그러나 항상 다시금 여전히 덕으로 숭배될 수도 있을 만한 저 "심한 어리석음"의 어떤 기이한 형식을 찾았다 : 나는 이것을 즐겨 "도덕적 위선"이라고 부르며, 우리 세기의 악덕으로 존중하고, 그것을 여전히 백 가지 도피의 언어와 어울리게 할 준비가 되어 있었다.

34〔257〕

깊고도 멀리 떨어져 있는 인간들은 그들의 전경을 갖는다 : 현재 그들은 마치 그들이 단지 전경에 불과할 뿐인 것인 양, 스스로를 내줄 필요가 있다.

34〔258〕

좋은 친구와 신의 있는 이웃 안에서 고독해하며, 그들의 "심한 어리석음"이나 집요한 호의에 대해 웃고 놀라워하면서.

34[259]
　깊고도 자유분방한 정신의 소유자들!

〔35 = W I 3a. 1885년 5월~7월〕

35[1]

어떤 도덕주의자는 도덕을 설교하는 자의 짝이다 : 즉 도덕을 의문시하고 의문 부호를 달 만한 것으로, 간단히 말해 문제로 생각하는 사상가다. 나는 도덕주의자가 그와 마찬가지로 스스로 의문시되는 존재에 속한다는 사실을 추가적으로 덧붙여야만 하는 것을 유감스럽게 생각한다.

35[2]

역사적 감각 : 그에 따라 한 민족, 한 사회, 한 인간이 살아가는 가치 평가의 순위를 재빨리 알아차리는 능력, 이러한 가치 평가가 생존의 조건에 대해 갖는 관계, 가치의 권위가 활동하는 힘의 권위에 대해 갖는 관계 (대부분 현실적인 관계 이상으로 상상되는 관계) : 이 모든 것을 자기 안에서 모방할 수 있다는 것이 역사적 감각을 만든다.

35[3]

예를 들어 정리된 것, 이해할 수 있는 것, 제약적인 것, 반복에 대한 만족에서처럼 미적 가치 평가 가운데 많은 가치 평가는 도덕적 가치 평가보다 훨씬 더 근본적이다. — 자기 상태의 위험성이나 영양의 어려움과 연관되어 모든 유기체의 만족감이 있다. 잘 알려진 것은 좋은 것이며, 사람들이 쉽게 지배하기를 원하는 그 어떤 것의 모습도 좋은 것이다. 논리적, 수학적, 기하학적 만족감은 미적 가치 평가의 초석을 이룬다 : 어떤 삶의 조건이 중요하게 느껴지게 되고, 그와 같은 것에 대한 현실의 모순이 종종 크게 일어나기에 그러한 형식을 인식할 때는 쾌감이 생긴다.

35〔4〕
　잔인성의 순화는 예술의 원천이다.

35〔5〕
　도덕이란 인간의 위계 질서에 대한 학설이며, 따라서 인간의 행위와 업적이 이러한 위계 질서에 대해 갖는 의미에 대한 학설이기도 하다 : 즉 모든 인간적인 것에 관한 인간적 가치 평가에 대한 학설이다. 대부분의 도덕 철학자들은 단지 현재의 지배적인 위계 질서를 표현한다. 한편으로는 역사적 감각의 결여가 있고, 다른 한편으로는 이들은 현재적인 것을 영원히 타당한 것으로 가르치는 도덕에 의해 스스로 지배받는다. 모든 도덕이 다루고 있는 무조건적인 중요성, 맹목적인 이기심은 많은 도덕이 존재할 수 없기를 원하며, 비교도 비판도 원하지 않고, 자기에 대한 무조건적인 믿음을 원한다. 이것은 본질적으로 반학문적인 것이다 ― 완벽한 도덕주의자는 따라서 이미 선악의 저편에서 반도덕적이 되어야만 할 것이다. ― 그러나 그렇다면 학문이 여전히 가능한가? 만일 도덕적인 그 무엇이 존재하지 않는다면, 진리, 진실성, 성실성의 추구란 무엇인가? 이러한 가치 평가나 그에 상응하는 행위들이 없다면 어떻게 학문이

가능할까? 지식에서 양심성이 사라진다면 ─ 학문은 어디로 가는 것일까? 도덕적 주장에 대한 최고의 섬세화가 바로 여기에서 활동하는 한, 도덕적 회의는 모순이 아니지 않은가? : 회의주의자가 진리에 대한 보다 섬세한 가치 평가를 더 이상 기준이 되는 것으로 느끼지 않으면, 바로 그는 더 회의하거나 연구할 이유가 없다 : 그렇기 때문에 지식에 대한 의지는 진실성과는 전혀 다른 뿌리를 가져야만 할 것이다. ─

35[6]

"영혼" : 가치 평가와 가치 감정의 체계를 나타내기 위해 ─

35[7]

철학자들이 서로 모이게 될 경우, 그들은 많은 아름다운 잡동사니를 스스로 버리기 시작한다. 무엇보다도 그들은 더 이상 자신들을 "철학자"로 부르지 않으며, "지혜에 대한 사랑"을 딱딱한 관복이나 변장처럼 못에 걸어둔다. 그들은 서로에게 "우리는 불신의 친구며, 우리는 기만당하기를 원하지 않는다"고 말한다. 우리가 그 누구도 기만하지 않으려 한다는 사실 ─ 사람들은 이것을 물론 우리에게서 믿어야만 한다. 그렇게 하기 위해 우리는 온 세상을 즐거이 설득해야만 한다. 그도 그럴 것이 우리끼리 나누는 이야기지만 : ─ ─ ─

35[8]

강자들과 약자들.

어떤 선한 유럽인의
사상과 줄표.

35[9]

이 선량한 유럽인들, 우리가 그들이다 : 조국을 가진 인간들 앞에서 우리를 특징짓는 것은 무엇인가?

첫째 : 우리는 무신론자이자 비도덕가이지만, 우리는 우선 무리 본능의 종교나 도덕을 지지한다 : 즉 그것들로 말미암아 언젠가는 우리 손안에 떨어질 수밖에 없고, 우리의 손을 갈망할 수밖에 없는 어떤 종류의 인간이 준비된다.

선악의 저편, 그러나 우리는 무리 도덕을 무조건적으로 성스럽게 지킬 것을 요구한다.

우리는 가르칠 필요가 있는 많은 종류의 철학을 유보해둔다 : 상황에 따라서는 염세주의 철학을, 해머로서. 유럽의 불교는 아마도 포기할 수 없을 것이다.

우리는 아마도 민주주의적 특성의 발달과 성숙을 지지하게 될 것이다 : 그것은 의지의 나약함을 만들어낸다 : 우리는 "사회주의"에서 안일함을 막는 가시를 보게 된다 ― ― ―

민족들에 대한 입장. 우리의 편애. 우리는 교배의 결과에 주의를 기울인다.

외부에 떨어져 있고, 유복하며, 강하다 : "신문"이나 그 교양에 대한 아이러니. 학문적 인간들이 문필가가 되지 않도록 배려함. 우리는 신문을 읽고 심지어 기고하는 것과 타협하는 온갖 교양에 대해 경멸적인 태도를 취한다.

우리는 (괴테나 스탕달처럼) 우리의 입장을, 우리의 체험을 편력하는 사람이 필요로 하고 받아들이듯이, 대피소로 생각한다 ── 우리는 친숙하게 느끼지 않게 주의한다.

우리는 우리가 더불어 사는 사람들에 앞서서 의지의 훈련을 받고 있다. 모든 힘은 의지력의 발달에, 우리로 하여금 가면을 쓰도록 허용하는 기술에, 정동의 저편에서의 이해의 기술에 사용된다 (때로는 "초유럽적으로" 생각하는 일이다)

대지의 주인이 되는 준비 : 미래의 입법자. 최소한 우리 자식들한테서. 결혼을 근본적으로 고려함.

35〔10〕

무리 동물의 발달을 촉진시키는 동일한 조건들이 지도(指導)-동물의 발달 역시 추동한다.

35〔11〕

"여성 해방"에서 남편이나 자식들에게 다가서지 못하는 여성들은 남성에 대한 여성의 입장 전체에 중요하게 영향을 미치기를 소망한다. 즉 (숫자상 모든 곳에서 우위에 있는) 잘못된 요인들이 종의 위치를 변화시키고자 한다. 다시 말해 숫자에 맞게 종의 성질은 축소되어야만 한다. (이제 또한 추악한 여성들이 남성들을 통해 자신들 충동의 만족을 요구한다는 하나의 결론에 대해서만 깊게 생각해보라 ── 무의식적으로 움직이게 되는 이러한 움직임의 근거) 혹은, 남자들을 충분히 가지지 못했고, 자신이 소유했던 남자들에게 곧 싫증을 냈던 조〈르주〉 상드G〈eorge〉 Sand에게서.

35〔12〕

가장 큰 숫자가 가장 큰 이성이라는 비합리는 어느 정도까지 지상에서 온갖 좋은 것, 잘난 것, 행복한 것, 정신적이고 종교적인 것이 나타나는지, 간단히 말해 평균적인 실패나 잘못된 의욕의 원인이 되는 모든 것이 나타나는지를 헤아려볼 때, 가장 운명적으로 나타나게 된다 ― ― ―

35〔13〕

유럽은 결국 여성이다 : 우화는 한 여성이 상황에 따라서 어떤 동물들에 의해 끌려갈 수 있다는 것을 가르친다. 과거 그리스 시대에는 황소자리가 있었다. 오늘날에는 ― 하늘이 동물들을 명명하지 않도록 나를 보호한다.

35〔14〕

네가 말하면서, 말하는 것 이상으로 훨씬 더 침묵하게 되는 이러한 선한 유럽인들은 무엇인가? 우리, 즉 훌륭한 조국의 사람들 앞에서 그들을 특징짓는 것은 무엇인가?

35〔15〕

계획에 대해. 들어가는 말.

1. 유기적 기능은 힘에의 의지라는 근본 의지로 바꿔 번역된다 ―
   그리고 이 의지로부터 분열된다.
2. 모든 생명체에서 사고하고, 느끼고, 의지하는 활동 ―
   쾌감이란 억제(율동적 저지와 저항에 의해 더욱 강하게 된다)를

통한 힘의 느낌의 자극과는 다른 것일까 ― 따라서 힘의 느낌은
이것에 의해 증대된다. 즉 모든 쾌감에는 고통이 포함되어 있다.
― 만일 쾌감이 극히 커져야 한다면, 고통은 극히 오래 지속되어
야만 하며 활의 팽창은 어마어마하게 큰 상태가 되어야만 한다.

3. 힘에의 의지는 영양에의 의지로서, 소유물을 구하고, 도구를 구
하며, 봉사자를 갈구하는 의지로 특수화된다 ―

복종하고 지배하는 활동 : 몸

― 보다 강한 의지가 보다 약한 의지를 지도한다. 의지에서 의지
에 이르는 인과성 이외에 다른 인과성이란 전혀 없다. 지금까지
여전히 기계론적인 인과성이란 전혀 존재하지 않는다 ― ― ―

4. 정신적 기능. 형태를 만들고, 유사하게 만들려는 의지 등.

부록. 철학자들의 커다란 오해.

35[16]

모든 위대한 인간들이 악한 인간들 가운데 있다고 생각할 수는
없는가 하는 물음을 던지는 시도를 아마도 한 번쯤 하고 싶다.

35[17]

어떤 상황에 또한 있었으면 하는 인간은 일종의 가치 평가를 필
요로 한다. 이 가치 평가 덕분에 그는 자신의 행위, 의도, 자기 자신
앞에 놓인 상태, 이른바 자신의 주변에 놓인 상태를 정당화하며, 말
하자면 스스로를 찬미한다. 모든 자연적 도덕은 일종의 인간의 자기
만족의 표현이다 : 우리가 칭찬을 필요로 한다면, 우리는 또한 우리
가 가장 적합하게 할 수 있는 행위가 최고로 높이 평가되고, 우리의

본래 힘이 표현되는 일치된 가치 목록을 필요로 한다. 우리의 힘이 있는 곳에서, 이것으로 인해 우리는 또한 보이고 존경받고자 한다.

35[18]

과연 우리는 모든 위대한 인간들이 악한 인간들 사이에 있다고 생각할 권리를 가지고 있지 않은 것일까? 이것은 항상 개별적으로 드러날 수 없다. 때때로 그들은 대가다운 은폐 놀이를 할 수 있었기에, 위대한 덕의 몸짓이나 외적 형식을 꾸몄던 것이다. 때때로 그들은 진지하게 그리고 자기 자신을 정열적으로 혹독하게, 그러나 잔인하게 다루면서 덕을 존경한다 — 그와 같은 것은 멀리서 볼 때는 사람을 속인다. 많은 사람들이 그들이 — — —할 때, 자기 자신을 잘못 이해했다 — — — 드물지 않게 위대한 과제는 위대한 특성, 예를 들면 정의를 요구한다. 근본적인 것은 가장 위대한 인간은 아마도 위대한 덕 역시 갖추고 있겠지만, 그러나 바로 그때 그것과 대립적인 것까지도 가지고 있다는 것이다. 나는 대립이 있다는 것으로부터, 그러한 대립의 감정으로부터, 바로 위대한 인간이, 크게 팽팽히 당겨진 활이 생긴다고 믿는다

35[19]

우리는 선이란 무엇인가? 연민이란 무엇인가? 하는 물음으로부터 벗어나야만 한다. 오히려 "선한 인간이란, 연민하는 인간이란 무엇인가?"라고 물어야 한다.

35〔20〕

　　도덕이란 지금까지 제일 먼저 "모든 사람에게서 변주되는 것은 미리 막아야만 한다. 오직 종에 대한 향유만이 남아 있어야만 한다"는 명법을 가지고 동일한 종을 양육하려는 보수적인 의지의 표현이었다. 여기에서 일정한 수의 속성만이 오랫동안 확정되고 크게 육성되었으며, 다른 속성들은 희생되었다. 모든 그러한 도덕들은 혹독하다 (교육에서, 여자를 선택할 때, 일반적으로 젊은이의 권리에 대해). 몇 명의, 그러나 강하고 언제나 동일한 성향을 지닌 인간들이 그 결과다. 이러한 성향은 그러한 공동체가 자기를 관철하며 자신의 적에 대해 자기 주장을 할 수 있는 토대와 관계있다.

　　그러한 훈육의 고리와 강압은 단번에 끊어진다 (— 잠정적으로 더 이상의 적은 없다 —) : 개인은 그러한 한계를 더 이상 가지지 않으며, 거칠게 드러내게 되고, 훌륭하고, 다양하고, 원시림처럼 솟아오르는 성장 옆에는 엄청난 몰락의 과정이 있게 된다. 현재 최고로 다양한 것이 유전되는 새로운 인간에게서 자신의 특이한 조건과 위험에 적합하게 자기 스스로 개별적인 입법을 만들 필요가 생기게 된다. 일상적으로 더욱 자주 나타나는 어떤 유형을 묘사하고, 특정한 종의 인간을 훈련시킴으로써 유용성을 창출하는 도덕-철학자들이 나타난다.

35〔21〕

　　나는 내 정신과 〈내〉 노력을 무엇이 좋은 것인가? 무엇이 나쁜 것인가?와 같은 물음에 사용했다. — 이러한 철학자들 모두는 스스로를 전형적인 인간으로 여겼으며, 다른 기질이 있는 사람 모두에 대해 스스로를 관철시키고자 했다 : 그들은 자신들의 이상에 대한 이러한 믿음으로 투쟁에 들어간다. 그들의 도덕 역시 자기 만족의, 그러나 개인의 도덕이다.

35〔22〕

우리는 양육하는 사람의 경험에서 음식의 과잉이나 모든 종류의 신중함이나 보호를 일부분으로 하는 특성이 최고로 강력한 방식으로 유형을 변형시키곤 하며, 거기에는 놀라운 일이나 기괴한 일(기괴한 악덕 역시)이 풍부하게 있다는 것을 알고 있다. 이제 한 번쯤 우리는 귀족주의를, 양육하려는 목적을 위한 행사로서 바라본다 : 오랫동안 저러한 우호적인 조건이 넘쳐나지는 않았다. 귀족주의는 대체로 자신을 관철할 필요가 있으며, 공포를 고정시키는 자기 주변의 계속되는 위험을 가지고 있다. 이를 위해 귀족주의가 반드시 필요하다고 느끼는 것은 특정한 종류의 속성(덕들)이 무엇보다 제일 위에 보존되어야만 한다는 것이다 : 이것은 이러한 덕들에 유리하게 그 밖의 모든 것들을 억압하며, 이러한 덕들을 생존 조건으로 유지한다. 마침내 행복의 상태가 생겨나며, 커다란 강압은 더 이상 필요하지 않게 된다 : 곧바로 그 문화의 온실 속에서는 엄청나게 많은 변형이나 괴물이(천재를 포함해) 나타난다 : 때때로 그 투쟁에서 공동체는 몰락한다.

유리한 삶의 조건이 있는 곳에서, 종의 변형(변종이나 부분적으로는 퇴화)이 나타난다 : 그러나 종 자체는 나타나지만, 언제나 똑같이 불리한 〈조건〉과의 오랜 투쟁에서 단단하고 강해진다.

종이나 그 충실한 반복, 그 본질적인 동일 형태를 보존하기 위한 배려는 이러한 종에 대한 사랑으로 고취되고, 그 환경과 타협함으로써 그와 같은 존경이, 즉 그것에 대한 **만족**이 있게 된다 : 모든 귀족적인 것의 토대. 사람들은 자신의 종에 행복해하며, 똑같은 후손을 통해 **자기 스스로**를 지속하고자 한다 : 그러나 사람들은 이러한 입장에서 끊임없이 반복되는 위협에 의해, 저열한 상태로 가까이 있는 존재와 비교함으로써 보존될 수밖에 없다. "진보" 사상이나 또한 "모든 사람의 동일한 권리"에 대한 사상은 없어져야만 한다 : 유형의 보존, 모든 유형적 성향의 향유와 그 밖에도 반감(모든 낯선 것에 대해서도 역시)은 지도적 도덕으로서 가능한 한 조상을 닮는다 : 변화와 변형의 사상에서의 슬픔.

그러나 이제 자기 자신에 대해 불만족스러워하는 종의 기질을 가진 고통스러워하는 자, 억압받는 자, 반 정도는 잘못된 자, 병자가 있다 : 만일 그들이 배움, 위로, 마치 의사와 같은 것을 갈구한다고 할지라도, 만일 그들이 도덕을 창출한다고 할지라도, 그들이 가장 잘 파악하고 요구하게 되는 것은 무엇인가? 무엇보다도 그들의 고통스러운 종이나 그들의 상태를 보존하는 것을 요구하는 것이 아니라, "그로부터 떠나갈 것을! 오히려 다른 곳을 향하는 덕을!" 요구할 것이다. 전체적으로 그들의 도덕은 곧 일종의 자기 부정과 같이 될 것이다 — — — 다른 한편으로 그들이 가장 좋아하는 실천은 "무아", 자신에 대한 혐오, 이기주의적인 것으로부터의 전향이 될 것이다 — 그들의 커다란 증오가 대항하는 것은 행복한 것, 자부심, 승리에 찬 것이다! 그뿐만 아니라 헌신, 희생, 자기 망각, 사랑 안에 있는, 즉 노예의 아첨하며 꼬리 흔드는 행동으로부터 신비적인 "신과의 합일"에 오르기까지의 감정의 열락이 있다. 사실 일종의 고통스러워하는 자들, 반 정도는 잘못된 자들은 삶 속에서 보존되며, 어느 정도는 삶을 살 수 있게 된다 : 그들이 무엇보다도 서로에게 적응하는 법을 배우게 될 때, 예를 들어 중국인과 마찬가지로 오늘날의 유럽인처럼, 훨씬 천박하지만, 삶을 살 수 있는 능력이 있는 어떤
5 유형이 생겨난다. 인간의 소인화 : 그러나 모든 사람이 자신들의 힘을 합치면, 그들은 고귀한 종족을 지배하게 된다. 이들 자신이 때로는 자신의 고상한 본능으로부터 자신들의 혹독한 실존을 내던지도록 유혹하거나 (또는 그들 자신의 행복을 갈구하는 본능으로부터), 스스로 타락하기 때문에, 그들은 자기 자신을 믿지 못하게 되고, 이
10 때 예를 들어 프랑스 혁명의 전주곡처럼 그러한 커다란 어리석음이 생기게 된다. 그러면 일종의 다수의 우세가, 따라서 선택된 자들이나 특이한 자들에 대해 가치가 적은 유의 인간이, 모든 가치 평가 가운데 민주주의적인 근본 취향이 나타난다. 이러한 근본 취향에서는 결국 위대한 것이나 인간에 대한 믿음은 불신으로, 마침내 회의
15 로 변하게 되고, 위대한 것이 절멸되는 원인이 된다.

35〔23〕
위대하고 깊이 있는 영혼에 대한 갈구 ― 그리고 언제나 오직 무리 동물과 만난다는 것!
20

35〔24〕
1) 오늘날에도 "철학자"가 가능한가? 의식된 것의 범위가 너무나 큰 것인가? 개연성이 매우 크지 않기 때문에, 실상 철학자가 더욱 양심적일수록, 그는 전망하지 못하게 되는 것인가? 아니면 자신의

좋은 시대가 지나갔다면, 너무 늦은 것인가? 혹은 손상되고, 조야하게 되고, 변질되었기에, 그의 가치 판단은 더 이상 의미가 없는 것인가? — 다른 경우에 그는 천 개의 촉수를 가진 "학문 애호가"가 되어, 커다란 정열이나 자기 자신에 대한 존경심을, — 또는 섬세한 양심을 잃어버린다. 그는 더 이상 지도하지 않고, 명령하지 않는 것으로 족하다. 그가 그러한 것을 원한다면, 그는 위대한 배우가, 일종의 철학적 사기꾼인 칼리오스트로가 될 수밖에 없을 것이다.

  2) 오늘날 우리에게 철학적으로 살며 현명해진다는 것은 어떤 의미가 있는가? 그것은 거의 나쁜 놀이에서 스스로 잘 빠져나오는 수단이 아닐까? 일종의 도피가 아닐까? 그와 같이 외부에서 소박하게 살고 있는 사람은, 아마도 그렇게 함으로써 자신의 인식에 최상의 길을 보여준 셈이 될까? 자신의 가치에 대해 함께 이야기를 나눌 수 있기 위해, 그는 개인적으로 백 가지 종류의 삶을 시도할 수밖에 없었단 말인가? 지금까지의 의견에 따르면, 어떤 사람이, 무엇보다도 부끄러운 덕인으로 살지 않았다면, 완전히 "비철학적으로" 산 것임에 틀림없다고 우리가 믿고 있는 것으로 충분하다. — 체험에서 나온 큰 문제들을 판단하기 위해서 말이다. 가장 포괄적인 체험을 보편적인 추론이 되도록 몰아붙이는 그러한 체험을 지닌 인간이 가장 힘 있는 인간이 되어야만 하는 것은 아닐까? — 사람들은 현자를 오랫동안 학문적 인간과, 그리고 더 오랫동안 종교적으로 고양된 인간과 혼동해왔다.

35〔25〕
  문제 : 많은 유의 위대한 인간들이 아마도 더 이상 가능하지 않은 것

인가? 예를 들어 성자가 그렇고, 아마도 철학자 역시 그럴 것이다. 결국 천재도 그렇단 말인가? 인간과 인간 사이의 엄청난 거리 상태가 아마도 줄어들었던 것인가? 최소한 이러한 거리 감정은 줄어들었으며, 이것은 결과로서 보다 적은 냉혹한 태도와 훈육을 수반하게 되며, 그 덕분에 인간 역시 더 이상 과거처럼 그렇게 높이 이 거리 감정을 돋우지 못하게 된다. ― 우리는 인간의 위대성이라는 새로운 개념을 필요로 한다. 우리는 이 위대성에 이를 수 있는 능력이 있으나, 우리 가운데 대부분의 사람들은 그것으로부터 깊이 분리되어 있다. 보라 : 이러한 민주주의적 세계는 모든 사람을 전문성으로 전환시킨다. 즉 오늘날 위대성이란 보편적으로 존재하는 것이다. 이것은 의지를 약화시키는데, 다시 말해 의지의 강함이 오늘날의 위대함이다. 이것은 무리 동물을 발달시키는데, 다시 말해 홀로 선다는 것이나 자신의 힘으로 산다는 것이 오늘날 위대성으로 생각될 수 있다. 가장 포괄적인 인간은 홀로 가고, 무리 본능을 갖지 않으며, 그로 하여금 많은 변화를 갖게 하며 물리지 않고 삶의 새로운 심연으로 들어가게 허용하는 억제할 수 없는 의지를 가지고 있다. ― 우리는 우리가 최소한 편안하게 있는 것에서 인간의 위대함을 찾아야만 한다. 에너지의 시대에 부드럽고 체념하며 관조하는 인간은 커다란 예외다. 반쯤 야만적인 동물로부터 하나의 소크라테스와 같은 인간이 되도록 하는 데는 커다란 내적 훈육이나 혹독함이 있어야 한다. 에피쿠로스의 무관심의 태도는 거의 변용과 같은 것으로 작용한다. 우리는 대립적인 이상에 도달한다 : 우선 우리는 우리 자신을 위한 낡은 이상을 파괴했다.

35〔26〕

디오니소스.
예언의 책.

35〔27〕

우리의 심리학자, 그들의 시선은 본의 아니게 오직 데카당스의 증후에만 머물게 되며, 언제나 우리로 하여금 다시 정신에 대해 불신하게 한다.

35〔28〕

새로운 야만인들. 사람들은 언제나 약화시키고 유약하게 만들며 병약하게 만드는 정신의 작용만을 바라본다 : 그러나

이제 나타나는 것은 : 냉소주의자.　　　　　정신적 우월감이
　　　　　　　　　유혹하는 자.　　　　　건강함이나
　　　　　　　　　정복자.　　　　　　　힘의 과잉과
　　　　　　　　　　　　　　　　　　　일체가 됨.

35〔29〕

　　　　　　시대주의자들, 변명하는 사람들.

그는 해결되지 않은 문제 앞에 기꺼이 서 있으며, 빠른 가설에 대해 아이러니한 기분에 있다 : 그는 구멍을 둥글고 완전하게 만들어 어떤 삼 찌꺼기로 꽉 막을 때 동반되는 일종의 만족감을 거부한다. 그는 자신의 나약함에서가 아니라, 자신의 강함에서 그렇게 행동한

다 : 그는 예를 들어 오늘날 그 지반인 염세주의자들에게 봉사하는 그러한 "땅"의 기반을 포기할 때, 곧바로 몰락하는 것은 아니다. ― 근본 사실 : 도덕적 영역에서는 여전히 모든 학문이 없으며, 더욱이 학문을 하기 위한 모든 자료들이 없다는 것이다. 실제의 저의는 연구자의 혈관 밑을 묶는다. 그것들에서 자료를 수집하기 위해, 가장 폭넓은 규제적 가설을 찾을 시간이 되었다.

즉 여기서는 오래전부터 여전히 본래 엄격한 학문의 변명이 가능하지 않다 ; 우리는 전(前) 단계에 있다. 방법적 주장의 강화는 뒤늦게 다가온다. 학문은 결코 동시에 발달되지 않는다 : 오히려 기관이 훨씬 빠르거나 느린 성장, 생육을 갖는 것처럼, 여기에서도 상황은 그렇다. 명백한 사실은, 가장 포괄적으로 뒤에 있게 되는 학문이 있게 되는데, 이 점이 전혀 연구될 필요가 없다는 믿음으로 사람들이 그 학문에 가장 오랫동안 저항했던 것이다. 여기에 진리가 있다. 여기에서 진리에 대한 믿음은 의무다. ― 지금도 여전히 "도덕적 의식"은 도덕을 분석하는 권리에 대항하는 일종의 "철학"의 의복 안에서 서로 곧추서게 된다. 우리의 최후의 도덕 연구자들은 근본적으로 그 점을 확신하게 된다 : 여기에서 학문은 단지 사태만을 해명할 수 있을 뿐이지, 비판할 수 있는 것은 아니다.

35[30]

1. 도덕의 문제를 보고 제시하는 것 ― 이것은 새로운 과제이자 주요한 문제라고 내게는 보인다. 나는 이러한 것이 지금까지의 도덕 철학에서 일어났다는 사실을 부정한다.

35〔31〕

　아직은 학문적이어야 할 시기가 아닌 때, 학문성이 허세를 부려서는 안 된다. 그러나 참된 연구자 역시 자신에 대한 허영심과 연관되어 있으며, 근본적으로 아직은 때가 오지 않은 일종의 방법에 대해 허세를 부리게 된다. 이와 마찬가지로 다른 방법으로 도달한 사태나 사상을 연역법이나 변증법이라는 잘못된 배열로 "속이는" 일이 있어서는 안 된다. 칸트는 자신의 "도덕"에서 자신의 내적이고 심리적인 성향을 이렇게 속이고 있다. 최근의 예는 허버트 스펜서의 윤리학이다. ― 우리는 우리의 사상이 어떻게 우리에게 떠오르게 되었는가 하는 사실을 감추거나 망쳐놓아서는 안 된다. 가장 깊이 있고 끝없이 논의할 수 있는 책들은 언제나 파스칼의 《팡세 *Pensées*》의 잠언적이고 돌연한 성격과 같은 것을 갖게 될 것이다. 추동하는 힘이나 가치 평가는 오랫동안 표면 아래에 있으며, 밖으로 드러나는 것은 결과다.

35〔32〕

　나는 학문성의 온갖 위선에 대해 저항한다 :

　1) 설명이 사상의 발생에 대응해 있지 않을 때, 그 설명에 대해,

　2) 아마도 학문의 특정한 시기에 여전히 전혀 가능하지 않은 방법을 요구하는 것에 대해,

　3) 모든 가치 평가에서 볼 수 있듯이, 우리가 두 단어로 우리 자신과 우리의 내적 체험에 대해 설명할 때, 객관성이나 차가운 비인격성을 요구하는 것에 대해. 예를 들어 생트 뵈브Saint-Beuve의 경우처럼 가소로운 방식의 허영이 있다. 그는 때때로 "찬성"이나 "반

대"를 할 때 실제로 따뜻한 마음이나 정열을 가지고 있었던 것에 대해 평생 분노했었고, 그러한 것을 자신의 인생에서 지워버렸으면 하고 바랐다.

35〔33〕

   사람들은 오늘날 학문성을 매우 혼잡하고 다양한 모습으로 억지로 꾸미는 것에 기꺼이 모양을 부여하고 있다 ― 사람들이 그것을 단지 원하고 있다면, "동일한 권리"가 또한 "동일한 주장의 감정"을 결과로 얻게 되는, 즉 예를 들어 학문적이 될 수 있는 주장을 또한 결과로 얻을 수 있는 그렇게 불순한 시대에 이러한 것은 이해될 만한 일이다. 거의 모든 문필가들은 스스로 그러한 사실을 믿는다. 더욱이 이러한 것은 오늘날 소설가들의 공명심에 속한다.

35〔34〕

   오늘날 유럽에서 도덕적 문헌보다 더 한심스러운 것은 없다. 공리주의적 영국인은, 벤담 스스로가 이미 엘베시우스의 발자국을 따라 변화했듯이, 마치 뿔 달린 짐승이 서툴게 벤담의 발자국으로 변화한 것처럼 선두에 있다. 새로운 사상도, 과거 생각된 것에 관한 실제 역사도 결코 존재하지 않으며, 오히려 언제나 낡은 도덕의 위선이나, 과거 청교도주의자의 종족을 엄습하곤 했던 것과 같은 양심의 가책이라는 비밀스러운 저항 옆에는 새로운 과학이라는 형식 아래 캔트cant의 영국적 악덕이 있다. ― 그들은 어떠한 경우에도 자신의 이익을 따라야만 한다는 것을 스스로 설득하고 싶어 한다. 그러한 한, 바로 그것은 일반적인 이익과 다수의 행복에 최상의 상태

로 봉사하게 된다는 것이다 : 즉 영국적 "행복"의 추구는 내 생각에
는 덕의 적절한 길 위에 있는 안일과 유행에 대한 추구가 된다 : 세
상에 덕이 준비되어 있는 한, 그 덕은 자신의, 마침내 또한 일반적
인 행복에 대한 그와 같은 방식의 추구 속에서 성립되었다는 것이
다 : 이러한 답답하고 양심 속에서 불안해하는 모든 무리 동물 가운
데 그 누구도 — 왜냐하면 그들 모두가 그렇기 때문이다 — 인간의
위계 질서가 있다는 것을, 따라서 모든 사람을 위한 하나의 도덕이
란 최고의 인간에게는 손상이라는 것을, 한 사람에게 당연한 일이
다른 사람에게는 결코 아직은 당연한 일이 될 수 없다는 것을, 즉
오히려 만인을 위한 다수의 행복이란 다수에 속하지 않는 것을 우
대하는 어떤 이상을 토해내는 일이라는 것을 알려 하지 않는다. —
최근에 프랑스로부터 이타주의와 이기주의에 관한 콩트의 공식적
인 대립이 — 그러나 이타주의란 전혀 존재하지 않는다! — 영국으
로 밀려들었다. 이제 우리는 예를 들어 허버트 스펜서에게서 어떤
시도를 보는데, 이 시도 역시 이제 영국에서 오줌을 누는 것이 이미
이타적 행위에 속할 수도 있다는 어떤 생각을 더 엄격하게 갖고자
하는 그러한 나쁜 의지와 다시 화해하는 것이다. 독일에서는 — 이
곳에서는 아직 한 번도 칸트나 쇼펜하우어의 도덕적 단순함, 즉 정
언명법이나 다른 한편으로 "동정"을 극복할 줄 몰랐다 — 에두아르
트 폰 하르트만이 최근에 콩트의 사상을 확산시켰다 — 871쪽 분량
의 넓이로 — ; 그 어떤 독일인은 그것에 대해 웃지도 않았고, 뒤에
서는 이기주의를 "이타주의"라는 이름으로 다시 억지로 들어오게
하기 위해서, 앞에서는 그것을 점잖게 형식을 갖추어 문으로 던져
버렸다. 사실, 사람들은 유럽 민족에게서 거의 돌연하게 나타난 우

둔화라는 엄청난 사실을 ─ 프랑스나 이탈리아에서처럼 오늘날의 독일이나 영국에서 잘 볼 수 있다 ─ 그들의 도덕책에 있는 어떤 페이지를 넘기는 것보다 더 잘 마음에 새길 수는 없다. 나는 세 권의 작은 저서들을 최고로 강조하고 싶다 (비록 이 책들에서도 어떤 근본적인 것이 말해지지 않았다 해도 말이다) :

첫 번째는 독일계 유대인인 파울 레Paul Ree의 책인데, 이 책은 제목을 달고 있다 ─ 이 책은 활자체의 강조 때문에 그 형식에 기여하고 있으며, 스탕달이 언젠가 날카롭게 표현했던 저 진정한 철학적 태도 그 자체에 관한 어떤 것을 함유하고 있다 : ─ ─ ─ 레는 섬세한 손으로 늙은 프랑스 도덕주의자들의 보다 엄밀한 취향의 습관을 다시 받아들인다 ─ 그의 책은 독일어로 썬 윤리서들이 그 냄새를 맡곤 하는 온갖 교화적인 저의에서 멀리 떨어져서, 마치 상쾌한 냄새처럼 저 "훌륭한 낡은 시대"로부터 나온다 ─ : 그는 유감스럽게도 저 프랑스인들처럼, 또한 똑같은 결함을, 협소한 지평을, 지식의 궁핍을 지니고 있다. 그의 가설들은 진부한 것이며 쇠귀에 경을 읽는 것이다. 그에게는 전적으로 "역사적 시각이나 박자"가, 말하자면, 19세기의 독일 학문이 이전의 모든 오래된 학문에서 앞서 지니고 있던 본래의 유일한 덕목이 결여되어 있다. 결국 이것은 "식욕을 불러일으키는" 책인 것이다.

두 번째로 내가 언급하는 것은 어떤 프랑스인이 쓴 섬세하면서도 우울하고 대담한 책이다 ─ ─ ─. 이 책은 물론 현재 파리로부터 나온 거의 모든 것처럼, 본래 오늘날 염세주의가 거주하는 곳에서 ─ 즉 독일은 아니지만 ─ 과도할 정도로 암시되고 있다. 온갖 실증주의와 "사소한 일"에 단호히 굴종하는 것이 무슨 소용이 있단 말인가! 사람들은 파리에서 차가운 가을 바람에 마치 바람이, 마지막 최후의 바람이 불어오는 것처럼, 크게 실망한 개구리처럼 고통스러워한다 — 최선의 사람들과 용기 있는 사람들은, 저 용감한 기요처럼, ⟨그들이 여전히 자신들의 "실증주의"에 좋은 몸짓을 취한다 해도, 이때 몸을 떨고 전율한다 : 누가 그들의 말을 그대로 믿는가? 그들은 왜 우리에게 아이러니하게도 저 몸을 떨고 전율하는 것이 여전히 삶에 대한 자극과 유혹의 기술이라는 사실을 설득하고 싶어 하는가? 물론 "전율이란 인간에게 가장 아름다운 요소다"라고 괴테는 말했다. 괴테는 그렇게 말해도 되었다! 그러나 파리의 사람들은? — 마침내 나는 독일계 혼혈 영국인이 쓴 논쟁적 저술을 특별히 취급한다. 이 저술은 허버트 스펜서가 "윤리학 자료집"이라는 제목으로 세상에 내놓은 다윈주의와 저 어리석음의 통합을 근본적으로 해체하기 위한 정신과 산(酸), 학문을 충분히 담고 있다 : 롤프Rolph, 《생물학의 문제들*Biologische Probleme*》, 1881. 물론 논쟁이 되는 것을 무시한다면 이 책에는 칭송될 만한 것이 없다. 근본적으로 여기서 불쾌감을 주는 것은 그가 싸우고 있는 책에서처럼, 단지 선택된 방식의 인식과 "체험"만이 아무 부끄러움 없이 언급되는 영역에서 중요하지 않은 인간들이 함께 이야기-하고자 하는 것이다.⟩

35〔35〕

가장 근본적으로 나를 형이상학자들과 구분하는 것은 다음과 같다 : 나는 사유하는 것이 "자아"라는 그들의 견해를 인정하지 않는다 : 오히려 나는 자아 자체는 "재료" "사물" "실체" "개인" "목적" "수"와 같은 등급의 사유의 구성물이라고 가정한다 : 즉 그것의 도움으로 일종의 항상성, 따라서 "인식 가능성"이 생성의 세계에 부가되고 가공되는 규제적 허구일 뿐이라고 가정한다. 문법, 언어적 주어와 목적어, 활동 용어에 대한 믿음은 지금까지 형이상학자를 예속시켰다 : 나는 이러한 믿음을 거부하는 법을 가르친다. 사유가 비로소 자아를 정립한다 : 그러나 지금까지 "대중"이 믿듯이, 사람들은 "나는 생각한다"에 어떤 직접적이고 확실한 것이 있으며, 이러한 "자아"는 그 비유에 따라 우리가 그 밖의 모든 원인이 되는 관계들을 "이해하는" 사유의 주어진 원인이라고 믿었다. 이제 저 허구가 또한 얼마나 익숙하고 필수불가결한 것이 될 수 있을지의 문제는 그 허구성에 대해 아무것도 논증하는 바가 없다 : 그것은 삶의 조건과 같은 것이 될 수 있으며, 그럼에도 불구하고 틀린 것이 될 수 있다.

35〔36〕

"영원한" 개념의 폭정에서 해방되어, 따라서 나는 나 자신을 회의적 자의성의 심연으로 빠뜨리는 것에서 다른 한편으로 멀리 떨어져 있다 : 오히려 나는 그 도움을 받아 특정한 종류의 인간이 양육되고 절제 있게 유지되게 하는 시도로서의 개념을 고찰할 것을 요청한다 ― ― ―

35〔37〕

한 개념의 잘못은 내게는 아직 그 개념에 대한 반증이 아니다. 그 안에서 우리의 새로운 언어는 아마도 가장 낯설게 들릴 것이다 : 문제는 그것이 얼마나 생명을 촉진하고, 생명을 보존하며, 종을 보존할 수 있는지에 있다. 나는 심지어 가장 잘못된 가정이 우리에게는 바

로 가장 필수불가결한 가정이며, 논리적 허구의 통용 없이 현실을 무
제약자, 자기 동일자라고 하는 고안된 세계에 맞추어 측정하지 않
고는 인간이 살 수 없으며, 이러한 허구를 부정하는 것, 그것을 실
제로 포기하는 것은 삶의 부정과 같은 것을 의미하는 것이라고 원
5 칙적으로 믿는다. 비진리를 삶의 조건으로 용인하는 것 : 이것은 물론
경악스러운 방식으로 습관화된 가치 감정을 자신에게서 없애는 것
을 말한다 — 여기가, 그 어느 곳이라면, "알려진 진리"에서 스스로
"피를 흘리지" 않은 것이 중요하다. 사람들은 즉시 이러한 최고의
위험 속에서 모든 가치 감정보다도 더 강한 인간의 창조적 근본 본
10 능을 불러내야만 한다 : 이것은 가치 감정 자체의 어머니들이며, 영
원한 출산 속에서 그 자식들의 영원한 몰락에 대해 자신의 숭고한
위안을 즐긴다. 그리고 마지막으로 : 만일 그것이 생명 자체나 그의
모든 창조적 근본 본능이 아니었다면, "진리에 대한 믿음"을 약속하
도록 우리를 강제했던 것은 도대체 어떤 힘이었단 말인가? — 그러므
15 로 우리는 이러한 "어머니들"을 불러낼 필요가 없다 : — 그들은 이
미 위에 있다. 그들의 눈은 우리를 바라본다. 우리는 무엇 때문에
그들의 마술이 우리를 설득했었는지를 매듭짓는다.

35〔38〕

20 — 현재의 프랑스에서 본래 철학에 해당하는 것 : 콩트 학파의 이
러한 평범한 실증주의자들, 혹은 스탕달이나 몽테스키외나 콩디야
크Condillac의 후손들이 — 기실 18세기가 지녔던 최상의 것 — 마
치 텐처럼, 회의주의적 세기의 분위기와 대립되는 것을 만든다고
사람들은 믿지 않는다.

35〔39〕

정오와 영원.

　1. 위계 질서에 대해.
　2. 법칙 부여자. (새로운 지배 계급의 양육)
　3. 원들 가운데 원에 대해, 혹은 : "거울."
　4. 커다란 축복.

35〔40〕

정오와 영원.
얼굴과 예언들.

35〔41〕

정오와 영원.
어떤 미래의 것에 대한 예언

제1장 :
위계 질서에 대해.

제2장 :
대지의 주인들에 대해.

제3장 :
원들 가운데 원에 대해.

제4장 :
새로운 죽음에 대해.

35〔42〕

　― 우리가 또한 훌륭한 자부심을 가지고 페리클레스가 자신의 아
테네인들에게 저 조사(弔辭)에서 외친 말을 외쳐도 될 수 있을 때까
지 : ― 우리의 용기는 모든 나라와 바다에 길을 열어놓았다. 도처
에 좋고 나쁜 불멸의 기념비를 세우며.

35〔43〕

　마지막으로 우리는 여전히 저 생트 뵈브나 르낭과 같은 사람의
인간 이해에 대해, 이러한 정신의 나약한 향락자에 의해 척추 없이
다루어지게 된 듯한 이러한 방식의 영혼의 탐구나 탐색에 대해 반
대한다 : 이러한 것이 훨씬 높고, 엄격하고, 깊이가 있었고, 어떤 관
점에서도 그러한 것 자체보다도 훨씬 고귀했던 인간이나 시대의 비
밀을 호기심 있는 손으로 만지고 있었을 때, 우리에게는 부끄러움
없는 짓으로 보인다 : 그렇기 때문에 그것은 어떤 방황하는 반쯤의
여성들의 문을 그렇게 쉽게 열지는 못했을 것이다. 그러나 온갖 섬
세한 위계 질서의 본능을 상실했던 이 19세기는 더 이상 원치 않는
침입자나 성문 침략자의 손을 내리칠 수 없다. 이 세기는 자신의
"역사적 감각"을 자부한다. 천민이 또한 최고로 접근하기 어려운 사
회에도 밀고 들어가고, 영원히 감추어진 정신의 지배자들보다도 양
심의 성자들 가운데 더 잘 밀고 들어가는 현학적인 고문 도구나 설
문지를 가지고 온다고 전제할 때, 그 역사적 감각 덕분에 이 세기는

땀 흘리는 천민에게 허용된다. 역사적 감각이나 영역에는 사람들이 처음에 보는 것보다 더 많은 회의가 숨어 있다 : 고통스러운 회의는 인간과 인간 사이의 위계 차이를 향해 있으며, 그와 같은 부끄러움도 모르는 "평등"에 대한 주장은 심지어 죽은 자에 관해서까지 확장되는데, 여론의 돈을 지불받은 종복은 오늘날 모든 살아 있는 자에 대항해 이러한 주장을 끄집어낸다.

그러나 우리는 회의론자가 아니다. — 우리는 여전히 인간의 위계 질서와 문제들을 믿으며, 위계와 오늘날 천민적 사회의 질서에 관한 이러한 학설이 다시 폭넓은 모습으로 기재될 시간을 기다린다. 아마도 이러한 시간은 또한 우리의 시간일 것이다.

우리가 회의론자가 아니라면, 우리는 어쩌면 비판가나 "비판 이론가"들일 것인가? 우리가 우리의 이름으로 시도하는 것에 대한 관심과 시도를 더 특별히 강조했을 때, 포괄적이고 위험한 의미에서, 그러나 한층 깊게 이해된 비판이라는 목적을 위해 우리가 즐겨 실험하기 때문에, 그와 같은 일이 일어나게 되는 것일까? 우리는 아마도 은밀하게 우리가 인식할 수 있는 최상의 상태에서, 실험하는 자로서 허약하고 유약한 세기의 취미가 시인할 수 있는 것보다 더 나아갈 것을 강요받는 것은 아닌가? 사실, 우리는 비판가를 회의론자와 구분하는 가치 척도의 확실성, 방법의 통일이라는 의식적 조작, 재치 있는 용기, 독립할 수 있는 능력과 스스로 책임질 수 있는 능력 등 저 모든 속성을 포기하고 싶어 하지 않는다. 우리는 부정(否定)과 해부에 대한 관심을, 심장이 피를 흘릴지라도 칼로 확실히 집도하는 손의 어떤 잔인성을 인정한다. 우리는 더욱 가혹해지며 —, 아마도 우리에 대해서만 그런 것은 아니다. — "인간적인" 인간

이 되기를 원한다 ; 진리가 우리의 "마음에 들거나" "정신을 불러일
으키거나" "열광하게" 하기 때문에 우리가 진리와 관계하는 것은
아니다 — 우리의 믿음이 오히려 적기 때문에, 진리는 그러한 편안
한 기분을 수반할 수 있는 것이다. 우리가 우리의 감정이 아름답게
팽창된 상태로 부풀어 오르는 바로 그곳에서 우리의 불신이 튀어나
온다고 말할 때, 이 말은 많은 사람들의 귀에 거슬릴 것이다. 그 누
군가가 "그러나 이러한 사상이 나를 고양한다. 어떻게 그 사상이 진
리가 아닐 수 있단 말인가?", "이 저작은 나를 매료한다. 어떻게 그
것이 아름답지 않을 수 있단 말인가?", "이 예술가는 나를 위대하게
만든다. 어떻게 그가 위대하지 않을 수 있단 말인가?" 하고 말하는
내용을 증명할 수 있다고 믿는다면, 우리는 웃고 만다. 우리는 오히
려 비판가들과 더불어 —

35[44]

철학자들에 대한 미신, 학문하는 인간과 혼동하는 것. 마치 가치
들이 사물 안에 숨어 있고 사람들이 그 가치들을 단지 단단히 붙잡
아야 하기라도 하듯이. 어느 정도까지 그들은 주어진 가치들 내에서
연구하는가(가상, 몸 등에 대한 그들의 증오). 도덕에 관해 쇼펜하
우어. (공리주의에 대한 조소) 결국 혼동이 멀리까지 진행되어, 사
람들은 다원주의를 철학으로 고찰하게 된다 : 이제 지배권은 학문하
는 인간들에게 있다.

텐과 같은 프랑스인들 역시 이미 가치 척도를 지니지 않은 것을
추구하거나 추구할 수 있다고 생각한다. "사실"에 예속하는 것은 일
종의 제식(祭式)이다. 실제로 그들은 현존하는 가치 평가를 부정한다.

이러한 오해에 대한 설명. 명령하는 자는 드물게 생겨난다. 그는 자기 스스로를 오해한다. 사람들은 철저히 스스로의 권위를 거부하며 어떤 상황으로 넣고자 한다. — 독일에서 비판가의 평가는 깨어 있는 남성성의 역사에 귀속된다. 레싱 등 (괴테에 대한 나폴레옹).
사실 이러한 운동은 독일 낭만주의를 통해 다시 포기되었다 : 독일 철학의 명성은 그것과 더불어 회의의 위험이 제거되고, 믿음이 증명될 수 있다는 듯이, 독일 낭만주의와 관계한다. 헤겔에게서는 두 가지 경향이 정점에 이른다 : 근본적으로 독일 비판이라는 사실과 독일 낭만주의라는 사실을 그는 일반화한다. — 일종의 변증법적 숙명론, 그러나 정신의 명예를 위해, 사실은 철학자의 현실에 대한 예속으로. — 비판가는 준비한다 : 더 이상은 아니다!

쇼펜하우어와 더불어 가치의 규정이 중요하다는 철학자의 과제가 희미하게 빛난다 : 여전히 행복주의의 지배 아래 있다. (하르트만에 대한 비웃음) 염세주의의 이상.

35〔45〕

법칙 부여자, 새로운 가능성을 시도하는 자로서의 철학자, 그의 수단. 그는 종교를 이용한다. 신약 성서 — 그리스도교가 할 수 있는 것.
그의 대립 : 무리 동물의 도덕.
자유 사상가 등도 마찬가지다.
무리 동물이 오늘날, 어떻게 "보다 높은 인간들"을 생각하는지 : 빅토르 위고에게 제시할 것.
내 준비자 : 쇼펜하우어 —

어느 정도까지 나는 염세주의를 심화시켰으며, 그 최고의 대립을 고안함으로써 비로소 완전히 나로 하여금 느끼게 했던가.

그 다음으로 : 이상적 예술가들. 나폴레옹 운동에서 나온 저 후세.

그 다음으로 : 보다 높은 유럽인들, 위대한 정치의 선구자.

그 다음으로 : 그리스인들과 그들의 연원. 나는 "비극의 탄생"에서 "곤궁"과 "예술"의 관계에 대해 눈짓을 주었다.

독일인들과 정신.

고독에 있어서 철학자의 개인적 교육.

디오니소스적인 것.

35[46]

빌어먹을Paete! 고통스러워하지 말라non dolet! 빌어먹을! 이 염세주의는 고통을 주지 않는다! 에두아르트는 물어뜯지 않는다! 빌어먹을! 나를 쳐다보라 : 나는 친절하게 기만하지 않으며, 심지어 프로이센적으로 거짓말한다. 눈을 깜박거리며 훔쳐보는 자들이여, 사실 내게는 더 이상 원할 만한 것이 없다.

빌어먹을! 고통스러워하지 말라! 빌어먹을! 이 염세주의는 고통을 주지 않는다! 빌어먹을! 네 아리아Arria는 물어뜯지 않는다! 빌어먹을! : 에두아르트는 진지하게 고려하며, 편안하며, 인간적이며, 친절하게, 심지어 아주 친절하기조차 하며, 프로이센적으로 거짓말을 하기까지 한다. 간단히 말해 에두아르트는 모든 것을 위한 소녀이며, 그의 염세주의는 더 이상 원할 만한 것을 전혀 남겨놓지 않는다 그 당시 나는 오류 속에 있었다 : 나는 에두아르트 폰 하르트만이 시대의 염세주의적 곤경을 웃음거리로 만든 섬세하고 탁월한 두뇌이자 익살맞은 새라고 생각했다. 나는 그의 "무의식"의 고안을 악의 있는 것으로, 재치 있는 것으로 느꼈다. 이것은 철학적 지식 취향이 점점 더 독일에 확산되어가듯이, 내게는 그 비애와 어리석음을 잡기에 적합한 쥐덫으로 여겨졌다. 그러나 이제 사람들이 그것을 진지하게 생각한다는 점에서, 사람들은 나를 보증하게 된다 : 사람들은 나에게 거의 다음의 사실을 믿을 것을 강요한다 : 내게는 명랑한 기분 상태로 있는 것을, 그러나 그는 포기해야만 하는가? 만일 이 아리아가 또다시 빌어먹을 자에게 비수 앞에서가 아니라, ─ 내가 뜻하는 바는 ─ 하르트만의 염세주의 앞에서 두려워할 것을 권유한다면, 나는 웃는 것을 포기해야만 하는 것일까? 빌어먹을! 부드럽게 그녀를 불러라, 고통스러워하지 말라!

35[47]

§ 비판가가 아님, 곤경, 마지막으로 "학문하는 인간". 영국인.

§ 염세주의자도 낙관주의자도 아님. 쇼펜하우어의 위대한 입장 ─ 즉 어떤 환상의 파괴는 여전히 진리로 판명되는 것이 아니라, 한 조각의 무지 그 이상일 뿐이며, 우리의 "빈 공간"의 확장이며, 우리의 "황량함"의 증식일 뿐이다 ─

§ 근본 사상 : 새로운 가치들이 먼저 창조되어야만 한다 ─ 우리는 이런 일을 면할 수 없다! 철학자는 입법자처럼 되어야만 한다. 새로운 종(種)들. (지금까지 최고의 종들(예를 들면 그리스인들)이 양육되었듯이 : 이러한 방식의 "우연"이 의식된 상태로 있기를 **원한다**)

§그의 수단 : 종교들, 도덕들

§그리스도교의 의미.

§민주주의적 사유 방식의 의미.

§자유 사상가는 이러한 운동에 속하는가? 빅토르 위고.

§무의식적 반대 운동 : 나폴레옹, 30년대, 리하르트 바그너.

§새로운 철학자는 그 최고의 정신화로서 오직 지배 계급과 연관해서만 생겨난다. 커다란 정치, 가까운 곳에 있는 지상의 통치. 그것을 하기 위한 원칙들의 완벽한 결여 — (공허한 독일 정신에 대한 아이러니)

§유럽인과 그 교육

§위대한 시도의 시대. 자신의 가치 규범을 지니고 있는 인간. 보다 높은 인간을 양육하기 위한 제도

§철학자들의 "잠정적 시간", 그들의 고독.

§"선악의 저편"을 준비할 것. "도덕"의 상태.

15 §디오니소스.

15 : 100 ｜ 6

각 장의 큰 3쪽 분량

35〔48〕

서론.

오늘날 내게는 내가 리하르트 바그너나 쇼펜하우어에 대해 정당한지 부당한지 하는 것이 중요하지 않다 : 내가 오류를 범했는가, 그런데 내 오류는 앞에 언급한 사람들이나 나 자신에게도 불명예가

되지 않는다. 확실한 사실은, 그것이 저 최근에 내게는 엄청난 좋은 행위였고, 내 관념적 색깔이었는데, 그 안에서 나는 철학자나 전혀 비현실적인 모습으로가 아니라, 마치 모범이 되는 듯한 모습으로 그릴 수 있는 예술가의 상을 바라보았다. 만일 사람들이 내가 확대
5 된 눈으로 앞에서 언급된 사람들을 보았다고 질책을 했다면, 나는 이러한 질책에 대해 기뻐할 것이다 — 그것에 대해 여전히 내 눈도 그러할 것이다. 최소한 두 번째 《반시대적 고찰》을 읽은 독자들은 얼마나 내가 언제나 진리에 손을 대지 못했는지에 대해 의심해서는 안 될 것이다 — — —
10

그 당시에 내가 썼던 것 — 썼다기보다는 게다가 강렬하게, 오늘 날 생각하면, 고려할 만한 대담한 벽화 속에 그렸던 것 : 이것은 내가 아마도 손과 눈을 부가해 배웠던 것을 이제 다시 한번 훨씬 부드럽고, 순수하고 엄격하게 표현했음에도 아직 더 진실하게 되지는 않
15 는다. 모든 연령은 자신의 고유한 방식으로 "진리"를 이해한다. 혈기 왕성하게 끓어오르는 감각과 큰 요구를 가지고 저 회화 앞에 서는 사람은 그 회화로부터 그가 볼 수 있는 것보다 더 많은 진리를 찾게 될 것이다.

20 내 네 개의 《반시대적 고찰》 중 첫 번째 것은 — 나는 이제부터 십년 후쯤 5, 6, 7 고찰들을 그 옆에 붙일 예정인데 — 나에게 속하는 일종의 인간들을 유혹해 나를 향해 끌어당기고자 한 시도였다 : 즉 "나와 같은 사람들"을 향해 던진 낚싯대. 그 당시에 나는 참을성 없는 희망을 지닌 채 그렇게 고기잡이를 하기에는 너무 젊었다. 오늘

날 — 내가 내 척도로 시간을 재도 좋다면, 백 년 뒤에! — 나는 온
갖 희망이나 인내심을 잃어버리기에는 아직 늙지 않았다. 어떤 노인
이 자신의 경험을 이러한 말 속에 밀어 넣을 때, 이것은 오늘날 여
전히 내 귀에도 얼마나 낯설게 들릴 것인가 : ———

그렇게 괴테는 말했다 : 그가 옳았단 말인가? 괴테처럼 늙고 이
성적이 된다는 것은 얼마나 이성적이지 못한 것일까! 그리스인들의
노년에 대한 판단을 뒤따라 배우는 것은 공정한 일일 것이다 : —
그들은 죽음보다 늙는 것을 더 증오했고, 저러한 방식으로 이성적
이 되는 것을 시작했다고 느꼈을 때, 죽는 것을 선호했다. 그사이에
젊은이들 역시 그들의 고유한 방식의 이성을 갖는다 : 삶, 사랑, 희
망을 믿는 이성을

35〔49〕

리〈하르트〉 바〈그너〉에 관한 일 : 내가 나 자신의 격렬함으로 그
와 부딪쳤던 내 인생의 한 순간이 있었다 : 내게서 사라져라! — 나
는 이렇게 외쳤다. 이러한 유의 예술가는 바로 내가 유쾌하지 못하
다는 점에서 신뢰할 수 없다. 그가 왼손을 프로테스탄트적 성찬식
에 뻗고, — 그는 이러한 성찬식에서 얻을 수 있는 황홀함에 대해
내게 말했다 — 그러나 동시에 오른손을 가톨릭 교회에 뻗고 있었
을 때, 그는 현존하는 그리스도교와 "화해"하고자 했다 : 그는 이
교회에 자신의 "파르지팔"을 주었고, 귀를 가진 모든 사람에게 진실
하지 못한 분열 속에 있는 로마 숭배자로서 자신의 정체를 드러냈
다.

35〔50〕

　유기체적 발전의 결과로서 사유 법칙 — 허구적으로 정립하는 힘
은 가정되어야만 한다 — 이와 마찬가지로 허구의 유산과 지속.

35〔51〕

　모든 것이 제약되는 생성의 세계에서 절대자, 실체, 존재, 사물
등의 가정은 단지 오류일 수 있다. 그러나 어떻게 오류가 가능한 것
인가?

35〔52〕

　병존해 있는 것을 점점 더 명료하게 제시하는 것을 설명이라고 말
한다 : 그 이상은 아니다!

35〔53〕

　비유기적 세계를 위해서도 지각을 인정하는 것, 그리고 더욱이 완
전히 정확하게 한다면 : "진리"는 그곳을 지배한다! 유기적 세계와
더불어 불확실성과 가상이 시작된다.

35〔54〕

　균형 상태가 이루어지지 않았다는 사실은 그것이 가능하지 않다
는 것을 증명한다. 그러나 그것은 불특정한 공간에서 도달될 수 있
을 것이다. 구형(球形)의 공간에서도 마찬가지다. 공간의 **형태**는 영
원한 운동의, 결국 모든 "불완전성"의 원인일 수 있다.
　"힘", "정지", "동일하게 유지되는 것"이 서로 충돌된다는 사실.

크기로서 힘의 척도는 고정되어 있지만, 그러나 그 본질은 유동적
이고, 긴장되어 있으며, 강제하는 것이다 ─ ─ ─

35〔55〕

"무시간적인 것"을 거부한다는 것. 힘의 특정한 순간에 모든 그
힘들이 새롭게 분화하는 절대 조건이 주어진다 : 이것은 정지해 있
을 수 없다. "변화"란 본질 속으로 들어간다. 즉 시간성도 역시 : 그
러나 무엇으로 단지 변화의 필연성이 다시 한번 개념적으로 정립되
는가.

35〔56〕

시간은 선험적으로 주어지는 것이 아니다 ─ 슈피르Spir 2, 7쪽.
길이에 관한 우리 인식의 비논리적 성격. 앞의 책 2, 93쪽

35〔57〕

동일한 사물들과 동일한 사례들이 있다는 사실은 이미 판단하고,
그 다음 추론할 때의 근본 허구다.

35〔58〕

화학의 세계에서는 힘의 차이에 관한 가장 예리한 지각이 지배한
다. 그러나 화학적 힘들의 다양성으로서의 원형질은 어떤 낯선 사물
에 관한 불확실하고 모호한 총체적 지각을 갖는다.

35[59]

　비유기체의 세계로부터 유기체의 세계로의 이행 과정은 힘의 가
치와 힘의 관계의 확정적 지각으로부터 불확실하고 모호한 지각으로
의 이행 과정이다 — 서로 투쟁하는 존재(= 원형질)의 다양성은 스
스로 외부 세계와 대립해서 느끼기 때문이다.

35[60]

　힘이나 끊임없는 창조나 변화나 자기-지배를 하고자 하는 부단
한 의지

35[61]

　"소위 시간이란 단순한 추상이지, 객관적으로 존재하는 것도, 주
체의 필연적이고 근원적인 표상 방식도 아니다"〈슈피르〉2, 15쪽.

35[62]

　독일인들에게는 문화가 없다 : 그들은 언제나 파리에 의존해 있다
— 그 원인은 그들에게는 아직 개성이 없다는 데 있다.

　우리의 위대한 인간들이 나타내는 것은 종족이 아니라, 개인이
다.

　그러나 내가 일찍이 예외로 취급했고 희망을 두었던 것, 독일 음
악이란 무엇인가?

35[63]

주의하라! 리하르트 바그너에 관한 오해는 오늘날 독일에서 엄청나

다 : 내가 그것을 증대시키는 데 기여했기 때문에, 나는 내 잘못을 제거하고자 하며 그것을 줄이는 것을 시도하고자 한다.

35[64]

한 세기 동안 오직 프랑스 음악과 이탈리아 음악의 대립만이 있었다.

글루크Gluck가 피치니Piccini와 싸우는 동안, 그는 예리해졌고 정상에 이르렀다 : 글루크는 이때 철저히 **프랑스적 취향**의 대표자로 느끼게 되었다 — 숭고함, 화려함, 합리적인 것의 대표자로.

음악가로서의 독일인들은 프랑스에 혹은 이탈리아에 귀 기울였다 : 음악에서 본래 독일적 취향이란 오늘날에도 여전히 존재하지 않는다.

내가 보기에, 바그너는 다시 한번 프랑스 취향을 이탈리아화한 취향에, 즉 모차르트, 하이든, 로시니, 벨리니, 멘델스존에게 중점을 두었다. 그러나 이것은 1830년의 프랑스 취향이다 : 문헌이 음악이나 회화를 지배하게 되었다 : "표제-음악", "주제"가 앞서 있다!

35[65]

베토벤은 루소에게, 부분적으로는 혁명에 앞서 달렸고, 부분적으로는 미화된 채 뒤로 달렸던 저 인문적 조류에 속한다. 그러나 그 이상으로 지난 천 년의 중요 사건에, 나폴레옹의 등장에 속한다.

모차르트는 로코코 시대의 사회를 전제하고 있다

35[66]

실러와 바그너처럼 배우들 사이의 차이 그리고 ─ ─ ─

괴테는 경건주의와 그리스 세계 사이에서 고립되어, 프랑스어로
글을 써서는 안 되는 것처럼 망설인다.

레싱 ─ 바일Bayle

프리드리히 대제는 프랑스를 열망한다

프리드리히 2세는 무어적-동양적 계몽주의를 갈구한다

그리스도교, 플라톤주의 그리고 역학(力學) 사이에 있는 라이프
니츠.

나폴레옹 III세에게서 배우는 비스마르크와 카보우르

35[67]

역학이 단지 논리일 뿐이라면, 그 역학에도 모든 논리에 적합한
것이 생겨난다 : 역학이란 척추 동물의 일종의 척추며, 그 자체로는
진리가 아니다.

35[68]

원들의 원에 대해.

주의하라! 내면은 스스로 변하면서도 언제나 동일하게 유지되는 힘
에 속한다. 이는 변화 속에서 스스로 꾸미고 스스로 즐기는 일종의
프로테우스-디오니소스의 성격을 가지고 있다. "개체적 인간"을 기
만으로 파악한다는 것 : 수많은 이전 시간에서 나온 형식을 만드는

무수히 많은 힘들이 자신의 지속적 상태를 유지하게 만드는 한, 사실 유전은 주요 반증이다 : 진실에서, 그 힘들이 자신 안에서 투쟁하며 지배받고 억제된다 — 힘에의 의지는 개체적 인간들을 통과하며, 이것은 잠정적인 실존 조건으로서 관점의 축소를, "이기주의"를 필요로 한다. 이것은 각 단계에서 보다 높은 단계를 바라본다.

"개체적 인간", 개인에 작용하는 원리의 축소.

35〔69〕

주의하라! 변질하지 않고, 어떤 사람이 얼마나 많이 진리를 견디는지가 그 사람의 척도다. 이와 마찬가지로 얼마나 많은 행복을 — —
마찬가지로 얼마나 많은 자유와 힘을!
위계 질서에 대해

35〔70〕

가장 엄격한 학교가, 불행이, 병이 필요하다 : 지상에 정신이란 존재하지 않으며, 또한 황홀도, 환호도 없을 것이다. — 오직 위대한 기분 상태의 긴장된 영혼만이 예술이 무엇이고, 명랑함이 무엇인지 안다.

35〔71〕

차〈라투스트라〉는 그가 비로소 위계 질서를 만들어냈을 때, 오직 행복할 수 있다.

35〔72〕

주의하라! : 수많은 위버멘쉬들이 있음에 틀림없다 : 수많은 선은 오직 그와 같은 사람들 아래서만 전개된다. 하나의 신이란 하나의 악마일 것이다! 하나의 **지배 종족**. "지상의 주인들"에 대해.

35〔73〕

 I. 차라투스트라는 위계 질서가 세워진 이후에만 **행복**할 수 있을 뿐이다. 먼저 이것이 가르쳐지게 된다.

 II. 위계 질서는 지상의 통치라는 체계에서 실행된다 : 마지막으로 지상의 주인들. 새로운 지배 계층. 때때로 그들한테서 생겨난다. 완전히 에피쿠로스적인 신, 위버멘쉬, 현존의 변용자는.

 III. 세계에 대한 위버멘쉬의 견해. 디오니소스.

 IV. 이러한 가장 큰 소외로부터 사랑스럽게 가장 좁고 가장 작은 것으로 되돌아가며, 차라투스트라는 자신의 모든 체험을 축복하며 축복자로서 죽어간다.

35〔74〕

차라투스트라 5

 1. 커다란 나팔 전령의 시끄러운 소리. 큰 음의 행복! 차라투스트라 I. 나는 수천 년간의 가치를 정하는 저 예정된 인간이다. 어떤 숨겨진 인간, 사방팔방으로 밀려나 있는 인간, 모든 고향, 모든 휴식을 거부한 친구 없는 인간. 위대한 양식을 만드는 것 : 자신의 불행과 마찬가지로 자신의 **행복**을 극복하는 : 어떤 ―
   ― ―

2. 내 선물은 받는 자가 있을 때에야 비로소 받아들여질 수 있다 : 그것을 위한 위계 질서. 가장 큰 사건은 가장 뒤늦게 파악된다. 그러한 한, 나는 입법자가 되어야만 한다.

3. 그가 등장하는 시간 : "마지막 인간"을 향해 갈 수 있는 가장 위험한 중간, 그러나 또한 —

— 가장 큰 사건에 의해 특징지어진다 : 신이 죽었다. 단지 인간은 물려받은 가치들만을 먹고 산다는 것에 대해 아직 아무것도 인지하지 못하고 있다. 일반적인 태만과 방탕.

4. — 근본 통찰 : "선"과 "악"은 현재 "무리 동물"의 눈으로 고찰된다. 인간의 평등이 목적이다. 나는 그것에 반대한다. (무리 도덕의 준비로서 하나의 신!)

위계 질서를 가르치는 선생.

5. 지도자, 무리, 고립된 자, 유혹자.

6. 완벽한 인간들과 파편들.

7. 제대로 된 자와 잘못된 자.

8. 창조하는 자와 만들어진 자. 힘의 차이.

9. 작은 완성자로서의 예술가.

10. 글 쓰는 자와 가장 포괄적인 기관으로서의 학문하는 인간.

11. 지배적 인간, 양육의 시도로서.

12. 종교 창시자, 새로운 보편적 가치 정립의 시도로서.

13. 불완전의 느낌 : 참회하는 자들

14. 어떤 완전성을 향한 열망 : 경건한 자들, 아름다운 영혼들, 커다란 동경

15. 그 어떤 곳에서 완전한 것을 행하는 힘 (수공업자, 장인, 예술

가, 공무원, 학자 등
16. 대지는 현재 대리석 작업장으로서 놓여 있다 : 엄청난 힘을
   가진 지배 종족이 필요하다.

35〔75〕
   1. 낡은 요새에서 차라투스트라는 깨어 있다. 전령의 북소리를 듣
는다.
   2. 시험 : "너희는 내게 속하느냐?"
   3. 장미 축제의 행렬.
   4. 위계 질서에 대한 학설.
   5. 밤에 다리에서.

35〔76〕

(49)

고귀함이란 무엇인가? "잡다한 생각들과 격언들" 의 서론
   — 가장 외양적인 것에서의 신중함, 말과 옷과 태도에서, 심지어
는 하찮은 외양조차, 그러한 한 이러한 신중함은 한계를 긋고, 멀리
하며, 혼동을 방지한다.
   — 느린 몸짓, 또한 느린 시선. 너무 가치 있는 것은 존재하지 않
는다. 이것이 스스로 가치 있는 것으로 다가가고 그것이 되고자 한
다. 우리는 어렵게 감탄한다.
   — 가난과 빈곤함, 또한 병을 감당한다는 것.
   — 작은 명예에 대한 회피, 쉽게 칭찬하는 모든 사람에 대한 불신
: 왜냐하면 창조하는 자는 그가 칭찬하는 것이 무엇인지 이해하고

있다고 믿기 때문이다 : 그러나 이해한다는 것, ― 이 전형적인 야심가인 발자크는 그것을 드러냈다 ― 그것은 똑같아진다는 것이다.

― 마음의 의사소통 가능성에 대한 우리의 회의가 깊은 곳으로 내려간다. 고독은 선택된 것이 아니라, 주어지는 것이다.

― 사람들이 단지 자신과 같은 유의 사람들에 대해서만 의무를 가지며, 다른 사람에 대해서는 마음대로 관계를 맺는다는 신념 : 단지 서로 똑같이 공정함을 희망할 수 있다는 (유감스럽게도 여전히 오랫동안 고려할 수 없는 것이지만) 신념.

― "재능을 타고난 자"에 대한 아이러니. 도덕에 있어서도 혈통 귀족에 대한 믿음. "정신의 귀족주의"는 유대인이 좋아하는 말이다.

― 언제나 스스로를 명예를 손상시키는 사람으로 느끼는 것 : 반면 자신에게 명예를 허용하는 사람은 종종 전혀 그렇게 느끼지 않는다.

― 항상 변장하고 : 보다 고귀한 성품일수록, 인간은 더욱 알려지지 않을 필요가 있다. 신은, 만일 하나의 신이 있다면, 신은 이미 예의상 자신을 단지 세상 속의 인간으로서 나타낼 것이다.

― 휴식을 취할 수 있는 능력, 온갖 의미에서의 수공업이 실은 손상시키지는 않지만, 그러나 확실히 품위를 떨어뜨린다는 절대적 신념. 또한 우리가 얼마나 근면을 높이 존중할 수 있는가, 닭이 그러하듯 지치지 않고 소란스러운 저 예술가가 얼마나 소리 지르며 알을 낳고 다시 소리 지르는가 하는 시민적 의미에서의 "근면"을 말하는 것이 아니다.

― 우리는 예술가와 작가, 그 어느 곳에서 장인인 사람을 **보호**한다 : 그러나 보다 높은 성품의 존재로서, 단지 그 무엇을 할 수 있는

이러한 사람으로서, 단순한 "생산적 인간"으로서, 〈우리〉는 그들과 혼동되지 않는다.

— 형식에 대한 관심 : 모든 형식적인 것의 보호, 공손함이란 큰 덕목의 하나라는 신념. 모든 종류의 자기 방임에 대한 오해는 모든 언론의 자유와 사상의 자유를 포함하고 있다. 왜냐하면 그것들 안에서 정신은 편해지고 우둔해지며 사지를 뻗게 되기 때문이다.

— 아마도 훨씬 작지만 그러나 보다 섬세하고 가벼운 종류의 존재로서 여성에 대해 만족스러워함. 항상 머릿속에 춤과 어리석음과 청소만 있는 존재와 만나는 행복이란! 커다란 책임감으로 자신들의 인생을 불평하는 아주 긴장되어 있는 깊이 있는 모든 남성 영혼들이 빠져 드는 황홀함이다.

— 영주와 성직자에 대해 만족해함. 왜냐하면 그들은 인간 가치의 다양성에 대한 믿음을, 간단히 말해 위계 질서를, 심지어 과거를 평가하는 데서도 최소한 상징적으로 그리고 대체로 게다가 사실적으로 보존하기 때문이다.

— 침묵할 수 있는 것 : 그러나 그것에 대해 듣는 사람 앞에서 한 마디도 하지 않는 것.

— 오랜 적대감을 참아내는 것 : 쉬운 화해가 결여되어 있음.

— 선동적인 것, "계몽", "안락함", 천민적 친밀함에 대한 구토.

— 귀중한 물건의 수집, 높고 까다로운 영혼의 욕구. 공유하고자 하는 것이 아무것도 없다. 그의 책, 그의 풍경.

— 우리는 나쁘고 좋은 경험에 대해 저항하며 그렇게 빨리 일반화하지 않는다. 개별적 사례 : 만일 그 사례가 규칙으로 산출되는 나쁜 취향을 갖는다면, 우리는 개별적 사례에 대해 얼마나 아이러

니한가.

— 우리는 천진난만함이나 천진난만한 사람을 사랑한다. 그러나
관중이나 보다 높은 존재로서. 우리는 파우스트를 그의 그레트헨만
큼이나 천진난만하다고 느낀다.

— 우리는 선한 인간을 무리 동물로 낮게 평가한다 : 우리는 최악
의 가장 악의적이고 가혹한 인간들 가운데 종종 대단히 귀중한 황
금 방울의 좋은 품성이, 즉 모든 단순한 좋은 성품과 우윳빛 영혼이
얼마나 숨어 있는지 알고 있다 — — —

— 우리는 그의 악덕으로도, 그의 어리석음으로도 우리와 같은
종류의 어떤 인간을 논박하지 않는다. 우리는 우리가 인식하기 어
려운 존재이며, 우리가 자신에게 전경을 부여하는 온갖 이유를 가
지고 있다는 사실을 알고 있다.

35〔77〕

백작의 편지 — — —

J. v. A. 펴냄

내 어머니가 돌아가신 뒤에.

일화(逸話)를 창작하다.

35〔78〕

서론.

편지를 출간해도 될 것인가? — 어떤 존경할 만한 친구는 "공적

(公的)"이라는 말을 단 한 번도 악의 없이 말한 적이 없다. 잘 알려져 있듯이, 언젠가 그는 19세기가 진리를 사랑한다고 말했다 : 이제, 바로 이런 취향은 내 취향에 맞지 않는다! 내가 두려워한 것은 이것이 그렇게 진행될 때, 사람들이 단지 공적인 편지만을 쓴다는 사실이다. 물론 그는 다시 한번 품위 있는 인간이 언젠가 자신의 도덕 전부를 "너는 ─ 거짓말해야만 한다!"는 한 문장으로 표현하는 일이 일어날 수도 있다고 말했다. 선생, 당신은 무조건 언제나 거짓말을 해야만 하는구려! 아니면 그러나 당신 역시 이미 온 세계가 그러하듯 ─ "공적"이다! ─ 이것은 우리 세기의 취향에 대한 그의 은밀한 생각이었다. 내가 그의 편지나 생각의 모음집에 하나의 제목을 부여하는 것에 대해 숙고했을 때, 그것을 그런 식으로 표현하는 것이 내 머리에 문득 떠올랐다 : "거울. 자기를 반영할 수 있는. 유럽인을 위한." 이러한 밥맛없는 착상으로 내가 이 편지에 부가한 가치를 최소한 나 자신에게서 떼어냈으면 좋겠다. ─ 오늘날 "공적인" 이라고 불리는 모든 것을 바로 미워했기에 이러한 편지를 간행하는 권리를 왜 나는 나 자신에게 주는가.

35〔79〕
음유 시인들의 시대 (파렴치한 장례식의 인간)
(갈리아니) 살인자 지루함.

35〔80〕

어제와 모레의

독일인들

독일 정신을 비판하기 위한 하나의 기여

35〔81〕

예술에서의 선동가들 — 위고, 미슐레, 상드, 리하르트 바그너

35〔82〕

염세주의적 사유 방식과 학설인 황홀한 허무주의는 경우에 따라서 바로 철학자에게는 참을 수 없는 것일 수 있다 : 강력한 압력과 해머로서, 그는 이것을 갖고, 삶의 새로운 질서에 길을 열기 위해, 퇴화되거나 소멸되고자 하는 것에 끝내려는 요구를 불어넣기 위해, 퇴화하거나 소멸되는 종족을 부수거나 치워버린다.

염세주의적 사유 방식, 부정과 세계 도피의 종교, 황홀한 탈관능이나 생명의 추악함은 민족이나 종족을 주저하게 할 수도, 심화시킬 수도 있다 — — —

35〔83〕

그러나 내가 그러한 방식으로 걱정하고 그러한 물음에 긴 대답을 준비했을 때 — 아, 아마도 나 자신이 이러한 물음에 대한 긴 대답에 불과한 건 아닐까? 나는 이미 부서지고 악의적인 목소리만을 듣는다

35〔84〕

즐거운 지식.
미래 철학의 서곡.

프리드리히 니체

남프랑스의 북서풍에 붙임.

들어가는 말.

친구들 사이에서. 후곡(後曲).

이상적인 수도원, 연약한 식물들을 보존하기 위한

미래의 음악 ― 유럽인의 음악

커다란 양식의 음악

언어의 함정

도취의 수단으로서의 바그너주의와 헤겔주의

"고전적인" ― 음악에서 응용할 수 없는 용어

괴테, 베토벤 같은 은둔자와 선동적이거나 긍정적이거나 상업적

인 예술가들.

음악가의 형성

예술에서 "민족적" 성향에 반대하며

문화의 개념 ; ― 양식 등

모든 행복주의적 관점처럼, 염세주의의 거부.

III. 예술가들에게. 창조자의 새로운 개념. 디오니소스적인 것. 새

로운 축제. 변용.

　　"완성된 무한성"

　　고통과 쾌락

　　목적

5　취미 감각, 색, 음에서의 가치 판단

개념을 확인함

　　세계에 대한 새로운 해석 가능성 — 그러나 근본 특징을 견지할

　　　　것.

　　철학자들에게까지 병적인 것

10　원인과 결과

　　정동의 운영

　　"페르소나Persona"

　　루터의 언어, 새로운 시적 형식의 토대로서의 성서.

〔36 = W I 4. 1885년 6월~7월〕

36[1]

즐거운 지식.
미래 철학을 위한 서곡.
프리드리히 니체.

부록

근대 영혼.
오늘과 내일을 설명하기 위한 시도.

36[2]

대륙이 생겨날 때보다 살아 있는 피조물이 더 부당한 요구를 받
은 적은 없다 : 그때 그들은 바다의 삶에 익숙하게 조직되어 있었기
에, 그들의 몸과 습속을 전환시키고 뒤집어야만 했으며, 그들이 그
때까지 했던 것과는 다른 것을 모든 일에서 행해야만 했다 — 지금
까지 지상에서 이보다 더 주목할 만한 변화는 없었다. — 이제 그
당시처럼, 대지가 함몰되고 서서히 붕괴됨으로써 바다가 틈 사이
로, 구멍으로, 구렁으로 가라앉고 심연을 얻었다 : 오늘날 인간 사
이에서 일어나는 일을 비유로 말하면, 아마도 바로 그것과 반대되
는 것이, 즉 인간이 완전하게 되거나 완성되는 일이, 틈, 구멍, 구덩
이가 소멸되고 따라서 또한 — 대륙이 소멸되는 일이 일어날 수 있

을 것이다. 내 사유 방식이 완성시키고 완전하게 만들었던 어떤 인간에게는 "모든 것이 바다에 있으며", 바다가 도처에 있다 : 그러나 바다 자체가 심연을 잃어버렸다. ─ 그럼에도 불구하고 나는 완전히 다른 비유의 길 위에 있었으며, 가다가 단지 길을 잃어버렸을 뿐이다! 나는 말하고자 했다 : 나는 모든 사람과 마찬가지로 육서(陸棲) 동물로 태어났다. ─ 이제 나는 그럼에도 불구하고 바다 동물이 되어야만 한다!

36〔3〕

세련되고 강의 잘하는 학자가 풍부한 독일에는 어느 정도 오랫동안 위대한 영혼, 강력한 정신이 결여되어 있어, 위대한 영혼이 무엇인지, 강력한 정신이 무엇인지를 망각해버린 것처럼 보인다 : 오늘날 거의 양심에 거리낌 없이, 어떤 당혹함도 없는 상태로, 중간적인, 게다가 더 나쁘게 된 인간들이 시장에 서서, 자기 자신을 위인이나 개혁가로 칭송한다. 예를 들어 오이겐 뒤링이 그랬듯이, 세련되고 강의 잘하는 학자가 있는데, 그러나 그럼에도 불구하고 그의 거의 모든 말에서 드러나는 것은 그가 별 볼일 없는 영혼을 숨기고 있으며, 속 좁은 질투심을 통해 부서져버린다는 것이다. 또한 강력하고, 재기 넘치며, 선행을 아낌없이 나누는 정신이 그를 추동시키는 것이 아니라 ─ 공명심이 그를 움직인다는 것이다! 이러한 시대에 그러나 명예를 탐하는 것은 어떤 철학자에게는 이전의 어떤 시대보다 훨씬 품위 없는 일이다 : 오늘날은 천민이 지배하고 있고, 천민이 명예를 부여한다!

36〔4〕

    만일 철학자가 선한 의지의 인간들 가운데서, 선량한 자들, 동정
하는 자들, 온화한 자들, 일상적인 자들 가운데서 생긴다면, 그에게
는 마치 그가 축축한 공기와 구름 덮인 하늘에 빠져버리기라도 하
듯한 일이 일어난 것이다 : 짧은 시간 동안 이것은 그를 기쁘게 하
며, 그는 마치 안도와 같은 것을 느낀다. 그러나 주의를 기울이면,
그는 얼마나 자기 스스로가 이러한 잘못된 환경에서 편안하고 나태
하게 되는지를, 또한 공허하게 되는지를 — 그러나 무엇보다 우울
하게 되는지를 깨닫게 된다. 이러한 선량한 인간 족속들이, 호감이
가는 외양으로 얼마나 나약하고 별 볼일 없는지 빨리 알아차리기
위해, 철학자는 그들의 공허함을 자극하고 극복할 수 있으며 그들
이 욕하는 데까지 그들을 끌고 간다. 그곳에서는 이러한 강의 "얕은
곳"이 가장 빨리 드러난다. 점잖고 가벼우며 푸른 이러한 표면 가운
데서 모래와 오물, 혹은 불손함에 숨어 있는 것 또한 잘 드러난다.

36〔5〕

    그들의 본래 본분("아이를 낳는 일")을 완전히 무시하면, 유럽의
여성들은 훌륭한 많은 일을 하는 데 유용하다. 빈의 여성들과 춤추
는 것은 편안하다. 프랑스 여자와는 *잡담할 수 있고*causer, 이탈리
아 여자와는 *자리에 앉을 수 있으며*poser, 독일인과는 — *감히 시
도할 수 있다*oser. 유대인 여자들 가운데는 너무나 사랑스러운 수
다쟁이 여성들이 있다 : 완전히 괴테적 예리함이나 자만심으로 휘
감겨 있는 그에 대한 전범은 라헬Rahel 같은 여자였다. 러시아 여자
는 습관적으로 어떤 것을 체험하면서, 그사이 그 무엇인가를 생각

했다. 영국 여자들은 가장 여성적이고 멋지게, 마치 천사처럼 거의 아무 이유도 없이 얼굴을 붉힐 줄 안다 : — 간단히 말해, 만일 사람들이 여성의 유용성을 — 온 세계가 믿고 있는 것 — 여전히 영국 공리주의자들의 전범에 따라 어설프고 단호하게 증명하고자 한다면, 이는 끝이 없게 된다.

36[6]

즐거운 지식.
미래 철학의 서곡.

남프랑스의 북서풍에 부침. 하나의 춤곡.

I장. 1. 열정적 즐거움 없이 —
　　결론. '세계가' 나에게 무엇인지 그대들은 또한 아는가?
　　—

II장.
　　결론. "내가 아주 젊었을 때, 디오니소스.

III장. 예술의 미래에 대해.

IV장. 거울.

V장. 자유 정신 사이에서.

36[7]

나의 "동정". ― 이것은 어떤 이름을 붙여도 내게는 충분하지 않은 감정이다 : 예를 들어 루터를 바라볼 때처럼, 내가 귀중한 능력을 소모한다고 보는 곳에서 나는 이 감정을 느낀다 : 그 어떤 힘이며 맛이 간 촌놈의 문제란 말인가 (프랑스에서 이미 몽테뉴라는 한 인간의 용기 있고 쾌활한 회의가 가능했던 그러한 시대에!) 혹은 나는 우연이라는 부조리가 작용함으로써 어떤 사람이 자기 자신에게서 될 수 있었을지도 모르는 것의 뒤에 머물러 있는 것을 본다. 혹은 내가 불안해하고 경멸하며, 어떤 상황에서도 또한 모든 인간의 미래를 직조하는 일을 하는 오늘날 유럽 정치를 한번 바라볼 때처럼, 심지어 인류의 운명을 생각할 때. 물론 만약 ― 이라면, 인간에게서 무엇이 생성될 수 있겠는가! 이것이 내 방식의 "동정"이다. 내가 그의 일을 함께 고통스러워할 고통받는 자가 이미 없을지언정.

36[8]

도덕Moralia.

옛날부터 인간이 자신의 몸에 대해 깊게 알지 못한 채 살아가면서, 자신의 존립을 알릴 만한 몇 가지 형식을 충분히 지녔듯이, 이는 인간과 행위의 가치에 대한 판단과 어울린다 : 사람들은 자기 자신에게서 몇 가지 외적, 부가적 기호를 꽉 붙잡고, 우리가 우리 자신에 대해 얼마나 깊이 잘 알지 못하며 낯선 존재인지를 느끼지 못한다. 타자에 대한 판단이 요구하는 것 : 그 일에서 여전히 가장 주의 깊고 공정한 자는 얼마나 빠르고 "확실히" 판단하는지!

36[9]

도덕.

"선 자체"란 존재하지 않으며 — 선과 같은 것은 단지 "그 무엇을 위한 선"으로 생각되어야만 하며, 하나의 의도에서 선한 것은 반드시 동시에 많은 다른 의도에서는 "악하고 유해한" 것이 된다는 사실의 이면에 도달하기 위해서는 깊이 생각하는 것을 아낄 필요가 있다 : 간략히 말해, 우리가 "선한"이라는 술어를 붙이는 모든 것은 이와 더불어 또한 "악한"으로 표시된다.

36[10]

생성의 완벽한 무죄를 증명하기 위해, 내가 나 자신에게서 노력했던 것이 지금부터 얼마나 오래된 일인가! 나는 그때 이미 얼마나 희귀한 길을 걸어갔던가! 언젠가 내가 다음과 같이 판결한 것이 내게는 올바른 해결책처럼 보였다 : "일종의 예술 작품과 같은 것으로서의 실존은 전혀 도덕의 판결에 속하는 것이 아니며, 오히려 도덕 자체가 현상 영역에 속하는 것이다. 다시 한번 나는 말했다 : 모든 죄책 개념은 객관적으로 완전히 무가치하지만, 그러나 주관적으로 모든 삶이란 필연적으로 부당하고 비논리적이다. 세 번째로 나는 모든 목적을 애써 부정했고, 인과적 연관을 인식하기 어렵다고 느꼈다. 이 모든 것은 무엇을 하기 위한 것인가! 나 자신에게 완벽한 무책임감을 만들기 위해 — 내 방식으로 내 목적에 뒤따르게 하기 위해 나를 모든 칭찬과 질책 밖에, 모든 이전과 오늘과 무관하게 세우기 위해 한 것이 아니었던가? —

36〔11〕

　근본적으로 도덕은 학문에 적대적인 성향을 가지고 있다 : 이미 소크라테스는 이러한 성향을 가지고 있었다 — 사실상 학문은 "선"과 "악"으로는 그 어느 것도 만들 수 없는 것을 중요하게 여기기 때문에, 결과적으로 "선"과 "악"의 감정에서 무게를 빼앗는다. 즉 도덕은 전체적 인간과 그의 모든 힘이 도덕에 종사하는 것을 바란다 : 만일 인간이 진정으로 식물이나 별을 염려한다면, 도덕은 이러한 낭비를, 낭비하기에는 충분히 여유롭지 못한 그러한 사람의 낭비로 여긴다. 따라서 소크라테스가 도덕화의 병을 학문에 끌어들였을 때, 그것은 재빨리 학문과 더불어 앞으로 움직여 갔다. 데모크리토스, 히포크라테스와 투키디데스의 심정의 높이와 같은 높이가 두 번째로 이루어지지 않았다.

36〔12〕

교류하는 인간

　거리에서 누군가가 인사한 사람을 알아보았을 때, 먼저 답례한다면, 이는 고귀한 심정이 결여되었다는 표시다 : — 인사와 인사의 종류는 영예의 표시가 되어야만 한다 — 영주(혹은 주권의 지위에 있는 자)가 자신의 길을 가며 인사받는 유일한 경우를 제외하고, 그 누구도 알아서는 안 되지만, 그러나 모든 사람이 알아보아야만 하는 것은 그의 특권이다. 하나의 비유.

36〔13〕

오직 자기 자신과 있는 인간 :

만일 어떤 사람이 자신의 가족 가운데서 자기 인생의 사업이나 노동하는 첫 번째 사람이라면, 혹은 이미 아버지나 할아버지가 동일한 방식으로 활동했다면, 그 사람은 그것을 얼마나 다양하게 느끼겠는가! 첫 번째 사람인 경우에, 그 사람은 그때, 훨씬 많은 내적 곤란과 또한 훨씬 도발적인 자부심을 갖게 된다. 거리낌 없는 양심은 그러한 활동과 아직 밀접한 관계를 맺지 못한다. 그에 대한 것은 쉽게 자의적인 것으로, 우연한 것으로 느끼게 된다.

36〔14〕

음악을 하지 않는 사람에게 바그너는 어떤 가치를 가질 수 있으며, 또한 앞으로도 가질 수 있는 것인가, 오늘을 살고 있는 우리는 이 물음을 아껴두어야 한다. 리하르트 바그너는 의심의 여지 없이 이 시대의 독일인들에게 한 예술가가 어떤 존재가 될 수 있는지에 대한 가장 포괄적인 예감을 주었다 : ― "예술가"에 대한 경외심이 갑자기 커졌다 : 도처에서 그는 새로운 가치 평가, 새로운 욕망, 새로운 희망을 일깨웠다. 그러나 아마도 바로 예고하고, 불완전하고, 미완성 상태의 그의 예술상(像)의 본질을 통해서는 최소한 아닐 것이다. 그에게서 배우지 않은 사람이 누가 있겠는가! 강연하는 예술가나 모든 방식의 태도를 취하는 인간처럼 그렇게 직접적인 것은 아닐지라도, 이렇게 말해도 된다면, "리하르트 바그너의 형편에서는" 그럼에도 불구하고 최소한 간접적일 수는 있다. 심지어 철학적 인식마저 그의 등장을 통해 적잖은 자극을 받았는데, 이 점은 의심의 여지가 없다. 오늘날 다수의 미적 문제가 있는데, 그것에 대해서 가장 예민한 자 역시 리하르트 바그너 이전에는 어떤 냄새도 맡지 못했다. — 특히 배우의 문제나 다양한 예술에 대해 배우가 갖는 관계의 문제를 말하는 것이지, 바그너의 성격이나 바그너의 예술이 풍요롭게 제시하는 바와 같은 심리적인 문제들에 대해 말하는 것은 아니다. 물론, 그 스스로 인식의 영역으로 가는 한, 그는 칭찬받지 못하고, 오히려 절대적으로 거부된다. 과학의 정원에서 그는 언제나 단지 가장 불손하고 졸렬한 침입자로만 보이게 되었다. 바그너의 "철학적 행위"는 가장 금지된 방식의 학문 애호에 속한다. 사람들이 그 사실에 대해 한 번도 웃을 수 없었다는 사실은 독일적이며, 낡은 독일적 "모호함의 숭배"에 속한다. 그러나 사람들이 그에게 전적으로 여전히 한 "사상가"로 영예와 입상을 얻게 하고자 한다면 — 선한 의지와 그의 지지자의 예속은 이것을 피할 수 없게 될 것이다 — 좋다! 그러면 나는 손에 연기 나는 횃불을 들고, 열광의 상태로, 돌에 채어 비틀거리는 그를 독일적 **모호함의 천재** 자체로 묘사하기를 권장한다. 바그너가 "생각할" 때, 그는 비틀거린다. — 그러나 음악가 바그너는 우리에게 다가서게 될 것이다.

36〔15〕

세계가 목적을 갖고 있었다면, 그것은 틀림없이 도달되었을 것이다. 그것에 의도하지 않은 목적의 상태가 있다면, 그 상태도 마찬가지로 틀림없이 도달되었을 것이다. 만일 세계가 일반적으로 머물러 있고, 고정되고, "존재"할 수 있다면, 이는 오직 한순간 그 자신의 온갖 생성 속에서 이러한 "존재" 능력을 갖게 될 것이며, 다시금 온갖 생성 속에서, 즉 또한 모든 사유나 모든 "정신"과 더불어 오래전에 종료되었을 것이다. 생성으로서의 "정신"의 사실은 세계가 목적이나 종국적 상태를 갖지 않으면 존재할 수 없다는 것을 증명한다.
— 그러나 모든 사건에서 목적을, 세계에서 방향을 정하는 창조적
신을 사유하는 낡은 습관이 강력하기 때문에, 사상가는 스스로 세
계의 무목적성을 다시 의도로 생각하지 않으려고 노력하게 된다.
세계가 의도적으로 어떤 목적을 회피하며, 심지어는 어떤 순환 속으
로 빠져 들어가는 것을 인위적으로 방지할 수 있다는 — 이러한 착
상에 모든 이들이 빠져 들어갈 수밖에 없는데, 그들은 세계에 영원
히 새로운 것을 할 수 있는 능력이 있다고 판정하고 싶어 한다. 즉 유
한하고 한정된 세계에 마치 커다란 힘과 같이 변치 않은 채로, "세
계"가 그러하듯 — 그 형태와 상태를 무한히 새롭게 조형할 수 있는
기적 같은 능력, 신이 더 이상 있지 않을지라도, 세계는 그래도 신
적 창조력, 무한한 변화력을 발휘하고 있음에 틀림없다. 세계는 그
것의 낡은 형태의 하나로 다시 빠지는 것을 의도적으로 방해하는 것
임에 틀림없다. 세계는 모든 반복으로부터 스스로를 지키려는 의도
뿐만 아니라, 수단도 가지고 있음에 틀림없다. 세계는 따라서 모든
순간에 그 모든 운동을 목적, 종국적 상태, 반복을 회피하도록 규제
하고 있음에 틀림없다 — 모든 것은 그러한 용서할 수 없는-미친
사유 방식이나 소망 방식의 결과가 될 수 있다. 이것은 여전히 그 어
느 곳에선가 그럼에도 불구하고 세계란 늙고 사랑스러운, 무한하고,
무제한적이며 창조적인 신과 같다고, — 그 어느 곳엔가 그래도 "늙
은 신이 아직 살아 있다"고 믿는 낡은 종교적 사유 방식이나 소망
방식, 일종의 동경이다. — "신은 그러나 자연이다"라는 말 속에(그
는 심지어 "자연은 그러나 신이다"라고 느꼈다 —) 표현된 저 스피
노자의 동경. 중요한 전환. 종교적인 신들로 꾸며진 정신에 대해 이

제야 도달된 학문적 정신의 과도한 무게가 가장 특정하게 형식화된 명제와 믿음은 그러나 도대체 무엇인가? 그것은 다음과 같은 것이 아니던가 : 힘으로서의 세계는 무제약적으로 생각되어서는 안 된다. 왜냐하면 세계는 그렇게 생각될 수 없기 때문이다 — 우리는 "힘"의 개념과 양립할 수 없는 것인 무한한 힘이라는 개념을 금한다. 즉 — 세계에는 영원히 새로운 것을 하는 능력 역시 없다.

36〔16〕

내 의지대로 되는가 : 유럽의 도덕에, 그리고 그 위에서 성장하는 모든 것에 선전 포고를 할 시간이 되었다. 우리는 이러한 유럽의 잠정적인 민족 질서와 국가의 질서를 파괴해야만 한다. 그리스도교적 -민주주의적 사유 방식은 무리 동물과 인간의 왜소화를 장려한다. 이것은 큰 동기(악 —)를 약화시킨다. 이것은 강제, 혹독한 훈육, 큰 책임감, 큰 모험을 증오한다. 가장 평범한 사람들이 그에 대한 보상을 가지며 자신들의 가치 척도를 관철한다.

36〔17〕

그러나 나는 이것을 누구에게 말할까? 이러한 "자유 정신"은 도대체 어디에 있는가? 그러한 "우리 사이에서"란 도대체 존재하는 것일까? —

나는 주변을 살펴본다 : 누가 그 점에서 나처럼 생각하며 느끼고 있는가? 가장 깊이 감추어진 내 의지가 원하는 바를 누가 원하는가? 그러나 나는 지금까지 그 누구도 발견하지 못했다. 단지 어쩌면 내가 찾는 것에 서툴렀기 때문일까? 아마도 내 방식의 새로운 고난이나 새로운 행복으로 고통스러워하는 사람들은 내가 하는 바처럼 그와 같이 감출 수밖에 없는 것일까? 내가 했던 것처럼 가면을 쓰는 것이란 말인가? 따라서 그와 같은 것을 찾는다는 것은 그리 유용하지 않은 것인가?

5 　우리 새로운 철학자들, 우리 시도하는 자들은 달리 생각한다 — 그러니 생각하는 것으로 끝내지 말자. **보다 자유롭게 생각하자** — 아마도 우리가 또한 보다 자유롭게 행동하는 것을 눈으로 볼 날이 올 것이다. 당분간 우리는 알아보기 어려울 수 있다. 사람들은 우리를 혼동할 수밖에 없다. 우리는 "자유 사상가"인가?

10 　유럽의 모든 나라에, 이와 마찬가지로 북미에도 현재 "자유사상가"가 있다 : 그들이 우리에게 속하는가? 그렇지 않다. 여러분 : 그대들은 대략 내가 유혹자라고 부르는 저 철학자들의 의도 속에 있는 것과 정반대되는 것을 원하고 있다. 이들은 거짓된 공손함을 그대들과 바꾸려는 시도를 거의 느끼지 못하고 있다. 좋다. 그대들 "자유 사상가"가 무엇으로부터 해방될 수 있고, 그때 어디로 움직여 나아가게 되는지 단지 냄새라도 맡을 수 있다면! 내가 생각하는 바는, 그대들이 내가 내 "정신의 자유"나, 내 "선악의 저편"이라고 부르는 것의 가장 격심한 적대자가 되는 것이다.

　내가 더 이상 "영혼"을 믿을 필요 없고, "인성"이나 이른바 그 통일성을 부정하며 모든 인간에게서 아주 다양한 "페르소나"(그리고 가면)의 의복을 찾는다는 것, 내게는 "절대 정신"이나 "순수 인식"이란 그 뒤에 좋지 않게 형용 모순contradictio in adjecto이 숨어 있는 상상의 것을 의미한다는 것 — 오늘날에도 여전히 몇몇의 우직한 영국인들이 생각하고 있는 신에 대한 부정을 완전히 무시한다면, 나는 이것으로 인해 아마도 어마어마한 자유로운 사고 실험을 하는 동일한 궤도 위에 있게 될 것이다. 내가 그들과 구분되는 점은 가치 평가다 : 왜냐하면 그들은 모두 민주주의 운동에 속하며 모든 사람을 위한 평등권을 원하기 때문이다. 그들은 지금까지의 낡은 사회 형식 속에 인간의 결함이나 퇴화의 원인이 있다고 보기 때문이다. 그들은 이러한 형식의 파괴에 고무되어 있기 때문이다 : 잠정적으로 그들은 모든 인간을 정신적인 "자유"의 수준에 오르게끔 돕는 일을 그들이 할 수 있다는 것을 가장 인간적인 것으로 생각한다. 그들이 "평균인"에, 어떻게 살펴보아도 내게는 취향에 조야하게, 더욱이 이성에 반하는 저러한 종류의 인간에 속한다는 것은 대략 나쁜 일이다. 나는 정신이라는 것에서도 전쟁과 대립을 원한다. 지금까지 보다 많은 전쟁과 더 많은 대립을 원한다. 나는 모든 정신이 안락하고 어리석게 되고 사지를 쭉 뻗는 "언론이 자유로운" 시대의 촉촉이 젖은 미온적 분위기보다 (정신의 유연성을 위한 학교로서) 가장 혹독한 전제주의를 훨씬 더 인정하고 싶다. 나는 과거에 있었던 것 속에서 오늘도 역시 "반시대적으로" 있다.

그러나 우리 새로운 철학자들, 우리는 사실상의 위계 질서나 인간이 갖고 있는 가치의 다양성에 대한 묘사를 시작하는 것만이 아니다. 오히려 우리는 또한 바로 유사화나 평준화와는 정반대되는 것을 원한다 : 우리는 모든 의미에서의 소외를 가르치며, 여태껏 없었던 간극을 벌여놓고, 인간이 과거보다 더 악해지는 것을 바란다. 잠정적으로 우리는 여전히 스스로 다른 사람한테서 낯설게 몸을 숨기며 살아간다. 많은 이유에서 우리에게는 은둔자가 되고 스스로 가면을 쓰는 일이 필요하게 될 것이다. ― 우리는 따라서 우리와 비숫한 자들을 찾는 데 그렇게 적합하지 않을 것이다. 우리는 홀로 살아가게 될 것이며 아마도 일곱 가지 고독의 고문 모두를 알게 될 것이다. 그러나 우연히 우리가 거리를 걸어갈 때, 우리는 잘못 알아보고 서로 속일 것임에 틀림없다.

36〔18〕

나는 화학적 **"법칙"**에 대해 말하지 않도록 조심한다 : 이것은 도덕적 뒷맛을 가지고 있다. 더욱 중요한 문제는 힘의 관계의 절대적 확립이다 : 약한 것이 바로 스스로의 자립성의 정도를 관철할 수 없는 한, 더 강한 것이 더 약한 것을 지배하게 된다 — 여기에는 자비도, 보호도, 더욱이 "법칙"에 대한 존경도 없다!

36〔19〕

우리의 "인식"이 삶을 보존하는 데 거의 필요한 것을 넘어 더 나아가야만 한다는 것은 있을 수 없는 일이다. 형태학은 우리에게 감각이나 신경, 두뇌가 영양 결핍과 비례해 어떻게 발달하는지 보여준다.

36〔20〕

무기체의 영역에서도 힘의 원자는 단지 근접해 있는 것만을 고려한다 : 멀리 떨어져 있는 힘들은 서로 균형을 이룬다. 여기에 관점주의적인 것의 핵심이, 왜 생물은 철저히 "이기주의적"인지의 이유가 숨어 있다.

36〔21〕

보다 약한 자는 식량 부족 때문에 보다 강한 자에게 몰려든다. 보다 약한 자는 몰래 들어와 보다 강한 자와 가능한 한 일체가 되고자한다. 보다 강한 자는 거꾸로 자신의 몸을 지키며, 이러한 방식으로몰락하고자 하지 않는다. 오히려 보다 강한 자는 성장하면서 둘 혹은 그 이상으로 분열한다. 통일하고자 하는 열망이 커질수록, 약함이 있다는 것을 더욱더 추론할 수 있을 것이다. 변종, 차이, 내적 붕괴의 열망이 많아질수록, 거기에는 더 큰 힘이 있다.

접근하려는 충동과 — 어떤 것을 거부하려는 충동은 유기체의 세계에서와 마찬가지로 무기체의 세계에서도 연결 고리다. 완전한 분리란 하나의 선입견이다.

모든 힘의 조합에서 힘에의 의지는 보다 강한 자에 대해서는 자신의 몸을 지키고, 보다 약한 자에게 덤벼들 때는 더욱 올바르게 된다. 주의하라! "본질"로서의 과정.

36〔22〕

무기물과 유기물의 결합은 모든 힘의 원자가 수행하고 있는 반발력 속에 있음에 틀림없다. 생명이란 다양한 투쟁자가 서로 동등하지 않게 성장하는 힘의 확립 과정의 지속적 형식이라고 정의될 수 있을지도 모른다. 이 점에서 복종 속에도 저항이 있으며, 자주적 힘은결코 포기되지 않았다. 이와 마찬가지로 명령 속에서도 적대자의절대적인 힘이 타도되지 않으며, 동화되거나 해소되지 않는다는 사실의 인정이 있다. "복종"과 "명령"은 투쟁 놀이의 형식들이다.

36〔23〕

지속적인 이행은 "개체" 등에 대해 이야기하는 것을 허용하지 않는다. 존재의 "수"는 유동 속에조차 있다. 우리가 조야한 방식으로 운동하는 것과 나란히 "정지해 있는 것"을 볼 수 있다고 믿지 않는다면, 우리는 시간에 대해 말하지 못할 것이며, 운동에 대해 알지 못할 것이다. 마찬가지로 원인과 결과에 대해서도 알지 못할 것이며, "빈 공간"이라는 잘못된 개념이 없다면, 우리는 공간의 개념에 결코 도달하지 못했을 것이다. 동일률은 동일한 사물이 있다는 "겉모습"을 배경으로 갖고 있다. 생성의 세계는 엄밀한 의미에서 "개념화"되거나 "인식"될 수 없을 것이다 : 단지 "개념화하고" "인식하는" 지성이 순전히 가상이지만, 그러나 거의 생성된 가상성에 어울리는 이미 만들어진 조야한 세계를 찾아내는 한, 이러한 종류의 가상이 삶을 유지해온 한 ― 단지 "인식"과 같은 그 무엇이 존재하는 한 : 즉 이전의 오류와 그 이후의 오류 상호간의 측정이 있다.

36〔24〕

태양 : 그 운동은 1) 천체를 향해 돌진하려는 충동의 합성력이다 2) 이것이 모든 것에 접근하도록 만든다 3) 스스로 보다 강한 태양에 저항하면서

36〔25〕

나는 힘의 기체로서 절대 공간을 믿는다 : 이러한 것은 제약하며 형태를 만든다. 시간은 영원하다. 그러나 시간도 공간도 그 자체로는 존재하지 않는다 : "변화"란 단지 현상(혹은 우리에게는 감관의

진행 과정)일 뿐이다. 만일 우리가 이러한 변화들 사이에서 여전히
그렇게 규칙적인 회귀를 설정한다면, 이는 언제나 그러한 일이 생
겨나고 있다는 바로 이러한 사실로서, 위의 사실과 더불어 아무것
에도 근거를 마련해주지 않는다. *이것 이후에*das post hoc가 *이것*
*옆에*ein propter hoc이라는 느낌은 쉽게 오해라고 추론할 수 있다.
그것은 명백하다. 그러나 현상이 "원인"일 수는 없다!

36〔26〕

　"주어" "목적어" "술어" ― 이러한 구분이 만들어졌고 현재 도식
처럼 모든 외견상의 사실 위에 덮어씌워져 있다. 어떤 행동을 하며,
어떤 것에 고통스러워하고, 어떤 것을 "가지고" 있으며, 어떤 특성을
"가지고" 있는 자가 나라는 내 믿음은 그릇된 근본적인 관찰이다. 이
렇게 "행위를 하고" "고통스러워하고" "가지고 있다는 것" ― ― ―

36〔27〕

　내가 그것만을 여전히 중요하게 여기듯이, 철학은 가장 보편적인
역사의 형식이자 시도로서 헤라클레이토스적 생성을 어떤 방식으
로 기술하고 기호로 축약한다 (일종의 가상적 존재처럼 번역하고
미라화한다)

36〔28〕

　"유전"은 완전히 설명될 수 없는 그 무엇으로서, 설명을 위해 이
용될 수 없으며, 단지 어떤 문제를 표시하거나 고정하기 위한 것일
뿐이다. 바로 이것은 "순응 능력"에도 적용된다. 사실 형태학적 서

술에 의해서는, 가령 그것이 완벽한 것이라 할지라도, 설명되지 않지만, 그러나 엄청난 사실이 기술되는 것이다. 하나의 기관이 어떤 목적을 위해 어떻게 이용될 수 있는지가 설명되어 있지 않다. 이러한 사물 속에서 목적인을 상정하더라도 동력인을 상정하는 것과 마찬가지로 이것은 설명되지 않을 것이다. "원인causa"이라는 개념은 단지 표현 수단일 뿐이고, 그 이상의 것은 아니며, 나타내기 위한 수단일 뿐이다.

36〔29〕

예를 들어 우리의 기억에 대해서는 유전이나 발달이나 형태 속에서 인식될 수 있게 만드는 다른 기억이 있고, 우리의 발명이나 실험에 대해서는 새로운 목적을 위해 도구를 사용할 때의 발명 등과 같은 유사성들이 있다. 우리가 우리의 "의식"이라고 부르는 것은 우리를 보존하거나 우리를 성장시키는 모든 본질적인 과정에 대해서는 책임이 없다. 어떤 두뇌도 그렇게 예리하지는 않지만, 기계보다 더 많은 것을 구성할 수 있을 것이다. — 모든 유기체의 과정은 그것을 훨씬 넘어서고 있다.

36〔30〕

만일 사람들이 신의 믿음에 대한 그의 증거를 경박하다고 부른다면, 데카르트에게는 부당한 일이다. 사실, 도덕적으로 우리에게 똑같은 신을 가정할 때만, 처음부터 "진리"와 진리의 추구는 성공을 약속하고 의미를 갖는 그 무엇이다. 이러한 신을 무시한다면, 기만당하는 것이 삶의 조건이 아닌가 하는 물음이 허용된다.

36[31]

우리의 물리학자가 신이나 세계를 창조했던 "힘"이라는 승리에
찬 개념은 여전히 보완될 필요가 있다 : 그로서는 이것을, 내가 "힘
에의 의지"로, 즉 힘을 나타내는 지치지 않는 요청으로, 혹은 힘의
사용이나 실행으로, 창조적 충동 등으로 표현하는 어떤 내적 세계
로 되돌리지 않으면 안 된다. 물리학자는 원리상 "원격 작용"을 벗
어나지 않는다. 반발력(혹은 견인력)도 이와 마찬가지다. 이는 아무
런 도움도 되지 않는다 : 모든 운동, 모든 "현상", 모든 "법칙"은 단
지 어떤 내적 사건의 증후로서 파악될 수밖에 없으며, 종국적으로
는 인간의 유사성에 기여하게 된다. 동물에 있어서 힘에의 의지로
부터 모든 그 충동을 이끌어내는 일은 가능하다 : 유기체적 생명의
모든 기능을 이러한 하나의 원천에서 이끌어내는 일도 마찬가지다.

36[32]

라이프니츠는 전경과 전경적 철학을 필요로 하는 제대로 된 독일
인으로서 위험하며, 자기 안에서 가장 극단에 이르기까지 대담하고
비밀스럽지만, 그러나 과거가 없다. 스피노자는 데카르트보다 훨씬
깊고 포괄적으로 동굴에 감추어져 있다 : 파스칼은 다시금 스피노
자보다 훨씬 깊이 있다. 그러한 정신과 양심의 은둔자에 대해 흄과
로크, 표면적 인간은 신중하다 : ― ― ―

36[33]

독일 영혼의 비판에 대해.

36〔34〕

지금까지 시도된 세계 해석 가운데 기계론적 세계 해석이 오늘날 승리에 차서 전면에 서 있는 것처럼 보인다 : 명백히 이 해석은 그 자신의 입장에 대해 선한 양심을 가지고 있다. 어떠한 학문도, 그 진보나 성공이 기계론적 절차의 도움 없이는 얻어질 수 없었다고 할지라도, 그 자체로 진보나 성공에 대해서는 믿고 있지 않다. 누군가가 이 절차에 대해 알고 있다 : "이성"이나 "목적"을 가능하면 놓아두고 끌어들이지 말자. 적절한 시간이 지나면 모든 것이 모든 것에서 생성될 수 있다는 사실이 제시된다. 만일 식물이나 달걀 노른자의 "운명 속에 있는 외견상의 의도"가 다시 한번 압력과 충돌로 환원된다면, 악의적 웃음을 감추지 말자 : 간단히 말해, 그렇게 진지한 일에서 농담의 표현이 허용된다면, 마음 전체로부터 최대한의 어리석음의 원리에 경의를 표하자. 그사이에 이러한 운동 속에 있는 바로 선별된 정신의 소유자에게는, 마치 이론이 짧고 긴 것을 넘어 그것의 마지막 구멍이 될 수도 있는 그러한 구멍을 가지고 있는 것처럼, 예감이나 불안이 인지될 수 있다 : 내가 생각하는 것은 사람들이 최대의 곤란에 빠졌을 때, 그것으로부터 소리를 내는 저 구멍이다. 사람들은 압력과 충돌 자체를 "설명"할 수 없으며, 원격 작용을 벗어나지 못하게 된다 : ─ 사람들은 설명할 수 있다는 것 자체에 대한 믿음을 상실해버리고, 설명이 아니라 기술(記述)이, 역동적 세계 해석이 "빈 공간"이나 원자 덩어리를 부정하면서 곧 물리학자를 지배하게 될 것이라는 것을 불만 가득 찬 몸짓으로 인정한다 : 물론 역동적 힘에 여전히 내적 특성이 있다는 것은 말할 나위 없지만 ─ ─ ─

36[35]

몸을 실마리로 해서. ―

　철학자들이 당연히 단지 저항하며 스스로 구분했던 "영혼"이란 매력적이고 비밀스러운 사상이었다고 가정한다면 ― 그들이 이제부터 그것에 대해 바꾸는 법을 배우는 것이란 아마도 훨씬 매력적이고 훨씬 비밀에 가득 찬 것일 것이다. 인간의 몸이란, 그것에서 모든 유기적 생성의 가장 멀고도 가장 가까운 과거가 다시 생생하게 그리고 생명을 갖고 살아 있게 되며, 그것을 통해, 그것을 완전히 넘어서 들어본 적 없는 거대한 흐름이 흘러가는 것처럼 보이게 된다 : 몸은 낡은 "영혼"보다 훨씬 놀라운 사상인 것이다.

36[36]

　어느 시대에나 정신(혹은 "영혼", 혹은 현재 영혼 대신에 전문 용어로 말하면 주체)을 믿는 것보다 우리의 가장 확실한 존재, 간략히 말해 자아로서의 몸을 믿는 것이 훨씬 낫다. 자신의 위(胃)를 낯선 자, 하느님의 위라고 이해하려는 생각을 가진 자는 아무도 없었다 : 그러나 자신의 사상을 "주어진 것"으로, 자신의 가치 평가를 "신에 의해 불어넣어진 것"으로, 자신의 본능을 비몽사몽간의 활동으로 이해한다는 것 : 인간의 이러한 성벽이나 취향을 나타내는 것으로서 인류의 고대로부터 내려온 증거가 있다. 현재에도 여전히, 말하자면 예술가들 사이에서는, 최상의 주사위가 무엇을 통해 이루어졌는지, 창조적 사상은 어떤 세계로부터 오게 되었는지라는 물음이 그들에게 제기된다면, 일종의 경이로움이나 경건한 결정의 공지(公知)가 풍부하게 있을 수 있다 : 그들이 이와 같은 물음을 묻게 되면,

천진난만한 그 어떤 것이나 어린아이 같은 부끄러움을 느껴, "그것을 생각한 것은 나였다. 주사위를 던진 것은 내 손이었다"고 감히 말할 수 없게 된다. — 반대로 자신의 몸을 기만이라고, 게다가 극복되고 처리된 기만이라고 여기지 않을 수 없게 강제된 근거를 그 논리와 종교 안에 가지고 있던 저 철학자들이나 종교인들조차 몸은 그것으로부터 발생한 것이 아니라는 어리석은 사실을 인정하지 않을 수 없었다 : 이 점에 대한 가장 기이한 증거의 일부는 바울에게서, 또 다른 일부는 베단타 철학에서 찾을 수 있다.

그러나 믿음이 강하다는 것은 결국 무엇을 의미하는 것인가? 따라서 언제나 여전히 매우 어리석은 믿음이 있을 수도 있을 것이다! — 이 점은 숙고해보아야만 한다 : —

결국, 몸을 믿는다는 것이 단지 어떤 추론의 결과일 뿐이라고 한다면, 이상주의자들이 주장하는 바처럼 그것이 잘못된 추론이라고 한다면, 정신이 이와 같이 잘못된 추론의 원인이라는 사실은 정신 자체의 신뢰성에 대한 의문 부호가 아닐까? 다양성, 시간과 공간, 운동(몸에 대한 믿음의 전제가 될 수 있는 모든 것)이 오류라고 한다면, 우리가 그러한 전제에 이르는 것을 유발한 것이 정신에 대해 어떤 오해를 불러일으키는 것인가! 좋다. 몸에 대한 믿음은 잠정적으로 언제나 정신에 대한 믿음보다 훨씬 더 강한 믿음이다. 몸에 대한 믿음을 파고들고자 하는 사람은 이와 마찬가지로 가장 근본적으로 — 정신의 권위에 대한 믿음 역시 파고들 것이다!

36[37]

I.

인간적인 너무나 인간적인 : 이 제목과 더불어 크게 해방하고자 하는 의지가, 한순간에 최소한 인간을 내려다볼 수 있기 위해, 인간을 위한다고 말하는 모든 편견에서 벗어나 충분히 높은 곳으로 이끄는 모든 길을 걸어가는 개별자의 시도가 암시되었다. 인간에 대해 경멸할 만한 것을 경멸하는 것이 아니라, 마지막 근거에 이르기까지, 심지어 최고의 것, 최상의 것, 지금까지의 인간이 자부심을 가졌던 모든 것에 경멸할 만한 것이 남아 있는 것은 아닌지, 이러한 자부심 자체나 그의 가치 평가의 무해하고 표면적인 신뢰성에 경멸할 만한 것이 남아 있는 것은 아닌지 묻는 것 : 이러한 무난하지 않은 과제는, 훨씬 크고, 훨씬 포괄적인 과제가 나로 하여금 강제했던, 모든 수단 가운데 하나의 수단이었다. 그 누군가가 나와 더불어 이러한 길을 가고자 하는가! 나는 그 누구에게도 **충고하지 않는다** — 그러나 그대들은 그것을 원하는가? 그렇다면 우리 가보자!

36〔38〕

괴테는 예외다 : 그는 독일인 사이에서 섬세한 방식으로 성을 쌓고 변장하며 살았다. 실러는 덕목이라는 크게 빛나는 말이나 화려한 몸짓을 사랑했던 저 독일인들에 속한다(— 심지어 칸트적 도덕이나 그 절대적인 명령조에 대한 그의 취향마저 여기에 속한다 —) 자신들이 얼마나 코체부의 독일인이었는지를 (— 어느 훌륭한 부분은 아직 그렇지 않지만 —) 인정하는 것은 독일인에게 고통스러운 일이다.

저 생명이 위험한 몽상가인 상드는, 종종 일어나는 일이지만, 아마도 자신의 복수를 단지 잘못된 자리에다 놓았던 것 같다.

얀센Jans⟨s⟩en

36[39]
　그 어떤 것이 현재의 독일인에게 명예가 된다면, 이것은 그들이 자신들 할아버지뻘 되는 위대하며 빛나고 반짝거리는 실러의 말을 더 이상 견딜 수 없음을 뜻한다 ― ― ―

36[40]
　코체부가 그랬듯이, 독일의 작은 도시들은 ― 그 회화의 모습은 훌륭했다. ― 바이마르의 모습에 따라 실러와 괴테의 시대에 만들어진 것이다.

36[41]
　독일 영혼의 사소함과 비참함, 부분적으로는 즐기면서, 또 부분적으로는 시기하면서 구석에 앉아 있는 그 모습, 코체부를 기억하기 위해, 육화된 그들의 "소도시성", 화가의 말로 하면, 모든 놓은 것을 보기 위한 그 "개구리 관점", ― 얼마나 고통스러운가 ― ― ―

36[42]
　오직 정신, 근면과 유능함만을 관찰해본다면, 프로이센의 유대인들은 이미 보다 높은 국가 공무원의 자리에, 특히 행정부에 있는 것이다 : 간략히 말해, 그들은 "권력"을 또한 장악하고 있는 것이다 (그들은 이미 이와 같은 것을 ― 다양한 증거로 추론해보면 ― "마음대로" 할 수 있는 듯하다). 그들이 배제하는 것은 권력을 대표하는 능력의 부재다. 유대인들은 자신의 조국에서조차 지배 계층이 아니었다 : 그들의 눈은 확신하지 못하며, 그들의 혀는 가볍게 너무 빨리 놀려 뒤집어지고, 그들의 분노는 깊고 진지한 사자의 포효를 이해하지 못하며, 그들의 위는 큰 술자리를 견디지만, 그들의 오성
5 은 강한 포도주를 견뎌내지 못한다 — 그들의 손과 발은 자부심 있는 어떤 감정을 그들에게 허용하지 않는다(그들의 손에서는 종종 경련이 일어나는데, 나는 그 어떤 — 기억 — 을 알지 못한다). 유대인이 말[馬]에 다가서는 방식조차 (혹은 어떤 유대 음악가가 자신의 테마에 다가서는 — "유대적 도약") 무난한 것이 아니며, 유대인들
10 이 결코 기사도적 종족이 아니었다는 것을 암시한다. 만일 유대인들이 여러 가지 방식으로 기사의 품위를 쓸데없는 것으로 느끼게 된다면, 이것으로 말미암아 그들의 도덕성이 아니라, 이러한 도덕성을 대표하는 그들의 불확실성이 유죄 판결을 받는 것이다. 이제 이로부터 곧바로 프로이센의 유대인은 멸망하고 위축된 종의 유대인
15 임에 틀림없다는 결론이 나온다 : 왜냐하면 근동인(近東人)은 이른바 북독일인보다 비교할 수 없을 정도로 훨씬 대리(代理) 행위를 잘 이해하기 때문이다 : — 들라크루아. 유대인의 이러한 퇴화는 잘못된 풍토나 아름답지 못하고 억압된 슬라브인, 헝가리인, 독일인과 함께 이웃해 사는 것과 연관되어 있다 : 포르투갈인들이나 무어인
20 들 가운데서 보다 높은 유대 종족이 보존되었는데, 즉 전체적으로 죽음의 축제나 일종의 정열의 신성함은 구약 성서의 그 어떤 유대인에 의해서보다도 지상에서 지금까지 더 아름답게 표현되지 못했을 것이다 : 그들에게 그리스인들 역시 수업을 받으러 갈 수 있었을 것이다!

36[43]

　유대적 영혼의 위험은 다음과 같다 : 1) 그것은 그 어느 곳에 기생적으로 뿌리를 내리고자 한다 2) 그것은 자연 연구가들이 말하듯이, "적응하는" 법을 알고 있다 : 테오그니스Theognis가 노래하는 것처럼, 자신이 달라붙은 바위에서 그 색깔을 빌려오는 해파리처럼, 그 때문에 천부적인 배우가 되었다. 이 두 가지에 대한 그들의 재능과 그 이상(以上)의 성향이나 사례는 어마어마한 것 같다. 아주 작은 이익을 위해 많은 정신과 끈기를 포기하는 습관은 그들의 성격에 운명적인 주름을 남겨놓았다 : 따라서 유대 금융 시장의 가장 존경할 만한 도매 상인은 만일 사소하고 인색하며 과도한 이득을 취하려고 손을 냉혈적이지 〈않게〉 뻗는 상황이 생겨나면 — 즉 그와 같은 것이 프로이센의 금융인을 부끄럽게 만들 수도 있다, 그것을 극복하지 못한다.

36[44]

　독일 문화의 미래는 프로이센 장교들의 아들들에게 의존한다

36[45]

A. 유대인들, 가장 오래되고 순수한 종족. 여성들의 아름다움.

B. 유대인들 배우 : 민주주의적 시대에 : 문필가가 배우로 환원됨

C. 유럽 귀족주의의, 혹은 더 나아가 프로이센 지주와 유대인 여자들의 혼혈 문제

36[46]

독일 무신론.

교사-문화.

독일의 염세주의.

36[47]

유대 영혼의 위험들 : 기생주의와 연극

유대인이 "대표"하는 것이 아니다

교사-문화.

독일의 염세주의.

은둔자 :

독일 숭배.

독일 음악.

문필가들.

여자들.

현대 이념에 대한 불신.

독일의 무정부주의.

36[48]

모든 문예적인 것이나 대중적이고 계몽적인 것에 대한, 특히 변질되기 쉬운 모든 여성적인 것이나 여성적인 잘못된 모습에 대한 적대감 ─ 왜냐하면 정신의 계몽이란 인간을 불확실하게, 의지가 나약하게, 접촉이나 지원이 필요하게 하기 위한, 간단히 말해 인간 안의 **무리 동물**을 발달시키게 하기 위한 오류 없는 수단이기 때문이다

: 그렇기 때문에 지금까지 모든 위대한 통치의 예술가들(천민뿐만 아니라 힘을 최고로 여겼던 시대에서의, 중국의 공자, 로마 제국, 나폴레옹, 교황권)은 지배 본능이 지금까지 정점에 이른 곳에서 또한 정신의 계몽에 봉사했다. 적어도 그들은 지배하는 것을 (르네상스 시대의 교황들처럼) 놓아두었다. 예를 들어 모든 민주주의에서처럼, 이 점에 대한 대중의 자기 기만은 외형적으로는 가치 있는 것이다 : 인간의 왜소화나 통치 가능성은 "진보"로서 추구된다!

36[49]

독일의 염세주의에 대해. ─

암담함이, 염세주의적 색조가 계몽주의의 결과로서 필연적으로 다가온다. 1770년경에 이미 쾌활함이 줄어들었다는 사실이 알려졌다. 여성들은 항상 덕의 편을 드는 저 여성적인 본능으로써, 비도덕성이 그 점에 책임이 있다고 생각했다. 갈리아니가 정곡을 찔렀다 : 그는 볼테르의 시구를 인용하고 있다. ─ 만일 내가 현재 수세기 동안 볼테르나, 심지어 ─ 훨씬 깊이 있었던 ─ 갈리아니가 계몽에서 앞서 있다고 이제 생각한다면, 얼마나 나는 지극한 암담함에서도 멀리 있어야만 했던가! 이것은 또한 사실이다 : 나는 늦지 않게 일종의 유감을 품은 채 쇼펜하우어적인 혹은 심지어는 레오파르디적인 염세주의의 독일적이고 그리스도교적인 편협함이나 부당한 결론을 경계하고, 가장 원리적인 형식들을 탐구했다(─ 아시아를 ─). 나는 에두아르트 폰 하르트만이 염세주의를 고려하지 않는 사상가가 아니라, 오히려 "편안한 문필가" ─ ─ ─ 등이라 생각한다. 그러나 "신이나 도덕 없이" 홀로 살아간다는 이러한 극단적인 염세주의를 견디기 위해(내 "비극의 탄생"의 여기저기서 그 소리가 울려 나오고 있듯이), 나는 대립물을 고안하지 않을 수 없었다. 아마도 왜 인간만이 웃는지 나는 가장 잘 알고 있을 것이다 : 인간만이 웃음을 고안하지 않을 수 없게 깊이 고뇌하고 있다. 불행하고 우울한 동물은, 당연한 일이지만, 가장 쾌활한 동물이다.

36〔50〕

독일의 서정 시인들에 대해. ―

36〔51〕

남부와 동양.

36〔52〕

브람스는 "사건"이 아니며, 예외도 아니고, 바그너에 앞선 연결 고리의 틈새도 아니며, 오히려 하나의 원 그 이상(以上)이다. 하나의 ― ― ― 만일 사람들이 마치 낯선 방식으로 손님에게 우호적인 천재나 사람들처럼 때때로 희생했던 것을 ― 위대한 스승, 늙고 새로운 스승에 대한 경건함의 희생 역시 첨가해 ― 도외시한다면, 그는 지금까지 오직 "북독일적인 음악가"라는 표현을 주장한 음악가가 될 것이다.

36〔53〕

독일인은 아직 아무 존재도 아니지만, 그러나 그 어떤 존재가 되어간다. 즉 그들은 아직 문화를 가지고 있지 않으며, 아직 문화를 가

질 수 없다! 이것이 내 명제다 : 그 존재가 어떤 존재일 수밖에 없는
지, 즉 누가 독일적인 것을 머릿속으로 이해하고 있는지 (은밀히 나
쁜 계획을 짜고 있는지) 하는 문제에 부딪힐 수 있다! ― 그들은 아
직 아무 존재도 아니다 : 이것이 의미하는 바는 그들이 모든 존재라
는 것이다. 그들은 그 어떤 존재로 되어간다 : 이것이 의미하는 바는
그들이 모든 존재가 되는 것을 언젠가는 멈춘다는 것이다. 이러한
후자는 근본적으로 단지 소망일 뿐, 아직 희망은 아니다. 행복하게
도 그것은 우리가 의존해 살 수 있는 소망이며 의지, 노동, 훈육, 육
성의 문제인 것과 마찬가지로, 또한 불쾌, 갈망, 궁핍, 불만, 아니
분노의 문제다 : 간단히 말해, 우리 독일인들은 사람들이 우리에게
서 아직 갈구한 적 없는 그 무엇을 우리에게서 욕구한다 ― 우리는
그 이상을 욕구한다!

    이러한 "아직 존재하지 않고 생성되어가는 독일인"에게 ― 오늘
날 독일의 "교양"보다 훨씬 더 훌륭한 것이 다가온다는 것, 모든
"생성하는 자"가 이러한 영역에서 만족을, 뻔뻔스럽게 "은퇴"나 "스
스로 그을리는 것"을 인식하는 곳에서 그들이 격분하지 않을 수 없
다는 것 : 이것이 내 두 번째 명제며, 그것에 대해 나는 아직은 의견
을 바꾸지 않았다.

36[54]

    어떻게 어떤 신학자가 오늘날 자신의 그리스도교에 대한 믿음에
서 양심의 거리낌 없이 있을 수 있는지는 내게는 이해할 수 없는 일
이자 다룰 수 없는 일이다. 그러나 그에게 거리낌 없는 양심이란 충
분히 있다 ― "거리낌 없는 양심"이란 그리 대수롭지 않을 일처럼

보인다!

36〔55〕

"독일적인 것."
물음과 줄표.

훈육과 육성에 대한 사상.

36〔56〕

모욕된 자부심, 사람들이 경멸할 수 있었을 만한 곳에서 사랑받는 것에 대한 불만, 생겨난 공허함과 균열에 대해 우연히 다가오는 우울증, 마지막으로 "너는 너 자신이 거짓말하는 것을 미워한다"고 말한 지적 허영심의 자상(刺傷) ― : 이러한 것들은 추후의 경험이 었다. 그러나 어떤 철학적 인간은 경험한 모든 것을 보편적인 것으로 만들며, 모든 개별적인 것은 연속적으로 생겨난다.

36〔57〕

아시아인은 유럽인보다 백 배나 더 위대하다

36〔58〕

"인간"이라는 원시림의 식물은 언제나 힘을 위한 투쟁이 가장 오랫동안 이루어진 곳에서 나타난다. 위대한 인간들.

36[59]

　최고 지성의 발달조차 부자유와 저항 아래서 양육되었다. 지금까지 "자유 정신"의 덕을 입은 것은 아니다. 사람들은 정신을 위해 그리스도교적이자 동시에 학적–논리적 세계 해석이라는 양심의 고통이 어떤 세련됨을 수반하게 되었는지를 낮게 평가한다.

36[60]

　"현대 영혼의 비판에 대해."

〔37 = W I 6a. 1885년 6월～7월〕

37[1]

　내가 이 책에서 감히 강의하고자 하는 내용에 대해 확실히 가까이서, 혹은 더 나아가 멀리서 많은 용기 있는 반론이 제기될 수 있겠다. 이러한 반론들의 한 부분을 나는 스스로 어떤 한 사람의 의견을 듣고 대화하면서 다양하게 연습한 덕분에 선취했지만, 그러나 유감스럽게도 언제나 또한 미리 대답했다 : 즉 지금까지 내 "진리"의 짐 모두는 내게 놓여 있었다. 사람들은 여기에서 짐스러운 진리가 문제 된다는 것을 이해하게 될 것이다. 성스럽게 만드는 믿음이 있다면, 그럼 좋다, 여기에는 그렇게 하지 않는 믿음이 있다! 그러나 왜 문제들은 우리에게 만족을 주게끔 정렬되어 있어야만 하는 것일까? — 제대로 말하면, 내가 바로 이번에 기꺼이 만족을 즐긴다 할지라도, 반박을 받게 되어 있는 것일까. — 다른 한편 우리에게 인식이 {문제 된다면} － － － 그렇다면 인식은 무엇을 위한 것인가?
—

　결국 이것 역시 아마도 시간의 문제일 것이다 : 우리는 마지막에는 심지어 악마와도 화합한다. 문제들이 우리에게 만족감을 주게끔 정렬되어 있는 것이 아니라면, 누가 우리가 그것을 — 그렇게 정렬하는 것을 방해할 수 있을 것인가?

37〔2〕

　　많은 사람들과 의견 일치를 보려 하는 것은 나쁜 취미다. 근본적
으로 내 친구인 충족Satis이 이미 내게는 충분하다 : 그대들은 그럼
에도 불구하고 그가 누구인지 알고 있는가? *나에게는 몇 가지만 있*
어도 충분하다. 한 가지만 있어도 충분하다, 아무것도 없어도 충분
*하다*Satis sunt mihi pauci, satis est unus, satis est nullus.　궁극적
으로 그때 다음과 같은 것이 남는다 : 위대한 것들은 위대한 자들을
위해 남으며 저장되고, 깊이 있는 것은 심연을 위해, 부드러움과 전
율은 예민한 자들을 위해, 전체적으로 간략하게 말하면, 모든 희귀
한 것은 희귀한 자들을 위해 남겨진다. 내 판단은 내 판단이다 : 그
것을 하기 위해 다른 사람도 권리를 갖는 것은 쉽지 않은 일이다.
― 그대들, 내 어깨 너머로 책을 살펴보는 내 이웃들, 그대들은 심
지어 이 부분에서 나와 동의할 것을 고집하는가? 그대들은 이 책을
살펴보고 그것에 관해 긍정하는가? 그들이 사라져버렸으면! 나는
철저히 그들의 편에서 내가 실상 썼던 것에 대해 불신하고자 한다.
즉 나 역시 모든 철학자들처럼 진리를 사랑한다 : 모든 철학자들은
지금까지 자신들의 진리를 사랑했다 ― ―

37〔3〕

　　나는 그러한 철학자들이 쾌활한 상태로, 완전히 맑게 갠 하늘의
심연 아래에 기꺼이 앉아 있다고 말하는 것을 잊어버렸다 : ― 그들
은 다른 인간들보다 삶을 견뎌내는 다른 수단을 필요로 한다. 왜냐
하면 그들은 다른 방식으로 고통스러워하기 때문이다 (즉 자신들의
사랑에서처럼, 자신들의 인간 경멸의 깊이 때문에 고통스러워한

다). ― 지상에서 가장 고통스러운 동물은 고안해냈다 ― 웃음을.

37[4]

　도덕과 생리학. ― 우리는 바로 인간 의식이 오랫동안 유기체 발달
과정의 최고 단계로, 온갖 지상의 것 가운데 가장 놀랄 만한 것으
로, 즉 마치 그것의 개화(開花)나 목적으로 보이게 된 것을 성급하
다고 여긴다. 가장 놀랄 만한 것은 오히려 몸이다 : 어떻게 인간의
몸이 가능하게 되었는가, 즉 어떻게 그러한 엄청난 살아 있는 생명
의 통합이, 각각 의존하고 예속하지만, 그러나 어떤 의미에서는 명
령하고 자신의 의지에서 행동하며, 전체로서 살고 성장하고 어떤
시간 동안 존속할 수 있는지에 대해 사람들은 끝까지 그런 것은 아
니지만 경탄할 수 있다 ― : 이러한 것은 명백히 의식을 통해 일어
나는 일이 아니다! 이러한 "기적 가운데 기적"에 의식이란 단지 하
나의 "도구"일 뿐이며 그 이상이 아니다 ― 위(胃)가 그것의 도구라
고 하는 동일한 의미에서. 가장 다양한 생명의 화려한 연관, 보다
높고 낮은 활동의 배열과 정돈, 맹목적인 것도, 더욱이 기계적인 것
도 아니고, 선택적이고, 현명하며, 분별력 있고, 스스로 저항하는
복종인 천 배의 복종 ― "몸"이라고 하는 이러한 모든 현상은 지성
의 방식에 따라 측정하면 대수학이 일 곱하기 일보다 뛰어나듯, 우
리의 의식, 우리의 "정신", 우리의 의식적 사유, 감정, 의지보다 뛰
어나다. "신경 기관이나 두뇌 기관"은 대체로 사유, 감정, 의지로 산
출할 만큼 그렇게 섬세하거나 "신적으로" 구성되어 있지 않다 : 오
히려 바로 그것을 위해, 즉 사유하고, 감정을 느끼고, 의지하기 위
해 그 자체로 아직은 어떤 "기관"도 필요하지 않으며, 오히려 이것

이, 오직 이것만이 — "요점 자체"라고 나는 생각한다. 저 섬세한 결합 체계와 매개 체계, 그리고 그러한 것을 통한 이러한 보다 높고 낮은 모든 존재의 번개같이 빠른 변화가 — 실상은 순수한 생명의 매개체에 의해 만들어졌다면, 오히려 "인간"이라고 부르는 생명체와 지성의 저러한 어마어마한 종합이 비로소 살 수 있게 될 것이다 : 그러나 이것은 기계론적인 문제가 아니라, 도덕의 문제다! "통일"에 대해, "영혼"에 대해, "인성"에 대해 이야기를 꾸미는 것을 우리는 오늘날 거부했다 : 분명한 사실이지만, 그러한 가설과 더불어 문제는 어려워진다. 우리의 몸을 구성하는 저 가장 작은 생명체 역시 (더 올바르게 말하자면 : 우리가 "몸"이라고 부르는 것의 협동 작용에 대해 말하자면, 가장 좋은 비유는 —) 우리에게는 영혼의 원자가 아니라, 오히려 성장하고, 투쟁하며, 스스로 증대되고, 다시 쇠약해지는 것으로 여겨진다 : 따라서 그것의 수는 불안정하게 변하며, 우리의 생명은 각각의 생명처럼 동시에 지속적인 죽임이기도 하다. 즉 — 그것이 생존하는 모든 순간에 — 자신의 몸을 구성하는 존재가 있는 것처럼 인간에게는 많은 "의식"이 있다. 습관적으로 유일한 것으로 생각된 "의식", "지성"을 표기하면, 그것은 바로 몸이 이렇게 많은 의식의 체험들 가운데 나타난 무수히 많은 것을 보호하고 차단한 채 있다는 것이다. 보다 높은 수준의 의식으로서, 이끌어가는 다수와 귀족체로서, 체험들 가운데 오직 하나의 선택만이 앞에 놓여 있고, 그것에 더욱 순수하고 단순하고, 포괄적인 그리고 이해할 수 있게 된, 즉 위조된 체험이 오게 된다. — 몸이 그 자신의 입장에서 이러한 단순화, 포괄화, 즉 위조를 지속적으로 하고 일반적으로 "하나의 의지"라고 불리는 것을 — 그러한 모든 의지 행위란 마치 독재자의 임명과 같은 것을 전제한다 — 준비하게 하기 위해서다. 그러나 이러한 선택이 우리의 지성에 제기하는 것, 이미 체험이 앞서서 단순화하고, 동화시키고, 해석했던 것은 어느 경우에도 이러한 지성이 아니다 : 즉 이는 몸과 같이 의지를 실행하고, 창백하고 얄팍하며 극도로 부정확한 가치 관념이나 힘 관념을 받아들여 생생한 힘이나 정확한 가치 척도로 번역하는 것은 아니다. 여기에서 진행되는 바로 이 같은 방식의 작용은 이러한 보다 높거나 낮은 모든 존재의 상호적 반응 속에서 보다 깊은 모든 단계로 지속해서 진행되는 것이 틀림없다 : 즉 체험 가운데 이러한 동일한 선택이나 제시, 이와 같은 추상화나 총괄적 사유, 이러한 의지, 언제나 아주 불확실한 의지를 이렇게 특정 활동으로 환원해 번역하는 것이 진행된다. 이미 말했듯이. 몸을 실마리로 해서, 우리는 우리의 삶이 가치가 아주 동일하지 않은 많은 지성의 총체적 놀이를 통해, 즉 오직 끊임없는 천 가지 복종이나 명령에 의해 — 도덕적으로 말하자면 : 많은 덕의 부단한 연습에 의해 — 가능하다는 것을 배운다. 우리는 어떻게 도덕적으로 말하는 것을 그만둔단 말인가! — — 그와 같이 지껄이면서 나는 제어되지 않은 채 배움의 충동에 몰두했다. 왜냐하면 나는 내 말에 귀를 기울이는 것을 견뎌내는 그 누군가가 있었기에 행복했기 때문이다. 그러나 바로 이 입장에서 아리아드네는 그것을 더 이상 견디지 못했다 — 즉 내가 처음으로 낙소스에 머물 때 역사는 일어났다 — : "그러나 선생님", 그녀는 말했다 "당신은 저열한 독일어로 말하시는군요!" — 나는 기분 좋게 대답했다 "독일어, 그저 독일어지요! 내 여신이여, 돼지를 풀어주시지요! 그대는 섬세한 것을 독일어로 말하는 어려움을 낮게 평가하십니다!" —

"섬세한 것들!" 아리아드네는 놀라서 소리쳤다 : "그러나 그것은 단지 실증주의일 뿐이었어요! 긴 코의 철학일 뿐이었어요! 백 가지 철학에서 나온 개념의 혼합이나 개념의 오물일 뿐이었단 말이에요! 이것은 대체 어떻게 될까!" — 이때 그녀는 언젠가 자신의 테세우스를 미궁을 통해 이끌었던 유명한 실로 참을성 없는 놀이를 했다. — 즉 아리아드네가 자신의 철학적 교육에서 이 1000년경으로 되돌아오는 날이 다가왔다.

37〔5〕

내 잠언서처럼 잠언서들 가운데 있는 간단한 잠언구들 사이와 배후에는 금지된 오래된 것들이나 사상의 고리들만이 있다. 그 가운데 많은 것은 오이디푸스와 그의 스핑크스에게 충분히 의심스러울 수도 있다. 나는 논문을 쓰지 않는다 : 그것은 당나귀처럼 멍청한 인간이나 잡지의 독자를 위한 것이다. 이와 마찬가지로 평론도 쓰지 않는다. 내 "반시대적 고찰"을 나는 젊은 사람으로서 내가 내 체험이나 맹세를 말한 젊은이에게, 그들을 내 미궁으로 유혹하기 위해, 맞추었다 — 독일 청년들에게 : 그러나 독일 청년들이 죽어버렸다는 것을 믿도록 나는 설득당한다. 좋다 : 나는 저 앞선 태도에서 "웅변적"일 이유가 더 이상 없다. 오늘날 나는 아마도 더 이상 그렇게 할 수 없을 것이다. 밤낮으로, 매년 자신의 영혼과 가장 허물없는 갈등과 대화하며 함께 앉았던 사람은, 자신의 동굴 속에서 — 미궁이 될 수도, 또한 금 갱도가 될 수도 있다 — 동굴 곰이나 보물이 되었던 사람은, 나처럼 머리가 언제나 전하고 싶지 않은 갖가지 사상, 의혹, 의심스러운 것을 머리를 통해 가슴을 넘어 내달리게 했고 그렇게 할 수 있는 사람은 : 그 사람의 관념 자체는 결국 모호한 색, 곰팡이 냄새처럼 깊은 곳의 냄새를, 전달할 수 없는 것이나 모든 호기심 있는 사람에게 차갑게 불어대는 불쾌한 그 무엇을 담고 있다 : — 만일 은둔자의 철학 자체가 사자 발톱으로 쓰인다면, 그것은 그럼에도 불구하고 언제나 "인용구"의 철학처럼 보이게 될 것이다.

37〔6〕

사람들은 어떤 은둔자의 저서에서 또한 황량함의 반향과 같은 그 무엇을, 속삭이는 귓속말과 같은 것을, 소심한 고독의 자기 통찰을 듣는다 : 가장 강한 그의 말이나 절규 자체는 여전히 어떤 새롭고 훨씬 위험한 방식의 침묵이나 비밀 준수처럼 들려온다.

37〔7〕

만일 우리가 위대한 교육자로서 철학자들을 고독한 높이로부터 긴 세대의 연쇄 고리를 통해 자기 자신에게 끌어올릴 만큼 충분히 강력하다고 생각한다면, 우리는 그가 위대한 교육자의 섬뜩한 특권 역시 가지고 있다는 것을 인정하지 않을 수 없다. 교육자는 스스로 생각한 바를 말하지 않으며, 그가 교육하는 자의 이익을 연관 지으면서 어떤 사태에 대해 생각하고 있는 것만을 언제나 말할 뿐이다. 이렇게 위장하기에 그는 추측해서는 안 된다. 사람들이 이러한 성실성을 믿는다는 것은 그의 장인 정신에 속한다. 그는 훈육과 육성의 모든 수단을 구사할 수 있어야만 한다 : 그는 많은 본성의 인간을 비웃음의 채찍을 사용함으로써만 앞으로 나아가게 만들며, 다른 자들, 나태한 자들, 우유부단한 자들, 비겁한 자들, 허영심 있는 자들에게는 아마도 과도한 칭찬을 사용할 것이다. 그러한 교육자는 선악의 저편에 있다. 그러나 그 누구도 이 점을 알아서는 안 된다.

37[8]

운명처럼 불가피하게 주저하고 두려워하면서 커다란 과제와 물음이 다가온다 : 대지는 어떻게 전체로서 관리되어야만 하는가? 무엇을 위해 "인간"은 전체로서 ─ 더 이상 민족이나 종족이 아니라 ─ 교육되고 양육되어야만 하는가?

입법적 도덕이란 우리가 창조적이고 깊은 의지에 알맞은 인간을 소재로 해서 조형할 수 있는 주요한 수단인 것이다 : 그러한 최고의 예술가의 의지가 위력을 손안에 쥐고, 입법, 종교, 풍습이라는 형태로 자신의 창조적 의지를 오랜 시간 동안 관철할 수 있다고 가정해보자. 그러한 위대한 창조를 하는 인간, 내가 이해하듯이 본래적인 위대한 인간을 사람들은 오늘날 아마도 오랫동안 여전히 헛되게 뒤좇게 될 것이다 : 그러한 사람들은 없다. 사람들이 마침내 많은 실망을 한 이후에, 왜 그들이 없는지를, 그리고 현재 유럽에서 바로 "도덕"이라고 부르는 것보다 더 적대적으로 현재나 오랜 시간 동안 그들의 발생이나 발달을 저해하는 것은 없다는 사실을 이해하기 시작해야 할 때까지 말이다 : 마치 그 밖에 다른 도덕이란 없으며 있어서는 안 되는 것처럼 말이다 ─ 있는 것은 저 이전에 특징지어진 무리 동물의 도덕이며, 이 도덕은 전력을 다해 지상에서의 일반적인 푸른 목자의 행복을, 즉 안전, 위험 없는 상태, 안일, 삶의 가벼움을 추구하며, 마지막에 가서 "모든 일이 잘 진행된다면" 또한 모든 종류의 목자나 선도하는 양으로부터도 벗어나기를 희망한다. 가장 흡족하게 설교되는 그 두 가지 가르침은 "권리의 평등"과 "고통 받는 모든 자들에 대한 동정심"이라고 불린다 — 고통 자체는 그들에 의해 완전히 제거되지 않으면 안 되는 그 무엇이라고 간주된다. 그러한 "이념"이 언제나 현대적일 수도 있다는 것은 — — — 에 대한 역겨운 생각을 주는 것이다. 그러나 인간이라는 식물이 지금까지 어느 곳에서 어떻게 가장 강인하게 생장했는지에 대해 근본적으로 숙고해온 사람이라면, 이러한 일이 정반대의 조건에서 일어났다는 사실을 믿지 않을 수 없다 : 즉 그것을 위해서는 인간의 상황의 위험이 엄청나게 증대하고, 그의 고안이나 위장의 힘이 오랫동안의 압력이나 강제 아래에서 솟구쳐 오르려고 투쟁해야만 하고, 그의 삶의 의지가 절대적 힘에의 의지나 우세한 의지가 될 때까지 상승되어야만 하며, 그리고 위험, 가혹함, 폭행, 마음에 있어서처럼 거리의 위험, 권리의 불평등, 은폐, 스토아주의, 유혹술, 온갖 종류의 악행, 간략히 말해 무리가 원망(願望)하는 모든 것과는 반대의 것이 인간 유형을 고양시키는 데 필연적이라는 사실을 말이다. 인간을 안일하고 중급의 존재 대신에 높은 곳으로 육성하고자 하는 그러한 반대 의도를 지닌 도덕, 통치 계층 — 미래 대지의 주인들 — 을 육성할 의도를 지닌 도덕이 가르침을 받을 수 있으려면, 현존하는 도덕률과 결부되어 그 용어나 외관 아래서 도입되지 않으면 안 된다. 그러나 그것을 위해서 많은 과도기적 수단이나 기만의 수단이 만들어져야만 하며, 그리고 한 인간의 생애는 이토록 장황한 과제나 의도의 수행을 고려하면 거의 아무것도 아니기 때문에, 무엇보다 먼저 몇 세대를 걸친 지속에 의해 위에 언급한 의지가, 위에 언급한 본능이 보증받게 되는 하나의 새로운 종이 육성되지 않을 수 없다 : 하나의 새로운 주인의 종(種)이나 주인 계층 — 이것은 길고도 쉽게 말할 수 없는 이 사상의 많은 것들과 마찬가지로 자명한 것이다. 최고의 정신이나 의지력을 지닌 특정의 강한 인간 종을 위해 가치 전도를 준비한다는 것, 이러한 목적을 위해 그들에게서 구속당하고 비방당한 한 무리의 본능을 서서히 조심스럽게 풀어놓는다는 것 : 이점을 숙고하는 사람은 자유 정신인 우리에게 속해 있다 — 물론 지금까지의 것보다 더 새로운 종류의 "자유 정신"이 된다 : 왜냐하면 이러한 사람들은 대략 정반대의 것을 바라기 때문이다. 내가 보는 바처럼, 생존 전체에 대한 불만이 또한 현재의 인간에 대한 불만이 되게 하는 데 있어 최소한 논리적으로 그들을 필요로 하는 한, 무엇보다도 유럽의 염세주의자들, 반항하는 이상주의 시인들이나 사상가들이 여기에 속한다. 의구심 없이 무조건적으로 보다 높은 인간의 특권을 옹호하고, "무리 동물"과 싸우며, 선택된 정신이 갖는 예술이라는 유혹 수단으로 모든 무리 본능과 무리의 신중함을 잠재우는 바의 포만감을 모르는 야심적인 어떤 예술가도 이와 마찬가지다. 마지막 세 번째로 다행스럽게 시작된 고대 세계의 발견 — 이것은 독일 정신의, **새로운 콜럼버스**의 작업이다 — 을 용기 있게 계속 **진행하는** (— 왜냐하면 우리는 언제나 이러한 정복의 처음에 서 있기 때문이다) 저 비평가나 역사가 모두가 여기에 속한다. 즉 고대세계에는 사실상 오늘날과는 다른 훨씬 더 고상한 도덕이 지배하고 있었다. 고대인은 그 도덕의 교육적 마력 아래서 오늘날의 인간보다도 더 강인하고 깊이 있는 인간이었다. — 그는 지금까지 오직 "잘난 인간"이었다. 그러나 고대로부터 잘난, 다시 말해 강하고 진취적인 영혼에게 행해진 유혹은 오늘날에도 여전히 모든 반민주주

의적이고 반그리스도교적인 유혹 가운데 가장 예민하고 효과가 큰
것이다 : 이것은 이미 르네상스 시대에도 있었다.

37〔9〕

나는 이러한 모든 민족 전쟁들, 새로운 "제국"과 그 밖에 전경에
있는 것을 넘어서 바라본다 : 나와 상관있는 것 — 왜냐하면 나는
그것이 서서히 머뭇거리면서 준비되고 있다고 보고 있기 때문이다
— 그것은 하나의 유럽이다. 이 세기의 훨씬 포괄적이고 깊이 있는
모든 인간들에게 그것은 저 새로운 종합을 준비하고 실험적으로 미
래의 "유럽인"을 선취하는 그들 영혼의 본래적인 총괄 작업이었다
: 오직 그들이 보다 신체가 허약한 때에 처했거나, 혹은 늙어버렸을
때, 그들은 "조국"이라는 민족적 한계로 되돌아갔으며 — , 그때 그
들은 "애국자"였다. 나는 나폴레옹, 괴테, 베토벤, 스탕달, 하인리히
하이네, 쇼펜하우어 같은 인간들을 생각하고 있다. 아마도 리하르
트 바그너 역시 여기에 속하지만, 독일적 불명료함의 잘난 유형으
로서의 그에 대해서는 전적으로 그러한 "아마도"라는 말 없이는 말
할 수 없다. 그러나 그러한 정신 속에서 새로운 통일에 대한 욕구나
이미 새로운 욕구와의 새로운 통일로서 활기를 띠고 형성된 것과
나란히 해명되어야 할 커다란 경제적 사실이 있게 된다. 유럽의 소
국들은 — 내가 생각하는 것은 우리의 현재의 모든 국가와 "제국"이
다 — 마지막 국경선에 대한, 세계 통상과 세계 무역에 대한 대규모
의 통상과 무역의 절대적 열망 때문에, 짧은 시간 내에 경제적으로
견딜 수 없게 될 것이다. (화폐만이 이미 유럽으로 하여금 언젠가
하나의 힘으로 한 덩어리가 되게 할 것이다.) 그러나 좋은 전망으로

대지를 지배하기 위한 투쟁에 들어가기 위해 — 분명한 사실은 이러한 투쟁이 누구를 겨냥하게 되는지에 있다 — 유럽은 아마도 진지하게 영국과 "화해"할 필요가 있다 : 현재의 독일이 자신의 새로운 매개자 역할이나 중개인 역할을 연습하기 위해 네덜란드의 식민지가 필요하듯이, 저 투쟁을 하기 위해서는 영국의 식민지가 필요하다. 즉 그 누구도 더 이상 영국 자체가 자신의 오래된 역할을 50년은 더 할 수 있을 만큼 충분히 강하다고 믿지 않는다. 영국은 *새로운 인간들*homines novi을 통치에서 배제할 수 없기 때문에 몰락한다. 그렇게 지루하다고 해서, 우리는 (그와 같이 지루한 것 때문에, 사람들은) 그렇게 정당을 바꾸어서는 안 된다 — — — 우리는 오늘날 상인으로서 자신의 신용을 잃지 않기 위해 먼저 군인이 되어야만 한다. 충분하다 : 다른 것들에서와 마찬가지로 여기에서도 다음 세기는 가장 먼저 선취할 수 있는 새로운 시대의 인간인 나폴레옹의 발자국을 발견할 수 있을 것이다.

다음 세기의 과제로 "공공성"이나 의회주의와 같은 것은 가장 부적절한 조직이다.

37[10]

나는 보다 높은 인간들이나 민족들 가운데서 세계를 완전하고, 전체적으로, 견고하게 갖고자 하는 인간과 — 아마도 위대하며, 매우 위대하지만, 그러나 전혀 "무한"하지는 않은 — 구름을 사랑하는 인간을 구분한다 : 구름은 모습을 감추기 때문이며, 구름은 "예감"하게 하기 때문이다. 여러 민족들 가운데 독일인은 후자에 속한다. 따라서 대립적 의미의 어떤 사상가가 그들 가운데에다 자신의 오두

막을 짓는 것은 영리한 일이 아니다. 구름이 아주 많이 낀 하늘이 그에게 있다. 독일적 "단순함"을, "순수한 우레의 신"에 대한 독일적 믿음을 그는 언제나 그것을 프랑스어로 번역해 독일의 우직함이라고 부른다. 독일의 "정조" : 그는 괴테가 "낯선 자신의 약점에 대한 관대함"이라고 이해했던 것을 문자적으로 이해한다. 독일적 무미건조함 : 그는 그것을 머리카락이 곤두서듯 느낀다. ― 나는 이미 언젠가 노쇠한 슈트라우스Strauß의 책을 읽는 기회에 그것을 가리켰다. 외국에서 보면, 독일이 현재 문학적 형식이라는 물음에 판단할 수 있고 깊이를 가지고 있는 열 명의 인간을 제시할 수 있는지 의심을 가질 수 있을 것이다. 즉 깊이는 형식 일반에 대한 부드러운 욕구를 파악하기 위해 필요하다. 깊이에서부터 비로소, 심연으로부터 사람들은 모든 종류의 밝은 것, 확실한 것, 뒤섞여 있는 것, 표피적인 것 속에 놓인 온갖 행복을 누린다. 그러나 독일인들은 그들이 힘들고 우울증을 느낄 때 스스로 깊이 있다고 믿는다 : ― 그들에게 땀이 자신들의 "노고"를 증명하는 것이라고 생각할 때, 그들은 땀을 흘린다. 그들의 정신은 둔중하며, 맥주 정신은 또한 여전히 그들의 사상에서도 힘이 있다 ― 게다가 그들은 이것을 자신들의 "관념론"이라고 부른다! 물론 독일인들은, 그들이 최소한 스스로 생각하듯이, 그것을 바로 이러한 관념론으로 "극구 칭찬해"댔고, 만일 독일적 겸손함이 이외에도 그것을 허용한다면, 그들은 "시인과 사상가"의 유명한 민족으로서 부끄러움 없이 그리스인 옆에 스스로 앉는 것을 허용한다. 혹은 이러한 자기 신뢰를 다시 한번 뻔뻔스럽게 말하도록 하되, 어떤 위대한 관념론자의 문구로 말해보자 :

"어찌하여 사람들은 그리스인들을 그렇게 많이 칭송하는가!

　　"그들은 숨어 있음에 틀림없다.

　　"독일의 음악의 신이 활동한다면.

　　"호라티우스가 격정 속에서 살고 있고,

5　　"오비디우스 나소 가계에서 떠돌며,

　　"노쇠한 슬픔에 사로잡혀서."

라이프니츠.

37〔11〕

10　　사회주의는 — 보잘것없는 자들이나 가장 어리석은 자들, 천박한
자들, 질투하는 자들, 4분의 3이 배우인 자들이 끝까지 생각해낸 폭
정이다 — 사실은 현대 이념과 그 잠재적 무정부주의가 도달한 결
론이다. 그러나 민주주의적 건강이라는 기분 좋은 공기 속에는 추
론하는, 더욱이 결론에 도달하는 능력이 잠자고 있다. 그러나 사람
15　들은 더 이상 결론을 내리지 않는다. 그러므로 사회주의는 전체적
으로는 희망 없고 신맛 나는 것이다 : 오늘날 사회주의자들이 만드
는 독 있고 절망스러운 모습과 — 더욱이 그 양식은 얼마나 가련하
고 으스러진 감정이 있다는 것을 입증하고 있는가! — 그들의 희망
과 소망이라는 무해한 양들의 행복 사이에 있는 모순을 목격하는
20　것보다 더 재미있는 것은 없다. 그럼에도 불구하고 이때 유럽의 많
은 지역에서 그들 쪽에서 보면 때때로 있게 되는 급습이나 기습이
일어날 수도 있다 : 다음 세계에는 여기저기에서 엄청난 "소요"가
실제로 있게 될 것이고, 독일에서도 그 변호자나 대변자가 있는 (예
를 들어 베를린에 있으면서 철학적으로 걸핏하면 얼굴을 찡그리고

늪에 빠진 놈인 오이겐 뒤링에게서) 파리 코뮌은 아마도 다가올 것을 기준으로 측정해본다면 단지 훨씬 가벼운 소화 불량일 것이다. 사회주의가 질병 발작 이상을 의미할 수 있기라도 하듯, 그럼에도 불구하고 점점 더 너무나 많은 유산자(有産者)가 있게 될 것이다 : 이러한 유산자는 "무엇인가가 되기 위해서는, 무엇인가를 소유하고 있어야만 한다"는 신념을 가진 어떤 사람과 같다. 그러나 이것은 모든 본능들 가운데 가장 오래되고 가장 건강한 본능이다 : 나는 "그 이상(以上)이 되기 위해서는 지금 가지고 있는 것 이상을 가지려고 욕구하지 않으면 안 된다"고 첨언하고 싶다. 살아 있는 모든 것에게 삶 자체를 통해 설해지는 가르침은 곧 발전의 도덕이라고 들리게 된다. ― 소유하고 더 많이 소유하려 하는 것, 한마디로 성장 ― 이것은 생명 그 자체다. 사회주의의 가르침 안에는 단지 "삶을 부정하려는 의지"가 숨어 있다. 그러한 가르침을 생각해내는 것은 못난 인간이나 족속임에 틀림없다. 사실, 내가 원한 것은 사회주의 사회에서 삶이 스스로를 부정하고, 스스로 그 뿌리를 잘라내려 한다는 것이, 얼마간의 커다란 시험에 의해 증명되는 것이었다. 대지는 충분히 크며, 인간은 아직도 언제나 충분히 고갈되지 않은 존재여서, 그와 같은 유의 실천적 교훈이나 *배리* 논증demonstratio ad absurdum은, 비록 그것이 인간 삶의 엄청난 낭비로 얻어지고 지불된다 할지라도, 내게는 원할 만한 가치가 있는 것으로 보일 수밖에 없는 것이다. 아무튼, 이미 어리석음으로 말려들고 있는 사회의 밑바닥에 있는 불안한 두더지처럼 사회주의는 유용하고 유익한 것이 될 수 있을 것이다 : 그는 "지상의 평화"와 민주주의적인 무리 동물이 가지고 있는 전체적인 선량함을 지연시키고, 유럽인이 정신을, 즉 간지

(奸智)와 조심성을 지닐 것을, 남성적이고 호전적인 덕을 완전히 없애버리지 않을 것을 맹세하며, 정신이나 명료함, 건조함, 정신의 차가움 등과 같은 남은 찌꺼기를 보존하도록 강제한다. — 그는 자신에게 위협을 가하는 여성적 쇠약함에 대해 잠정적으로 유럽을 보호한다.

37〔12〕

중요한 문제에서 나는 지금까지의 모든 철학자들보다는 예술가들에게 더 많은 권리를 부여한다 : 예술가들은 생명이 진행되어가는 자취를 놓치지 않았으며, "이 세계"의 사물들을 사랑했다. — 그들은 자신들의 감각을 사랑했다. 탈감각을 위해 노력한다는 것 : 이것은 나에게는, 그것이 단순한 위선이나 자기 기만이 아닐 경우에, 오해나 질병이나 치료로 보인다. 나는 나 스스로에게 그리고 청교도적 양심의 불안 없이 살아가고 — 살아가는 것이 허용되는 모든 사람들에게 자신의 감각을 한층 더 크게 정신화하고 다양화하는 것을 바란다. 우리는 그 섬세함, 충일함, 힘에 대해 감각에 감사하고자 하며, 우리가 가지고 있는 정신의 최선의 것을 대신 감각에 제공하고자 한다. 감각에 대한 성직자적이고 형이상학적인 이단시가 우리에게 무슨 상관이 있단 말인가! 우리는 이러한 이단시를 더 이상 필요로 하지 않는다 : 괴테와 같은 어떤 사람이 한층 더 큰 쾌감이나 다정함으로 "세계의 사물"에 매달린다면, 이것은 잘났다는 것을 드러내는 표지다 : — 즉 이와 같이 그는 인간이 스스로를 변모시키는 것을 배울 때, 그는 현존을 변모시키는 자가 된다는 인간에 대한 위대한 견해를 견지하는 것이다. 그러나 너는 무엇을 이야기하고 있는가?라고 사람들은 나에게 이의를 제기한다. 예술가들 속에 바로 오늘날 가장 불안스러워하는 염세주의자들이 없단 말인가? 예를 들어 리하르트 바그너에 대해 너는 어떻게 생각하는가? 그는 염세주의자가 아닌가? — 나는 내 귀를 쓰다듬는다 : 〈그대들은 권리가 있는가, 나는 한순간 그 무엇을 잊어버렸다.〉

37〔13〕

역사가들은 오늘날 너무 많은 것을 바라며 전체적으로 좋은 취향에 반하는 죄를 짓고 있다 : 그들은 그 위치나 사회에 속하지 않는 인간의 영혼에 주제넘게 간섭하고 있다. 예를 들어 미슐레같이 격앙되고 땀을 흘리는 평민이 나폴레옹과 무슨 상관이 있을 수 있단 말인가! 그가 나폴레옹을 미워하든 사랑하든 상관없다. 그러나 그가 땀을 흘리기에, 그는 나폴레옹의 근처에 있지 않다. 저 평범하고, 나쁜 의미에서 우아한 동물이 그와 같은 나폴레옹과 무슨 상관이 있단 말인가! 만일 그가 카이사르, 한니발, 프리드리히에 대해 위대한 인간을 현명한 판사의 얼굴로 평가한다면, 소인인 그는 웃음을 자아내게 만드는 것이다. 나는 어떤 한 사람이 그의 발아래 땅바닥이 너무 뜨겁거나 너무 성스러운 곳에서 역사가로서 또한 암시를 준다면, 그것을 훨씬 높이 평가한다. 그러나 적당한 때 "신을 벗거나" 신을 신고 걸어가는 역사가는 소박한 뻔뻔스러움의 시대인 오늘날 희귀한 새다. "역사적" 의미를 고안했던 독일 학자들은 — 현재 프랑스인들은 그 의미를 연습하고 있다 — 한 사람도 빠짐없이 그들이 그 어떤 지배 계층에서 나오지 않았다는 것을 드러낸다. 인식하는 자로서 그들은 주제넘으며, 훨씬 섬세한 수치심이 결여되어 있다.

37〔14〕

나는 내 무의식적인 노동자와 준비하는 자들을 언급했다. 그러나 나는 약간의 희망을 갖고 내 방식의 철학자들 자체나, 최소한 새로운 철학자들을 추구하는 내 욕구를 어디서 찾아야 할까? 고귀한 사고 방식이 지배하고 있는 오직 그곳에서만, 노예제와 많은 수준의 예속을 모든 보다 높은 문화의 전제로 믿고 있는 그러한 곳에서만 찾을 수 있다. 그곳에서는 창조적 사고 방식이 지배하고 있으며, 이 사고 방식은 휴식의 행복을, "모든 안식일 중에 안식일"을 세계에 목적으로 세우지 않으며, 심지어 평화 속에서 새로운 전쟁의 수단을 경외한다. 이는 미래를 위해 스스로, 모든 현재적인 것을 엄격하고 폭력적으로 다루는, 미래에 법칙을 제정하는 사고 방식이다. 이것은 의구심 없는 "반도덕적" 사고 방식인데, 이 사고 방식은 인간의 선한 속성과 나쁜 속성을 똑같이 위대한 것으로 양육하고자 한다. 왜냐하면 이 사고 방식은 두 가지 속성들을 올바른 자리에 — 이 양자가 서로 필요로 하는 곳에 — 세우는 힘이 스스로에게 있다고 여기기 때문이다. 그러나 오늘날 철학자들을 찾는 자에게는, 그가 구하는 것을 찾게 될 어떤 전망이 있단 말인가? 아마도 그는 최상의 디오게네스의 등불을 들고 찾아도 헛되이 밤낮을 방황하며 다니는 것은 아닌가? 시대는 반대의 본능을 가지고 있다 : 시대는 무엇보다 먼저 편안함을 원한다. 시대는 두 번째로 공공성을, 저 커다란 배우적인 소란을, 자신의 연중 장터의 취향에 어울리는 저 커다란 야단법석을 원한다. 세 번째로 시대는 모든 사람들이 온갖 거짓말 가운데 최고의 거짓말 — 이러한 거짓말은 "인간의 평등"이라고 불린다 — 앞에서 가장 깊은 복종으로 굽실거리며, 오로지 평등하게 만들고 평등하게 세우는 덕들을 존경할 것을 원한다. 그러나 내가 이해하고 있듯이, 시대가 이미 아무리 순진하게 철학자가 유리하다고 믿는다 해도, 이로 말미암아 시대는 철저히 철학자의 발생을 방해하고 있다. 사실상, 오늘날에는 온 세계가 화형과 양심의 가책, 오만한 교부의 지혜 사이에 낀 채, 얼마나 과거에 철학자들을 제대로 가지지 못했는지를 한탄하고 있다 : 그러나 진실은 바로 이 안에 오늘날 삶의 조건에서보다 강인하고 포괄적이고 노회하며 대담무쌍한 정신을 교육시키는 한층 더 유리한 조건들이 주어져 있었다는 것이다. 오늘날 어떤 다른 정신이, 즉 선동가의 정신, 배우의 정신, 아마도 또한 학자라고 하는 비버[해리(海狸)]나 개미의 정신이 그 발생에서 유리한 조건을 가지고 있다. 그러나 보다 높은 예술가의 사정은 이미 더 나빠지고 있다 : 그들 모두는 거의 내적인 방종으로 도대체 몰락하고 있는 것은 아닐까? 그들은 더 이상 외부로부터, 그리고 교회나 궁정의 절대적 가치 목록에 의해 폭력을 당하지 않는다 : 그들은 또한 그들의 "내적 독재자"를, 그들의 의지를 크게 길러내는 것을 배우지 않는다. 예술가에게 적용되는 것은 훨씬 높고 운명적인 의미에서 철학자들에게도 적용된다. 도대체 오늘날 자유 정신은 어디에 있는가? 그러면 오늘날 나에게 자유 정신을 보여다오! — 자! 고독은 오늘날 비밀로 가득 차 있고, 그 어느 때보다 더 고독하다 — 사실, 나는 그사이에 자유 정신이 은둔자여야만 한다는 것을 배웠다.

37〔15〕

우리 시대의 또 다른 선동적 재능이 리하르트 바그너다 : 그러나 그는 독일에 속하는 인간이다. — 정말 그렇단 말인가? 한번 정반 대의 평가를 언급해보자. 파리 시민들은 여전히 기꺼이 리하르트 바그너에게 거역하며 반항하고 싶어 한다 : 결국 그는 파리에 속하는 인간이며, 어쨌든 어떤 유럽의 다른 주요 도시보다도 그곳에 속하는 인간이다. 부가해서 말하면, 그에게 가장 가까운 유의 프랑스 인들이 지금에야 비로소 그곳 자체에서 드물게 되어버릴 수 있다는 사실이다 : — 내가 생각하는 것은 30년대 낭만주의의 저 후세대인데, 그들 가운데서 그는 자기 인생의 가장 중요한 시기를 살기를 원했던 것이다. 그곳에서 그는 성애적 냄새나 색깔이나 시험되지 않은 새로운 숭고함의 무절제에 대한 엄청난 욕구를 지니고, 추한 것이나 무서운 것을 발견한 것에 대해서는 햇빛이 부족해 고통을 느끼는 행복함으로, 독일에서보다 더 친밀하게 느끼고 더 안락하게 느꼈다. 낭만주의자들은 다른 어떤 것을 찾았던가, 그들은 리하르트 바그너와는 달리 무엇을 찾아내고 꾸며냈던가? 그들 대부분이 모두 그처럼 재치 있게 병들었으며 폭력적이고 자신에 대해 불확실하며, 자신들의 눈과 귀에 이르기까지 문학에 의해 지배받고 있었던가? 심지어 저술가들, 작가들, 여하튼 표현의 예술가들조차 — 나는 들라크루아를 강조한다 — , 예술과 감각 자체의 중재자이자 혼합자, 발자크처럼 영광과 명예에 대한 욕망에서 지치지 않으며, 삶과 창조에서 고상한 속도 — 느리게 — 를 낼 수 없다는 것을 나타낸 부상(浮上)한 평민들에 이르기까지. 그럼에도 불구하고 다음의 사실을 인정해보자 : 그러나 이러한 프랑스적 낭만주의에 얼마나 많은 바그너적인 것이 있는가! 바그너가 여성에게서 특히 사랑하며 음악으로 옮겼던 저 히스테리적이고 성애적인 성벽 역시 바로 파리에서 최상의 상태로 머물고 있다 : 단지 정신과 의사에게 물어보라 — ; 우리의 음악적 마구스와 칼리오스트로가, 자신의 여자로 하여금 눈은 떴지만 사고력은 닫힌 채, 육욕적으로 밤의 보행을 하게 강제하고 설득한, 최면적 악수나 손을 머리에 얹는 행위가 언젠가 파리의 여자들 사이에서보다 더 잘 이해된 곳은 그 어디에도 없다. 병적인 욕망의 근접, 미쳐 날뛰게 된 감각의 격정, 그에 대해 시선은 초감각적인 것의 연기와 면사포를 통해 위험한 방식으로 속이게 된다 : 이것은 프랑스적 영혼의 낭만주의에 속하는 것 이상으로 어디에 속하는 것인가? 여기에는 어떤 마술사가 영향을 미치고 있는데, 그는 어쩔 수 없이 한번 더 파리 시민들을 바그너에게 전향하게 만들게 된다. — 그러나 바그너는 철저히 본래 독일적인 예술가임에 틀림없다 : 이렇게 사람들은 오늘날 독일에서 판결하며, 다시 한번 거만한 독일 숭배를 정점에 올려놓는 시대에서 그를 존경한다. 이러한 "본래 독일적인" 바그너는 전혀 존재하지 않는다 : 내 추측에, 그는 이러한 판결 자체로 찬미받고자 하는 매우 어두운 독일 청년과 처녀들의 산물이다. 바그너에게 있는 어떤 그 무엇이 독일적일 수 있다는 것은 가능하다 : 그러나 무엇이 그렇단 말인가? 혹 그의 의지와 능력의 질이 아니라, 오직 정도만이 그렇단 말인가? 혹 19세기의 어떤 프랑스인이 만들 수 있을 만한 것보다도 그가 모든 것을 더 강하고, 풍요롭고, 대담하게, 혹독하게 만들었다는 것일 뿐인가? 가차 없는 무신론자, 이율배반론자, 비도덕주의자가 살았던 것보다 그는 자기 자신에 대해 훨씬 엄격하고 자기 인생의 가장 긴 부

분을 독일적인 방식으로, 자신의 힘으로 살았던 것인가? 그는 사실
상 라틴적 취향에는 너무 자유롭고, 너무 혹독하며, 너무 명랑하며,
너무 반그리스도적이 될 수 있는 아주 자유로운 인간인 지크프리트
의 모습을 지어냈던 것인가? ― 물론 그는 또한 프랑스 낭만주의에
대한 이러한 죄를 종국에는 다시 해결할 줄 알았다 : 후자의 바그너
는 자신의 노년에 지크프리트 풍자화로, 내가 생각하는 바로는 파르
지팔로 낭만적 취향뿐만 아니라, 바로 로마-가톨릭의 취향을 잘 받
아들였다 : 그가 결국에는 그뿐만 아니라 십자가 앞에서 무릎을 꿇
고, "구원자의 피"에 대해 서툴지 않은 갈구로 작별할 때까지 말이
다. 또한 그 자신에 대해서까지! 왜냐하면 이는 늙어버린 낭만주의
자들에게 있어서 고통스러운 규칙에 속하기에, 그들은 그들 인생의
끝에서 스스로를 "부정하고" 부인하며 그들의 삶을 ― 말살한다! ―

결국 다시 말하면 : 피와 신경 속에 있던 삼십 년간의 저 세대가
저 나폴레옹 시대라는 저 비극적 동요의 유산이며 더욱이 희생양이
라면, ― 베토벤은 이러한 세대에 소리로, 바이런은 말로 연주했다
― 리하르트 바그너의 영혼의 유사한 기원에 대해 생각하는 것은
허용되지 않을 것인가? 그는 1813년에 태어났다.

37[16]

내가 관찰한 바로는, 현재 세계를 돌아다니는 사람들 가운데, 그
어떤 사람도 그가 프랑스인이 아니라면, 프랑스인처럼 신망 있게
보이는 사람은 없다. 영국인으로 평가받는 것은 예를 들어 스웨덴
사람들처럼 몇몇 북구인들에게는 유쾌한 일처럼 보인다 : 영국인들
은 자부심이 있다. 독일인은 현재 외국에서 이전 시대를 고려할 때,

경탄과 존경이라는 보조금을 즐긴다. 그러나 그는 즐거움을 주지
못한다. 특히 프로이센인은 남유럽인에게 있어서는 여전히 적대적
인데, 이는 그 자부심 때문이 아니라 — 왜냐하면 그는 자부심을 가
지고 있지 않기 때문이다 — 그 불손함이나 좋지 않은, 혹독한, 때
로는 집요한 태도 때문이다. 남부 독일인은 굼뜨며, 조야하고, 선량
하지만, 그럼에도 불구하고 신뢰를 불러일으키지는 않는다 : 사람
들은 그에게서 유명한 "하나의 가슴속에 있는 두개의 영혼"의 냄새
를 맡는다.

37〔17〕

   사람들은 여성들에 대해 충분히 높게 생각할 수 없다 : 그러나 그
렇기 때문에 사람들은 아직 여성들에 대해 그릇 생각할 필요가 없
다. 사람들은 이 점을 근본적으로 조심해야만 한다. 그녀들 스스로
가 남성들에게 "영원히 여성적인 것"에 대해 설명할 수 있을 것이라
는 것은 있을 수 없는 일이다. 그녀들은 아마도 이것에 너무 근접해
있으며, — 그 밖에 모든 해명 자체는 — 지금까지 최소한 — 남성의
일이자 남성의 재능이었다. 결국 사람들은 여성들이 여성에 대해
쓴 모든 것에서, 즉 완전히 자의적이지 않은 상황에서 여성이 쓴다
고 해도, — 지금까지 최소한 — 영원히 여성적인 것이었던 것을,
즉 "치장하는 것!"을 결국에는 써야 하는 것은 아닌지 하는 선의의
오해를 남겨놓을 수 있다 : 일찍이 여성의 머리에 이미 깊이가 있다
는 것을 인정한 적이 있단 말인가? 여성의 가슴에 — 정의가 있다
고? 그러나 깊이나 정의 없이 — 여성이 "여성에 대해" 판단할 때,
유용한 것이 무엇인가? 사람들이 자기 스스로를 사랑하고 칭찬할

때, 사랑과 칭찬 자체로는 확실히 부당하고 피상적으로 되는 위험이 줄어들지 않는다. 많은 여자들이, 남성들이 그들을 칭찬과 사랑으로 맞이하지는 않는다는 사실을 생각할 수 있는 훌륭한 동기를 가졌으면 좋겠다 : 아주 크게 생각해볼 때, 내게 드는 생각은 지금까지 "여성"은 대부분 여성들에 의해 별로 존경받지 못했다는 사실이다 ─ 결단코 남성에 의해서가 아니다!

37〔18〕
　위대한 인간을 추구하는 인간은 자신의 궤도에서 만나는 그 어떤 인간을 수단이나 지연이나 잠정적인 휴식 침대로 여긴다. 그가 자신의 높이에 있으면서 지배하게 될 때, 더불어 사는 인간에 대해 그에게 고유하며 대단히 존중해 마지않던 선은 가능하지 않다. 조급함이나 항상 코미디로까지 판단될 정도의 감정은 그의 모든 교류를 망가뜨려놓는다 : 이러한 종류의 인간은 고독이나 고독이 지닌 가장 독성적인 것 그 자체가 무엇인지 알고 있다.

〔38 = Mp XVI 1a. Mp XVI 2a. Mp XV 2b.
1885년 6월~7월〕

5 38〔1〕

    사상이란 그것이 다가오는 모습 속에서 해석을, 더욱 정확히 하
자면, 그것이 마침내 명료해질 때까지 자의적인 한정과 제한을 필
요로 하는 다의적인 기호다. 그 사상은 내게서 드러난다 — 어디로
부터? 무엇 때문에? 이것을 나는 알지 못한다. 그것은 내 의지와 무
10 관하게 다가오며, 습관적으로 감정, 욕구, 성향이나 "의욕", "느낌"
과는 거의 구분할 수 없는 다른 사상이 밀려들어 옴으로써 포위되
고 감추어진다. 사람들은 이렇게 밀려드는 과정에서 그 사상을 이
끌어내고, 정화하며, 독립적인 기반을 세운다. 사람들은 그것이 어
떠한 상황에 있는지를, 어떻게 진행되고 있는지를, 놀라울 정도로
15 빠른 속도에 있는 모든 것을 또한 전혀 조급한 감정 없이도 바라본
다 : 누가 이 모든 것을 수행하고 있는가, — 나는 그것을 알지 못하
며, 이때 확실히 이러한 과정의 주모자보다는 관람자로서 더 많이
있다. 이때 사람들은 그것에 대해 법정에 앉아 "그것이 의미하는 것
은 무엇인가? 그것은 무엇을 의미할 수 있는 것일까? 그것은 정당
20 한 것인가 부당한 것인가?"라고 묻는다. — 사람들은 다른 사상에
도움을 요청하며, 그것을 비교한다. 사유란 이와 같이 판사와 상대
편, 심지어는 내가 약간 — 물론 단지 약간만이지만 : 대부분의 것
을 내가 놓치는 것처럼 보이는 — 귀 기울여도 되는 증인 심문이 있
는 일종의 공정함의 훈련이나 행위처럼 거의 드러난다 — 저 사상

〔38 = Mp XVI 1a. Mp XVI 2a. Mp XV 2b. 1885년 6월~7월〕 417

이 먼저 다의적이며, 유영(遊泳)하면서 오고, 그 자체로는 단지 해석을 시도하려는 동기로서 혹은 자의적으로 확정하려는 동기로서 온다는 것, 모든 사유 과정에는 다수의 인성이 참여하는 것처럼 보인다는 것 — : 이것은 아주 쉽게 관찰될 수 있는 것이 전혀 아니며, 우리는 근본적으로 그와 반대로 훈련받았다. 즉 사유할 때 사유에 대해 생각하지 않도록 말이다. 사상의 기원은 감추어져 있다. 그 사상이 단지 보다 포괄적인 상태의 징후일 뿐일 수 있는 개연성은 크다. 그 안에 있는 사실은 다른 사상이 아니라, 바로 그 사상이 다가오며, 그것은 바로 이러한 보다 크거나 작은 명료함으로 다가오고, 때때로 확실하거나 명령적이고, 때로는 약하거나 지지를 필요로 하며, 전체로는 언제나 동요하거나 의문시한다 — 즉 모든 사상은 의식에 마치 자극처럼 작용한다 — : 모든 것 속에서 그 어떤 우리의 전체 상태는 기호로 표현된다. — 모든 감정은 이와 같은 상태로 있다. 이것은 그 자체로는 그 무엇도 의미하지 않는다 : 그것이 다가올 때, 그것은 비로소 우리에 의해 해석되며, 종종 기이한 것처럼 해석된다! 그러나 우리에게는 거의 "무의식적이 된" 내장의 필요성을, 몸속의 혈압의 긴장을, 병적인 교감 신경의 상태를 생각해보라 — : 우리가 공통 감각에 의해서는 거의 한 가닥의 의식도 가지지 못하는 것이 얼마나 많이 있던가! — 그러한 불확실한 불쾌의 감정에 있어서는 오직 해부학적인 강의를 받은 사람만이 적합한 종류나 원인의 대상을 알아맞히게 된다. 그러나 다른 모든 사람들은, 인간이라는 존재가 있는 한, 그러니까 전체적으로 거의 모든 인간은 그러한 종류의 고통에 있어서 물리적 설명이 아니라, 심리적이고 도덕적인 설명을 찾으며, 실제적인 몸의 언짢은 상태에 잘못된 논거를 전가한다. 이때 그들은 그들의 불쾌한 체험과 걱정의 주변에서 그와 같이 좋지 않은 상태로 있는 이유를 끄집어낸다. 거의 모든 사람은 고문으로 죄가 있다고 고백한다. 그 물리적 원인을 잘 알지 못하는 고통에서 고문받는 자는 그가 스스로 혹은 다른 사람들이 죄가 있다고 여길 때까지 그렇게 오랫동안 심지어는 종교 재판같이 심문을 받는다 : — 마치 예를 들어 비이성적인 삶의 방식에 고착된 망상을 습관적으로 도덕적인 것으로, 즉 자기 자신의 양심을 물어뜯는 것으로 해석하는 청교도가 그렇게 하듯이 말이다. —

38[2]

  논리학이 말하는 논리적 사고, 사상 자체가 새로운 사상의 원인으로 설정되는 하나의 사고는 완벽한 허구를 나타내는 전범(典範)이다 : 방식의 사유는 현실에서는 결코 나타나지 않는다. 그러나 이것은 그것에 힘입어 우리가 사고할 때 사실적이고 외적인 다양한 사건을 희석시키고 단순화하는 형식의 도식이며 정화 장치로 붙여진 것이다 : 그러므로 이와 같이 우리의 사고는 기호 속에서 파악되고, 인지되고, 고지된다. 즉 마치 그것이 실제로 어떤 허구적 사고의 저 규제적 도식에 해당되는 것처럼, 정신적 사건을 그렇게 고찰하는 것은 위조의 재능인데, 그것 때문에 "인식"이나 "경험"과 같은 어떤 것이 존재한다. 경험은 단지 기억의 도움에 의해 가능할 뿐이다. 기억은 어떤 정신적 과정을 기호로 단축시킴으로써 가능할 뿐이다. "인식" : 이것은 이미 "잘 알려진", 이미 경험한 사물의 기호를 통한 새로운 사물에 대한 표현이다. — 물론 오늘날 사람들은 게다가 논리의 경험적 원천에 대해 지껄여댄다 : 그러나 어떤 수의 법칙처럼 그런 것은 아니지만, 논리적 사고처럼 현실에서 드러나지 않는 것은 또한 현실에서 취할 수 없는데, 반면 현실이 산술 형식과 일치할 만한 사례는 아직 없었다. 산술 형식은 이와 마찬가지로 단지 규제적 허구일 뿐인데, 우리는 그것을 가지고 실제로 사용하기 위해서 현실적인 사건을 우리의 척도로 — 우리의 우둔함으로 — 단순화하고 정돈한다.

38[3]

— — — 사고에 의해 자아가 정립된다. 그러나 지금까지 사람들은 대중처럼 "나는 생각한다" 속에는 어떤 직접적이고 확실한 것이 있으며, 그리고 이러한 "자아"가 사고의 주어진 원인이며, 그 유추에 따라서 우리는 그 밖의 모든 인과 관계를 이해한다고 믿었다. 현재 저 허구가 아주 익숙해져 있고, 그것 없이 지낼 수 없는 것이라고는 하지만, — 이것만으로는 그 허구성에 대해 아직 아무것도 논증하는 바가 없다 : 믿음이란 삶의 조건일 수 있으며, 그럼에도 불구하고 거짓일 수 있다.

38[4]

"진리" : 이것은 나의 사고 방식 안에서 반드시 오류의 반대를 나타내는 것이 아니라, 가장 원칙적인 경우에 단지 다양한 오류 상호 간의 입장을 나타내는 것이다 : 즉 어떤 오류는 다른 오류보다 한층 더 오래되고 깊으며, 우리 같은 종의 유기체가 그것이 없이는 살 수 없는 한, 아마도 심지어는 근절할 수 없는 것일 것이다. 반면 다른 오류들은 이 오류와 같이 삶의 조건으로 우리에게 폭행을 가하지는 않으며, 오히려 그러한 "폭행자"로 측정되면, 제거되고 "반박"될 수 있을 것이다. 반박될 수 없는 하나의 가정, ― 왜 이 가정이 이 때문에 이미 **참**이어야만 하는가? 이러한 명제는 아마도 **자신**의 한계를 사물의 한계로 설정하는 논리학자를 격분시킬 것이다 : 그러나 나는 이미 오랫동안 이러한 논리학의 낙관주의에 선전 포고를 해왔다.

38[5]

현재까지도 프랑스는 여전히 가장 정신적이고 섬세한 유럽 문화의 위치에 있다, 그러나 사람들은 이러한 "취향의 프랑스"를 찾아내는 법을 알아야만 한다. 프랑스에 속하는 사람은 **스스로** 눈에 띄지 않게 잘 처신하고 있다 : 전경에는 가장 우둔하고 조야한 프랑스가 굴러다니고 있는데, 이 프랑스는 최근 빅토르 위고의 장례식에서 무취향의 한계를 몰랐다 ― 소수일 수도 있지만, 그들에게는 가장 강한 다리로 서지 못하는 인간은 부분적으로는 숙명론자며, 부분적으로는 유약자일 것이다. (그러한 사람에게는 자신의 모습을 감추는 이유가 있다) ― 그들은 전체적으로 자신의 조상이나 장인으로서 다음과 같은 보다 높은 정신을 인정한다. 먼저 나폴레옹적인 속도로 그의 발견되지 않은 유럽을 행군했고, 결국에는 자기 자신만을 발견했던 ― 끔찍한 것만을 느꼈던 프랑스적 정신의 마지막 위대한 사건인 **스탕달** : 왜냐하면 그에게 근접하기 위해서는 두 세대가 필요했기 때문이다. 이미 말했듯이 현재 그는 가장 선택받은 자들의 명령자로서 명령하고 있다. 섬세하면서도 대담한 감각을 갖추고 있는 인간은 견유학파에 이를 정도로 호기심이 많으며, 그를 추종할 수밖에 없게 되는 저 타고난 유럽인처럼 거의 구토감이 느껴

[38 = Mp XVI 1a. Mp XVI 2a. Mp XV 2b. 1885년 6월~7월] 421

지는 논리학자며, 수수께끼를 푸는 자며 스핑크스의 친구다. 커다
란 정열을 갖는 은밀함에 무척 부끄러워하면서, 유럽인은 또한 멈
추어 서게 될 때까지 그를 따르기를! 그는 예를 들어 이렇게 침묵할
수 있는 능력이나 머물 수 있는 능력의 고상함에서 미슐레나 특히 독
일 학자들보다도 우월하다. ─ 그의 제자가 메리메Mérimée인데,
그는 고상하고 은둔하는 예술가이자 민주주의 시대를 자신의 "가장
고귀한 감정"으로 칭찬하는 저 모호한 감정을 경시하는 자며, 자신
에게 엄격하고 자신의 인위적 논리에 대해 가장 가혹할 만한 주장
으로 가득 차서, 언제나 필연성에 대한 강한 의지에 그 어떤 아름다
움이나 매력을 희생하지 않을 준비가 되어 있다 : ─ 구토하지 않고
코미디를 함께 상연할 수 있기 위해, 진정한 영혼이면 비록 기만적
이고 더러운 환경 속에 있는 풍부한 영혼이 아니고 염세주의자라고
할지라도 충분하다. ─ 스탕달의 다른 제자는 텐인데, 그는 현재 최
초의 살아 있는 유럽의 역사가이고, 단호하고 회의를 하는 데 있어
서도 용감한 인간이며, 그의 용기는 의지력으로서는 아주 적게 지
식의 숙명적인 압력 아래서 단편화되어갔고, 깊이에 관해서는 콩디
야크도, 명료함에 대해서는 헤겔도 방해하지 못했던 사상가며, 오
히려 배울 수 있었고, 오랜 시간 동안 이해하는 법을 가르친 사상가
다 : ─ 다음 세대의 프랑스인들은 그에게서 그들 정신의 엄격한 교
사를 가졌다. 그는 주로 르낭과 생트 뵈브의 영향을 뒤로 물리친 사
람인데, 이 두 사람은 그들 가슴의 마지막 지반에 이르기까지 불확
실하고 회의적인 사람들이다 : 르낭은 일종의 가톨릭적인 슐라이어
마허이며, 감상적이며, 달콤하고, 정경(情景)과 종교를 가슴으로 느
끼고 있다 : 생트 뵈브는 영혼을 조사하는 일에 몰두하며 그는 의지

속에서도, 철학 속에서도 어떤 기반을 갖지 못한다는 사실을 너무나 감추고 싶어 하는 불타버린 시인이며, 심지어는 이 두 사람에 대해 기이하게 여기지 않으며, 예술과 문학에서 본래의 확실한 취향이 없다. 결국 사람들은 그에게서 여전히 이러한 결여 상태로부터 나온 일종의 원리와 비판적 중립성이라는 방법을 형성하려는 의도가 있음을 알아챈다 : 그러나 불만이 너무 자주 나타나고, 그가 사실은 어떤 책이나 인간들에게는 실제로 여러 번 중립적이지 않았다는, 즉 고무된 상태로 있었다는 것으로 {그 불만이} 언젠가 나타난다 — 그는 이러한 "작은 사건"을 자신의 인생에서 지워버리고 거짓으로 부정하고 싶어 한다 — 그러나 그러고 나서는 몽테뉴, 샤롱, 라 로슈푸코에서 샹포르와 스탕달에 이르기까지 모든 위대한 프랑스의 인간 전문가들은 또한 여전히 자신들의 고유한 의지나 성격을 체화했다는 훨씬 불쾌한 큰 사건에 대해 {불만을 나타낸다} : — 이들 모든 사람들에 대해 생트 뵈브는 시기심 없이 그리고 그 어떤 경우에도 편애나 편견 없이 있었던 것은 아니다. — 플로베르의 영향은 어떤 의미에서 훨씬 유익하며, 일방적이고, 유용하다 : 심지어 고독과 실패를 견뎌낸 성격의 과도함으로, — 프랑스인들 가운데 비범한 그 어떤 존재인 — 그는 순간적으로 소설 미학이나 문체의 영역을 지배한다. 그는 소리 나고 뒤범벅된 프랑스어를 정점에 올려놓았다. 사실 그에게서도 역시 르낭이나 생트 뵈브처럼 철학적 육성이나 또한 학문적 과정에 대한 본래의 지식이 결여되어 있다 : 그러나 분석하거나 심지어는 학식을 얻기 위한 깊은 욕구가 그에게서 본능적 염세주의와 더불어 아마도 기이하게, 그러나 현재의 프랑스 소설가들에게는 충분히 강력하게 모범이 될 만한 인정을 받았다.

사실 학적, 염세주의적 태도에서 보이는 최근 학파의 새로운 명예욕은 플로베르에게 소급된다. — 프랑스에서 현재 시인들에게서 개화하는 것은 아마도 르콩트 드 릴Leconte de Lisle은 예외로 하고, 하인리히 하이네나 보들레르의 영향 아래 있다 : 왜냐하면 쇼펜하우어와 마찬가지로 현재 이미 독일보다 프랑스에서 더 사랑받고 읽히기 때문이며, 하인리히 하이네에 대한 숭배 역시 파리로 이전되었기 때문이다. 염세주의적 보들레르에 관한 한, 그는 독일적이며 또한 파리적인 거의 믿을 수 없는 양서류에 속한다. 그의 문학 작품은 독일에서 정감이나 "무한한 멜로디", 때때로 또한 "상심"이라고 불리는 그 어떤 것을 가지고 있다. 그 외에 보들레르는 아마도 부패한, 그러나 매우 분명하고 예리한, 그 스스로 확실한 취향을 가지고 있는 인간이었다 : 이것으로 그는 오늘날의 불확실성에 폭력을 가하고 있다. 만일 그가 그의 시대에 최초의 예언자이며 들라크루아의 옹호자였다면, 아마도 그는 오늘날 파리 최초의 "바그너주의자"가 되었을 것이다. 보들레르에게는 바그너가 많이 있다.

38[6]

빅토르 위고, "당나귀 같은 천재 바보" — 이러한 표현은 보들레르에게서 온 것이다 — 그는 언제나 자신의 나쁜 취향에 대해 용기를 가지고 있었다 : 그는 그것으로 명령하는 데 능숙하다, 나폴레옹 장군의 아들인 그는. 그는 자신의 귀에 일종의 군사적 수사(修辭)라는 욕구를 지녔고, 그는 포격이나 로켓 소리를 말로 모방했다. 프랑스의 정신은 그에게서 마치 증기와 소음에 의해 종종 순전히 발가벗은 우둔함에 이를 때까지 어두워지는 것처럼 보인다. 죽을 운명의 인간이 한 번도 그렇게 답답하게 놓여 있는 안티테제를 기술한 적은 없었다. 한편 그는 또한 자신의 눈의 화가적 욕구에 자신의 정신의 지배권을 부여했다 : 그에게는 그림 같은 착상이 넘쳐흐르며, 때로는 그가 본 것이나 화가의 환각이 그에게 똑똑히 보어주는 것을 정확히 기술하는 일 이외에 다른 일을 하지 않는다. 그는 천민으로, 자신의 강력한 감각의 욕구와, 내가 생각하는 바는 귀와 눈과, 또한 의지를 향한 정신과 더불어 있는 자다. ― 이것은 곧 천민적 취향의 반응이라는 프랑스 낭만주의의 근본 사실이다 ― : 그는 이로 말미암아 대립적인 궤도 위에 있으며, 예를 들어 코르네유 Corneille처럼 고상한 문화의 시인들이 스스로에게 원했던 것과는 정반대의 것을 원한다. 왜냐하면 이들은 아마도 훨씬 강한 기질의 그들의 감각을 개념으로써 지배하고, 섬세하고 밝은 정신성의 색, 음, 형태에 대한 잔인한 주장에 대해 승리하도록 돕는 것을 즐기고 그에 대한 명예욕을 가졌기 때문이다 : 내가 생각하는 바처럼, 그들이 위대한 그리스인들의 자취 위에 있었던바, 그들은 바로 그 점에 대해서는 의식하기를 원하지 않는다. 오늘날 우리의 서툴고 감각적이며 자연주의적인 취향에 대해 그리스인들과 훨씬 오래된 프랑스인들에 대한 불만이 만드는 바로 그것은 ― 그들의 예술가적 의지의 의도였으며, 또한 그것의 승리였다 : 왜냐하면 그들은 우리 작가, 화가, 음악가들의 명예욕이 하나의 예술을 위해 도울 수밖에 없는 바로 "감각의 천민"과 투쟁했고 승리했기 때문이다. 빅토르 위고의 이러한 예술적인 욕구와 그의 정치적 도덕적 욕구는 일치한다 : 왜냐하면 그는 천박하고 선동적이며, 특히 위(胃)에 커다란 말이나 몸짓이 있고, 복음주의자의 목소리로 모든 신분이 낮은 자들, 억압받는 자들, 잘못된 자들, 불구자들과 이야기하며, 무엇이 정신의 양육이며 성실성인지, 무엇이 지적인 양심인지를 한숨에 알지 못하는 대중의 아첨자다. ─ 전체로 보자면 거의 모든 민주주의 운동의 예술가들처럼 무의식적인 배우다. 그의 천재성은 취하게 만들며 동시에 우둔하게 만드는 알코올이 함유된 음료의 방식에 따라 대중에게 작용한다. ─ 또 다른 대중의 옹호자인 역사학자 미슐레는 이와 같은 유의 동정과 혐오감이나 재능에 있어서 그와 유사한 많은 것들을 소유하며, 오직 화가의 눈이라는 입장에서만, 음악가의 방식에 따라 정서적 상태를 스스로에게서 모방하는 놀라운 능력을 지니고 있다 : ─ 불확실한 독일에서 사람들은 오늘날 그를 **동정**의 인간이라고 부르는 데까지 이르게 된 것이다. 이러한 "동정"은 어찌 되었건 주제넘은 그 무엇이다. 교제에 있어서, 그리고 더욱이 과거의 인간들에 대한 존경에 있어서 그의 태도는 많은 점에서 불손하다. 내게는 잠정적으로 그가 자신의 감정의 작업을 하는 데 있어서 질투심으로 자신의 치마를 벗을 필요가 있다는 식으로 다가서는 것처럼 보인다. 그의 눈은 깊이를 보지 못한다 : 경박하게 "고무된" 모든 정신적 인간은 지금까지 피상적이었다. 그는 내게는 너무 흥분되어 있는 존재다 : 정의는 그에게는 최고의 우월감에서 발원되어 나온 은혜처럼 접근할 수 없는 것이다. 어떤 최고도의 흥분 상태에서 매번 호민관의 발작이 그를 덮치며, 그 역시 자신의 경험에서 천민이라는 야수적 분노의 발작을 잘 알고 있다. 그에게 나폴레옹과 마찬가지로 몽테뉴도 낯설다는 사실은 그의 도덕성의 고귀하지 못함을 충분히 나타낸다. 근면하고 도덕적으로 엄격한 학자인 그 역시 자기 종족의 호기심 있는 성적인 음탕함에 대단히 많이 관여한 것은

기이한 일이다 : 그가 늙어갈수록, 이러한 방식의 호기심은 커져간
다. ─ 조르주 상드의 재능은 결국 민주주의적인 것이며, 이와 마찬
가지로 따라서 배우적인 것이다 : 그녀의 문체, 뒤죽박죽되어 있고
규율 없이 과장된 여성의 문체, 반 페이지 정도를 자신의 감정으로
일관하는 저 나쁜 태도로 그녀는 유창하게 말한다. ─ 그녀는 사람
들이 정반대의 것을 믿어주기를 그토록 원했건만, 그렇게 되지 못
했다. 사실 사람들은 그녀의 감정을 너무나 많이 믿어왔다 : 반면
그녀는 자신의 신경을 소중하게 다루는 법을 알고 있으며, 그것과
정반대의 것이 온 세상을 믿게 만드는 저 배우의 차가운 숙련에서
풍요롭게 있었다. 그녀에게 허용될 수 있는 것은 그녀가 설명할 수
있는 커다란 재능을 가지고 있다는 것이다. 그러나 그녀는 모든 것
을 썩게 만들었고, 언제나 바로 그녀의 성장에 상응하지 않았던 이
른바 남성의 역할 속에서 드러낸 그녀의 뜨거운 여성적 교태를 통
해 그렇게 만들었다 ─ 그녀의 정신은 다리가 짧았다 ─ : 그래서
그녀의 책들은 단지 사소한 시대만을 진지하게 여기게 되었고, 이
미 오늘날에도 의도하지 않은 채 우스꽝스러운 문학으로 빠지게 된
것이다. 만일 바지와 담배를 포함해 언제나 남성의 문제나 남성의
부속품으로 주름을 잡아 장식하는 그녀의 일 가운데, 아마도 교태
뿐만 아니라, 영민함도 있었다면, 결국에는 그녀 인생의 매우 여성
적인 문제나 불행이 그럼에도 불구하고, 즉 그녀가 너무 많은 남자
를 필요로 했고, 또한 여전히 이러한 주장 가운데 그녀의 감각과
정신이 일치하지 않았다는 사실이 눈에 띄게 된다. 그녀의 정신에
만족한 남자들은 그녀의 감각을 충족시키기 위해 매번 너무 병들었
다는 사실에 대해 그녀는 어떤 말을 할 수 있었단 말인가? 완전히

〔38 = Mp XVI 1a. Mp XVI 2a. Mp XV 2b. 1885년 6월~7월〕 427

다른, 훨씬 보편적이고, 훨씬 비인격적인 문제가 그녀의 전경에 서 있는 것처럼, 따라서 두 연인 사이의 영원한 문제와 동시에 이러한 사실들에 대해 속이고 스스로 포기하는 여성적 수치심의 영원한 필요성이 있다. 예를 들어 결혼의 문제가 있다 : 그러나 그녀가 결혼과 무슨 상관이 있었단 말인가!

38[7]

사람들은 현재 모든 곳에서 칸트가 유럽에 행사한 커다란 영향으로부터 시선을 떼기 위해, 말하자면 그가 스스로 허용한 가치를 넘어 현명하게 빠져나가기 위해 노력하고 있다. 칸트는 무엇보다도 먼저 자신의 범주 목록에 대해 자부심을 느꼈고, 이러한 목록을 손에 넣고 "이것은 일찍이 형이상학의 도움으로 감행될 수 있었던 가장 어려운 일이었다!"(또한 이 "될 수 있었다"를 이해하기 바란다!) 고 말했다 — 그는 인간 안에 선험적 종합 판단에 대한 능력을 발견할 수 있는 새로운 능력이 있다는 것에 대해 자부심을 느꼈다. 그가 이 점에서 얼마나 스스로 기만했는지는 여기에서 우리의 문제가 아니다 : 그러나 독일 철학이 유럽 전체에서 백 년 동안 경탄받고 영향을 끼쳤던 바와 같이, 그의 철학은 아마도 여전히 자부심을 느낄 만한 그 무엇을 발견하는 젊은이들의 이러한 자부심이나 경쟁심에 달려 있을 것이다) — 어찌 되었든 간에 새로운 능력이다! 이것이 지금까지 독일 철학의 본래적인 **명성**을 이루어냈고, 사람들은 이 철학을 통해 일종의 "직관적이고 본능적인 진리 이해"를 믿도록 배웠다. 쇼펜하우어 역시, 그가 피히테, 헤겔, 셸링에 화를 냈지만, 근본적으로는 그가 오래되고 잘 알려져 있는 능력인 의지에서 — 즉 그 자체로 "물자체"가 되는 새로운 능력을 발견했을 때, 동일한 궤도 위에 있었다. 이것은 사실 강력하게 붙잡으면서, 그 가운데서 "본질"로 들어가는 것에 자신의 손을 아끼지 않는 것을 의미했다! 이때 이러한 본질이 불유쾌한 것으로 증명되는 것이 아주 좋은 일은 아니다. 손이 타버렸기 때문에 완전히 염세주의와 삶에 대한 의지의 부정이 필요한 것처럼 보이는 것이다! 그러나 이러한 쇼펜하우어의 운명은 독일 철학의 전체 의미에, 그 훨씬 높은 효과에, 영향력 없이 남아 있는 우발적 사건이다 : 즉 주로 이것은 전 유럽에서 "직관", "본능", 모든 "진, 선, 미"에 우호적이면서, 데카르트의 합리주의나 영국인들의 회의에 대항하는 유혹적인 반응을 의미한다. 인식에 이르는 길은 이제부터 **단축되며**, 우리는 직접적으로 몸으로 "사물들"에 부닥치며, "절약할 수 있는 노동"을 희망한다고 사람들은 생각한다 : 고상하게 게으른 자, 덕 있는 자, 몽상적인 자, 신비주의자, 예술가, 4분의 3 정도의 그리스도교인들, 정치적으로 음험한 자들, 형이상학적 개념의 거미들을 느낄 수 있는 모든 행복이 독일인들에게는 영예로 평가받았다. 독일인들의 좋은 **평판**은 유럽에서 한 번 만들어졌다 : 그들의 철학자들에 의해서 말이다! ― 내가 바라는 바는, 유럽에서 독일인들이 좋지 않은 평판을 지녔다는 것을, 사람들이 그들에게서 굴종적이고 가련한 특성, "성격"에 이를 수 없는 능력의 부재, 유명한 봉사하는 자의 영혼을 믿었다는 것을 좀 알았으면 하는 것이다. 그러나 단번에 사람들은 "독일인들은 깊이가 있다. 독일인들은 덕이 있다. ― 단지 그들의 철학자들을 읽어보라!" 라고 말하는 법을 배웠다. 궁극적으로 이것은 억제되면서 서서히 쌓인 독일인들의 경건성이었는데, 그들은 자신들의 철학에서 폭발

했고, 물론 다른 독일인들처럼 불명료하고, 불확실했다. 즉 때로는 범신론적인 수증기 속에서 헤겔이나 셸링처럼 영지주의(靈知主義)로 있었으며, 때로는 쇼펜하우어처럼 신비적이고 세계를 부정했다 : 그러나 대체로 보면 이교적 경건성이 아니라, 그리스도교적 경건성이다. — 이것에 대해서는 괴테가 그리고 그에 앞서 이미 스피노자가 선한 의지를 많이 제시했다.

38[8]

의지. — 모든 의욕 속에는 다수의 느낌이 통일되어 있다 : 나가는 상태의 느낌, 들어오는 상태의 느낌, 이러한 "나가고 들어오는 것" 자체의 느낌, 이때 지속되는 느낌, 마지막으로 여전히 수반되는 근육의 느낌, 이 느낌은 우리가 팔과 다리를 움직이지 않고도 일종의 습관에 의해 우리가 "의욕"하자 곧 그 연기를 시작한다. 감정이나, 실은 다양한 느낌을 의지의 요소로 인정할 수 있듯이, 두 번째로 또한 사고(思考)도 그렇다 : 모든 의지의 행위 속에서는 사상이 지배하고 있다. — 우리는 이러한 사상을 마치 이후 여전히 의욕이 남아 있는 것처럼, 원하는 것 그 자체로부터 단절할 수 있다고 믿어서는 안 된다. 세 번째로 의지는 느낌과 사고의 복합체일 뿐만 아니라, 무엇보다도 또한 하나의 정동이다 : 실은 저 명령하는 정동인 것이다. 의지의 자유라고 불린 것은 본질적으로 복종해야만 하는 것에 대한 우월의 느낌이다 : "나는 자유롭다. 그는 복종해야만 한다" — 이러한 의식은 모든 의지 속에 감추어져 있고, 어쨌든 저 관심의 긴장, 오로지 하나만을 주목하는 저 명료한 시선, "현재는 다른 것이 아니라, 이것이 필요하다"는 저 배타적인 가치 평가, 이 모든 것이 명령하는 자의 상태에 속하듯이, 복종되는 것에 대한 저 내적인 확실성이 그 안에 감추어져 있다. 의지하는 인간은 — 자기 안에서 복종하는 그 어떤 것에, 혹은 복종된다고 그가 믿고 있는 어떤 것에 명령한다. 그러나 이제 "의지하는 것"에서, 사람들이 그것을 규정하기 위해 하나의 용어를 가지는 이렇게 복잡한 것에서 가장 중요한 것이 무엇인지를 우리는 주목했다. 주어진 사례에서 우리는 명령자이자 동시에 복종자이며, 복종자로서 의지의 행위에 따라 즉시 시작하곤 하는 저항하고, 밀어붙이고, 압박하고, 움직이는 느낌을 갖는 한, 그러나 우리가 "나"라는 종합적인 개념으로 이러한 이중성을 넘어서 우리를 정립하고, 넘어서는 듯이 기만하는 습관을 가지고 있는 한, 의욕에는 여전히 오류 추리나 따라서 잘못된 의지 자체의 가치 평가라는 고리 전체가 매달려 있다 : — 그러므로 의욕자는 자신의 의지 자체가 총체적인 행위를 하기에 본래적이고 충분한 동력이라고 좋은 신념 속에서 믿는다. 대부분의 경우에 명령이나 복종의 작용 역시, 즉 행위가 기대될 수 있는 곳에서만 원해지기 때문에, 마치 그곳에는 작용의 필연성이 있는 것인 양 외양이 느낌으로 번역되고 만다 : 의욕자는 상당한 정도의 확실성으로 의지와 행위가 어떤 방식으로든지 일치한다고 믿는 것으로 충분하다 — 그는 의지 수행의 성공을 또한 의지 자체에 귀속시키며, 이때 모든 명령을 수반하는 저 힘의 느낌의 증대를 즐긴다. "의지의 자유" : 이것은 명령하면서 동시에 수행하는 자로서 저항에 대한 우세함이라는 승리를 즐기지만, 그러나 의지 자체가 저항을 극복한다고 판단하는 저 매우 뒤섞인 의욕자의 상태를 나타내는 말이다 : — 그는 성공적인 수행 도구의 — 봉사할 수 있는 의지와 하부 의지의 — 쾌 감정을 명령자로서의 자신의 쾌 감정에 덧붙인다. — 이러한 감정이나 상태, 잘못된 가정이 뒤엉킨 둥지는, 대중에 의해 한마디 말로 하나의 문제인 양 나타난다. 왜냐하면 그것은 갑자기 "단번에" 그곳에 있으며, 자주 거듭되며 따라서 "가장 잘 알려진" 체험에 속하기 때문이다 : 내가 여기에서 기술해왔듯이, 의지는 — 우리는 아직도 그것이 한 번도 기술된 적이 없다는 것을 믿어야만 하는 것일까? 대중의 조야한 판단이 아직 모든 철학에서 검증되지 않은 채 당연히 있다는 것을? 철학자들 간에 생각의 차이가 없었다고 해도 "원한다는 것"이 무엇인지에 대해? 왜냐하면 바로 이 점에서 사람들은 직접적인 확실성을, 하나의 근본 사실을 지니고 있으며, 이 점에서 생각한다는 것은 전혀 있을 여지가 없다고 모두 믿기 때문이다. 모든 논리학자들이, 마치 "의욕"이 느낌이나 사고를 함축하지 않는 것처럼, 여전히 "사고, 감정, 의욕"의 삼일치를 배우는가? — 이 모든 것에 따라 쇼펜하우어의 큰 실수는, 그가 의지를 가장 잘 알려진 세계의 사태처럼, 대담하거나 자의적이지 않은 것처럼 본다는 것이다 : 그는 지금까지 모든 철학자들에 대한 어마어마한 선입견을, 대중적 선입견을 단지 떠맡았으며, 일반적인 철학자들에게서 일어나는 것처럼 과장했다. —

38[9]

탁월한 정신의 소유자에게 있는 위험은, 그들이 언젠가 파괴하고 파멸시키고, 서서히 파멸시키는 것을 무서울 정도로 즐기는 것을 배워서 추구한다는 점에서, 적지 않다 : 만일 그들에게 곧 완전히 창조적인 행위가, 도구의 결핍이나 그 밖의 우연의 장난에 의해 거절된 채로 있다면 말이다. 그러한 영혼의 가계 운영에서는 그러고 나서 더 이상의 이것이냐 저것이냐라는 양자택일은 없다. 아마도 그들은 바로 그들이 그때까지 대부분 사랑해온 것을 악마의 쾌락으로 섬세하고 지루한 방식으로 〈망가뜨려놓을 것임에 틀림없다.〉

5

38[10]

인간은 형식과 리듬을 만드는 피조물이다. 그는 무(無)에서 훨씬 연습을 잘했고, 형태를 고안하는 것 말고는 그 어떤 곳에서도 더 즐거움을 느끼지 못하는 것 같다. 우리의 눈이 더 이상 볼 것을 얻지

10 못하면, 그 즉시 무엇에 몰두하는지를 관찰해볼 수 있을 것이다 : 그 눈은 볼 만한 그 무엇을 만들어낸다. 추측건대 동일한 경우에 우리의 청각도 연습하는 것 이외에 다른 것을 하지 않는다. 세계가 형태나 리듬으로 변화하지 않고는 우리에게 "동일한 것"은 없을 것이며, 즉 반복되는 것은 없을 것이고, 또한 경험이나 습득, 영양 섭취

15 의 가능성은 없을 것이다. 모든 지각에서, 말하자면 가장 근원적인 습득 과정에서 가장 중요한 사건은 행위며, 더 엄격하게 말해서 형식을 강제하는 것이다 : ― 피상적인 사람만이 "인상"에 대해 말한다. 인간은 이때 자신의 힘을 저항하는 힘으로, 더욱이 규정하는 힘으로 알게 된다 ― 거부하면서, 선택하면서, 적절히 형식을 만들면

20 서, 자신의 도식 속으로 정돈하면서 말이다. 우리가 하나의 자극 일반을 가정하고, 우리가 그것을 그러한 자극으로 가정한다는 점에서 활동적인 그 무엇이 있다. 형식이나 리듬이나 형식들의 연속을 세우는 것뿐만 아니라, 동화나 거부에 관해 만들어진 형태를 평가하는 것은 이러한 활동에 속하는 것이다. 이렇게 해서 우리의 세계,

우리의 세계 전체가 생겨난다 : 완전히 우리에게만 속하는, 우리한 테서 비로소 만들어진 이러한 세계에 이른바 "본래의 현실", "사물의 자체"는 상응하지 않는다 : 오히려 그것 자체가 우리의 유일한 현실이며, "인식"은 그러한 식으로 고찰하면, 단지 영양 **섭취**의 한 수단으로 보인다. 그러나 우리는 어렵게 영양을 섭취할 수 있는 존재며, 도처에 적대자와 마치 소화시킬 수 없는 것을 가지고 있다 — : 그것에 대해 인간의 인식은 **섬세하게** 되어버렸고 결국 자신의 섬세함에 대해 여전히 자부심을 느끼기에, 그 인식은 목적이 아니라 수단이며, 더욱이 위(胃)의 도구라는 것을 들을 수 없게 된다. — 만일 그 자체로 일종의 위라고 한다면 말이다!— —

38〔11〕

　보다 높은 철학적 인간은 스스로 고독을 지니고 있는데, 이는 그가 홀로 있기를 원하기 때문이 아니라, 그가 자신과 동등한 자를 찾지 못하는 그 어떤 존재기 때문이다 : 위계 질서에 대한 믿음을 망각해버렸고 따라서 이러한 고독을 존경할 줄도 이해할 줄도 모르는 오늘날이야말로 그에게 어떤 위험이나 고뇌가 남아 있던가! 이전에 현자는 거의 대중의 양심을 고려해 그러한 길을 걸어감으로써 성스럽게 되었지만, — 오늘날 은둔자는 마치 흐린 회의와 의심의 구름으로 둘러싸여 있는 듯 자신을 생각한다. 그리고 그것은 질투심이 있는 자나 자애로운 자의 편에만 있는 것은 아니다 : 자신이 경험하는 모든 안락함으로부터 또한 그는 오인, 게으름, 천박함을 느낄 수밖에 없으며, 만일 동정심이 보다 편안한 상태나 질서 있고 신뢰할 수 있는 사회를 통해 그를 자신에게서 구출하고자 한다면, 그는 스스로 훌륭하고 성스럽다고 느끼는 저 편협한 동정의 위선을 알고 있다. — 아니 그는 정신이 평범한 자들 모두가 그에게 가하는, 게다가 그렇게 할 권리가 있다고 믿어 의심하지 않으면서 가하는 무의식적인 파괴욕에 놀라지 않을 수 없게 된다! 이렇게 이해하기 어려운 고독 속에 있는 인간은 또한 외적인, 공간적인 고독의 망토로 능란하고 단호하게 몸을 감쌀 필요가 있다 : 이것은 그의 현명함에 속하는 일이다. 그러한 인간이 아래쪽으로 끌어내리는 시대의 급류 한가운데서 자기 자신을 보존하고, 스스로를 높은 곳에서 보존하기 위해서는, 간계나 변장마저 필요하다. 그는 현대 속에서, 그리고 현대와 더불어 버텨내려는 모든 시도나 오늘날의 이러한 인간이나 목표에 다가서려는 모든 것을 자기 본래의 죄처럼 속죄하지 않으면 안 된다 : 그는 그러한 모든 시도에서 곧바로 질병이나 나쁜 재난에 의해 그를 다시 그 자신으로 불러들인 그 본성의 숨은 지혜에 놀랄 수도 있다.

38[12]

그대들은 또한 내게서 "세계"란 무엇인지 알고 있는가? 내가 그대들에게 이 세계를 내 거울에 비추어 보여주어야만 하는가? 이 세계는 곧 시작도 끝도 없는 거대한 힘이며, 커지지도 작아지지도 않으며, 소모되지 않고 오히려 전체로서는 그 크기가 변하지 않지만, 변화하는 하나의 확고한 청동 같은 양의 힘이며, 지출과 손해가 없지만, 이와 마찬가지로 증가도 수입도 없고, 자신의 경계인 "무"에 의해 둘러싸여 있는 가계 운영이며, 흐릿해지거나 허비되어 없어지거나 무한히 확장되는 것이 아니라, 일정한 힘으로서 일정한 공간에 끼워 넣어지는 것인데, 이는 그 어느 곳이 "비어" 있을지도 모르는 공간 속이 아니라, 오히려 도처에 있는 힘이며, 힘들과 힘의 파동의 놀이로서 하나이자 동시에 "다수"이고, 여기에서 쌓이지만 동시에 저기에서는 줄어들고, 자기 안에서 휘몰아치며 밀려드는 힘들의 바다며, 영원히 변화하며, 영원히 되돌아오고, 엄청난 회귀의 시간과 더불어, 자신의 형태가 빠져나가는 썰물과 밀려들어 오는 밀물로, 가장 간단한 것으로부터 가장 복잡한 것으로 움직이면서, 가장 고요한 것이나 가장 단단한 것, 가장 차가운 것으로부터 가장 작열하는 것이나 가장 조야한 것, 가장 자기 모순적인 것으로 움직이고, 그 다음에는 다시 충일한 것에서 단순한 것으로, 모순의 놀이로부터 조화의 즐거움으로 되돌아오고, 이러한 동일한 스스로의 궤도와 시간 속에서도 여전히 스스로를 긍정하면서, 영원히 반복해야만 하는 것으로서 스스로를 축복하면서, 어떠한 포만이나 권태나 피로도 모르는 생성이다 — : 영원한 자기 창조와 영원한 자기 파괴라고 하는 이러한 나의 디오니소스적인 세계, 이중적 관능이라는 이러한 비밀의 세계, 이러한 나의 선악의 저편의 세계, 이는 순환의 행복 속에 목적이 없다면, 목적이 없으며, 원환 고리가 스스로에 대해 선한 의지를 갖지 않는다면, 의지가 없다. — 그대들은 이러한 세계를 부를 이름을 원하는가? 그 모든 수수께끼에 대한 하나의 해결을? 그대들, 가장 깊이 숨어 있고, 가장 강하고, 가장 경악하지 않으며, 가장 한밤중에 있는 자들이여, 그대들을 위해서도 빛을 원하는가? — 이러한 세계가 힘에의 의지다 — 그리고 그 외에 아무것도 아니다! 그대들 자신 역시 이러한 힘에의 의지다 — 그리고 그 외에 아무것도 아니다!

38〔13〕

　젊었을 때, 나는 도대체 철학자란 본래 무엇인가에 대해 고민을 했다 : 왜냐하면 나는 대립적인 특성을 인지하는 유명한 철학자들을 믿었기 때문이다. 마침내 내가 도달한 결론은 철학자에게는 두 가지 다른 종류가 있는데, 우선 가치 평가, 즉 (논리적이거나 도덕적인) 일회적 가치 정립과 가치 창조라는 그 어떤 위대한 가치 평가의 사실을 확립할 수 있는 그러한 철학자와, 그 다음에 그러나 스스로가 가치 평가의 입법자인 그러한 철학자가 있다는 것이었다. 전자는 이와 같은 것을 기호를 통해 총괄하고 간략하게 만들어, 현재나 과거의 세계를 자신의 것으로 만들고자 한다. 이러한 연구자들에게 달려 있는 것은 지금까지의 모든 사건이나 평가된 것을 조망하고, 숙고하고, 파악하고, 다룰 수 있는 것이나 과거를 극복하는 것, 시대 자체를 압축하는 모든 시간, 하나의 크고 놀라운 과제다. 본래의 철학자들은 그러나 명령하는 자며 입법자인데, 그들은 마땅히 그러해야 한다!라고 말한다. 그들은 비로소 인간의 향방과 목적을 규정하며, 이때 철학적 노동자의, 저 과거 극복자의 준비 작업을 이용한다. 이러한 두 번째 종류의 철학자가 잘되는 것은 드문 일이다. 사실 그들의 상황이나 위험은 엄청나게 크다. 얼마나 종종 그들은 그 자신을 절벽이나 낭떠러지로부터 분리시키는 협소한 가장자리 길을 단지 보지 않기 위해 의도적으로 눈을 감았던가 : 예를 들면 플라톤이 있는데, 그는 그가 원했던 바의 선이 플라톤의 선이 아니라 선 자체며, 오직 플라톤이라는 이름의 어떤 사람이 자신의 길 위에서 발견했던 영원한 보물이라고 스스로를 설득했다! 훨씬 조야한 형식으로 종교 창시자에게는 이와 같은 맹목성에 대한 의지가 있다

: 그들의 "너는 해야만 한다"라는 말은 그들의 귀에는 "나는 의지한 다"라는 말로 결코 들릴 수 없다. — 오직 신의 명령으로서만 그들은 자신의 과제를 감히 완수하며, 오직 "영감"으로서만 그들의 가치 입법은 그들의 양심을 파괴하지 않는 감당할 수 있는 짐인 것이다. — 이제 플라톤과 마호메트라고 하는 저 두 위로 수단이 없어져버리고, 그 어떤 사상가도 더 이상 "신"이나 "영원한 가치"라고 하는 가설에서 자신의 양심을 가볍게 만들 수 없게 되자 곧 새로운 가치에 대한 입법자의 요구가, 새롭고, 아직 도달되지 않은 두려움으로까지 고양된다. 이제부터 그러한 의무의 예감이 어렴풋이 밝혀지기 시작하는 저 선택된 자들은 자신의 가장 큰 위험이기라도 하듯이 "적절한 시기에" 일탈에 의해 아직은 그 의무에서 벗어나고 싶어 하지 않는지를 시험하게 될 것이다 : 예를 들어 그들은 이 과제는 해결되었다거나 해결할 수 없다거나, 감당하기 힘들다거나, 이미 다른 더 상세한 과제로 부담이 크다거나, 이러한 새롭고 원대한 의무조차 하나의 유혹, 실험, 모든 의무의 태만, 병, 일종의 광기라고 스스로 설득한다. 사실 많은 사람에게 회피하는 일은 성공할 수 있다 : 역사 전체를 통해 그렇게 회피한 자들과 그들 양심의 가책의 흔적이 있다. 그러나 대부분 그러한 숙명을 진 인간에게는, 그들이 결코 "원하지" 않았던 것을 해야 했던 저 구원의 시간이, 저 성숙이라는 가을의 시간이 다가왔다 : — 그들이 이전에 가장 두려워했던 행위는 마음대로 할 수 없는 행위로서, 거의 선물로서, 쉽게, 원하지 않은 채 나무에서 그들에게 떨어졌다.—

38〔14〕

　우리를 플라톤이나 라이프니츠의 사유 방식으로부터 가장 근본적으로 구분하는 것은 다음과 같다 : 우리는 그 어떤 영원한 개념도, 영원한 가치도, 영원한 형식도, 영원한 영혼도 믿지 않는다. 철학은, 그것이 법칙 부여가 아니라 학문인 한, 우리에게는 단지 "역사"라는 개념의 가장 폭넓은 확장을 의미할 뿐이다. 어원학이나 언어의 역사로부터 우리는 모든 개념을 생성된 것으로, 많은 것들을 아직 생성하고 있는 것으로 생각한다. 그리고 실상 가장 잘못된 개념들인 가장 보편적인 개념들은 또한 가장 오래된 것일 수도 있다. "존재", "실체", "무제약적인 것", "동일성", "사물" ― : 사고는 먼저 고안해내고, 사실 가장 근본적으로 생성의 세계와 모순되지만, 그러나 처음의, 아직은 아래로 감추어진 동물적 의식의 단조로움과 일양성에서 처음부터 그 세계에 해당하는 것처럼 보이는 이러한 도식을 만들어낸다 : 모든 "경험"은 그 세계를 언제나 새롭게 나타내며, 그 세계를 완전히 강조할 뿐이다. 동일성이나 유사성은 서서히 감각이나 관심이 강화됨에 따라, 다양한 생명이 전개되고 투쟁함에 따라 점점 더 희귀한 것으로 인정되었다 : 반면 가장 하등 존재에게 모든 것은 "영원히 동일한", "하나의", "지속적인", "무조건적인", "아무 속성이 없는" 것으로 나타난다. 서서히 "외부 세계"는 그와 같이 복잡하게 된다. 그러나 엄청난 시공간을 통해 지상에서 하나의 사물은 동일한 것으로, 하나의 단일한 특징과, 예를 들면 특정 색깔과 일치하는 것으로 여겨졌다. 단일한 사물에 대한 다양한 특징은 가장 느리게 인정되었다 : 우리는 여전히 인간 언어의 역사로부터 술어의 다양성에 대한 혐오가 있음을 보게 된다. 그러나 가장

〔38 = Mp XVI 1a. Mp XVI 2a. Mp XV 2b. 1885년 6월~7월〕 439

오래된 변화는 술어의 기호가 사물 자체와 동일한 것으로 정립된다는 것이다. 바로 가장 오래된 인류의 본능을, 또한 가장 오래된 불안과 미신(영혼의 미신처럼)을 스스로 가장 잘 모사했던 철학자들은 ― 그들의 탁월한 격세 유전에 대해 이야기될 수 있다 ― 바로 기호가, 즉 "이념"이 진정 현존하며, 변하지 않고, 전능한 것이라고 그들이 습득했을 때, 이러한 변화에 봉인(封人)한다. 사실상 사고가 한 사물을 지각하며, 그것에 기억을 제공하고, 유사성에 따라 찾는 일련의 기호를 유포시키는 동안, 인간이 유사한 기호로 사물을 "잘 알려진 것"으로 설정하고, 파악하고, 포착하는 동안, 인간은 오랫동안 그 사물을 그렇게 이해하고자 한다. 붙잡고 포착하며, 동화시킨다는 것은 그에게 이미 하나의 인식이며, 종국적으로 아는 것을 의미했다. 인간의 언어에서조차 단어는 오랫동안 ― 오늘날에도 대중에게 그렇게 보이는데 ― 기호가 아니라, 그것으로 기술된 사물에 관한 진리로 보였다. 감각에 예민할수록, 엄밀하게 주목할수록, 삶의 과제가 복잡할수록, 한 사물이나 한 사태의 인식 역시 궁극적인 인식이나 "진리"로 인정되었다. 마지막으로, 오늘날 방법적인 불신으로 인해 우리가 압박받고 있는 그 점에서 우리에게는 절대적인 의미에서의 진리에 대해 말할 권리가 더 이상 없다. ― 우리는 사물의 인식에 대한 믿음과 마찬가지로 그 인식 가능성에 대한 믿음을 버릴 것을 맹세했다. "사물"은 단지 허구일 뿐이며, "물자체"도 더욱이 모순에 찬 허용할 수 없는 허구다 : 그러나 인식 역시, 절대적인 것이나 따라서 상대적인 것 역시 마찬가지로 단지 허구일 뿐이다! 그러므로 이와 더불어 "인식하는" 그 무엇, 인식을 위한 주체, 그 어떤 순수한 "지성", 하나의 "절대 정신"을 설정할 필요 역시 없

어져버린다 : — 이것은 여전히 칸트에 의해 완전히 포기할 수 없는 신화인데, 이것을 플라톤은 유럽을 위해 운명적으로 준비해왔고, "신은 정신이다"라는 그리스도교적 근본 도그마와 죽음으로써 몸에 관한 모든 학문과, 그것을 통한 몸의 지속적인 발달 과정을 위험했다. 이러한 신화가 이제 그 시대를 가졌다.

38〔15〕

나는 내 책의 영향에 관한 드문 일을 체험했다. 최근에《인간적인 너무나 인간적인》을 자신의 가장 충실한 삶의 동반자로 여긴 어떤 늙고 고상한 네덜란드인의 편지를 받았다.《비극의 탄생》은 아마도 리하르트 바그너의 생애에서 가장 큰 행운의 소리를 만들어냈고, 그는 흥분했다.《우상의 황혼》에는 그가 이렇게 기대하지 않은 극도의 희망의 상태에서 만들어냈던 대단히 아름다운 것이 있다. (그 당시에는 — — —

나는 이 책이 그 누군가에 의해 이해되었는지 알고 싶다 : 그것의 배경들은 나의 가장 사적인 재산들에 속한다. 차라투스트라는 스스로에 반(反)하는 2천 년간의 가치 평가를 지니고 있다. 나는 그 누군가가 오늘날 자신의 전체 음이 울리는 소리를 들을 수 있다고 절대 믿지 않는다 : 또한 그의 이해는 오늘날 그 누구도 시대의 결핍 때문에 그러한 것을 이 점에서 설정하지 못하듯이, 그러한 문헌학적인 작업이나 문헌학적인 작업 이상을 전제한다.

나 스스로는 쇼펜하우어나 바그너와 똑같이 — — — (아마도 유일한 독일인이었던) 1865년에 음악이나 철학에서의 내 취향이 이제는 독일적 취향에 속한다는 사실에 만족한다.

내 책들과 관련해 만들어진 선택은 내게 생각할 거리를 준다.

38〔16〕

여기에서 하나의 나약함에 힘의 속성을 부여하기 위해, 우려할
필요 없는 미봉책의 사용과 정신의 소모와 정신적인 부유함 : 거의
바그너적인 문체에 특성을 부여하는 것 ―

38〔17〕

심정에 대한 쇼펜하우어의 왜곡과 내 비극의 탄생!

38〔18〕

"그는 달리 행동할 수도 있었을 것이다" ― 정의감의 발생에 관한
이러한 관점은 레에 의해 잘못 적용되었다.

38〔19〕

내가 내 인생을 전망할 때, 찾을 수 있는 최초의 철학적 사변의
흔적을 나는 내 나이 열세 살 때 적어놓은 사소한 기록 속에서 만난
다 : 이와 같은 것은 악의 기원에 대한 착상을 담고 있다. 내 전제는
하나의 신에게 있어서 그 무엇을 생각하고 그 무엇을 창조한다는
것은 하나며 동일한 것이라는 것이었다. 이제 나는 다음과 같은 결
론을 내렸다 : 신은 신성이라고 하는 제2의 인성을 만들었을 그 당
시, 스스로 생각했다 : 그러나 스스로 생각할 수 있기 위해 신은 자
신의 대립마저 생각해야만 했다. 악마는 내 관념 속에서 신의 아들
과 같은 나이와 심지어는 명백한 근원을 가졌다 ― 그와 동일한 기

원을. 자신의 대립을 생각한다는 것이 하나의 신에게 가능한 것인지의 물음을 넘어서게끔 나는 스스로를 도왔다. 즉 말하자면 : 그러나 그에게 모든 것은 가능하다. 두 번째로 : 만일 신의 본질이 실존하는 것이 사실이라면, 신이 그것을 했다는 것은 하나의 사실이며, 따라서 그것은 그에게 역시 가능했다. ― ― ―

38[20]

인식의 모험에 대해 정열적으로 즐기지도 못한 채 그것의 위험스러운 풍요로움 속에서 오랫동안 견디는 것은 어떤 사람에게는 어려운 일이 될 것이다. 그와 같은 "방종"을 위해서는 너무나 비겁하거나 너무나 순결한 모든 사람 그 자신에게 또한 그것으로부터 하나의 덕목이나 하나의 칭찬을 준비하는 것이 당연히 허용되지만 말이다. 그러나 보다 강한 정신의 소유자에게는 사람들이 실상 정열의 인간이며, 그러나 또한 자기 정열의 ― 인식하기 위한 정열에 관해서도 ― 주인이 되어야만 한다는 요구가 적용된다. 나폴레옹이 탈레랑Talleyrand을 놀라게 하기 위해, 자신의 분노를 적절한 시기에 거칠게 드러내고 절규하도록 놓아두고 그 다음에 다시금 갑자기 침묵했듯이, 강한 정신은 또한 자신의 야생의 개와 더불어 그러한 것을 해야만 할 것이다 : 그는 자신 안에서 항상 진리를 향한 의지가 얼마나 또한 격렬한지 ― 이것이 그의 가장 야생적인 개다 ― 적절한 시기에 비진리를 향한 살아 있는 의지, 불확실하려 하는 의지, 무지하고자 하는, 무엇보다도 **바보**가 되려 하는 의지가 될 수 있어야만 한다.

38[21]

매력의 감소. ― 천민을 점점 더 주인으로 만드는 시대에 적합한 것처럼, 보편적인 추악화의 증후에 속하는 것은 최소한 여성의 증대되는 자제력 상실이나 일종의 "자연으로 되돌아가는 것", 즉 천민으로 되돌아가는 것이 아니다 : 또한 사람들이 이전에 자신의 특권과 마찬가지로 고귀하고 엄격한 습관을 견지한 장소에서도, 예를 들어 궁정에서. 사람들은 가장 사랑스러운 여자들과 교류하면서 섬세함 자체에 대한 결여 때문에 놀라게 된다 : 우리는 스스로를 돕는다 ― ― ―

38[22]

심지어 울타리마저 황금으로 도색된 정원은 도둑이나 부랑자를 방지할 수 있는 것만이 아니다 : 그것의 가장 나쁜 위험은, 여기저기서 뭔가를 부수고, 더욱이 기꺼이 이러저러한 것을 기념품으로 가져가고 싶어 하는 그 집요한 찬미자로부터 그것에 다가온다. ― 내 정원에 있는 그대들 빈둥거리는 자들, 그대들은 한 번도 내 채소나 잡초 근처에서 정당함을 증명할 수 없다는 것을, 그들이 그대들의 얼굴에 대고 "계속하라, 그대들 집요한 자들이여, 그대들은 ― ― ―"이라고 말하는 것을 도무지 알아채지 못한다.

〔39 = N VII 2a. ZI 2b. 1885년 8월~9월〕

39〔1〕

힘에의 의지.

모든 생기적 사건을
새롭게 해석하려는
시도.

프리드리히 니체.

39〔2〕
"구름 덮인 정신"

낯선 축제일의 어린아이처럼 : 수줍어하며 있다 ― 아직 종소리
를 들어보지 못했고, 아직 이러한 장식물이나 축제 의상을 보지 못
했다.

어떤 낯선 숨결이 나에게 입김을 불며 야옹거리기 때문에, 나는
도대체 불투명한 동시에 눈먼 거울이라는 말인가?

너는 왜 그러한 것들의 솜털 같은 표면을 벗겨내고자 하는가? ―

어떤 웃음도 그 대가를 지불하지 못했던 진리들

39〔3〕

차라투스트라 5 (기본 음으로서의 젊음)

최고도로 전투적으로

어떤 오래된 요새에서 들리는 전령의 북소리.

　　　　　　(피날레)　리알토에서처럼 밤에.

　　　　　　　　장미 축제.

　　무신론적인 은둔자며, 기도하지 않았던 최초의 고독한 자인 차라

　투스트라.

　　그대들은 지금 내 진리에 대해 충분히 강한가?

　　누가 나에게 속하는가? 고귀함이란 무엇인가?

"그대들이 그러한 사람인가?" (후렴으로서) 위계 질서 : 그리고 그대
들은 지배할 수 있기 위해 그대들 안에 모든 것을 가져야만 한다.

　그러나 그대들 가운데서도 역시!

　　후렴 : 만일 그대들이 "우리는 그들을 존경한다, 하지만 우리는
보다 높은 종류의 사람이다"라고 말할 수 없다면 ― 그대들은 나와
같은 종류의 사람이 아닐 것이다.

　　장미 축제.

　　밤에 다리에서.

　　차라투스트라는 계급 투쟁이 지나갔고, 지금은 마침내 개인의 위
계 질서를 위한 시간이라는 사실에 대해 행복해한다.

민주적 평준화 체계에 대한 증오는 단지 **전경**에 있을 뿐이다 : 본래 그는 **이것이** 그렇게까지 진행된 데 대해 매우 기뻐했다. 이제 그는 자신의 과제를 해결할 수 있다.—

그의 가르침은 지금까지 단지 미래의 지배 계층을 향해 있었다. 이러한 대지의 주인들은 이제 신을 **대체**해야만 한다. 그리고 피지배자들의 깊고도 무조건적인 신뢰가 만들어진다. 우선 : 그들의 새로운 성스러움, 행복과 안일에 대한 그들의 포기 능력. 그들은 **스스로**가 아니라, 저열한 자들에게 행복을 계승할 권리를 준다. 그들은 "신속한 죽음"에 대한 가르침을 통해 못난 자들을 구원하며, 위계 질서에 따라 종교와 체계를 제공한다.

39〔4〕

정신의 자기 반영, 논리적 수레바퀴의 삐걱거리는 소리, 본능의 해석

그대들이 모든 것을 형식 속에서 해결했을 것이라고 가정해보자 : 그 다음에는 무엇이 있을 것인가? 우리는 양심의 가책을 받으며 살아야만 하는가?

나는 큰 위조와 해석에 대해 놀라워한다 : 그들은 우리를 동물의 행복 너머로 들어올린다.

무리 동물의 그룹 내에서 진실성에 대한 과대평가는 좋은 의미를 갖는다. 스스로 속지 말 것 — 따라서 속이지 말 것

그 자체로 진실한 자가 거짓된 자보다 더 가치가 있다는 것은 그 어떤 것으로도 증명할 수 없다 : 삶이 일관된 기만에 기초하고 있다고 가정한다면, 일관되게 거짓된 자는 상황에 따라서는 최고로 존

경받게 될 수도 있다. 사람들이 "진실을 말하지" 않을 때, 상처받는다는 것은 단순한 생각이다. 삶의 가치가 잘 믿어진 오류들에 있다면, 상처를 주는 것은 "진실을 말하는 것"에 있다.

39[5]

저편 세계의 삶이 없어져버리는가? — 사람들은 삶에서 핵심을 잡았다.

39[6]

겁이 투우사로 하여금 그들의 목적을 뒤쫓게 하듯이, 그 목적은 겁을 단지 기반으로만 갖기를 원하면 변질되고 만다 : 이성은 철학자들에게 그와 같이 한다. 각각의 모든 철학은 인간의 삶에 어떤 의미가 있는가? 힘의 느낌의 고양인가, 아니면 참을 수 없는 현존재를 숨기는 수단인가? 의식의 뒤에서는 **충동**이 작업하고 있다.

39[7]

섭생, 소유, 생식, (마취로서의) 쾌락 노동(동요의 극복)

숭고한 인간은 비록 아주 여리고 깨지기 쉽다 할지라도, 최고의 가치를 갖는다. 왜냐하면 아주 중후하고 드문 것들이 풍부하게 여러 세대를 거쳐 육성되고 함께 보존되어왔기 때문이다.

원시림의 동물 **로마인들.**

39[8]

악마의 신격화 — 이러한 천상의 환상이 어떻게 일어났단 말인가! ―

사물의 근본에 있어서 선, 정의, 진리에 대한 믿음은 머리카락이 곤두서는 그 무엇을 지니고 있다.

악마의 탈.

39〔9〕

자연의 해석 : 우리 자신을 집어넣는다.

― 무시무시한 특성

39〔10〕

차라투스트라 1. 차별화의 명제들.

모든 "행복"은 단지 요양이나 휴식으로만 허용된다. "행복한 자", "선한 자"와 무리 동물에 반대해.

차라투스트라 2. 인간의 "자기 극복".

모든 투쟁 가운데 가장 큰 투쟁과 가장 서서히 진행되는 육성.

"유혹자"를 되살아나게 하는 수단으로서.

차라투스트라 3 원에 대해

원시림, 모든 것이 엄청난 규모로 있다

39〔11〕

세계의 본질과 정반대되는 것을 진술하지 않기 위해서는, 각각의 순간이 모든 변화의 필연적 연기(延期) 전체를 의미하는 것이라고 확신할 수밖에 없다. 그러나 사유하는 것이나 창조하는 것으로서 그것은 물론 비교될 수밖에 없으며, 따라서 또한 자기 자신의 내적 상태에 대해 무시간적인 것이 될 수 있어야만 한다.

39〔12〕
장(章). 영양 섭취. ⎫
　　　 출산. ⎪
　　　 적응. ⎬ 힘에의 의지로 되돌아간다.
　　　 유전. ⎪
　　　 노동 분화. ⎭

장. 원래 충동하는 것과 지배하는 것의 옆에 의식이 나란히 세워짐.
장. 시간 질서의 전도 : 또한 태아의 성장에서도 마찬가지다(유기적
　　 발달 과정은 기억 속에 저장된 것과는 정반대다 : 동시에 가장
　　 오래된 것이 가장 강한 것보다 먼저다). 가장 오래된 오류는 마
　　 치 모든 다른 것들이 그것에 붙는 척추 역할을 하는 것과 같다.
장. 논리적인 것의 발달

39〔13〕
　유기체의 속성.
　유기체의 발달.
　유기적인 것과 비유기적인 것의 연합.
　삶의 조건과 연관된 "인식". "관점주의적인 것."
　힘의 관계의 확인으로서의 "자연 법칙".
　"원인과 결과" 이러한 힘의 확정의 필연성과 엄격함에 대한 표현.
　의지의 자유와 힘.

힘에의 의지와 연관해 고통과 쾌락.

기만으로서의 "개체" "주체". 통제된 공동체. 몸을 실마리로.

유기체에서 힘에의 의지의 표현으로서 지배하고 복종하는 것.

논리적인 것의 발생. "근거 제시."

5　자기 반영에 반(反)해. 수학.

두 가지 잘못된 그러나 지속적인 영적 오류와 같은 물리적 세계.

예술가와 힘에의 의지. 중립성의 인상은 무리 동물에게는 매력적인 것이다. 팔라초 피티Palazzo Pitti와 피디아스Phidias. 무리나 지도자를 위한 도덕 이후의 예술 : ― ― ―

10　신의 반박, 오직 도덕적인 신만이 본래 반박되었다.

권리와 의무.

처벌.

출발점. 데카르트에 대한 아이러니 : 만일 사물의 근본에 있어서 기만적인 그 무엇이 있고, 거기서 우리가 유래했다고 가정한다면,

15　의심하는 모든 것에서 나온 것이 무슨 소용이란 말인가! 스스로를 속이는 것은 가장 좋은 수단일 수 있을 것이다. 그 밖에도 : 이것이 가능한 것인가?

"나는 속지 않을 것이다" 혹은 "나는 속이지 않을 것이다" 혹은 "나는 스스로 확신하거나 확고부동할 것이다", "힘에의 의지의 형

20　태"로서의 "힘에의 의지".

"정의를 향한 의지"

"아름다움을 향한 의지"　⎫
　　　　　　　　　　　⎬　모든 것이 힘에의 의지다.
"돕고자 하는 의지"　⎭

　　　　　　　선이 아니다.

39〔14〕

서론에 대해.

인간적으로 파악하는 것 ― 이는 궁극적으로 단지 우리나 우리의 욕구에 따른 해석일 뿐이다 ― 은 인간이 모든 존재의 질서 속에서 취하는 순위와 관련되어 있다. 예를 들어 피아노 연주자가 그것을 연주하는 것에 대해 손가락이 얼마나 잘 알고 있는지에 대해 그것은 기여할 수도 있다. 그는 기계적 과정으로서 아무것도 느끼지 못하거나 이러한 것을 논리적으로 조합하지 못하게 될 것이다. 하층민 저편의 인간들 가운데서도 그들의 힘은 전체로 보아 왜 전체에 기여하는지 예감하지 못한 채로 있다. 물리적 인과성 전체는 어떤 인간이나 다른 존재가 그것을 해석하는 것에 따라 백 가지로 다양하게 해석할 수 있다. ― 보다 조야한 인간에게 인간적인 방식의 선이나 정의나 지혜는 본성상 증명할 수 있는 것이었다. 보다 섬세하고 정신적인 인간들이 오늘날 이러한 증명 가능성을 거부할 때, 그들은 이러한 것을 하게 된다. 왜냐하면 선이나 정의나 지혜라는 그들의 개념들이 성장했기 때문이다. 무신론은 인간 향상의 결과다 : 근본적으로 인간은 훨씬 부끄러움을 타게 되고, 깊이 있게 되고, 충만된 전체 앞에서 겸손하게 되었다. 그는 자신의 위계 질서를 훨씬 잘 이해했다. 우리의 앎이 점점 더 증대되면 될수록, 인간은 자신의 구석에서 더 많은 것을 느끼게 된다. 우리가 우리 안에 담고 있는 가장 뻔뻔스럽고 견고한 믿음의 목록들은 예를 들어 우리의 의지가 원인이라고 하는 등의 가장 큰 무지의 시대에서 나온다. 예를 들어 우리가 자연 법칙에 대해 말할 때, 우리는 사물에 대한 우리의 도덕적 가치 평가를 얼마나 조야하게 담고 있는 것인가! 언젠가 완전히 다른 해석 방식을 시도한다는 것은 유용할 수도 있다 : 그렇게 함으로써 집요한 모순으로 이른바 우리의 전체 학문에서 우리의 도덕적 규준(진리, 법칙, 이성 등의 선호)이 얼마나 무의식적으로 지배하게 되는지를 이해하게 될 것이다.

통속적으로 표현하면 : 신은 반박되었다. 그러나 악마는 그렇지 못하다 : 모든 신적인 기능이 그의 본성에 속하는 것이다 : 그 반대는 아니다!

그는 속인다. 그는 속이는 지성을 창조한다

그는 편애로 파괴한다

그는 최고의 고귀함으로 최상의 것을 추진할 때, 타락한다

숲 속에서 : 그는 자신의 무죄를 숭배한다

마지막으로 : 왜 우리는 그러한 존재를 증오하는가?

39〔15〕

들어가는 말에 대해.

염세주의(행복주의의 한 형식)가 커다란 위험이나, 아마도 인간의 삶이 불쾌감의 과잉을 수반할 것이라는 쾌와 불쾌에 대한 결산이 아니라, 모든 사건의 무의함이 그러한 것이다! 도덕적 해석은 종교적 해석과 동시에 효력이 상실되었다 : 천박한 자들인 그들은 물론 이것을 알지 못한다! 그들이 도덕적 가치 평가에 대해 이를 드러내고 경건하지 못하게 될수록, 그들은 본능적으로 확신하게 된다. 무신론자로서 쇼펜하우어는 도덕적 의미 세계의 옷을 벗기는 것을 저주했다. 영국에서는 도덕과 물리학, 폰 하르트만 씨의 도덕과 현존재의 비이성을 화목하게 하기 위해 노력하고 있다. 그러나 본래

의 큰 위험은 세계는 더 이상 의미를 지니지 못한다는 것이다.

어느 정도까지 또한 지금까지의 도덕은 신을 없애버렸는가 : 그것은 반대의 입장을 취했다.

이제 나는 새로운 해석을, 우리의 지금까지의 도덕과 연관해 특수한 사례로 보이는 "비도덕적인 해석"을 한다. 통속적으로 말하면 : 신은 반박되었다. 악마는 그렇지 않다. ―

39〔16〕

세계에는 쾌와 불쾌가 압도적으로 많다는 바보 같고 뻔뻔한 질문을 하면서 사람들은 철학적 졸렬함 가운데 서 있다 : 그와 같은 것을 우리는 동경하는 시인이나 여성들에게 맡겨두어야만 한다. 가까이 있는 별에 이미 많은 행복이나 위안이 있을 수 있기에, 이것으로 인해 인간에게는 참담함 전체가 열 번이나 보상될 것이다 : 우리가 그것에 대해 무엇을 알고 있단 말인가! 한편 그럼에도 불구하고 우리는 오직 그리스도교적인 깊은 의미나 섬세한 의미의 유산이 되고자 함으로써, 스스로에게 고통을 판결하지 않는다 : "영혼의 구원"을 위해 고통을 도덕적으로 이용할 줄 모르는 사람은 최소한 그것을 미학적으로 적용해야만 할 것이다 ― 예술가이든지 사물의 관찰자이든지 간에 말이다. 고통을 빼놓고 생각하는 세계는 어떤 의미에서도 반미학적인 것이다 : 아마도 쾌락은 오직 하나의 형식이며 그와 같은 것의 리듬의 방식일 뿐이다!

나는 아마도 고통이란 모든 현존재의 중요한 그 무엇일 것이라고 말하고자 했다.

39〔17〕

인간이 스스로를 높이 고양함으로써, 예를 들어 그에게 신에 대한 믿음처럼 지금까지의 최고의 것은 어린아이같이 유치하며, 감동을 주는 것으로 보이며, 그가 온갖 신화로 만들었던 것처럼, 즉 〈신화를〉 어린아이 이야기나 동화로 변형시킨 것처럼, 다시 한번 그것을 만들기를 우리는 희망한다.

39〔18〕

주의하라! 몸에 대한 신뢰는 모든 사고의 가치가 그에 따라 평가될 수 있는 기초일 뿐이다. 우리가 (예를 들어 타이히뮐러Teichmüller가 가정하듯이!) 존재하지 않는 순수한 것을 생각해냈다고 가정해보자. 몸은 언제나 가상보다 훨씬 보잘것없는 것으로 드러난다! 지금까지 누가 몸을 가상으로 생각할 이유가 있었던가? 완성된 브라만의 숭배자.

39〔19〕

여성.

언젠가 여성이 어떤 재능에 대해 의식하게 될 때 : 얼마나 많은 웃기는 자기 예찬이, 그와 함께 동시에 얼마나 많은 "멍청한 여자"가 매번 고삐에서 풀려났던가!

39〔20〕

유대인

— 나는 유럽 서정시의 다양한 형식을 가장 사랑스러운 모습으로

모사할 줄 알았던 폴란드계 유대인인 지크프리트 리피너Siegfried Lipiner를 특별히 강조한다. — 어떤 금 세공사가 말하고 싶어 하듯이 — "거의 진짜"라고

39〔21〕
헬발트Hellwald, 인간의 자연사.
헤르만 뮐러Hermann Müller ⎫
부르마이스터Burmeister ⎭ 식물에 대해.

39〔22〕
차라투스트라 4.
자기 사람들에게 말한다 : 조심하라. 누가 고통, 가상, 어리석음에 반대해 말하는가.
　　　— 그는 민중에 속한다. 철학자도 역시.
　　　사람들은 대중에게 어떻게 가장 잘 말하는가? 나는 그것이 내 과제라는 것을 알지 못한다. 내게는 사람들이 엄격한 덕목을 요구함으로써 대중의 삶을 아주 어렵게 만들 수밖에 없는 것처럼 보인다 : 그렇지 않으면 그들은 게을러지고 향락하게 된다. 사고에서도 역시 마찬가지다.

　　　저열한 인간에게는 정반대의 가치 평가가 적용된다 : 그들에게 덕목을 심는 것은 중요한 문제다. 절대적 명령, 그들을 가벼운 삶에서 구출해내는 어마어마한 강압자

종교들의 의미

젊은이들의 유혹자요, 아버지들의 복수(復讐)로서의 차라투스트라, 그가 그들에게 기다리라고 명한다.

5   차라투스트라는 요새의 성벽을 향해 걸어가며 : — 그는 절대적 염세주의를 설교하는 것을 듣는다. 도시가 둘러싸여 있다. 그는 침묵한다.

〔40 = W I 7a. 1885년 8월~9월〕

40[1]

그들이 최고의 행복에 대해 생각할 때, 피로한 자, 고통받는 자, 불안에 사로잡힌 자들은 내 평화, 내 부동, 휴식, 깊은 잠과 비슷한 그 무엇을 생각한다. 그것으로부터 많은 것이 철학으로 들어왔다. 이와 마찬가지로 무지, 다의성, 변화 능력에 대한 불안은 그 반대물, 단순한 것, 자기 동일적으로 있는 것, 계산 가능한 것, 확실한 것을 존중했다. ― 다른 방식의 것은 반대의 상태를 존중할 것이다. 그러나 내가 10년 전에는 ― ― ―

40[2]

힘에의 의지.

모든 생기적 사건을 새롭게 해석하려는 시도.

(닥쳐오는 "무의미"에 대한 서론. 염세주의의 문제.)

논리.

물리.
도덕.

예술.

정치.

40[3]

누구에게 이러한 해석이 중요한가. 새로운 "철학자들". 여기저기에 유사한 방식으로 자신의 독립성을 사랑하는 그러한 사람이 있을 수 있다. ― 그러나 우리는 서로 떠밀지 않는다. 우리는 서로 "동경" 하지 않는다.

40[4]

우리는 불완전하고 좋지 않은 종(種)이나 가장 오래된 종의 유산을 관찰하고 추론할 수 있다. 우리의 가장 근본적이고 동화된 개념들은 가장 잘못된 개념이 될 것이다 : 즉 그러한 개념들과 더불어 살 수 있다면 말이다! 그러나 우리는 반대로 물을 수 있다 : 삶이란 일반적으로 보다 예민한 관찰이나 엄격하고 주의 깊은 추론 과정으로서 가능할 수 있을 것인가? 오늘날에도 여전히 조야한 의미에서 우리 삶의 실천적인 부분은 시험 삼아 행복을 목적으로 한다 : 대부분의 사람들이 섭생에 대해 알고 있는 것을 단지 관찰해보자! (스펜서가 생각하고 있듯이) 유기체의 전체 역사 가운데 수단의 합목적성이 증대되었다는 사실은 영국적이고 천박한 판단이다. 우리 목적의 복잡성과 비교할 때 수단의 어리석음은 아마도 똑같이 남아 있다.

40[5]

존재의 위계 질서 가운데 **위조**의 증대(비유기적인 힘에서, 힘에 대해서는 완전히 자연 그대로의 상태이며, 유기적인 세계에서는 술책 등으로), 보다 높은 민족(이탈리아인들 등)과 마찬가지로 카이사르 나폴레옹(그를 지칭하는 스탕달의 용어)과 같은 최고의 인간. 천

배의 교활함이 피조물의 본성에 속한다는 것을 가능하다고 여겨야만 하는가? 물론 (본래 있는 그대로의 것을 보는) 진리의 의미는 보일 수 있도록 하는 수단으로서 또한 증가되어야만 할 것이다. 배우. 디오니소스.

40[6]

철학자들은 지금까지 그들에게 언어가, 최소한 문법이, 전체적으로 "대중"이 그들에게 무엇인지를 미리 알려주는 곳에서 얼마나 가련한가! 감추어진 진리의 용어로, 최소한 진리의 예감 속에서 그들 모두는 이것이 경직되고 굳어 있다고 믿는다 : 따라서 그들이 "주체", "몸", "영혼", "정신"을 괄호 치는 완강함이 있다. "추상"이라는 용어가 숨기고 있는 저 미라가 되어버린 오류에는 오직 어떤 재앙이 있단 말인가! 밑줄을 긋고, 강조하고, 강하게 함으로써가 아니라, 생략함으로써 사람들이 표기하는 것이 생겨나는 것처럼, 조야하게 만듦으로써 우리 안의 저 영상이나 저 모습이 생겨나고, 가능하게 된다!

40[7]

산수의 발생에서 똑같이 보고, 똑같이 생각하고자 했듯이, 동일한 사례를 산정했듯이, "수(數)의 계산"에서 오랜 연습이나 준비 교육이 선행되어야만 했듯이, 또한 논리적 추론에서도 이와 마찬가지다. 판단은 근본적으로 "이러이러한 것이 진리다"라는 믿음 이상일 뿐만 아니라, "바로 이러이러하기 때문에 그것은 진리다!"라는 것이다. 동화의 충동, 모든 성장이 기초해 있는 저 유기체적 근본 기

능은 가까운 곳에서 습득되는 것을 또한 내적으로 적응시킨다 : 힘
에의 의지는 오래된 것, 이미 체험한 것이라는 형식 아래서 이렇게
새로운 것을 포함시키는 것에서, 여전히 살아 있는 것의 기억 속에
서 기능하게 된다 : 우리는 그 이후 이것을 "파악한다"고 부른다!

40[8]

　"개인", "인성"이라는 개념은 자연주의적 사유에 대한 커다란 완
화를 함축하고 있다 : 이러한 사유는 특히 1과 1을 곱하기할 때 잘
느끼게 된다. 사실 그곳에는 선입견이 숨어 있다 : 우리는 유감스럽
게도 개인이나 "인성"에 이르는 도중에 실제로 존재하는 것, 즉 강
도를 표현할 만한 용어를 가지고 있지 않다. 둘은 하나에서 나오게
되고, 하나는 둘에서 나오게 된다 : 이것을 우리는 가장 낮은 유기
체의 생식(生殖)이나 증식에서 눈으로 보게 된다. 만일 이 표현이
허용된다면, 수학은 언제나 실제적인 생기적 사건에서는 모순되고,
대적하면서 살게 된다. 나는 언젠가 "죽게 되는 많은 영혼"이라는
표현을 사용한 적이 있다 : 이와 마찬가지로 모든 사람은 많은 인성
에 대한 쓸데없는 말을 갖고 있다.

40[9]

　도식적인 두뇌가 있다. 그러한 두뇌를 가진 사람이 사전에 계획
된 도식이나 범주 목록에 기입할 수 있을 때, 그때 그러한 사람은
사고의 복합체를 훨씬 참되다고 여긴다. 이런 영역에서의 자기 기만
이란 수없이 많다 : 거의 모든 커다란 "체계들"이 이에 속한다. 그
러나 근본적인 선입견은 질서, 조망, 체계적인 것이 사물의 참된 존재

에 부착되어야만 하며, 반대로 무질서, 혼돈적인 것, 계산할 수 없는 것은 단지 잘못되거나 불완전한 것으로 인정된 세계 속에서 드러난다는 — 간략하게 말하자면 하나의 오류라는 — 것이다 : — 도덕적인 선입견이라고 하는 것은, 진실하고 신뢰할 수 있는 인간이란 질서와 원칙의 인간이며, 전체적으로 계산할 수 있고 지나치게 정확한 인간이 되곤 한다는 사실에서 끄집어낸 것이다. 그러나 이제 사물 그 자체는 어떤 모델이 되는 관료의 처방에 따라 대응하는 상태로 있다는 사실을 전혀 증명할 수 없다.

40[10]

데카르트는 나에게는 충분히 철저하지 못하다. 확실하고자 하고, "나는 속지 않으려 한다"는 그의 요구에서 "왜 그러면 안 되는가?"라고 물을 필요가 있다. 간단히 말해, 가상과 불확실함에 대해 확실성에 유리한 도덕적인 선입견 (혹은 유용성의 근거). 이 점에 관해 나는 베단타 철학으로부터 현재에 이르기까지의 철학자들을 관찰한다 : 왜 비진리, 악, 고통스러운 것에 대한 이러한 증오가 있는가? — 서론에 대해. 비로소 도덕적 가치 평가가 해결되었다!

— 명령자는 "정언명법"에 속한다!

40[11]

— "주어", 술어, 목적어를 믿는 순진무구한 어린아이들, 여전히 우리의 인식의 사과나무에 귀속되지 않았던 문법을 믿는 자들!

40[12]

  타이히뮐러 25쪽 "결론적으로, 우리가 이른바 사물을 존재하는 것으로 선언한다면, 우리는 이러한 사물의 개념을 인정하거나 부정할 수 있기 위해 어떤 자연(중간 목적)이 존재자(더 큰 목적)를 갖는지를 이미 이전에 알아야만 한다"는 것인가. 이에 대해 안다는 것을 의미한다고 나는 말한다.

  슈피르 I 76쪽에서의 "논리적 법칙"은 "대상들에 대한 보편적 긍정의 원리, 즉 대상들의 그 무엇을 믿어야 하는 내적 필연성"으로 정의된다.

  내 근본적인 생각 : "무조건적인 것"은 어떤 실존도 그것에 책임을 돌릴 필요가 없는 규제적 허구며, 실존은 무조건적인 것의 필연적인 속성에 속하지 않는다. 이와 마찬가지로 "존재", "실체" ─ 경험에서 만들어질 수 없는, 그러나 실제로는 경험의 잘못된 해석에 의해 경험에서 얻어진 모든 것.

마지막 장 { 지금까지의 해석은 모두 삶을 위해 어떤 의미를 가졌다 ─ 보존하며, 견딜 수 있게 만들거나, 낯설게 만들거나, 세련되거나, 병자를 잘 분리시키거나 사라지게 하면서 내 새로운 해석은 지상의 주인으로서의 미래의 철학자들에게 필요한 불편부당함을 부여한다.

  1. "반박된 것"도 아니며, 우리가 지금 고상하게 "진리"라고 여기고 믿는 것과 화해할 수 없는 것도 아니다 : 그러한 한에서 종교적, 도덕적 해석은 우리에게 불가능하다.

40[13]

　논리학은 만일 몇 가지 동일한 사례가 있었으면 하는 조건과 연결되어 있다. 사실, 논리적으로 사고하고 추론되기 위해서는, 이러한 조건이 먼저 충족되어 있다고 꾸미지 않으면 안 된다. 말하자면, 논리적 진리를 향한 의지는 모든 생기적 사건의 근본적 위조가 먼저 이루어진 후에야 비로소 성취될 수 있다. 이로부터 나오는 결론은 여기에서 먼저 위조, 그 다음에 어떤 관점의 관철이라는 두 가지 수단을 구사할 수 있는 어떤 충동이 지배하고 있다는 사실이다 : 논리학은 진리를 향한 의지에서 유래하는 것이 아니다.

40[14]

　[예를 들어 수정(受精)에 이르기 위한 어떤 식물의] 과정의 복잡성은 그 의도에 대한 논쟁이라고 말할 수 있을 것이다 : 왜냐하면 여기에서 과정에 대해서는 영민한데, 바로 이러한 과정의 선택에 관해서는 어리석어 너무 큰 우회로를 선택하는 세련된 정신이, 즉 어떤 모순된 정신이 생각되기 때문이다. 그러나 이러한 견해에 반해 나는 우리 인간의 경험에 대해 주의를 환기시키고 싶다 : 우리는 이러한 우연적이고 장애가 되는 것을 이용할 수밖에 없고, 우리의 모든 구도 안에서 이를 함께 수용할 수밖에 없기에, 우리가 수행하는 모든 것은 완전히 똑같은 성격을 담지하고, 많은 장애에도 불구하고 아주 굽은 곡선으로 자신의 계획을 수행하는 어떤 정신이 있다. 그 경우를 기괴한 것으로 번역해 생각해보자 : 세계 과정의 외형적 어리석음, 허비나 무용한 희생이라고 하는 성격은 아마도 단지 구석에서 본 관찰이며, 우리 자신이 그렇듯이 작은 존재를 위한 관점적

관찰일 뿐일 것이다. 우리가 목적을 알지 못한다는 사실을 고려하면, 자신의 합리성의 입장에 따라 수단을 비판하는 것은 어린아이같은 짓이다. 확실한 것은 그것이 바로 "인간적"이지 못하다는 사실이다.

40〔15〕

판단이란 "이러이러한 것은 이와 같다"고 하는 믿음이다. 즉 판단속에는 동일한 사례를 만났다고 하는 고백이 숨어 있다 : 즉 이는기억의 도움으로 인한 비교를 전제한다. 판단이란 동일한 경우가현존해 있는 듯이 보이게 하는 것이 아니다. 오히려 판단은 그러한경우를 지각한다고 믿으며, 대체로 동일한 경우가 있다는 전제에서작용한다. 그 자체로는 동등하지 않은 사례를 동등하게 만들고 유사하게 만드는, 그리고 훨씬 오래전부터, 더 이전부터 작용해온 것임에 틀림없는 저 기능은 이제 무엇이라고 불릴 것인가? "동일한 감각을 불러일으키는 것은 동일하다"는 이러한 첫 번째 기능에 기초한 저 두 번째 기능은 무엇이라고 불릴 것인가? : 그러나 감각을 동일하게 만드는 것을 동일하게 "여긴다"는 것은 무엇이라고 불릴 것인가? — 먼저 감각 내에서 일종의 동등화가 일어나지 않는다면,어떤 판단도 결코 있을 수 없을 것이다 : 기억은 이미 습관이 된 것이나 체험된 것을 부단히 강조함으로써만 가능하다 — — 판단이이루어지기 전에 동화의 과정이 이미 이루어져야만 한다 : 즉 여기에서는 상처받은 이후의 고통에서처럼, 의식되지 않는 어떤 지적 활동이 존재한다. 아마도 모든 유기체적인 기능에는 어떤 내적 사건이,즉 동화하고, 배설하고, 생장하는 활동 등이 대응하게 될 것이다.

중요한 것은 몸에서 출발하며, 몸을 실마리로 이용하는 것이다. 몸은 보다 명료한 관찰이 되도록 해주는 훨씬 풍요로운 현상이다. 몸에 대한 믿음은 정신에 대한 믿음보다 더 잘 확립되어 있다.

"하나의 사태가 여전히 강하게 믿어질 수 있다 : 그 가운데 진리의 기준은 없다." 그러나 진리란 무엇인가? 아마도 삶의 조건이 되어버린 일종의 믿음이 아닌가? 그렇다면 강함이 하나의 기준이 될 것이다. 예를 들어 인과성에 대해.

40[16]

근본적으로 현대 철학 전체는 도대체 무엇을 하고 있는 것인가? 이 철학은 감추어져 있든지 드러나 있든지 간에 낡은 영혼 개념을 암살하고 있다. — 이것은 그리스도교에 대한, "자아"에 대한 암살을 의미한다 : 이것은 가장 예민한 의미에서 반그리스도교적인 것이다. 과거에 사람들은 무조건적으로 문법을 믿었다 : 사람들은 "나"는 조건이요, "사고한다"는 술어라고 말했다. 사람들은 자신이 이러한 그물망으로부터 빠져나올 수 있는지를 — 아마도 그 정반대의 것이, 즉 "사고"가 조건이며 — 사고를 선취하는 종합으로서 "나"는 제약된 것이라는 것이 참은 아닌지를 놀라울 정도의 집요함을 가지고 시도했다. 칸트는 주관으로부터 주관이 증명될 수 없다는 것을, 그리고 객관 또한 마찬가지로 증명될 수 없다는 것을 근본적으로 증명하고자 했다. "주관"이라는 가상적 존재의 가능성이 어두워진다 : 이는 베단타 철학에서처럼, 이미 언젠가 지상에 있었던 사상이다. 그것을 나타내는 매우 잠정적인 표현일지라도, 사람들이 어떤 새로운 표현을 원한다면, 《비극의 탄생》을 읽어보라.

40[17]

회귀가, 동일한 사례가 나타나게 하기 위한 근본 수단으로서의 조야함 : 즉 "생각"되기 전에, 이미 창작되어 있어야만 하며, 형식 감각은 "사유" 감각보다 훨씬 근원적이다.

40[18]

도덕에 대해. 우리는 우리가 속해 있는 위계 질서에 맞게 처신한다 : 우리가 그것을 미리 알지 못하고, 더욱이 다른 사람에게 증명할 수 없을지라도 말이다. "네가 속해 있는 위계 질서에 따라 처신하라"는 명법은 무의미하다 : 왜냐하면 우리는 1) 스스로 2) 양자의 경우가 아닌 저 질서를 알아야만 했기 때문이며, 3) 어차피 일어나는 그 어떤 것을 명령한다는 것은 쓸데없는 일이기 때문이다. 위계 질서는 우리의 이웃뿐만 아니라, 상황에 따라서는 후세를, 그리고 또한 다른 행성의 주민을 향한 것이다. 왜냐하면 우리는 우리를 그들과 비교할 그 누군가가 존재하는지를 알지 못하기 때문이다. — 도덕에서의 모든 정언명법은 우리가 우리 안에 담고 있는 가면의 다양성에 방향을 돌리게 되며, 우리가 저것이 아니라, 이것을 드러내는, 즉 우리의 가상을 변화시키는 것을 원한다. "향상"이란 선한 인간의 마음에 드는 것으로부터 그 무엇을 볼 수 있게 만드는 것이지, 더 이상은 아니다!

40[19]

후세대에 관한 것 : 사람들은 영리해져야만 하며, 지금 *책이냐 어린아이냐*aut libri aut liberi를 결정해야만 한다.

40〔20〕

　오늘날에도 여전히 영원한 진리로서 문법과, 따라서 주어, 술어, 목적어를 믿는 여자 가정 교사들을 제외하고, 그 누구도 오늘날 여전히 데카르트의 방식으로 주체 "나"를 "사고"의 조건으로 설정하는 데 더 이상 책임이 없는 것은 아니다. 오히려 현대 철학의 회의적 운동을 통해, 즉 사고를 "객체", "실체", "물질"처럼 "주체"의 원인과 조건으로 가정하는 정반대의 것을 우리는 더 잘 믿게 되었다 : 이것은 아마도 단지 정반대 방식의 오류일 것이다. 그렇게 많은 것이 확실하다 : — 우리는 "영혼"을, 따라서 또한 세계 시초나 "제1원인"처럼 "세계 영혼", "물자체"를 몰아냈다. 사고란 우리에게는 "인식"할 만한 수단이 아니라, 생기적 사건을 표시하고, 질서 있게 만들고, 우리가 사용하기에 편하게 만드는 수단이다 : 이렇게 우리는 오늘 사고에 대해 생각한다 : 내일은 아마도 달리 생각할 것이다. 우리는 "파악하는 행위"가 어떻게 발생해야만 했는지가 아니라, 어떻게 필요했어야 하는지를 더 이상 적절히 파악하지 못하고 있다 : 우리가 〈이미〉 지속적으로 대중이 이해하는 언어나 습관 없이 지내야만 하는 위기 상황에 이르렀다고 할지라도, 끊임없는 자기 모순의 모습은 여전히 우리의 회의의 정당성에 대해 말하고 있는 것이 아니다. 또한 "직접적인 확실성"에 대해서도 우리는 더 이상 쉽게 만족할 수 없다 : 우리는 "실재"와 "가상"이 아직 대립되어 있다고 생각하지 않는다. 우리는 오히려 존재의 정도에 대해 — 아마도 오히려 더 가상의 정도에 대해 — 말하고 싶다. 예를 들어 우리가 사고한다는 것에 대해, 따라서 사고는 실재를 갖는다는 것에 대해 저 "직접적인 확실성"은 이러한 존재가 어떤 수준을 갖는지를 점점 더 회의로써 충분히 발효시키게 된다. 우리가 아마도 신의 사상으로서 실은 정말로, 그러나 무지개처럼 헛되고 가상적이라고 할지라도 말이다. 사물의 본질에 속이는, 바보 같은, 기만적인 그 무엇이 있다고 한다면, 데카르트의 방식에 따른 회의 전체에 대한 최선의 우리의 의지는 이러한 존재의 함정을 조심하려 하지 않는다. 바로 저 데카르트적인 수단은 우리에게 근본적으로 허튼 소리를 하며, 바보로 여기는 주요한 기교가 될 수 있을 것이다. 이미 우리가 그럼에도 불구하고 데카르트의 생각에 따라, 정말로 실재를 가졌다고 한다면, 우리는 실재로서 저 사물의 기만적이고 속이는 근거나 그 근본 의지에 대해 어떠한 방식으로 관계해야만 할 것이다 : ─ 좋다. "나는 속고 싶지 않다"는 바로 정반대의 것을 바랐던 훨씬 깊고 예민하며 근본적인 의지의 수단이 될 수 있을 것이다. 즉 자기 자신을 속이는 것.

총괄해 말하자면 : 이것은 "주체"가 스스로 증명할 수 있다는 것을 회의하는 것이다 ─ 이것을 위해 그 밖에도 하나의 확실한 지점을 가져야만 하는데, 그것이 결여되어 있다!

40〔21〕
몸과 생리학으로부터의 출발 : 왜? ─ 우리는 우리의 주체-통일성의 방식에 대해, 즉 "영혼"이나 "생명력"이 아니라, 어떤 공동체의 정점에서 지배자로서, 이와 마찬가지로 이 통치자가 피통치자에게, 개체적인 것과 동시에 전체를 가능하게 하는 위계 질서와 노동 분화의 조건에 의존해 있다는 것을 올바르게 생각하게 된다. 지속적으로 살아 있는 통일이 생성하고 사멸하며, 또한 영원은 "주체"에 속하는 것이 아니라는 것도 이와 마찬가지다. 또한 투쟁은 복종과 명령하는 것 가운데서도 표현되며, 유동적인 힘의 한계 규정은 삶에 속하게 된다. 공동체의 개별적 일이나 심지어 혼란에 대해서조차 지배자가 견지하게 되는 그 어떤 무지는 지배받을 수 있는 조건에 속한다. 간단히 말해, 우리는 또한 무지, 대략적이고 거칠게 바라보는 시각, 단순화하고 속이는 것, 관점주의적인 것에서도 하나의 평가를 획득한다. 그러나 가장 중요한 것은 우리가 지배자와 피지배자를 모두 느끼고, 원하고, 사고하는 동일한 종으로 이해하는 것이며, ─ 우리가 몸속에서 일어나는 운동을 바라보거나 추측하는 모든 곳에서 마치 그것에 속하는 듯한 주체적이고 비가시적인 생명을 덧붙여 추론하는 법을 배우게 된다는 점이다. 운동은 눈으로 보는 상징이며, 그것은 그 무엇인가가 느껴졌고, 원해졌고, 생각되었다는 것을 암시한다. ─ 주체가 주체에 대해 직접 물음을 던지는 것이나 정신의 모든 자기 반영은, 스스로 잘못 해석하는 것이 자신의 활동에 유용하고 중요할 수도 있는 위험을 자기 안에 갖고 있다. 그러므로 우리는 몸에 대해 묻는 것이며, 예리해진 감각의 증거를 거부한다 : 원한다면, 예속자들이 스스로 우리와 교류할 수 없는 것인지에 대해 우리는 주의해서 바라보고 있다.

40〔22〕

주의하라! "생각된다 : 따라서 생각하는 자가 있다" ─ 데카르트의 논의는 이러한 점에 이르게 된다 ─ 그러나 어떤 사상의 실재는 데카르트가 원했던 것이 아니다. 그는 "상상"을 넘어서 사고하고 믿어버리는 어떤 실체에 이르기를 원했다.

40〔23〕

　우리는 단어의 함정에 머물러 있는 데카르트보다 더욱더 조심하
자. *나는 생각한다*cogito는 물론 단지 하나의 단어다 : 그러나 이것
은 다양한 의미가 있다 : 많은 것이 복합적이며, 우리는 좋은 믿음
으로 그것은 하나라고 거칠게 생각하기 시작한다. 저 유명한 코기
토 속에는 1) 그것이 사고한다, 2) 나는 그곳에서 사고하는 자라고
믿는다, 3) 그러나 또한 이 두 번째 점이 믿음의 문제로서 미해결
상태로 있다고 가정한다면, 또한 저 첫 번째의 "그것이 사고한다"
역시 여전히 하나의 믿음을 함축한다는 사실이 숨어 있다 : 즉 "사
고"는 주체가, 적어도 "그것"이 사고되어야만 하는 하나의 활동이
다 — "그러므로 *나는 존재한다*ergo sum"는 것은 그 외에 무엇을
의미하는 것은 아니다! 그러나 이것은 문법에 대한 믿음이며, 여기
에서는 이미 "사물"이나 그 "활동"이 설정되고, 우리는 직접적인 확
실성으로부터 멀리 있는 것이다. 또한 저 문제가 되는 "그것"을 생
략해보고, *사유된 것*cogitatur을 혼합된 믿음의 목록이 없는 사태로
서 말해보자 : 그러면 우리는 다시 한번 우리를 속이게 된다. 왜냐
하면 수동 형태 역시 "사태"뿐만 아니라, 믿음의 명제를 포함하고
있기 때문이다 : 총괄하면, 사태는 바로 벌거벗은 채 세울 수 없으
며, "믿음"이나 "생각"은 *사유하는 것*cogitat과 사유된 것이라는 *나
는 생각한다*에 숨어 있다 : 우리가 '그러므로ergo'로 이러한 믿음
과 생각으로부터 그 어떤 것도 이끌어내지 못한다는 것을, 그 무엇
이 믿어지고, 따라서 믿어진다는 것이 남아 있다는 것을 누가 우리
에게 보증하는가 — 잘못된 추론의 형식일 뿐이다! 결국 "나는 존재
한다"는 것을 "나는 사고한다"는 것에서 이끌어내기 위해서는 우리

는 "존재"가 무엇인지를 언제나 미리 알아야만 할 것이다. 이와 마찬가지로 우리는 앎이 무엇인지 미리 알아야만 할 것이다 : 우리는 어떤 사실에 대한 제기에서뿐만 아니라, 논리에 대한 — 특히 '그러므로'에 대한! — 믿음에서 출발한다. "확실성"은 앎에서 가능한 것인가? 직접적인 확실성이란 아마도 형용 모순이 아닐까? 존재와 연관해 인식이란 무엇인가? 그러나 이 모든 물음에 대해 이미 완성된 믿음의 명제를 동반하는 사람에게 데카르트의 조심성은 전혀 더 이상의 의미가 없다 : 이 조심성은 너무 늦게 다가왔다. "존재"에 대한 물음에서 논리의 가치에 대한 물음은 틀림없이 중요할 것이다.

40〔24〕

우리는 슈피르처럼 데카르트의 단순함을 더욱 미화하거나 정리해서는 안 될 것이다.

"의식은 그 자체로 직접적으로 확실하다 : 사고가 현존해 있다는 것은 여전히 부정되거나 의심될 수 없다. 왜냐하면 이러한 부정이나 회의는 실은 사고나 의식의 상태 자체며, 그것 자체가 있다는 것은 곧 그것이 부정하는 것을 증명하는 것이고, 이는 따라서 그것들에게서 저 의미를 빼앗는 것이기 때문이다." 슈피르 I, 26. "사고된다", 그러므로 그 무엇이, 즉 "사고"가 있다. 이것이 데카르트가 생각했던 의미였던가? 타이히뮐러 5쪽과 40쪽에 문장들이 있다. "그 자체로 직접적으로 확실한 그 무엇"이란 불합리하다. 예를 들어 가정해보면, 신은 우리를 통해 생각할 것이다. 우리가 스스로 원인이라고 느끼는 한, 우리의 사상은 하나의 가상일 것이다. 그러나 "그러므로 *나는 존재한다*"는 있지만, 이렇게 사상이 현존한다는 것은 부정되거나 의심되지 않을 것이다. 그렇지 않다면 그는 "그러므로 가 *존재한다*"고 말해야만 했을 것이다. ― 직접적인 확실성은 존재하지 않는다 : *나는 생각한다, 그러므로 나는 존재한다*는 것은 우리가 무엇이 "사고"인지, 두 번째로 무엇이 "존재"인지 아는 것을 전제한다 : *나는 존재한다*는 것이 참이라면, 우리가 대체로 추론에 대해, '그러므로'에 대해 권리를 가지고 있다는 확실성을 포함해, 두 가지 올바른 판단을 근거로 하는 확실성이 있을 것이다 ― 어떤 경우에도 직접적인 확실성은 존재하지 않는다. 즉 "*나는 생각한다*"에는 단순하게 인정받는 ― 이것은 불합리한 것이다! ― 그 어떤 과정뿐만 아니라, 그것은 이러이러한 과정이며, 사고하고, 느끼고, 원하는 것의 차이를 구분할 수 없는 사람은 과정을 전혀 밝힐 수 없을 것이라는 판단이 숨어 있다. "*나는 존재한다*"나 "*존재한다*" 가운데는 아직 한 번도 이것으로 인해 좋은 상태나 "그렇게 된다"는 것이 거부된 적 없는 그러한 개념적 부정확성이 언제나 여전히 숨어 있는 것이다. "그곳에서 그 무엇이 일어난다"는 것은 "그곳에는 그 무엇이 있다, 그곳에는 그 무엇이 현재한다, 그곳에는 그 무엇이 존재한다"는 문장에서 정립될 수 있을 것이다.

40[25]

사고의 직접적 확실성에 대한 믿음은 확실성이 아니라, 믿음 그이상이다! 우리 현대인들은 모두 데카르트의 적대자며, 의심 속에 있는 그의 도그마적 경박성에 반대한다. "데카르트보다 더 잘 의심되어야만 한다!" 우리는 보다 깊은 인간이 있는 그 모든 곳에서 "이성"이라는 여신의 절대적 권위에 대한 반대 운동이, 정반대의 것이 있다고 느낀다. 열광적인 논리학자는 세계가 하나의 기만이라며, 오직 사고 속에만 "존재"에, "무제약자"에 이르는 길이 있다며 길을 인도했다. 이에 대해 나는 세계가 기만일 수밖에 없다고 할 때, 세계에 대해 만족해한다. 사람들은 언제나 보다 완벽한 인간들 가운데 가장 잘 이해하는 자의 이해력을 웃음거리로 삼았다.

40[26]

현대 유럽인들을 나타내는 두 가지 특성, 즉 개인주의적인 것과 동등한 권리에 대한 요구는 외견상 대립되는 것처럼 보인다 : 나는 마침내 이것을 이해했다. 즉 개인은 극도로 상처받기 쉬운 허영이다 : ― 이러한 허영은 그것이 얼마나 빨리 고통받는지를 의식해, 모든 다른 사람들도 그와 동일한 위치에서 대우받기를, 그는 단지 부분 안에 있을 뿐이라는 것을 요구한다. 이것은 천부적 재능이나 힘이 두드러지게 분산되지 않는 사회적 종족을 특징짓는다. 고독과 소수의 평가자를 원하는 긍지는 전혀 이해되지 않는다. 전적으로 "큰" 성공은 오직 대중에 의해서만 있다. 물론 사람들은 대중의 성공이란 언제나 원래 작은 성공이라는 것을 거의 이해하지 못한다. 왜냐하면 소수의 사람이 아름답기 때문이다. ― 모든 도덕은 인간의 "위계 질서"에 대해 아무것도 알지 못한다. 법을 가르치는 선생은 공동체의 양심에 대해 아무것도 알지 못한다. 개별적 원리는 아주 위대한 인간을 거부하며, 대략 동등한 자들 사이에서 가장 섬세한 눈과 어떤 재능에 대한 가장 신속한 인식을 요구한다. 왜냐하면 누구나 그렇게 문명화된 후기 문화 속에서 그 어떤 재능을 가지고 있기 때문에, 즉 영예의 자기 몫을 돌려받을 수 있기를 기대할 수 있기 때문에, 오늘날에는 예전에는 없었던 작은 공적이 칭찬받는 일이 일어난다 : — 현 시대는 한없이 공정해 보이는 외관을 보이고 있다. 그 불공평은 또한 예술에서도 나타나는 폭압자나 대중에게 아첨하는 자들에 대해서가 아니라, 다수의 운명을 경멸하는 고귀한 인간에 대한 끝없는 분노 속에 있다. 동등한 권리에 대한 요구(만인에 대해 그리고 만인을 재판에 회부해도 좋다)는 반귀족적이다. 소멸된 개인, 위대한 유형 속으로의 잠입, 인격이 되고자 하지 않는 것은 그에게는 낯선 일인데, 이런 점에서 이전의 많은 높은 인간들의 탁월함이나 질투심이 있었다(그러한 인간들 가운데는 가장 위대한 시인들도 있었다). 혹은 그리스에서와 같이 "시민이 된다"거나, 예수회, 프로이센의 장교단이나, 관료 조직이나 혹은 위대한 장인의 제자가 되거나 계승자가 되는 일도 그러하다 : 그렇게 되기 위해서는 비사교적인 상태나 사소한 허영심의 결여가 필요하다.

40[27]

수학이나 역학이 오랫동안 절대적 타당성을 지닌 학문으로 고찰되었고, 지금에 와서야 이것들이 더도 덜도 아닌 응용 논리로서 특정하게 증명할 수 있는 가정, 즉 "동일한 사례들"이 존재한다는 가정을 향하고 있다는 의심이 그 베일을 벗기기를 감행하고 있다. — 그러나 논리학 자체는 수행된 (동일한 사례들이 존재한다는) 전제에 기초한 수미일관한 기호다 — : 이전에는 단어 역시 이미 어떤 사물의 인식으로 여겨졌고, 지금도 역시 문법적 기능은 우리가 제대로 조심할 수 없을 정도로 제일 잘 믿어진 것들이다. 후에 베단타 철학이 생각해냈던 이와 같은 유의 인간이 천 년 전에 아마도 불완전한 언어를 기초로 해서 그 언어가 의미했던 바처럼 기호로서가 아니라, 세계 자체의 인식으로서의 철학적 언어를 생각해냈을 것이라는 것이 가능하다 : 그러나 "그것이다"는 지금까지도 제기되었고, 훨씬 후의 섬세한 시대는 항상 다시 그것은 "그것이 의미한다"는 것 이외에 아무것도 아니라는 사실을 발견했다. 지금도 여전히 개념에 대한 본래 비판이나 (내가 그것을 진지하게 기술했듯이) 실제적인 "사고(思考)의 발생사"는 대부분의 철학자들에 의해 한 번도 예감된 적 없었다. 사람들은 예를 들어 "확실한 것은 불확실한 것보다 가치 있다", "사고는 최고의 기능이다"와 같이 논리학을 둘러싸고 놓여 있는 가치 평가를, 이와 마찬가지로 논리적인 것 가운데 있는 낙관주의를, 모든 추론 가운데 있는 승리의 의식을, 판단 속에 있는 정언적인 것을, 개념으로 파악할 수 있는 것에 대한 믿음의 순진무구함을 발견하고 새롭게 평가해야만 한다.

40[28]

눈이 있기 오래전에 생각되어야 하는 것 : 선과 형태는 처음 주어진 것이 아니라, 촉감을 향해 가장 오랫동안 생각되었다 : 그러나 이것은 눈을 통해 지지받는 것이 아니라, 압감(壓感)의 정도를 가르치며, 아직은 형태가 아니다. 세계를 움직이는 형태로 이해하려는 훈련 앞에는 시간이 놓여 있는데, 여기에서 세계란 변화하며 다양한 정도의 압력의 느낌으로서 "파악"되었다. 영상 속에서, 소리 속에서 생각될 수 있다는 것은 의심의 여지가 없다 : 그러나 압감 속에서도 역시 마찬가지다. 강도, 방향, 병존, 기억 등에 관한 비교

40[29]

　　기억에 관해 우리는 다시 배워야만 한다 : 여기에는 시간에 관계 없이 재생산하거나 재인식하는 등의 "영혼"을 가정하고자 하는 주요한 유혹이 숨어 있다. 그러나 체험된 것은 계속해서 기억 속에서 살아가고, 그것이 다가오는 것에 대해 나는 아무것도 할 수 없고, 모든 사고 작용이 있을 때와 마찬가지로, 그것에 대해서 의지는 무력하다. 그 어떤 것이 발생하면, 내가 그것을 의식하게 된다 : 지금 유사한 그 무엇이 다가온다 — 그것을 부르는 것은 누구인가? 그것을 일깨우는 것은?

40[30]

　　커다란 위험은 직접적인 인식이 있을 것이라는 가정 속에 숨어 있다 (즉 엄격한 의미 일반에서의 "인식"!) 타이히뮐러 35쪽.

40[31]

　　주체도, 객체도, 힘도, 질료도, 정신도, 영혼도 아닌 그 무엇이 있음에 틀림없다 : — 그러나 그와 같은 어떤 것은 맞바꿀 수 있는 환영과 유사하다고 보아야만 하는 것인가?라고 내게 말하게 될 것이다. 나 스스로는 그렇게 믿는다 : 그것이 그러한 일을 하지 못한다면, 좋지 않은 일이다! 물론, 그것은 맞바꿀 수 있는 환영과 유사하게 보는 것뿐만 아니라, 존재하고 존재할 수도 있는 다른 모든 것과도 유사하다고 보아야만 한다! 그것은 모든 것이 그것과 친족 관계에 있다는 것을 재인식하는 대략적인 가족의 윤곽을 가지고 있음에 틀림없다 — —.

40[32]

만일 그대들이 "도대체 5만 년 전에 이미 나무가 푸르게 보였단 말인가?"라고 묻는다면, 나는 "아마도 아직은 그렇지 않았을 것이다 : 아마도 그 당시에는 훨씬 어둡고 밝은 무더기라는 색가(色價)의 두 가지 중요한 대립이 있었을 것이다 : — 점차적으로 그로부터 색깔이 풀려 나왔다"고 말하고 싶다.

40[33]

도처에서 방정식으로 작업하는 논리에 앞서, 동일하게 만들고, 동화시키는 활동이 지배했음에 틀림없다 : 그것은 여전히 지속적으로 지배한다. 논리적 사고는 동화나 동일한 사례들을 보고자 하는 의지를 위한 지속적인 수단 자체다.

40[34]

항상 존재한다고 하는 우리의 "기억"은 그것을 통해 보다 중요한 그 무엇을 나타내는 비유로서 우리에게 기여할 수 있다 : 모든 유기체의 발달에서 유기체가 선(先) 역사를 가지고 있는 한, 그 선 역사 전체에 대해 기억이라고 하는 불가사의한 것이 나타난다. — 그것은 실상 모사적 기억인데, 이는 오히려 최후에 체험한 것보다도 가장 처음에 그리고 가장 오랫동안 동화된 형식을 모사한다 : 이것은 역으로 포착하는데, 이는 사람들이 추측할 수밖에 없듯이, 최근의 것으로부터 가장 멀리 체험한 것으로 역행하면서 단계적으로 그렇게 하는 것이 아니라, 정반대로 훨씬 새로 생긴 모든 것이나 생생하게 각인된 것을 먼저 무시한다. 여기에는 놀랄 만한 자의성이 있다

: ─ 모든 철학적 당혹감 속에서 습관적으로 도움을 요청하게 되는 "영혼" 역시 이 점에서는 도움을 줄 수가 없다 : 최소한 개별 영혼이 아니라, 어떤 유기적 일련의 전 과정을 지배하는 영혼의 연속체. 다시금 : 여기에서 모든 것이 모사되는 것이 아니라, 단지 근본 형식만이 그렇게 된다면, 저 기억 속에서는 포괄적 사고나 단순화, 환원이 언제나 일어날 수밖에 없을 것이다 : 우리가 우리의 의식으로부터 "논리"라고 표시하는 것에 대해 그 어떤 유비적인 것이 있음직하다. ─ 이전에 체험했던 것에 대한 이러한 모사는 어느 정도까지 진행될 수 있을 것인가? 또한 확실히 감정과 사상의 진행 과정을 모사하는 데까지 진행될 수 있다. 그러나 우리는 로크가 그것으로 이끌었던 "생득 관념"에 대해 어떻게 생각할 것인가? 사람들이 출생 행위를 "생득적인"이라는 단어로 강조하지 않는다고 전제할 때, 이것은 관념이 타고났다는 단지 이러한 것 이상으로 확실히 참이다.

40[35]

　자기 자신에 대한 인간의 일반적인 부정직함이나 인간이 행동하고 원하는 것에 대한 도덕적인 해석은, 만일 그것이 또한 아주 재미있는 것이 아니라고 한다면, 경시할 수 있을 것이다 : 실제로는 관객이 필요할 것이다. ─ 연극은 이렇게 흥미로운 것이다! 이것은 에피쿠로스가 생각했던 것과 같은, 신들에 대한 것이 아니라, 호메로스의 신들에 대한 것이다 : 갈리아니가 자신의 고양이나 원숭이와 관계했듯이, 멀거나 가깝게 인간이나 그들 신들을 바라보면서 : ─ 즉 약간은 인간과, 그러나 보다 높은 유형과 친족 관계에 있다!

40[36]

　수학적 물리학자들은 자신들의 과학을 위해 원자 덩어리를 사용할 수 없다 : 따라서 그들은 우리가 계산할 수 있는 힘−점−세계를 구성하게 된다. 전체적으로, 대략적으로 말해, 이것이 인간이나 모든 유기체적 피조물들을 만들었다 : 즉 세계가 제대로 준비되고, 제대로 생각되고, 제대로 쓰일 때까지, 세계가 그와 같은 것을 사용할 수 있을 때까지, 우리가 이것을 "계산"할 수 있을 때까지 말이다.

40[37]

　우리로 하여금 의지하고 느끼고 사고하는 활동이 아직 혼합되고 미분리된 채로 있는 통일을 "힘"으로 생각하게 하는 것은 충분한 것이 아니지 않은가? 유기체는 분리될 만한 단서가 되기 때문에, 유기적 기능은 전체적으로 여전히 저 통일 속에 병존해 있으며, 즉 자기 규제, 동화, 섭생, 배설, 신진대사가 있는 것이 아닌가? 결국 사고, 감각이나 충동으로서, "실재"로서 주어져 있는 것은 아무것도 없다 : 이러한 주어진 것이 세계를 구성하는 데 **충분한지**의 여부를 시험하는 것은 허용되지 않는가? 내가 생각하고 있는 것은 가상으로서가 아니라, 우리가 의지하고 느끼고 사고하는 활동처럼 얼마나 실재적인가 하는 것이다 ― 그러나 그와 같은 것의 원시적 형태로서. 결국 물음은 우리가 의지를 정말로 **작용하는** 것으로 인정하는가에 있지 않은가? 우리가 이렇게 한다면, 의지는 자연히 "물질"에 영향을 미치는 것이 아니라, 오직 **자신의 본성**에 있는 그 무엇에 영향을 미칠 수 있다. 사람들은 모든 작용을 환영으로 이해할 수밖에 없으며(왜냐하면 우리는 원인과 결과에 대한 관념을 오직 우리 의지의 전범에 따라 원인으로 세워왔기 때문이다!), 그 다음에는 전혀 파악할 만한 것이 없게 된다. 아니면 사람들은 모든 작용을 의지 행위처럼 동일한 방식으로 생각하는 것을 시도해야만 하거나, 즉 하나의 힘이 그 안에 있는 한, 모든 기계적 사건이 실은 의지력이지 않은가 하는 가설을 만들어야만 한다.―

  "죽어 없어지는 영혼", 이러한 것들에 대한 숫자적 관계를 감당할 수 없는 불가능성을 존중한다. 개인에 반대해. "숫자"는 모든 개념들처럼 오직 단순화일 뿐이다. 즉 그 무엇이 순수하게 산수로 생각되어야만 하는 도처에서, 성질은 빠지고 생각되었다. 사례의 동일성이 전제되는 모든 논리적인 것에서처럼, 즉 모든 과정의 본래적이고 특수한 성격은 한때 없는 것으로 생각되었다(접근하며 파악하는 것 ― 존경할 만한 총괄이라는 발생의 조건에서가 아니라, 새로운 것).

40〔38〕

  사고하고 의지하고 느끼는 활동과 모든 정동이 요약되는 통일성을 제대로 표시하는 것은 중요한 일이다 : 명백히 지성은 단지 하나의 도구일 뿐이지만, 그러나 누구의 손에 있는 것인가? 확실히 정동에 달려 있다 : 이것은 그 뒤에서 통일을 설정할 필요가 없는 다양성이다 : 이것은 정동을 하나의 섭정으로 이해하는 것으로 충분하다. ― 기관이 도처에서 형태학적 발달이 나타내는 것을 형성시켰다는 것은 비유로서 또한 확실히 정신적인 것에 이용되어도 좋을 것이다 : 따라서 "새로운" 그 무엇은 언제나 종합적 힘으로부터 나오는 개별적인 힘의 배출을 통해 파악할 수 있다.

사고 자체는 본래 하나인 것을 떼어놓는 그러한 행위다. 도처에 가상성이 있으며, 사고에서도 이미 셀 수 있는 다양성이 있다. 현실 속에는 덧붙일 만한 것이 없으며, 나눌 만한 것도 없고, 부분적인 사물은 전체와 같지 않다.

5

40[39]

물리학자들은 우리가 기만의 세계 속에 살고 있다는 것에 대해 현재 모든 형이상학자들과 의견이 일치해 있다 : 그것에 대해 더 이상 신과 결산할 필요가 없다는 것은 다행스러운 일이며, 그것의 "진
10 실성"에 대해 사람들은 희귀한 사상에 도달할 수 있을 것이다. 세계에 대한 관점주의적 성향은 오늘날 우리의 세계에 대한 "이해"가 도달한 것 이상으로 아주 깊이 있게 진행되어가고 있다. 나는 인간이 당연히 전반적으로 이해를 무시해도 좋은 곳에서 여전히 그러한 것을 설정하는 일을 감행하고 싶다 ― 내가 생각하는 곳은 형이상학
15 자들이, 즉 사고에서 외형상 자기 자신의 양심, 자기 자신의 이해의 영역을 〈설정하는〉 곳이다. 시간과 공간과 마찬가지로 또한 수(數)가 관점주의적 형식이라는 사실, 우리는 가슴에 "하나의 영혼"도, "두 가지 영혼"도 담고 있지 않다는 사실, "개인들"이란 물질적 원자처럼 사고의 일상적 용법 말고는 더 이상 유지될 수 없으며, 무
20 (無) 안으로 (혹은 하나의 "형식" 안으로) 사라져버리고 말았다는 사실, 삶과 죽음의 그 어떤 것도 가산될 수 있는 것이 없다는 사실, 두 가지 개념이 잘못된 것이라는 사실, 영혼의 세 가지 능력은 없다는 사실, "주체"와 "객체", "능동과 수동", "원인과 결과", "수단과 목적"이란 언제나 단지 관점주의적 형식일 뿐이라는 사실, 총괄하

면, 영혼, 실체, 수, 시간, 공간, 근거, 목적은 — 상호적으로 존재하
며 연관되어 있다는 것이다. 그러나 이제 우리는 진리를, 이 경우에
x를 가상보다 더 높게 평가할 만큼 어리석지 않다고 가정해본다면,
우리가 사는 것을 결단했다고 가정해본다면, — 우리는 이러한 사물
의 가상성에 만족하려 하지 않으며, 그 어떤 속내에 대해 이러한 관
점성을 표현하고 있는 사람은 아무도 없다는 점을 단지 확인하고자
한다 : — 사실 거의 모든 철학자들이 지금까지 만났던 것은 이것이
다. 왜냐하면 그들은 온갖 속내를 가졌고, 자신들의 "진리"를 가졌기
때문이다. — 물론, 우리는 여기에서 진실성의 문제를 제기해야만
한다 : 우리가 오류의 결과 속에서 살고 있다고 가정한다면, 도대체
"진리를 향한 의지"란 무엇이 될 수 있단 말인가? 그 의지가 "죽음
을 향한 의지"가 될 수는 없단 말인가? — 철학자들과 학문적 인간
의 노력은 아마도 퇴화되고 고사한 생명의 징후이자, 일종의 생명
자체에 대한 삶의 권태일 것인가? 그는 묻는다 : 우리는 여기에서
진정 깊이 생각할 수 있을 것이다.

40[40]

　회의주의자들에 대한 회의. — 사물의 부드러운 솜털이 어떤 행복
을 주고 있는가! 아름다운 가상성으로부터 온 생명은 어떻게 빛을
비추어주고 있는가! 큰 기만이나 해석은 지금까지 우리를 동물의
행복을 넘어 — 인간적인 것으로 들어 올렸던 것이다! 정반대로 :
지금까지 논리적 수레바퀴에서 나는 삐걱거리는 소리, 정신의 자기
성찰, 본능에 대한 해석은 무엇을 수반했던가? 그대들이 모든 것을
형식 속에서 해결했으며, 개연성의 정도에서 그대들의 믿음을 가지

고 있다고 가정해보자 : 그대들은 이후로 살 수 없다고 하는데, 왜 그런가? 그대들은 양심의 가책을 받으며 살아야만 하는 것일까? 인간이 사물의 근본 속에서 선, 정의, 진리에 대한 믿음을 소름 끼치는 기만으로 느낀다면, 그가 그럼에도 불구하고 이러한 세계의 일부분인 한, 그 자신을 어떻게 느껴야만 하는 것일까? 소름 끼치는 것, 기만적인 것으로서 : ㅡㅡㅡ

40[41]

직접적인 지각은 없다. 슈피르 2, 56쪽

직접적인 고통의 느낌은 없다

직접적인 사상은 없다

만일 직접적인 지식이 있다면, J. St. 밀처럼 "지식의 상대성"에 대해 말해서는 안 될 것이다.

40[42]

하나의 주체라고 하는 가정은 아마도 필요하지 않을 것이다. 아마도 이와 마찬가지로 우리의 사고나 일반적으로 우리의 의식의 근저에 그 협동적 놀이나 투쟁이 있게 되는 다수의 주체들을 가정하는 것이 제대로 허용되는가? 지배권을 확보하고 있는 일종의 세포들의 귀족주의인가? 확실히 서로 통치하는 것에 익숙해 있고, 명령하는 것을 이해하고 있는 그와 같은 것의?

내 가설 :

다수로서의 주체

고통은 지적(知的)이며, "유해"하다는 판단에 의존해 있다 : 투사

된 것이다

결과는 언제나 "무의식적"이다 : 추론되고 표상된 "원인"이란 투
　　사된 것이며, 시간적으로 뒤에 오는 것이다.

쾌락은 고통의 일종이다.

존재하는 유일한 힘은 의지의 힘과 동일한 것이다 : 이는 다른 주
　　체들에게 명령하는 것이며, 이 다른 주체들은 그에 기초해
　　변화한다.

주체의 끝없는 무상함과 덧없음, "죽어야 할 영혼"

관점주의적 형식으로서의 수

40〔43〕

무리나 모든 집단 내에서, 즉 유사한 사람들 사이에서, 진실성을
과도하게 평가하는 것은 좋은 의미를 갖는다. 속아서는 안 된다 —
따라서 인성 도덕으로서, 자신도 속이지 말 것! 동일한 사람들 안에
서의 상호적인 의무! 위험과 주의는 밖을 향해 사람들이 기만에 주
의할 것을 요구한다 : 그렇게 하기 위한 심리적인 조건으로서 안에
서도 역시 그렇다. 진실성의 원천으로서의 불신.

40〔44〕

오직 광기의 지반에서만, 광기의 우산 아래서, 광기를 실마리로
삶을 이해하는 세계가 잘못이라고 가정한다면, "자연에 따라 산다
는 것"은 무엇을 의미했던 것일까? 바로 "거짓말쟁이가 **되어라**"라
는 말은 규정이 될 수 없다는 말인가? 게다가, 어떻게 우리는 속이
는 것을 막고자 했던가? 우리는 스스로에 대해 잘못을 범하고 있으

며 스스로 이해할 수 없다 : 우리는 이웃을 위해 얼마나 많이 그러한 상태로 있었던가! 그러나 그들은 우리에 의해 속지 않는다고 믿고 있다 ― 모든 상호 권리나 의무와의 교류는 그것에 기초해 있다. ― 기만이 내 의도에 있지 않다는 사실은 인정된다! 그러나 세밀하게 보면, 나는 내 이웃을 계몽하는 것에 대해, 그들이 나를 속이는 것에 대해 또한 그 어떤 일도 하지 않는다. 나는 그들의 오류를 막지 않으며, 그 오류와 싸우지 않고, 그것을 허용한다 ― : 그러한 한, 나는 결국 그럼에도 불구하고 의지를 지닌 거짓말쟁이인 것이다. 그러나 바로 이렇게 나는 또한 나 자신을 대하게 된다 : 자기 인식은 의무감에 속하는 것이 아니다. 내가 나 자신을 인식하고자 한다 할지라도, 유용성이나 보다 섬세한 호기심의 이유에서 그 일이 일어나지, ― 진실성의 의지에서 일어나는 것은 아니다. ― 인류의 가계 운영에서 진실한 사람이 거짓말쟁이보다 더 가치 있다는 사실은 여전히 증명될 수 있을 것이다. 아주 위대한 자들이나 힘이 있는 자들은 지금까지 거짓말쟁이였다 : 그들의 과제는 그들 자신에게서 그러한 것을 바랐다. 삶과 발전이 수미일관하고 오랫동안 기만당하는 것에서만 가능할 것이라는 그러한 일이 발생한다고 가정해보면, 수미일관한 거짓말쟁이는 삶을 요구하며 진작시키는 자로서 최고의 영예를 차지할 수 있을 것이다. 진리를 말하지 않음으로써, 사람들이 손해를 입는다는 사실은 단순한 사람들의 믿음이며, 도덕에 대한 일종의 개구리 관점이다. 삶과 삶의 가치가 잘 믿어진 오류들에 기반을 두고 있는 것이라면, 바로 진리를 말하는 자, 진리를 원하는 자는 손해를 입히는 자가 될 수 있을 것이다(환상을 풀어헤치는 자로서).

40[45]

미래의 철학자.

훈육과 육성에 대한 사상.

40[46]

주의하라! 우리의 멀리 떨어진 단 한 번뿐인 규정은, 비록 우리에게 아직 그것을 볼 수 있는 눈이 열려 있지 않다고 할지라도, 우리자신을 지배하고 있다. 우리는 오랜 시간 동안 단지 수수께끼만을 체험하고 있다. 인간과 사물에 대한 선택, 사건의 선택, 가장 편안하고, 때로는 가장 존중할 만한 것을 밀쳐냄 ― 그것은 우리에게서 우연이나 자의성이 여기저기에서 마치 화산처럼 솟아오르는 것처럼 우리를 놀라게 한다 : 그러나 그것은 우리의 미래의 과제에 대한 훨씬 높은 이성이다. 앞을 향해 보면 우리의 모든 사건은 단지 우연이나 부조리의 합일처럼 예외적일 수 있을 것이다 : 뒤를 향해 보면 나는 내 삶의 부분에 대해 이 양자로부터 더 이상 발견할 만한 것이 없다는 것을 알고 있다.

40[47]

기원(起源). 고귀하다는 것이 무엇인가? 귀족의 발생. 볼테르같이 모방하는 재능.

커다란 해방.

일곱 가지 고독.

힘에의 의지.

40[48]

위계 질서에 대해
미래 철학의 서곡.

40[49]

모든 외견상의 "동시성"을 불신해보자! 거기에는 단지 조야한 척도에 따라, 예를 들어 우리의 인간적인 척도에 따라 작다고 불릴 수 있는 시간의 파편이 끼워져 있다. 그러나 우리 인간 역시 비정상적인 상태에서, 예를 들어 대마초 흡연자로서 혹은 삶의 위기의 순간에 우리 회중시계의 초침 하나에도 천 가지 생각을 할 수 있고, 천 가지 체험을 할 수 있다고 생각하게 된다. 만일 내가 눈을 연다면, 가시적인 세계는 외견상 즉시 그곳에 있게 된다 : 그러나 그사이 어떤 어마어마한 것이, 다양한 종류의 사건이 발생하게 된다 : — 첫 번째, 두 번째, 세 번째 : 그러나 이 점에서 생〈리학자〉는 말할 수 있다!

40[50]

위험이 없지는 않은 "힘에의 의지"라는 제목 아래 여기에서 새로운 철학이, 혹은 더 분명하게 말해, 모든 생기적 사건을 새롭게 해석하려는 시도가 설명된다 : 당연히 단지 잠정적이고 유혹적으로, 단지 준비하며 앞서서 물어보고, 단지 "앞서서 상연하며" 진지하게, 그 외에도 한 철학자가 공적으로 말하는 모든 것을 스스로 이해하고, — 최소한 이해해야만 하는 것처럼, 그것에 대해서 정통하고 탁월한 귀를 필요로 한다. 그러나 오늘날, "모든 권리의 평등"을 믿는 한 시대의 천박하고 오만한 정신 덕분에 사람들은 결코 더 이상 — — — 할 수 없는 데까지 이르게 된다. 모든 철학자는 그가 확신을 꾀하기 전에, 설득하는 법을 이해해야만 한다는 점에서 교육자의 덕목을 가지고 있어야만 한다. 유혹자는 특히 증거를 파묻거나 뒤흔들거나, 특히 명령하거나 어느 정도까지 그가 이해하는지에 앞서 나아가고자 시도하거나, 또한 유혹할 수 있어야 한다.

40[51]

개념들은 살아 있는 그 무엇이기에, 따라서 또한 곧 성장하는 그 무엇이거나 곧 사라져버리는 그 무엇이다 : 개념들 역시 우아한 죽음을 맞이한다. 이것들은 비유로서 표현하면 고정되어 있지 않고 세포핵이나 몸으로 되어 있는 세포로 표현될 수 있을 것이다 — — —

40[52]

하나의 인식을 표현하는 것처럼 보이는, 진실로 인식을 방해하는 숙명적인 용어가 있다. "현상"이라는 용어가 이에 속한다. "현상"이 어떤 혼란을 겨냥하고 있는지는 내가 여러 현대 철학자들에게서 빌려온 이 명제들이 드러내준다.

40[53]

"현상들"이라는 용어에 대해.

주의하라! 내가 이해하고 있는 바의 가상은 사물에 대한 실제적이고 유일한 현실이다. ─ 존재하고 있는 모든 술어는 이것에 비로소 접근하고 있으며, 이것은 비교적 아직은 모든, 즉 또한 대립적인 술어로 제일 잘 표현할 수 있는 것이다. 그러나 이러한 용어로는 논리적 과정이나 구별에 접근하기 어렵다는 것 이외에 다른 것을 표현하지 못한다 : 즉 "논리적 진리"와의 관계에서 "가상" ─ 그러나 이것은 그 자체로 단지 가상 세계에서만 가능한 것이다. 나는 "현실"과 반대되는 "가상"을 세우는 것이 아니라, 반대로 상상적인 "진리 세계"로의 변화에 저항하는 현실로서 가상을 받아들인다. 이러한 현실을 규정하는 특정한 명칭은, 즉 그 파악할 수 없는 유동적인 프로테우스의 본성에서가 아니라, 내면으로부터 표현하면, "힘에의 의지"일 것이다.

40[54]

행위의 의도성은 도덕에서 중요한 것이 아니다(근시안적 개별적 경향에 속한다). "목적"이나 "수단"은 그것들이 성장해 나오는 전체 유형과 관련해, 단지 증후일 뿐이며, 그 자체로는 다의적이고 거의 파악할 수 없는 것이다. 동물이나 식물은 그것들이 서 있는 삶의 조건에 따라서, 그 도덕적 성격을 나타낸다. 보다 중요한 것은 "의도성" 뒤에 놓여 있다. 우리는 개인을 소외시켜서는 안 될 것이다 : 우

리는 "여기에 그러한 선 역사를 지닌 인간형이 있다"라고 말해야만
한다.

40〔55〕

자연의 **합법칙성**은 잘못된 인간적 해석이다. 유기체의 생명에서
미래의 선취나, 요컨대 정신이 수반하는 조심성이나 술책이나 영리
함, 힘의 관계의 절대적인 확정이, 무자비함 전체가 경화(輕化)되지
않고 문제시된다. 힘에의 의지의 절대 순간이 지배한다. 인간 속에
는 (이미 세포 속에서) 이러한 확정이, 모든 관련자의 성장에서 지
속적으로 모습이 바뀌는 어떤 과정이 — 지배자와 피지배자의 관계
역시 여전히 하나의 싸움으로, 복종하는 자와 지배자의 관계가 여
전히 저항으로 이해될 수 있도록, 이 용어를 더 넓고 깊게 이해한다
고 전제한다면, 어떤 투쟁이 있다.

40〔56〕

1. 고귀한 도덕과 천박한 도덕에 대해.

윤리성 : 어떤 인간의 유형은 보존되어야만 한다. 고귀한 도
덕.
그 어떤 척도에서 인간적인 것은 보존되어야만 한다 : 천박
한 도덕.

2. 행위의 의도성.

3. 덕목들에서의 악.

4. 나쁜 충동과 그 유용성.

40[57]

주의하라! 그러나 정지된 것이 움직이는 모든 것보다 진정 더 행복한 것인가? 불변하는 것이 진정 반드시 변화하는 것보다 더 가치 있는 것일까? 만일 어떤 사람이 천 번이나 모순되고, 많은 길을 가고, 많은 가면을 쓰며, 그 자체 내에서 어떠한 끝도 마지막 지평선도 찾지 못한다고 해보자 : 그러한 사람이 단연코 기둥처럼, 기둥의 딱딱한 표피로서 자신의 자리에 서 있게 된 덕 있는 금욕주의자보다 "진리"에 대해 제대로 체험하지 못하는 일이 있을 수 있는 것인가? 그러나 그러한 선입견은 지금까지의 모든 철학의 경계선에 자리한다 : 특히 확실성은 불확실성이나 열린 바다보다 더 좋은 것이며, 가상이란 철학자가 자신의 본래적인 적으로서 투쟁해야만 하는 것이라는 선입견은 뚜렷하다.

40[58]

내가 그 당시에 본래 리하르트 바그너한테서 무엇을 원했는지 (내 《비극의 탄생》의 독자가 그것을 잘 몰라 모호한 상태는 아닐지라도) 사람들이 아는 것이, 내가 이러한 방식의 요구를 통해 얼마나 그와 그의 능력에 대해 잘못된 상태에 놓여 있었는지에 대해 물론 가장 철저히 증명했다는 것이 현재까지도 문제 되는 것은 아니다. 내 오류가 — 공동으로 귀속되는 규정에 대한 믿음을 포함해 — 그에게도 나에게도 불명예스러운 것은 아니다. 상황에 따라서, 그 당시의 우리 두 사람은 서로 다른 방식으로 둘이 일체가 되어 있었고,

결코 사소한 청량제나 선행도 없었다.

리하르트 바그너와 관련해 어느 정도까지 내가 많은 것을, 너무나 많은 것을 바랐는지를 느끼는 순간이 다가왔다 : 그리고 조금 뒤에 그가 ― ― ― 생각하는 더 나쁜 순간이 왔다.

40[59]

"교류 중에 있는 인간"에 대한 추론

서론과 선결 문제 :

"자유 정신이란 무엇인가?"

〈1.〉

"세계의 지혜가 거주하고 있는 영혼은 그 건강을 통해 육체 역시 건강하게 만들어야만 한다" : 몽테뉴는 이렇게 말했다. 오늘날 나는 이러한 영역에서 체험한 한 사람으로서, 기꺼이 그에 대해 긍정적인 말을 한다. "세계와 그 지혜보다 더 경쾌하고, 활기 있고, 재미있는 것은 있을 수 없을지도 모른다고 나는 거의 말했을지도 모른다" : 이렇게 나는 몽테뉴와 마찬가지로 말한다 ― 그러나 그 당시에 어떤 창백하고 무시무시한 가면을 쓴 지혜가 내게서 지나가버렸던가! 충분하다. 나는 때때로 그 지혜에 대해 두려움을 느꼈고, 그와 같이 마지못해 오직 그 지혜와 함께 있었다. ― ― ― 나는 체념했고, 홀로 침묵하면서, 그러나 강인한 "지혜를 향한 의지"로, 남쪽을 향해, ― 방랑했다. 그 당시에 나는 스스로를 나 자신에게 있는 "자유 정신"이나 "추방된 왕자"로 불렀고, 네가 진정 아직 편안하게 있는 곳이 어디인가라고 나에게 묻는 사람이 있었다면, 그에게 "아마도 선악의 저편이나 그렇지 않으면 그 어느 곳도 아니다"라고 대답했을 것이다. 그러나 나는 그와 같이 내게는 방랑의 동료가 없다는 점을 힘들게 견뎠다 : 나는 그런 다음 어느 날 다른 "자유 정신"을 낚고 자 낚싯바늘을 던졌다 — 내가 이미 "자유 정신을 위한 책"이라는 이름으로 명명했던 바로 이러한 책으로.

5 　물론 오늘날 — 십 년 동안 모든 것을 배우지 못했단 말인가! — 내가 이러한 책으로 동반자나 "방랑의 동료"를 찾고 있다는 것을 나 는 아직 거의 알지 못하고 있다. 즉 그사이 나는 현재 소수만이 이 해하고 있고, 고독을 감당해내고, 고독을 — "이해하고 있다"는 것 을 배웠다 : 나는 차라리 혼자 달리고, 차라리 혼자 비상하며, 언젠 10 가 다리에 병이 든다 해도, 차라리 홀로 기어가는 것을 오늘날 바로 "자유 정신"이라는 중요한 기호 아래 놓고 싶다. 고독은 치유하지 않으면, 죽인다 : 이것은 참이다. 고독은 나쁘고 위험한 치유술에 속한다. 그러나 확실한 사실은, 그것이 치유한다면, 인간이 사회 속 에서, 나무가 숲 속에서 서 있을 수 있는 것보다 또한 인간을 보다 15 건강하고 독자적으로 세우게 된다. 고독은 그 어떤 병 이상으로 어 떤 사람이 생명으로 혹은 대부분의 사람들처럼 죽음으로 태어나고 예정되어 있는지를 가장 근본적으로 시험한다 — 나는 비로소 고독 으로부터 "자유 정신"과 "건강"이라는 공통된 개념들을 완전히 끝 까지 생각하는 법을 배웠다는 것으로 족하다.

20

2.

　우리 "자유 정신"은 개별적으로 대지의 여기저기에서 살고 있다 — 이 점에서는 변할 만한 것이 없다. 우리는 소수며 — 이는 정당 한 것이다. 우리의 유형이 희귀하고 특이한 유형이라는 사실을 생각하는 것은 우리의 자부심에 속한다. 우리는 서로 떠밀지 않으며, 우리는 아마도 한 번도 서로 "그리워"하지 않을 것이다. 물론, 오늘날처럼 우리가 언젠가 만난다면, 축제가 펼쳐지리라! 우리가 우리의 철학이라는 의미에서 "행복"이라는 용어를 사용한다면, 이때 철학자들 가운데 있는 피로에 지친 자, 불안에 사로잡힌 자, 고통스러운 자처럼 먼저 외적 내적 평화, 고통 없는 상태, 부동, 방해받지 않는 상태에 대해, "안식일 가운데 안식일"에 대해, 가치 가운데서 깊은 잠의 뒤에 일어날 수 있는 그 어떤 것을 생각하지는 않는다. 오히려 불확실한 것, 변화하는 것, 변할 수 있는 것, 다의적인 것이 우리의 세계며, 위험한 세계다 — : 이것은 지금까지 철학자들이 무리 본능이나 무리적 가치 평가의 유산으로 최고의 존경심을 부여했던 단순한 것, 자기-스스로-동일하게-머무는 것, 계산할 수 있는 것, 고정된 것 그 이상의 의미가 있다. 정신의 많은 나라에서 알려져 있고 떠돌아다니고 있다 등

3.

내가 그대들에게 그것을 썼던가? 혹은 단지 새로운 방식으로 침묵했던가? 나는 잘 알지 못한다 : 그러나 그대들은 내가 이러한 이름을 잘못 파악했다고 그 어떤 경우에도 두려워하고 있다는 점을 내게 말하고 있는가? "자유 정신"이라는 이름이 선취되었는가? 그것이 헷갈리고 있는가? 이러한 이름으로 사람들은 우리와 혼동하게 되는가? — 그러나 우리끼리 말하면, 왜, 그럼에도 불구하고 왜, 나의 친구들이여, 우리가 헷갈리면 안 되는가? 사람들이 우리를 혼동하는 것에 무슨 문제가 있단 말인가? 따라서 우리 자신이 혼동하게

된단 말인가? 그리고 마지막으로, 만약 ─ ─ 이라면, 아마도 상황이 더 나빠질 것인가?

좋다. 나는 그대들을 이해한다 : 그대들은 전적으로 다른, 새로운 이류을 원하고 있다! 그대들은 내게 "자부심에서"라고 말한다 : 사람들이 어리석음을 행해도 좋은 최선의 논쟁. 이렇게 나는 결국 새롭게 시작한다 : 내 호기심을 위해 그대들의 귀를 열어놓아라!

─ 그러나 여기에서 그대들은 나를 방해하는구나, 그대들 자유정신이여! 충분하다! 충분하다! 나는 그대들이 소리치고 웃는 소리를 듣는다 ─ 우리는 그것을 더 이상 견딜 수 없다! 오, 이 끔찍한 어릿광대에 대해! 이러한 덕스러운 배신자이자 비방자를! 너는 전 세계에서 우리의 명성을 더럽히고자 하는가? 우리의 훌륭한 명성에 대해 중상모략을 하고자 하는가? 단지 우리의 피부 안으로 파고드는 이름에 우리를 붙잡아 매려 하는가? 조용히 하라, 너 양심의 교란자여! 밝고 청명한 날에 왜 이렇게 어둡게 찡그린 얼굴이며, 이러한 목을 가시는 고르르고르르 하는 소리며, 이렇게 완전히 칠흑 같은 음악인가? 너 진리를 말하라 : 그러한 진리에 따라 어떠한 발걸음도 춤출 수 없다. 그러니까 우리를 위한 진리는 없다. 우리의 진리상을 보아라! 여기에 잔디밭과 부드러운 대지가 있다 : 재빨리 네 근심을 추방하고, 네가 지낸 밤 이후로 우리에게 좋은 하루를 만드는 것보다 더 좋은 것이 무엇이 있을 것인가! 그러나 그 누군가는 또한 우리로 하여금 그것을 하게 유희해야만 한다! 비로소 모든 소나기구름과 더불어 계속한다는 것! 그것은 마침내 다시 이 땅 위에 무지개가 펼쳐지는 시간이 될 것이다! 단지 정신이, 매우 자유로운, 매우 재미있는, 재미있는 정신이 걸어 다닐 수 있는 어떤 혼합된 아

름다운 거짓의 다리! 아주 궁극적으로 제일 먼저 : "너는 마실 우유가 없는가? 너 스스로는 내 우유를 마신 후에 우리로 하여금 갈증 나게 했다!"

― 그대들은 그렇게 많은 것을 원하는가, 나의 친구들이여. 그곳에서 그대들은 나의 무리가, 즉 내 부드럽고 햇빛이 비치고 바람이 거의 없는 모든 양들과 숫염소들이 뛰어오르는 것을 본다 : 여기에는 이미 그대들을 위한 한 양동이 가득한 우유가 준비되어 있으며, 한 양동이 가득 신선하게 방금 짜낸 우유 같은 진리가 있고, 그대들을 따뜻하게 만들기에 아직 충분히 따뜻하다. 시작 : "인간적인, 너무나 인간적인. 자유 정신을 위한 훌륭한 우유." 그대들은 그것을 마시려 하는가?

좋다. 함께 침묵하자 ― ― ―

40[60]

예술가의 염세주의. ― 매우 다양한 종류의 예술가가 있다. 만일 리하르트 바그너가 염세주의자임에 틀림없다면, 자기 자신에 대한 반감이나 다양한 자기 경멸의 벌레, 삶 일반을 견뎌내기 위해 그의 예술을 포함해 도취의 수단에 대한 필요성은 그에게 이러한 자가 되도록 강요하며, 그리고 다시금 도취 뒤의 구토감이나 연기(演技) 의식이나 스스로 옷을 갈아입어야만 하는 모든 사람이 고통스러워 하는 부자유의 압력은 이 모든 것을 강요한다. 왜냐하면 그 스스로 는 나체로 있는 것을 견딜 수 없기 때문이다. ― 한편으로는 칭찬과 소음에 대한 지칠 줄 모르는 기갈이 있는데, 왜냐하면 그러한 코미디를 하는 자들은 자기 자신에 대한 믿음을 언제나 밖으로부터 그리고 언제나 단지 순간적으로 줄 수 있어야만 하기 때문이다 : 칭찬과 소음을 포기하는 일에서 그들은 전혀 자유롭지 못하다! 그러나 또한 환희에 찬 순간이 허영심 가운데 허영심에 무슨 소용이 있으며, 온갖 향이나 온갖 자기 신격화가 무슨 소용이 있단 말인가! 그 것을 기반으로 즉시 오래된 원망은 새롭게 모든 정열의 소리에 대해 새롭게 파고든다! 혹은 정열의 가면을 쓴 경솔함은 궁극적으로 언제나 다시금 내적으로 약하며 머뭇거리는 소리를, 판단하는 소리를 불러일으키며 소리를 내게 된다 : ─ 그러한 예술가들은 그들의 예술에서 어쩔 수 없이, 피할 수 없는 상황에서 그들의 "무아"를, 그들 자신과 가장 외형적인 대립을 만드는 모든 것을 숭상한다 : 즉 바그너의 경우에, 모든 방탕한 덕목이, 예를 들어 무조건적 신뢰나 무조건적 순결이나 어린아이의 단순함이나 금욕적 자기 희생이 있다 : 그러므로 사람들은 어느 정도까지 언제나 바로 방탕한 덕목만을 숭상하는 저 예술가의 성격에 대해 불신하는 권리를 갖게 되는 것이다 : 왜냐하면 그것으로 말미암아 그는 스스로한테서 해방되고자 하며, 자기 자신을 부정하고자 하기 때문이다. 그럼에도 불구하고 우리는 그것에 만족하게 된다! 마지막으로 그러한 예술가는 세계를 부정하고자 하는 온갖 자신의 의지에서 사실상 그럼에도 불구하고 이러한 세계에서 가능한 그 무엇을 예찬하고 칭송한다 : 예술은 세계 긍정과 다른 것이 될 수 없다! ─ 나의 친구들이여, 그대들의 반론은 반론이 아니었다.

즉 나의 친구여 : 사람들이 바그너를 매우 사랑했다는 그와 같은 사실에 찬성하지 않는다고 할지라도, 사람들은 자신의 판단을 깨달

게 될 것이다 : 왜냐하면 어떤 적대자는 자신의 대상을 결코 그렇게 깊이 있게 여기지 않기 때문이다. 그가 바그너에게서 고통을 느끼게 될 때, 그가 또한 바그너와 더불어 고통을 느끼게 된다는 것은 의심의 여지가 없다.

40[61]
계획에 대해.
우리의 감각과 마찬가지로 우리의 지성, 우리의 의지는 우리의 가치 판단에 의존해 있다 : 이것은 우리의 충동이나 그 실존 조건에 상응하는 것이다. 우리의 충동은 힘에의 의지로 환원될 수 있다.
힘에의 의지는 우리가 내려오는 마지막 사실이다.

우리의 지성, 하나의 도구
우리의 의지
우리의 불쾌감 이미 가치 판단에 의존해 있다
우리의 감각

40[62]
랑케Ranke의, 미화하는 역사 기술이나, 엄청난 우연의 부조리를 그러한 것으로서 세우게 하는 모든 문장에서의 그의 비열한 행위나, 경우에 따라 한 번씩 시계의 기계 장치와 같은 것을 밀고 뒤집고 하는 마치 내재해 있는 듯한 신의 손에 대한 그의 믿음 : 왜냐하면 소심한 자인 그는 감히 더 이상 그것을 시계의 기계 장치로도, 시계의 기계 장치의 원인으로도 보려 하지 않기 때문이다.

40[63]

　　"혼합된 생각과 잠언들"에 대한 서론.

　　그러한 개요에서 즐거움을 갖는 인간이란 어떤 종류의 인간일 수 있는가? ― 내게 허용된 것은 이러한 종류의 인간에 대한 내 이미지를 가장 근접해 있는 가장 좋은 화폭에 신속하게 그리는 것이다 : 여기에서는, 하나의 "서론"을 여러 종이에 [그려놓는다]. 나는 또한 최소한 마치 하나의 명칭처럼, 그와 같은 것이 있을 수 있다 할지라도, 그것을 나타낼 유일한 용어를 주장하고 싶다 : ― 아마도 내 이미지를 바라보는 그 어떤 사람은 스스로 그 용어를 ― "적합한 용어"라고 느끼게 될 것이다.

　　이러한 종류의 인간은 예술가와 철학자를 보호하지만, 그러나 그와 혼동하지는 않는다. 그들은 빈둥거리며, 여유 있는 이성을 가지고 있다.

40[64]

　　나는 오랫동안 R. 바그너에게서 일종의 칼리오스트로를 보려는 최선의 노력을 기울여왔다 : 최소한 증오나 혐오에 의해서가 아니라, 이러한 비교할 수 없는 인간이 또한 내게 행한 마술에 의해 불어넣어진 안심할 수 없는 착상을 용서하기 바란다 : 여기에 부가되는 것은, 내 관찰에 따르면 진정한 "천재들", 최고 수준의 진짜 인간들, 이 모든 것은 그와 같이 "매혹하지" 못하며, 따라서 "천재"는 오직 내게는 저 비밀스러운 영향력을 설명하는 데 있어 충분해 보이지 않는다.

40[65]

서문

높고 까다로운 영혼의 욕구를 가진 사람의 위험은 어느 시대에나 클 것이다 : 그러나 오늘날 그 위험은 정상에서 벗어나 있다. 그가
5 한솥밥을 먹을 수 없는 소란스럽고, 천민적인 시대에 내던져진다면, 그는 쉽게 배고픔과 갈증으로 인해, 혹은 만일 그가 그럼에도 불구하고 마침내 "손을 뻗어 먹을 것을 잡는다"면, 구토로 인해 몰락할 수 있다. 그러한 인간에게는 이미 적절한 시간에 한 쌍의 행운의 사례가 틀림없이 도움이 될 것이다. 이것은 어떤 방식으로도 비
10 교되는데, 이 점에서 그는 배고프고 갈망하는 고독한 젊음에 의해 상처를 입게 된다 : 예를 들어 그에게 엄격한 직업이 있으며, 그 직업에 종사할 때 그는 잠정적으로 스스로나 자신의 병으로부터 소원해지게 되고, 그리고 철저히 오직 어떤 용기 있는 정신성의 요구에서 살 수밖에 없게 된다. 혹은 그는 넘쳐나는 부정이 있음에도 불구
15 하고, 자신의 학생에게서 경외감마저 손상시키지 않고, 시대에 적합하고 시대에 부응하는 온갖 것에 의해 자신을 현재보다 "더 지속적인" 목적으로 환원하고 이동시키는 어떤 철학자에게 자신의 귀를 열게 된다. 그는 좋은 음악이나 또한 최고로(최상의 경우 또한) 훌륭한 음악가에게조차 친구가 된다. — 이는 어떤 생기를 주는 것(왜
20 냐하면 좋은 음악가는 모두 은둔자며 "시대 밖에" 있기 때문이다)이나 너무 전투적이고 분노가 치미는 마음, 즉 오늘날 인간과 사물을 뒷받침하는 쾌감을 가지고 있는 마음에 대한 훌륭한 해독제다.

훗날 일어난 일은 — 나는 이미 20세가 넘었다 —, 내게 본래 여전히 전적으로 결여된, 즉 정의를 알아냈다는 것이다. "정의란 무엇

인가? 이는 가능한 것인가? 이것이 가능하지 않은 일이라면, 이때 어떻게 삶을 견뎌낼 수 있는 것일까?" — 이렇게 나는 끊임없이 물었다. 이것은 내가 단지 정열만을, 구석의 시각만을, 이미 정의의 전제가 결여된 자의 안도만을 느끼는 것을 스스로 곰곰이 생각하는 그 모든 곳에서 나를 불안하게 만들었다 : 하지만 어디에 신중함이 있었던가? — 즉 포괄적인 통찰에서 나온 신중함. 내가 오직 나 자신에게만 허용했던 것, 이것은 용기이자 오랜 자기 지배의 열매인 그 어떤 **혹독함**이었다. 사실 이미 용기와 혹독함은 그렇게 많은 것을 그리고 거기에 덧붙여 또한 그렇게 늦게 시인하는 것에 속한다. 좋다. 나는 나의 칭찬이나 질책에 대해 불신하거나, 내가 있다고 믿었던 사법적 존엄성에 대해 비웃을 만한 이유가, 언제나 훌륭한 이유가 있다고 느꼈다. 물론 나는 상처를 입으며 마침내 긍·부정에 대한 모든 권리를 금지했다. 그와 동시에 나는 잘 알려져 있지 않은 내 안의 세계에 대한 갑작스럽고 격렬한 호기심을 일깨웠다. — 간단히 말해, 나는 가능하면 내 구석진 곳에서 멀리 떨어져 혹독하고 오랫동안 지속되는 새로운 학교로 갈 것을 결단했다. 아마도 그 과정에서 다시금 정의 자체와 나는 만나게 되리라! 즉 내게는 방랑의 시간이 시작되었다.

그 당시에 본래 내게 무슨 일이 일어났던 것일까? 나는 자신을 이해하지 못했다. 그러나 그 동인은 명령과 같은 것이었다. 우리의 멀리 떨어진 일회적 규정이 우리를 지배하는 듯이 보인다. 오랫동안 우리는 수수께끼만을 경험하고 있다. 사건의 선택, 포착과 갑작스러운 욕구, 가장 안일한 것의, 때로는 가장 존경할 만한 것의 충돌 : 이와 같은 것이 마치 우리한테서 하나의 임의적인 것이, 변덕스러

운 그 무엇이, 훌륭하며 화산 같은 그 무엇이 여기저기에서 솟구쳐
올라오는 듯이 우리를 놀랜다. 그러나 이것은 단지 보다 높은 이성
이자 우리 미래의 과제에 대한 조심성일 뿐이다. 내 삶의 오래된 명
제는 아마도 ― 나는 불안하게 자신에게 물었다 ― 뒤로 읽히게 될
것인가? 앞으로, 이 점은 의심의 여지가 없다. 그 당시에 나는 단지
"의미 없는 말"만을 읽었다.

　하나의 큰, 점점 더 큰 해결책, 자의적으로 낯선 곳으로 가는 행
위, "소원해짐", 차가워짐, 깨어남 ― 더 이상이 아니라 오직 이것만
이 매년 내 소망이었다. 나는 그때까지 대체로 내 마음이 매달려 있
었던 모든 것을 시험했으며, 최고의 가장 사랑스러운 것들을 뒤집
었고, 그 이면을 바라보았다. 나는 지금까지 인간의 비방이나 중상
의 기술이 가장 예민하게 수행되었던 모든 것과 더불어 그 정반대
의 것을 행했다. 그 당시에 나는 그때까지 내게는 낯설게 남아 있었
던 많은 것 주변을 조심스럽고, 심지어는 사랑스러운 호기심으로
돌아다녔고, 당연히 우리의 시대나 온갖 "근대"를 느끼는 법을 배웠
다. 전체적으로 어마어마한 나쁜 놀이가 있었을 것이다. ― 나는 종
종 그 점에서 병났다. (저 해결은 지진처럼 갑작스럽게 다가온다 :
젊은 영혼은 자신에게 무슨 일이 일어나는지 보아야만 한다. 인간
을 파괴할 수 있는 것은 동시에 병이다. 이러한 힘과 자기 규정에의
의지의 최초의 분출, 자신의 주먹으로 이제 세계를 적당히 되돌리
려는 최초의 기이하고 거친 정신의 시도는 더 병적이다.) 그러나 내
결단은 남아 있다. 아프다고 할지라도, 나는 여전히 내 "유희"에 대
해 최선의 몸짓을 했고, 모든 결론에 대해 악의적으로 자신을 방어
했고, 병이나 고독이나 방랑의 피로함에 관여할 수 있었다. "나는 스

스로에게 말했다 : 앞으로 아침에 너는 건강해질 것이며, 네가 건강한 체하는 것은 오늘로 족하다." 그 당시에 나는 나에게서 모든 염세주의적인 것을 극복하게 되었다. 건강하고자 하는 의지조차, 건강의 연기는 내 치유제였다. 그 당시에 내가 "건강"이라고 느끼고 원했던 것이 이러한 명제를 명료하게 반역적으로 표현하고 있다(제1판 37쪽) : "견고하고 부드러운 그리고 근본적으로 쾌활한 영혼, 악의나 갑작스러운 돌발에 대해 주의할 필요가 없으며, 그 표현에서 불만스러워하는 소리나 굽힐 줄 모르는 완강함의 그 어느 것도 담고 있지 않은 기분 — 오랫동안 사슬에 묶여 있던 늙은 개나 인간의 저 잘 알려진 성가신 속성 — 그리고 가장 소망할 만한 상태로서, 인간이나 도덕, 법칙, 사물에 대한 전통적 평가 위에서의 저 자유롭고 대담한 부유(浮遊)." — 사실 일종의 새의 자유나 새의 시선, 냉담하게 어마어마한 다양성을 간과하고 있는 어떤 사람이 그와 같은 것을 알고 있듯이, 호기심과 동시에 경멸과 같은 어떤 것. — "자유정신" — 이 서늘한 용어는 저 상태에서 쾌감을 준다. 이 용어는 거의 온기를 준다. 인간은 그들과 아무 상관 없는 사물을 염려하는 그러한 인간들과는 정반대가 되어버렸다. 그를 더 이상 "염려"하지 않는 사물만이 자유 정신과 관계했다.

여기에서 깨지고자 하는 딱딱한 호두 같은 것이 있다는 것은 아무 소용 없다 : — 보다 높은 인간, 예외적 인간은 마땅히, 만일 그가 달리 ——— 하고자 한다면

내가 표현한 바 있듯이, 그 당시(《인간적인 너무나 인간적인》, 31쪽) 모든 것에 대한 개인적 성과는 논리적 세계 부정이었다 : 즉 우리와 대체로 그 무엇이 연관되는 세계란 잘못된 것이라는 판단. "물자

체로서의 세계가 아니라 ― 이것은 공허하며, 의미가 비어 있으며, 호메로스의 웃음소리에나 어울리는 것이다! ― 오류로서의 세계는 의미가 풍부하고, 깊이 있고, 놀랍고, 품안에 행운과 불운을 담고 있다" : 그 당시 나는 이렇게 선언했다 ―. "형이상학의 극복", "인간의 신중함의 최고 긴장이라는 문제"(23쪽)는 내게는 도달한 것으로 간주되었다 : 동시에 나는 나 자신을 위한, 이러한 극복된 형이상학들을 위한 요구를 제기했는데, 이 경우에 그 형이상학들로부터 커다란 감사의 의미를 확정할 수 있는 최대의 인류의 증진이 도달되었던 것이다.

그러나 그 배경에는 더 계속되는 호기심, 엄청난 시도에 대한 의지가 있었다 : 나에게는 온갖 가치들이 전환될 수 없는가 하는 생각이 떠올랐고, 항상 다음과 같은 물음이 다시 다가왔다 : 모든 인간의 가치 평가란 무엇을 의미했던가? 이러한 가치 평가는 삶의, 네 삶의, 더 나아가 인간적인 삶의, 마지막으로는 삶 일반의 조건으로부터 무엇을 드러내는가? ―

40[66]

서론 (2)에 대한 초안 : 유사한 그 어떤 것을 체험하지 못한 사람은 여기에서 아무것도 만들 수 없다. 준비하는 책. 초대하기 위해서뿐만 아니라, 쫓아버리기 위해서 우리는 서론을 써야만 한다.

"우리의 최고의 통찰은 마땅히 등"

변화를 방지하기 위해, 나는 그 상태를 보완하는 많은 것을 부가했다. 그 위에서 나는 그 당시에.

: 그것은 몇몇 사람들에게는 필연적인 통과의 상태다. 나는 이제

보다 명료하게 많은 것을 말할 수 있을 것이다.

"자유 사상가"의 방어.

무정부주의의 자극에 대해. 어떤 책이 있는데, 이것을 통해 지배하고 진척되게끔 확정된 본성은 상황에 따라서는 자기 자신에 대한 훈육에 대해, 일종의 숙고나 많은 사유 방식에 대한 접근(유연함)에 대해, 병조차 어떤 더 높은 목적을 위해서는 비켜 나가지 않을 저 엄청난 건강에 대해 무섭게 결단하거나 깊이 생각할 수 있게 사용되어야만 한다.

저 정신의 훈육과 자기 지배, 이는 마찬가지로 마음의 유연함이나 가면의 기술이다 : 저 내면적인 방대함이나 나쁜 습관, 이는 우리가 위험에 잘못 들어가거나 사랑에 빠지는 위험으로 내달리지 않고, 많은 대립적인 사유 방식에 이르는 길을 가는 것을 허용한다. 저 엄청난 건강, 이는 병조차 피해 가려 하지 않을 것이다. 조형적이고 모방적이고 재생하는 힘들의 과잉

40[67]

그 당시에야 나는 역사를 보는 눈을 얻었다 : 랑케. 자연 과학과 치유술에서의 무지는 우리의 역사가들을 사실에 대한 겸손한 옹호자로 만든다 : 마치 어떤 좋은 것이, 최소한 어떤 작은 "신의 손"이 우리에게서도 "끄집고" 나오는 듯이.

40[68]

《인간적인 너무나 인간적인》의 1번 : 스핑크스. —
제1장의 결론 : 새로운 오이디푸스.

40[69]

"감정"과 감각을 포함해 우리의 정신은 많은 머리와 많이 분열되어 있는 주인에게 봉사하는 하나의 도구다 : 우리의 가치 평가가 이러한 주인이다. 그러나 우리의 가치 평가는 우리의 삶의 조건이 무엇인지 하는 것을 드러내준다(최소 부분으로는 인성의 조건이며, 그 다음 부분으로는 "인간"이라는 종족의 조건이고, 가장 크고 넓은 부분으로는 일반적으로 삶이 가능한 조건이다).

40[70]

"독일적인".

물음과 줄표.

독일적 염세주의

독일적 낭만주의.

그리스인의 재발견자.

독일적 무정부주의.

유대적 영혼의 위험.

작가들.

여성들.

은둔자들.

예술에서의 선동자들.

독일적 문체.

독일적 음악. 남부 유럽 동양(두 개의 남부 유럽) : 베네치아와 프로방스

"계몽"과 근대 이념.

선생-문화.

바그너적인 것.

유럽인.

독일 정신.

5 유대인

여기에 사람이 있다.

"심연"

그리스도교적 유럽인.

〔41 = W I 5. 1885년 8월~9월〕

5   41〔1〕

질스마리아 1885년 8월 말
프리드리히 니체. 전집.

첫 작품.《비극의 탄생》.

《반시대적 고찰》.

10   《호메로스에 대한 글》.

《인간적인 너무나 인간적인》. 자유 정신을 위한 책.

"우리 사이에서". 혼합된 생각과 잠언들.

《아침놀》. 도덕적 편견에 대한 사상

《즐거운 학문》. 미래 철학의 서곡.

15 《차라투스트라는 이렇게 말했다》. 모든 사람을 위한, 그러면서도 그
어느 누구를 위한 것도 아닌 책.

《정오와 영원》. 예언가의 유언

"사막이 기뻐하며 백합처럼 피어나리라 Exultabit Solitudo et florebit
20 quasi lilium"

〈이사야〉.

41〔2〕

새로운 반시대적 고찰.

5

1.

사람들은 젊은 시절에는 바보처럼 존경하고 경멸하며, 우리가 그들에게 속하지 않는 것처럼, 우리에게 속하지 않는 인간과 사물에 대한 해석을 하는 데 있어 자신의 가장 민감한 최고의 감정을 잘 표현한다. 젊음 자체는 잘못되고 기만적인 그 무엇이다. 젊은이의 특성인 경외와 분노는 그것이 인간이나 사물을 적절히 "위조"할 때까지, 그와 같은 것에 자신의 정서를 방출할 수 있을 때까지, 결코 안정을 갖지 못하는 듯이 보인다. 사람들이 보다 강하고, 깊이 있고, 또한 "진실"해진 후일에, 이러한 제단에 희생했던 그 당시에 얼마나 눈을 열지 못했는지를 발견하는 것은 숨이 막히는 일이다. 사람들은 우리의 사랑받는 우상에서 쓸데없는 것, 과장된 것, 참되지 못한 것, 꾸며진 것, 연극적인 것 모두를 보지 못했던 것에 화내게 된다. ─ 사람들은 마치 그것이 불성실한 맹목성이라도 되었던 것처럼, 이러한 자기 현혹 때문에 화내게 된다. 이러한 이행 과정에서 사람들은 불신으로 자기 자신에게 복수한다. 사람들은 자신의 "고무된" 감정에 대해 경계한다. ─ 물론 "좋은 양심" 자체는 어떤 사람에게는 이미 하나의 감정처럼, 자기 은폐나 내적 성실성의 피로처럼 보인다. 다시 10년 뒤에는 또한 이 모든 것들이 여전히 ─ 젊음이었다고 파악하게 된다.

2.

─ 나 스스로 이전에, "젊었을 때", 쇼펜하우어와 바그너에 대해 썼던 것, 썼다기보다는 그렸던 것 ─ 아마도 너무 대담하고 너무 용기 있고 너무 젊음이 넘치는 새로 칠한 석회벽 위에 ─ 이것을 나는

최소한 오늘날 "참된 것"인지 "잘못된 것"인지 개별적으로 검토하
고자 한다. 하지만 내가 그 당시 오류를 범했다고 가정해보자 : 내
오류는 적어도 위에 언급된 사람들에게도, 나 자신에게도 불명예가
되는 것은 아니다! 이것은 스스로 그렇게 오류를 범하는 그 무엇이
다. 그것은 또한 바로 나를 그와 같이 오류로 유혹하는 그 무엇이다.
또한 그것은 그 당시 내가 "철학자"나 "예술가"를, 그리고 내 새로
운 색을 완전히 비현실적인 것으로가 아니라, 미리 밑그림이 그려
진 형태 위에 나 자신의 "정언명법"을 그린다고 결정했을 때, 내게
는 어떤 경우에도 귀중한 은혜였다. 내가 그것을 의식하지 못한 채,
나는 단지 나를 위해서만, 근본적으로 단지 나에 대해서만 말했다.
그럼에도 불구하고 : 그 당시 내가 체험했던 모든 것, 이것은 어떤
정해진 종류의 인간에게는 표현하도록 돕는 전형적인 체험이다. ―
― ― 젊고 불같은 영혼으로 저 저서를 읽는 사람은 아마도 내가 그
당시 내 삶을 위해 묶어놓았던, 내 삶을 위해 결심했던 힘든 맹세를
알아차리게 될 것이다 : 그는 동일한 삶이나 동일한 맹세를 결심해
도 좋은 저 소수의 사람들 가운데 한 사람이고자 한다!

3.

내가 비밀스럽게 리하르트 바그너에 대해 비웃기 시작했던 시점
이 있었다. 그 당시 그는 막 자신의 마지막 역할을 하려 했고, 기적
을 행하는 사람이나 구원을 예고하는 자나 예언자, 심지어는 철학
자의 몸짓으로 사랑스러운 독일인들 앞에 나타났다. 그때 나는 아
직 그를 사랑하는 것을 중단하지 않았었고, 나 자신의 비웃음을 여
전히 가슴속에 짓누르고 있었다 : 이것은 자신의 스승에게서 독립

해 마침내는 자기 자신의 길을 찾는 모든 사람의 역사에 속하는 것과 같다. 이 시기에 여기 다음과 같은 살아 있는 명제가 생겨났는데, 이로부터 많은 독일 젊은이들이 오늘날에도 여전히 자신의 이익을 이끌어낼 수 있는 것처럼 내게는 보인다 : ─ 내가 현재 생각하고 있는 바처럼, 나 자신은 더 인내하며, 또한 더 진실하며, 더 아끼는 마음으로, 말하자면 모든 것을 원하고 싶다. 그동안 나는 바그너와 같은 그러한 인간의 삶 뒤에 숨어 있는 너무 많은 고통스럽고 놀랄 만한 비극을 알아냈다.

4.

리하르트 바그너는 독일인에 대해 그 어떤 의심도 품지 않았다 등.

5.

그러나 음악가 리하르트 바그너는? ─ "리하르트 바그너와 끝이 없는 것" : 이것이 오늘날 해법이다.

그러나 음악의 친구인 우리는 이로 말미암아 인내의 한계 지점에 있다. 우리는 그렇게 오랫동안 바그너적인 나쁜 연기를 하기 위해 최선의 몸짓을 해왔고, 모든 덕 있는 사람들이나 미학자들의 도움으로 아주 오랜 우기(雨期) 내내 다음과 같이 자신에게 말하고 경고했었다 : "나쁜 날씨 역시 얼마나 좋은가! 사나운 날씨의 주름에 얼마나 많은 자극이 숨어 있던가! 비는 얼마나 섬세하게 '무한한 멜로디'를 이해하고 있는가! 번개는 오랜 잿빛 슬픔 속에서 얼마나 대단하게 그 빛을 비추는가! 천둥마저 말이다 : 천둥의 반음계는 얼마나 아름다운가!” 그러나 마침내, 마침내 우리는 또한 갠 하늘을 다시 보기를 원하며 그렇게 덕스럽지만, 그러나 그렇게 악의에 찬 날 이후에, 적어도 우리가 봉사하는 아름다운 저녁을 가지기를 원한다! — 정말로? 저녁을? 정말로 벌써 “저녁이 되는 것”을 바라는가? 이제 또한 우리의 최고의 예술마저, 음악마저 끝나가고 있는가? 나의 친구여, 여기에 그것을 더 이상 믿지 않는 한 사람이 있다! 오랫동안 아직 저녁을 위한 시간이 된 것이 아니다! 바그너는 우리 예술의 낮이나 저녁을 의미하는 것이 아니라, 단지 어떤 위험한 우발적 사건, 하나의 예외, 우리의 양심이 시험했던 하나의 의문 부호를 의미한다! 여전히 적당한 시기에 우리는 아니라고 말하는 법을 배웠다! : 성실하고 깊이 있는 모든 음악가는, 그가 여전히 “바그너적으로 되는” 한, 오늘날 바그너와 자기 자신에게 부정을 말한다. — 사실 보다 근본적으로는 바로 그가 바그너에게서 교습을 받았고 바그너에게서 배웠다.

6.

물론 재능이 적을수록, 또한 돈을 밝히고 공명심이 있는 음악가가 주문될수록, 상황은 더욱 나빠질 수 있다 : 바로 그들에게는 음악을 만드는 바그너식의 대단히 큰 유혹이 있다. 즉 바그너적인 수단이나 조작으로 음악을 작곡하는 것은 쉬운 일이다. “대중”의 자극에 대한 오늘날 예술가들의 선동적 요구에서 또한 더 보수를 줄 수도 있으며, 즉 “더 영향력 있고”, “더 지배적이고”, “더 히트 치고”, “더 움켜쥘” 수도 있으며, 극장의 천민이나 졸렬하게 떠드는 자들이 배신하며 즐겨 쓰는 말소리 같을 수도 있다. 그러나 궁극적으로 예술의 문제에서 소음이나 "대중"의 열광이란 무엇을 의미하는 것인가! 훌륭한 음악은 결코 "대중"을 가지는 법이 없다 : 이 음악은 결코 "공적(公的)"이지 않으며 그럴 수 없다. 이것은 가장 정련된 것에 속하며, 언제나 오직 — 비유를 들어 말하자면 — "카메라"를 위해서만 있어야 한다. "대중"은 그들에게 가장 잘 아첨하는 법을 아는 사람을 알아낸다 : 그들은 자신의 선동적인 온갖 재능의 방식에 감사하며, 그들이 할 수 있는 한, 이것을 자신에게 되돌려 준다. (대중이 그 어떤 "정신"과 "취향"으로 감사하는 법을 알고 있는지, 빅토르 위고의 죽음은 이것을 깨우쳐주는 증거가 된다 : 이러한 기회에 있어서처럼, 프랑스의 모든 세기에 품위 없는 무의미가 프랑스에 그렇게 많이 표현되고 말해진 적이 있던가? 그러나 리하르트 바그너의 장례 때에도 감사의 감언이설은 "경건한" 소망에 이를 때까지 높아졌다 : "구원자에게 구원을!" —)

주의하라! 바그너풍의 예술이 오늘날 대중에게 영향을 미친다는 것은, 그것이 그렇게 할 수 있다는 것은 의심의 여지가 없다. — 따라서 이러한 예술 자체에 대해 뭔가를 언급해서는 안 되는 것일까? — 예술에 있어서 세 가지 것, 즉 숭고함, 논리, 아름다움에 대해서 "대중"은 의미를 가진 적이 없다 — 인간의 몇몇 단어는 아름답다 — : 지금까지 현대의 최고 종류의 예술가 역시 긍정도 부정도 말해서는 안 되는 훨씬 더 좋은 것들, 위대한 양식에 대해서는 말할 수 없다 : — 그들은 그것에 대한 권리를 아직 갖지 못했다. 그들은 그것 앞으로부터 멀리 떨어져 있다고 느끼며, 수치스러워하며, 이러한 수치심이 바로 여전히 그들의 최고의 높이였다. 바그너는 위대한 양식으로부터 가장 멀리 서 있다 : 그의 예술 수단의 무절제와 영웅적인 것은 바로 위대한 양식과 반대되는 것이다. 다정하게 유혹하는 것, 다양하게 자극하는 것, 불안한 것, 무지한 것, 긴장하는 것, 순간적인 것, 은밀하게 지나친 것, 병든 감각의 "초감각적인" 변장 전체, 그리고 단지 진형적인 의미에서 "바그너적"이리고 부를 수 있는 모든 것도 이와 마찬가지다. 그러나 이에 대한 가장 근본적인 무능력에도 불구하고, 바그너는 위대한 양식을 곁눈질한다. 익숙한, 올바른, 진정한 논리를 한 번도 사용할 줄 모르는 그가! 그는 이것을 충분히 잘 알고 있으며, 그는 이것을 잠정적으로 인식했다 : 그러나 즉시 그는 자신의 장인 세계를 형성하는 안심할 수 있는 배우의 숙련됨으로 편견에 대한 그의 부족을 해석하는 데 이르렀다. 논리적인, 반쯤 논리적인 것에는 많은 유혹이 있다. ― 이것을 바그너는 근본적으로 알아맞혔다 ― : 말하자면 불명료함을 "깊이"로 느끼게 되는 독일인을 위해서 말이다. 논리적 발달의 남성성이나 엄격함이 그에게서는 거절되었다 : 그러나 그는 "더 영향력 많은 것"을 찾았다! "음악이란 언제나 수단일 뿐이며, 목적은 드라마다"라고 그는 가르쳤다. 드라마라고? 그것이 아니라 태도다! ― 바그너는 스스로 이렇게 이해했다. 무엇보다도 먼저 포착하는 태도! 당황하게 만들며, 전율하게 만드는 그 무엇! "충족 이유율"이란 무엇인가! 리듬 있는 분절법에서조차 일종의 다의성은 동시에 그가 좋아하는 예술 수단에, 일종의 도취에, 더 이상 "추론"할 수 없으며 맹목적인 결과나 양보하려는 위험한 의지를 풀어놓는 꿈의 방황에 속한다.

사람들은 우리의 여성들이 "바그너화"될 때, 단지 그녀들을 바라보기만 한다 : 어떤 "의지의 부자유"인가! 사라지는 시선 속에서 어떤 숙명론이란 말인가! 어떤 일이 일어나게 놓아두고, 견뎌내는 것이란 말인가! 아마도 그녀들은 이러한 "풀린" 의지의 상태에서 그녀들이 많은 남성들을 위해 더 많은 매력이나 자극을 갖게 된다는 사실마저 짐작하고 있는 것일까? ─ : 어떤 근거로 더욱 그녀들의 칼리오스트로와 기적을 행하는 자를 경배하고자 하는가! 바그너 숭배의 원래 "광신녀"에게서 사람들은 우려할 필요 없이 심지어 히스테리나 병을 추론할 수도 있을 것이다. 그녀의 성(性)에는 질서가 잡혀 있지 않은 그 무엇이 있다. 혹은 어린아이가 결여되어 있으며, 가장 잘 견뎌낼 수 있는 경우에도, 남성이 결여되어 있다.

7.

바그너가 욕하는 젊은이들에 대해, 그들은 대개 음악적이지 못하다. (최고의 인간 가운데 한 사람이 내게 심지어 언젠가 진정으로 "나는 음악에 대해서는 전혀 이해하지 못하지만, 그러나 바그너는 오늘날 존재하는 모든 좋은 것을 일치시킨다 ─ 그는 반유대주의자며, 채식주의자고 해부를 혐오한다"고 말한 적이 있다) 바그너적인 젊은이들, 많은 점을 관찰할 때 매우 청량하고 고상한 종류의 젊은이들은 ─ 빅토르 위고의 정열적인 제자가 그에게서 1828년경에 자신의 우상으로 경외했던 것과 똑같은 것을 대략 바그너에게서 경외한다 : 특히 위대한 말이나 몸짓의 스승을, 모든 부푼 감정이나 모든 숭고한 본능의 옹호자를, 그리고 나서 훨씬 오래된, 아마도 제한된 예술 교육에 대한 대립과 투쟁 속에서 감히 감행하는 혁신자나 연결 고리를 푸는 자를, 새로운 접근, 새로운 전망, 새로운 거리, 새로운 깊이나 높이를 여는 자를 말이다. 결국 최소한으로 그런 것은 아니다 : 이러한 독일 젊은이는 바그너에게서 명령하는 것을, 시끄럽게 명령하며, 자기 자신만을 위해 홀로 서고, 자기 자신을 거부하며, 고집스럽게 자기 자신에 대해 긍정적으로 말하는 능력을, 그리고 언제나 "선택된 민족", 즉 독일인이라는 이름으로 경외한다! ― 간단히 말해, 바그너에 대한 민족의 관중석 같은 것이나 선동적인 것을. 이러한 바그너의 "자기 상연" 전체가 어떤 나쁘고, 역겨운 취향에서 기인한 것인지에 대해, 그렇게 열광한 젊은이들은 아직 아무것도 보지 못한다 : 젊음은 언젠가 나쁜 취향에 대한 권리를 갖는다. ― 이것은 그 젊음의 특권이다. 그러나 젊은이들의 순진무구함이나 우려할 필요 없는 응대가 방황하는 늙은 쥐를 잡는 인간에 의해 어디로 이끌리고 유혹받을 수 있는지를 사람들이 알고자 한다면, 결국 늙어버린 스승이 자신의 제자와 노래 부르기 좋아하는 ("노래 부른다"는 것이 올바른 용어인가?) 저 문학적 수렁에 시선을 던지게 된다. 내가 생각하는 것은 역겹게 내세운 "바이로이트의 신문"이다. 이것은 정말로 수렁이다 : 오만불손과, 독일 숭배나 가장 불투명한 혼동 속에 있는 개념의 혼란과, "가장 달콤한" 동정이라는 견딜 수 없는 설탕을 그 위에 붓고, 그 사이에 푸른 채소를 위한 저 이미 해석된 성향과 동물을 이롭게 하는 저 목적 의식이 있게 기름을 바르는 것이나 다감함, 꾸밈없고 진정하고 근본적인 학문에 대한 증오 가까이에서 바그너에게 길을 막아서고 막아섰던 모든 것을 대체로 경멸하고 욕한다, ― 멘델스존의 한층 고상한 본성이나 슈만의 한층 정결한 본성이 그의 영향에 얼마나 방해되었던가! ― 이때 새로운 구조대를 영리하게 훔쳐보고, 권력 있는 정당의 편에서 "대립함", 예를 들어 그리스도교적 상징으로 완전히 불순한 놀이나 곁눈질을 하는 것 ― 늙은 무신론자이자 자가당착적인 인간이자 비도덕주의자인 바그너는 심지어 한번은 기름을 가득 바른 채 "구원자의 피"를 부르고 있다! — 전체적으로 보면, 늙고 진하게 향을 피우는 주교의 뻔뻔스러움인데, 이 사람은 바로 그에게서 전적으로 빠져나오고 금지되었다고 생각할 수 있는 모든 사유 영역에 대해 계시와 같이 그의 어두운 감정을 알리고 있다. 어쩌면 심지어 독일적인 것을 가장 증오한 헤겔의 제자들조차 도달하지 못했듯이, 이모든 것이 어떤 독일적인 것에, 불명료함이나 과장이라는 본래 수렁과 같은 독일적인 것에 있다.

8.

아마도, 바그너가 어디에 속하는지는 이제야 분명해질 수 있을 것이다 : 즉 최고 수준의 본래적인 것이나 진정한 것의 큰 연속 고리에 속하는 것이 아니며, 이러한 올림피아의 "성 중의 성"에 속하는 것이 아니다. 오히려 바그너에게는 완전히 다른 지위나 완전히 다른 명예가 어울린다. — 사실 사소하고 천한 영예가 아니다 : 바그너는 이 세기에 — 물론 이는 "대중의 세기"다! — 대중이 거의 "예술가"라는 개념을 비로소 배웠던 저 세 명의 예술의 배우-천재 가운데 한 사람이다 : 내가 생각하는 사람은 파가니니Paganini, 리스트Liszt, 바그너라는 세 명의 기이하고 위험한 인간인데, 이들은 "신"과 "원숭이" 사이에서 의문스럽게 서 있으며, 고안하는 것보다는 "모방"하도록, **모조 자체의 예술**에서 창조하도록 예정되었고, 그들의 본능은 계약, 표현, 작용, 매혹, 유혹이라는 목적을 위해 찾아내고 수확할 수 있는 모든 것을 드러냈다. 정령의 매개자나 예술의 해설자로서 그들은 — 오늘날 해석 일반에 대한 모든 예술가들의 스승이 되었고, 또한 스승이다 : 이러한 그룹에 있는 모든 사람들은 그들에게서 가르침을 받았다. ― 따라서 사람들은 온갖 종류의 배우들이나 연습 배우들 가운데서 또한 본래의 "바그너 숭배"의 발원지이자 동시에 기원인 것을 찾아볼 수밖에 없게 될 것이다. 그러니 그들의 믿음이나 미신에 대해 모든 권리를 돌릴 수 있는 이러한 그룹을 무시하고, 저 세 명의 배우-천재라는 전체 현상이나 그들의 가장 비밀스럽고 가장 보편적인 감각을 염두에 둘 때, 나는 언제나 이와 같은 물음을 다시 던지는 것을 스스로 극복하지 못하고 있다 : 저 세 사람에게서 외형상 새롭게 표현되는 것은 ― 새로운 세기의 ― 이미 말했듯이 대중의 세기의 ― 취향에 가장 잘 상응할 수 있듯이 ―, 아마도 단지 새롭게 변장하고, 새롭게 무대 장면으로 설정되고, "음악으로 설정되고", 종교로 설정된 늙고 영원한 "칼리오스트로"일 뿐인가? 즉 더 이상 고상하지만 피로에 젖은 문화의 유혹자로서 마지막 칼리오스트로처럼이 아니라, ― 오히려 선동적 칼리오스트로로서가 아닌가? ― 그들의 도움으로 여기에서 매혹에 빠지게 되는 우리의 음악 : ― 내가 그대들에게 요청하고 묻는바, 우리의 독일 음악이란 무엇을 의미하는 것일까!

9.

― 이 최후의 바그너, 그러나 위대한 연극을 허할 수 없었던, 근본적으로 파괴되고 정복된 인간, 그가 동시에 자신의 파르지팔 음악을 통해 본래 로마적인 모든 것에 반대의 손을 뻗쳤을 때, 종국에는 프로테스탄티즘적인 저녁 성찬으로부터 얻을 수 있었던 "환희"에 대해서도 말했던 이러한 바그너 : 도처에서 온갖 독일적 허영심, 불

명료함, 오만불손함에 스스로를 제공하는 이 아부하는 인간 — 이 최후의 바그너는 우리 음악의 최후이자 최고의 정점이며 "독일 영혼"이 마침내 도달한 종합의 표현이어야 할 것이며, 독일인 그 자체가 아닌가? 내가 이러한 믿음을 버릴 것을 스스로 맹세했던 것은 1876년 여름이었다. 이로 말미암아 독일 양심의 저 운동이 시작되었는데, 이 운동으로부터 오늘날 점점 더 진지하고, 점점 더 명료한 기호가 드러나게 된다. — 그러니까 바그너주의의 퇴보가!

41〔3〕

오직 태어나면서부터의 귀족이, 오직 혈통 귀족이 있을 뿐이다. (내가 여기에서 이야기하는 것은 "폰von"이라는 귀족을 나타내는 용어나 고타 판(版) 명감(名鑑)이 아니다 : 얼간이를 위해 덧붙인 말이다.) "정신의 귀족"이 언급될 때, 대개 그 무엇을 숨길 이유가 없는 것은 아니다. 이것은 잘 알려져 있듯이 명예심 강한 유대인들 가운데 사용되는 몸의 언어다. 즉 정신만이 귀족적으로 만드는 것은 아니다. 오히려 정신을 귀족으로 만드는 그 무엇이 먼저 필요한 것이다. — 그것을 위해 도대체 무엇이 필요한 것인가? 혈통이 필요하다.

41〔4〕

독일 철학 전체는 — 위대한 인물을 언급하자면, 라이프니츠, 칸트, 헤겔, 쇼펜하우어 — 지금까지 있었던 가장 철저한 종류의 낭만주의며 향수다 : 즉 일찍이 있었던 최선의 것에 대한 갈망이다. 그어떤 곳에서도 고향 같지 않으며, 결국 어떤 방식으로 사람들은 고향같이 될 수 있는 곳으로 되돌아가기를 갈구한다. 왜냐하면 사람들은 그곳만이 고향 같기를 바라기 때문이며, 이것이 그리스 세계인 것이다! 그러나 바로 그곳으로 통하는 다리는 모두 부서졌다. ─ 개념의 무지개를 제외하고 말이다! 그리고 이것은 도처로, 그리스인의 영혼을 위해 존재하고 있었던 고향이나 "조국" 모두로 통한다! 물론 이 다리를 건너가기 위해 사람들은 매우 예민하고, 매우 가볍고, 매우 가냘프지 않으면 안 된다. 하지만 거의 유령과 같이 되고자 하는, 정신성이 되고자 하는 이러한 의지에는 이미 얼마나 행복이 있는 것일까! 이것으로 인해 사람들은 "압력과 충돌"로부터, 자연 과학의 기계적 조야함으로부터, "근대 이념"이라는 연중 장터의 소음으로부터 얼마나 멀리 떨어져 있는 것인가! 사람들은 교부들을 통해 그리스로, 북구에서 남구로, 정식(定式)에서 형상으로 되돌아가고자 한다. 사람들은 여전히 고대 세계의 출구를, 그리스도교를, 마치 그것에 이르는 접근로처럼, 마치 고대 세계 그 자체의 훌륭한 한 부분이나 고대적 개념이나 고대의 가치 판단의 반짝거리는 모자이크처럼 즐기고 있다. 스콜라주의적 추상의 아라베스크 문양, 소용돌이 무늬, 로코코 양식은 ─ 북유럽의 농민적, 천민적 현실보다 훨씬 나으며, 즉 훨씬 더 섬세하고 화사하다 : 즉 이는 아직 여전히 북유럽에서의 정신적 취향을 지배하고, 위대한 "비정신적 인간"인 루터를 우두머리로 하는 농민 전쟁이나 천민 봉기에 대한 보다 높은 정신의 저항이다. 이런 관점에서 보면 독일 철학은 한 편(篇)의 반종교 개혁이며, 심지어 르네상스이기조차 하며, 최소한 르네상스에의 의지며, 고대의 발견이나 고대 철학의, 특히 소크라테스 이전 철학자들의, ─ 모든 그리스 신전들 가운데 가장 잘 파묻혀 있었던 신전의 발굴을 계속하려는 의지다! 아마도 사람들은 몇 세기 뒤에 모든 독일 철학이 한 걸음씩 고대적 지반을 회복해간 것에서 원래의 존엄성을 갖게 되고, 그리고 찢어진 것처럼 보이는 유대를, 지금까지 최고 기질의 "인간" 유형인 그리스인과의 유대를 새롭게 연결한 독일인의 저 보다 높은 요구와 비교해볼 때 독창성에 대한 모든 요구는 사소하고 웃기게 들린다고 판단하게 될 것이다. 우리는 오늘날 그리스 정신이 아낙시만드로스, 헤라클레이토스, 파르메니데스, 엠페도클레스, 데모크리토스, 아낙사고라스에게서 발견된 세계 해석의 저 가장 철저한 모든 형식들에 다시 접근해간다. ― 우리는 매일 더 그리스적으로 되어간다. 처음에는, 당연한 일이지만, 개념과 가치 평가에서, 마치 그리스화된 유령처럼, 그러나 앞으로 언젠가는 바라건대 또한 우리의 몸으로! 여기에 독일적 본질에 대한 내 희망이 있다(그리고 이전부터 있었다)!

41[5]

사람들은 여성의 책을 펼친다 : ― 그리고 곧바로 "다시 불운한 여성 요리사에 대해 한숨을 내쉰다!"

41[6]

당연한 일이지만, 오직 가장 희귀하고 가장 잘난 인간만이, 생존이 자기 자신의 최고의 변용을 축하하는 최고로 고상한 인간적 기쁨에 다가서게 된다 : 이것 또한 그들 자신과 그들의 조상이 결코 이러한 목적을 알지 못한 채, 이 목적을 위해 오랫동안 준비된 삶을 살고 난 이후에 이루어진다. 그때 다양한 힘들이 넘쳐흐르는 풍요로움과 동시에, "자유 의지"나 고상한 권한이라는 가장 민첩한 권력이 한 인간 안에서 사이좋게 동거한다. 관능이 정신 속에 거주하고 안착하는 것과 마찬가지로, 정신은 그때 관능 속에 안착하고 거주한다. 오직 관능 속에서 작동하는 모든 것은 또한 정신 속에서도 섬세하고 특이한 행복과 놀이를 일으킬 수밖에 없다. 그 반대도 마찬가지다! ─ 코란을 암기하는 사람Hafis을 생각하는 기회에 이러한 정반대의 경우를 깊이 생각해보라. 괴테조차, 또한 이미 극히 막연한 이미지기는 해도, 이러한 과정에 대해 어떤 예감을 준다. 그러한 완전하고 잘난 인간에게 있어서 마지막에 가장 관능적인 작용들이 최고의 정신성이라는 비유적 도취에 의해 변용된다는 것이 있을 수 있는 일이다. 그들은 스스로 일종의 몸의 신격화를 느끼게 되며, "신은 정신이다"라는 명제를 주장하는 금욕주의자들의 철학과 가장 멀리 떨어져 있게 된다 : 여기에서 금욕주의자는 단지 그 어떤 것 그 자체만을, 바로 단죄하고 심판하는 그 어떤 것을 좋다고 말하는 ─ 그리고 "신"이라고 부르는 "잘못된 인간"이라는 사실이 분명하게 드러난다. 인간이 자기 스스로를 철두철미하게 자연의 신격화된 형식이자 자기 정당화로 느끼는 저 기쁨의 높이로부터, 건강한 농부나 건강한 동물 같은 원인(猿人)의 기쁨에 이르기까지, 그리스인은 비밀을 털어놓는 사람이 느끼는 감사의 전율로, 아주 조심스럽고 경건한 침묵을 지키면서 ─ 신들의 이름으로 말하면 디오니소스다. ─ 이러한 아주 길고 거대한 행복의 빛과 색깔의 사다리에 이름을 붙였다. 허약하고 여러모로 병든 희귀한 어머니의 아이들인 모든 현대인은 도대체 그리스적 행복의 크기에 대해 무엇을 알고 있으며, 그것에 대해 무엇을 알 수 있단 말인가! 더욱이 "현대 이념"의 노예들이 디오니소스적 축제에 대한 권리를 어디에서 가질 수 있단 말인가!

41〔7〕

그리스적 육체와 그리스적 영혼이 "꽃피었을" 때, 병적으로 넘쳐나는 상태나 우둔함의 상태와 같은 것이 아닐 때, 지금까지 지상에서 도달된 최고의 세계 긍정이나 실존의 변용이라는 저 비밀스러운 상징이 발생했다. 여기에는 하나의 기준이 있었는데, 여기에서 보면 이후에 생겨난 모든 것은 너무 간단하고, 너무 빈약하고, 너무 협소한 것으로 생각된다 : ─ 오직 "디오니소스"라는 말을 가장 뛰어난 근대의 이름이나 사물 앞에서, 즉 괴테 앞에서, 혹은 베토벤이나 셰익스피어나 라파엘로 앞에서 말해보자 : 단번에 우리는 우리의 제일 좋은 것들이나 순간이 심판받고 있다고 느끼게 된다. 디오니소스는 심판관이다! ─ 나를 이해했는가? ─ 그리스인들이 "영혼의 운명"이라는 마지막 비밀을, 그리고 교육이나 순화에 관해, 특히 인간과 인간 사이에 있는 움직일 수 없는 위계 질서나 가치의 불평등에 대해 알고 있었던 모든 것을, 그들 자신의 디오니소스적 경험으로부터 해석하려 했다는 사실은 의심의 여지가 없다 : 여기에 모든 그리스적인 것의 위대한 깊이와 위대한 침묵이 있다. ─ 여기에 숨겨진 지하 통로가 여전히 파묻힌 채 있는 한, 우리는 그리스인들을 알지 못한다. 또한 아무리 많은 학식이 저 발굴하는 작업에서 여전히 사용되어야만 한다고 해도, 뻔뻔스러운 학자의 눈은 이러한 사태들 속에 있는 그 어떤 것을 결코 보지 못하게 될 것이다. ─ 괴테나 빙켈만의 그것처럼, 그러한 고대 애호자의 고상한 질투에서조차 바로 여기에서는 허용되지 않는 그 무엇인가가, 거의 불손한 그 무엇인가가 있다. 기다리고 준비하는 것, 새로운 샘의 분출을 기대하는 것, 고독 속에서 낯선 얼굴이나 목소리를 대비하는 것, 이 시대의 연중 장터의 먼지나 시끄러운 소리로부터 자신의 영혼을 더욱더 깨
5 끗하게 씻는 것, 온갖 그리스도교적인 것을 자기 자신에게서 없애는 것뿐만 아니라, 초(超)그리스도교적인 것으로 극복하는 것 — 왜냐하면 그리스도교적 가르침은 디오니소스적 가르침에 반대되는 가르침이기 때문이다 — ; 남방(南方)을 자기 안에서 다시 발견하고 청명하게 빛나는 신비스러운 남방의 하늘을 자신의 위에 펼치는
10 것, 영혼의 남방의 건강과 감추어진 힘을 다시 획득하는 것, 한 걸음씩 더욱 포괄적이 되고, 더욱 초국가적, 유럽적, 초유럽적, 동방적, 마침내는 그리스적이 되는 것 — 왜냐하면 그리스적인 것은 모든 동방적인 것의 최초의 위대한 결합과 종합이며, 바로 이것이 유럽 영혼의 출발이자 우리 "신세계"의 발견이었기 때문이다 : — 그러
15 한 명법 아래에서 살고 있는 사람, 어느 날엔가 만날 수 있다는 사실을 알고 있는 사람은 누구인가? 아마도 그것이야말로 — 새로운 날일 것이다!

41[8]

20 나는 최근에 독일의 교양 상태에 전쟁을 선포하고, 이때 용기 있게 내 검을 사용했다 : 다른 방법으로는 안 된다. 여성들이, 또한 남성적 여성들이나 유약한 인간들도 사라져버렸다! 이는 전쟁에 대해 아무것도 이해하지 못하며, 반쯤 죽은 상태로 흘린 핏방울에 대해 탄식한다. 사람들은 내가 일찍이 늙은 다피트 슈트라우스를 "살해"

했을 것이라며 내게 밀고 들어오는가? 나는 여전히 다른 사람의 삶
의 파멸에 책임이 있게 될 것이다. — 그러나 이는 전쟁과 승리를
수반하는 일이다. 죽음에 이르기까지 성숙한 어떤 것 : 그와 같은
것을 무엇 때문에 여전히 인위적으로 기르고, 아끼고, 감싸는가?
그러나 독일의 교양 상태에서 아낄 만한 것은 아무것도 없을 것이
다 : 그것은 "성숙"해 있다.

41[9]

서문.

높고 까다로운 영혼의 욕구를 가지고 있고, 오직 드물게 자신의
식탁을 준비하면서, 자신의 자양분을 이미 찾는 사람의 위험은 오늘
날 적지 않다. 그러나 오늘날 그 위험은 정상에서 벗어나 있다. 그
가 한솥밥을 먹을 수 없는 소란스럽고, 천민적인 시대에 내던져진
다면, 그는 쉽게 배고픔과 갈증으로 인해, 혹은 만일 그가 그럼에도
불구하고 마침내 "움켜쥔다"면, 구토로 인해 몰락할 수 있다. 이것이
내 젊음의, 배고프고 갈망하고 고독한 젊음의 위험이었다. 위험은
내가 최후에, 그럼에도 불구하고 어떤 음식을 내게 공급했으며, 왜
내 영혼의 거친 배고픔이나 갈증이 나를 유혹했는지를 어느 날 이
해했을 때, 정점에 이르렀다. 이 일이 일어난 것은 1876년 여름이었
다. 그 당시에 나는 구역질 때문에 화가 나서, 그때까지 내가 앉아
있었던 내 앞의 식탁을 모두 밀어젖혔다. 나는 오히려 우연히 좋지
않게, 오히려 풀이나 잡초로부터 그리고 동물처럼, 도중에, "배우-
민족"이나 "보다 높은 정신의 예술적 기사"와 내 식사 시간을 함께
하는 것보다는 — 그러한 혹독한 표현을 그 당시에 사용했다 — 오

히려 더 이상 삶을 살지 않으리라고 굳게 결심했다 : 왜냐하면 나는 내게 순수한 칼리오스트로들과 불순한 인간들 속에 빠져 있는 것처럼 보였고, 내가 경멸했어야만 했던 곳에서 사랑에 빠져 있었던 것에 대해 분노하며 날뛰었기 때문이다.

마침내 내 마음이 가라앉은 이후에, 물론 완전히 정당하거나 화해하는 것은 아닐지언정, 나는 서서히 무례하지 않게 지금까지의 내 "사교"로부터 자유롭게 되었고, 방황했으며 — 병들었고, 오랫동안 병들어 있었다. 하나의 커다란, 점점 더 커지는 해결책은 — 왜냐하면 철학적 인간들은 개인을 기꺼이 보편적인 것으로 몰아대기 때문이다 —, 자의적인 "소외"는 저러한 시대에서 유일하게 생기 있게 하는 나의 것이었다 : 나는 그때까지 대체로 내 마음이 매달려 있었던 모든 것을 시험했으며, 최고의 가장 존경스러운 것들을 뒤집었고, 그 이면을 바라보았다. 나는 지금까지 인간의 비방이나 중상의 기술이 가장 훌륭하게 수행했던 모든 것과 더불어 그 정반대의 것을 행했다. 이것은 악의적 놀이였다 : 나는 종종 그 점에서 병이 났다 — 그러나 내 결단은 그대로 남아 있었다. 나는 스스로 "내 존경하는 마음을 깨버렸고" 내게 여전히 부서진 조각이나 그 이면이 있다는 것을 바라보았다 — 다양한 새로운 즐거움이나 호기심이 없는 것은 아니다 : 왜냐하면 사람들은 사랑할 수 있을 때, 어느 정도 잔인하기 때문이다. 마침내 나는 한 걸음씩 내 내적 혹독함의 마지막 요구에 도달했다 : 나는 내 악의적인 놀이에 최선의 몸짓을 가져다 붙였고, 내게 있는 온갖 "염세주의"에 대해 비웃었으며, 병과 고독이 일정 부분 관계할 수 있었던 모든 결론에 대해 악의적으로 스스로를 방어했다 : — 나는 스스로에게 말했다 : "앞으로 나아가

[41 = W I 5, 1885년 8월~9월] 535

라. 어느 날엔가 너는 건강해질 것이다. 건강한 체하는 것은 오늘로 족하다! 건강하고자 하는 의지는 이미 최선의 치료제다!"

이 점에 대해 나는 처음으로 눈을 떴고, ― 내 눈이 불안하게 구석에 서 있는 사람이나 언제나 집에만 있는 자신을 걱정하는 정신의 소유자를 결코 볼 수 없었듯이, 곧 많은 사물이나 사물의 다양한 색깔을 보았다. 무관심하게 어마어마한 다양함을 멀리 내다보는 모든 사람이 갖는 일종의 새의 자유, 일종의 새의 조망, 일종의 호기심과 경멸의 혼합 ― 이것은 마침내 내가 오랫동안 견디며 도달한 새로운 상태였다. "자유 정신"이며 다른 것은 아니었다 : 이렇게 느꼈고, 나는 그 당시 나를 그렇게 불렀다. 나는 정말 그들과 아무런 관계도 없는 사물들을 걱정하는 사람들과는 반대되는 사람이었다. ― 나를 더 이상 ― "걱정하지" 않는 사물만이 나와 관계를 맺었다.

이는 쾌유의 시간이었으며, 다채롭고 고통스러우며 매혹적인 사건들이 가득한 다양한 시간이었는데, 그 시간에서는 병든 자, 선고받은 자, 사는 것이 아니라 죽는다고 예정되어 있는 자보다는 건강한 자, 정신이 조야한 자가 그 어떤 것을 파악하고 냄새 맡을 수 없었다. 그 당시 나는 "나 자신을" 아직 발견하지 못했다 : 그러나 나는 용기 있게 "나"를 향해 가고 있었고, 내가 지나쳐버린 천 개의 사물이나 인간을, 그들이 "내게" 속하는 것은 아닌지, 최소한 "나에" 대해 그 어떤 것을 알고 있지는 않은지를 시험했다. 이때 그 어떤 놀라움이 있었다! 그 어떤 전율이 있었다! 그 어떤 짧고 작은 행복의 모서리가 있었다! 태양 속에 그 어떤 휴식이 있었다! 그 어떤 부드러움이 있었다! 언제나 다시금 "여기에서 떠나라! 앞을 향해 나아가라, 방랑자여! 너에게는 아직 많은 바다와 땅이 남아 있다 : 네가 모든 사람들과 더 만나야만 하는지 누가 아는가?"

내가 감사하게 허용하고 있는 것 : 내가 "인간"이라는 규준을 연구하기 시작했을 당시에, 희귀하고 꽤 위험한 정신이, 때로는 심지어 아주 자유로운 정신이 나와 만나게 되었고, 길을 달려갔다. — 특히 어떤 사람이, 즉 이러한 사람이 언제나 다시 신으로서의 디오니소스 자체보다 더 가치가 적은 것은 아니다 : — 내가 언젠가, 훨씬 최근에 경외심 있는 순진무구한 희생의 제물을 바쳤던 그와 같은 것 말이다. 내가 디오니소스 신의 철학으로부터 간직하고 있었던 모든 것을 내 친구들에게 설명하기 위해, 아마도 나는 다시 한번 여유와 평온함을 충분히 느끼고 있는 것 같다 : 당연한 일이지만, 반정도의 평온함으로 — 왜냐하면 은밀한 많은 것이, 섬뜩한 많은 것이 문제 되기 때문이다. 그러나 디오니소스가 철학자라는 사실, 즉 신들도 철학을 한다는 사실은 어찌 되었건 그가 적당한 시기에 알리지 않는 것 말고는 자기 자신에 대해 아무것도 갖지 않는 중요하고도 가장 사려 깊은 존엄한 상황을 알리는 행위로 내게는 생각된다 : 왜냐하면 사람들은 오늘날 마지못해 신들에 대해 믿고 있기 때문이다. 내가 또한 내 설명의 솔직함 속에서도, 내 친구의 엄격한 귀에 언제나 사랑스러울 수 있는 것보다 더 나아가야만 하는 것은 아마도 일어날 수 있는 일일 것이다. 확실한 것은 앞에서 언급한 신이 우리의 대화에서 더 나아가버렸고, 언제나 몇 걸음 더 나보다 앞서 있었다는 것이다 : 그는 더 나아가는 것을 사랑하고 있다! 물론, 만일 허용된다면, 나는 그에 따라 아름답고 위선적인 화려한 이름이나 덕의 이름을 덧붙이고, 그 연구자의 용기나 발굴자의 용기, 지혜를 향한 그의 성실성, 진실성, 사랑이라는 많은 명성을 만들 수밖에 없는 인간적 관습을 원한다. 그러나 그러한 신은 이러한 아름다운 잡동사니와 화려함 모두를 통해 그 무엇도 시작할 줄 모른다. "그는 말하고자 한다 : 오히려 너와 너의 동료를 위해 이것을 간직하라, 그 외에 누가 이것을 필요로 하겠는가! 나는 ― 내 벌거숭이 몸을 감출 이유가 없다."

사람들은 이러한 종류의 신성이나 철학자에게 수치심 같은 무엇이 결여되어 있다고 본다. 이렇게 그는 우리의 처음의 대화 가운데서 나에게 말했다 : "상황에 따라 나는 인간을 사랑한다 ― 이때 그는 아리아드네를 넌지시 암시했다 ― : 이는 지상에서 자기와 똑같은 자를 갖지 않는, 편안하고, 발명의 재간이 있는 동물이다. 이는 모든 미궁들 속에서도 올바른 길을 잘 찾아간다. 나는 종종 얼마나 내가 그를 그 자신보다도 더 앞으로 나아가게 만들며, 더 강하고, 더 악하게, 더 깊이 있게 만드는지 깊이 생각한다." ― 더 강하고, 악하고, 깊이 있게라고? 나는 놀라며 물었다. 그는 다시 한번 말했다 : "그렇다. 더 강하고, 더 악하고, 더 깊이 있게 : 또한 더 아름답게" ― 마치 방금 매혹하는 듯한 말을 하기라도 한 듯, 신은 그것에 대해 웃었다. 사람들은 여기에서 동시에 이러한 신성에는 단지 수치심만이 없는 것이 아니라고 본다 ―. 몇 가지 점에서 신들이 전체적으로 우리 인간들에게서 배울 수 있다는 것을 추측할 만한 훌륭한 이유가 대체로 있다. 우리가 훨씬 인간적이다.

우리는 여기에서 적절한 지점에, 즉 결론에 도달했다. 왜냐하면 사람들이 그것이 "인간적인, 너무나 인간적인"이라고 불려야만 하는 이유를, 왜 이 책이 "자유 정신을 위한 책"인지를 이미 충분히 이해했을 것이기 때문이다.

2.

이 표제어에서 "인간적인, 너무나 인간적인"이라는 말이 무엇을 의미해야만 하는지 나는 이미 이해하게끔 말했다 — 최소한 예민한 귀를 가지고 있는 그러한 사람들을 위해. 그러나 그 당시 온 세계에서 내가 그것을 잡으려고 내 책의 낚싯바늘을 던졌던 "자유 정신"으로 나는 무엇을 생각했던가? 외견상, 내가 바라던 것이 — 교제였던가?

41〔10〕

— — — 그렇기 때문에 나는 내가 배고프고 갈망하고 고독한 젊음에 의해 상처받게 된 바로 그 시기에 여전히 타협했던 내 삶의 세 가지 행운의 사례를 충분히 높이 평가할 수 없다. 사람들이 내게서 이렇게 불손하지만 그러나 명백한 표현을 확인하고자 한다면, 최초의 문제는 내가 젊은 시절에 나를 그리스인들 근처에서 친숙하게 만드는 것을 허용했던 존경할 만하고 박학다식한 몰두를 했다는 것이다. 그렇게 언급하지 않고 넘어가며 최선의 것과 대화하면서 나는 쉽게 나 자신이나, 오늘날 생겨나는 그 무엇에 대해, 격렬하게 분노할 수 없었다. 거기에 덧붙여진 사실은, 그럼에도 불구하고 넘쳐나는 부정에 의해 외경 자체를 그 학생들에게서 뿌리 뽑지 않고도, 내가 용기 있는 방식으로 모든 현존하는 것들과 모순되는 법을 알고 있는 어떤 철학자를 따랐다는 것이다. 마침내 나는 어릴 때부터 음악의 연인이었으며 또한 언제든지 훌륭한 음악가에게조차 친구였다 : 이 모든 것은 내가 오늘날의 인간을 걱정할 만한 이유가 거의 없었다는 데서 생겨났다 : — 왜냐하면 훌륭한 음악가들은 모

두 속세를 등진 사람들이자 시대 밖에 있기 때문이다.

　내게 인간에 대한 지식이 없다는 사실을 알아차렸을 때, 나는 이미 스무 살이 넘었다. 자신의 의미를 명예에도 관직에도 돈에도 여성에도 진지하게 놓지 않고, 매 일상의 가장 장구한 부분을 오직 자기 자신만으로 지내는 그 누군가가 인간에 정통한 사람이 될 수 있다는 것이 대체로 있을 수 있는 일인가? 한 책의 저자가 자기 자신을 비웃는데 그 서론을 잘못 사용하는 것이 좋은 취향에 반하는 것이라면, 여기에는 비웃을 만한 수많은 동인이 있게 될 것이다. 충분히, 나는 내 칭찬이나 질책을 근본적으로 불신하는 이유가, 더 많은 훌륭한 이유가 있다고 느꼈다. 동시에 인간에 대한 격렬하고 급작스러운 호기심을 일깨웠다 : 간단히 말하면, 나는 혹독하고 긴 시간의 학교를 다니기로 결심했다.

41〔11〕

　원시적인 상태에서의 (유기체 이전의) "사고"는 수정(水晶)에 있어서처럼, 형태를 관철하는 것이다. ─ 우리의 사고에서 중요한 것은 새로운 재료를 낡은 도식들(= 프로크루스테스의 침대)로 정돈하는 작업이며, 새로운 것을 동일하게 만드는 것이다.

41〔12〕

I의 결론.

　나는 새로운 철학자들이 나타나는 것을 보고 있다. 내가 너희를 알고 있듯이, 내 친구들이여, 그대들 자유 정신이여, 또한 이렇게 "오고 있는", 아름답고 자부심 있는 새들이 그대들 사이를 그렇게 날아다니고 있구나! — 나는 — — —

41〔13〕

— — — 그러나 "더 이상 새로운 유대인들은 안 된다! 동쪽으로
난 문을 닫으라!"라고 명령하는 이미 언급된 독일 본능의 명령에 관
한 것 — 영리하게 고려해보면 독일 유대인들조차 그와 같은 "한계
-조정"을 권할 필요가 있다 : 독일인을 성장시키고, 표현과 몸짓에
서, 마지막으로 "영혼"에서 훨씬 독일적 유형에 도달하는 그들의 과
제는 — 왜냐하면 이것은 외부로부터 내면으로, "가상"에서 "존재"
에 이르는 과정이기 때문이다 — 새로 이주하는 폴란드계, 러시아
계, 헝가리계, 켈트계 유대인의 전율할 만하고 경멸할 만한 추함으
로 인해 계속해서 해결할 수 없는 것으로 밀려서는 안 된다. 여기에
유대인 역시 그들의 입장에서 행동하고, 즉 "한계를 설정"해야만 하
는 시점이 되었다 : — 유대인이나 독일인의 장점이 여전히 공동의
장점과 타협할 수 있는 유일한 마지막 시점이 되었다 : 그러나 물
론, 시간이 되었다, 즉 최고의 시간이!

41〔14〕

지금까지 아직 독일 문화란 존재하지 않았다. 독일에는 위대한
은둔자 — 예를 들면 괴테 — 가 있었다는 이러한 명제에 대해서는
반론의 여지가 없다 : 왜냐하면 이들은 그들 자신의 문화를 가지고
있었기 때문이다. 그러나 바로 그들 주변에는, 말하자면 마치 강력
하게 거슬리며 고독하게 서 있는 바위처럼, 언제나 그 외의 독일인
이 그들과 대립해 서 있었고, 즉 외국의 가는 곳마다 "인상"을 남기

고, "형식"을 만든 연약하고 축축하고 불확실한 지반처럼 있었다 :
"독일 교양"은 특성 없는 것이었으며, 거의 끝없는 양보였다.

41〔15〕

— 나는 "독일 교양"이 애착을 가졌던 빈약하고 오만하고 축축한 책을 공개적으로 죽도록 비웃었다. — 이제 우리는 지상에서 여전히 그 웃음소리를 보다 위험하게 많이 사용할 수 있다! 아마도 나 자신은 나도 모르게 이때 늙은이를, 늙고 존귀한 다피트 슈트라우스를, 좋은 공적을 쌓는 힘을 "죽여버렸던" 것일까? — 나에게 암시를 주라. 그러나 그것은 전쟁과 승리를 동반한다. 나는 언젠가 선한 양심으로 또한 완전히 다른 인간의 삶을 가지고자 한다! 단지 여성들이, 또한 남성적 불만을 토하는 여성이나 연약한 자들 역시 사라져버렸으면! 이러한 자는 전쟁의 작업을 전혀 이해하지 못하며, 반 정도 죽도록 모든 "보호의 결핍"에 대해 한탄한다. 다른 무엇을 시작할 수 있기 위해, 우리는 여기에서 끝내야만 한다 : 그럼에도 불구하고 사람들이 나를 여기에서 — 이해하는 것을 나는 바라고 있는가? 그러나 "독일 교양"에는 보호될 만한 것이 더 이상 없을 것이다 : 여기에서 사람들은 그 자신을 보호해서는 안 되며, 마침내 끝내야만 한다 — 혹은 다른 어떤 것은 전혀 시작할 수 없다.

41〔16〕

독일인들은 깊이가 있다.

그리스도교적 유럽인.

독일 정신

저 우려할 필요 없는 열광하는 자
예술에서의 선동자들.
바그너주의의 퇴행에 대해.
독일 문체가 얼마나 적은가
5 유대인들
사실을 미화하는 변호자인 랑케

〔42 = Mp XVII 2a. 1885년 8월~9월〕

세계 설명이 아니라, 세계 해석.

(작가와 배우 문화.)

.˝최후의 바그너˝. —

(앵글로색슨의 앨킨Alcuin의 표현에 따르면) 철학자라고 하는 본
래 제왕적 직업 : 나쁜 것을 고치고, 올바른 것을 강화하고, 성스러
운 것을 높이는 것.

현대 영혼의 비판 시도.

42〔2〕

무신론과 그 원인들.

잠재된 아나키즘.

민족주의와 세계 경제.

위계 질서와 평등에 대해.

도덕적 회의

세계 비방과 명랑함의 감소

북유럽 남유럽

음악

철학자들

역사가들

예술에서의 선동가들.

여성.

의지의 양육.

섭생.

읽기와 문학 출판.

42[3]

《인간적인, 너무나 인간적인》. I 형이상학

세계에 목적이 있다면, 이는 도달했어야만 했다.

몸을 실마리로 해서

5   어떤 개별적인 학문의 역사를 파고들었던 사람

우리가 꿈속에서 체험한 것

우리로 하여금 플라톤이나 라이프니츠적 사고 방식 모두로부터

인간은 형식이나 리듬을 만드는 피조물이다

사상은 그것이 유래한 형태 안에 있다

10   "선험적 종합 판단은 어떻게 있는가

나를 가장 근본적으로 형이상학자로부터 구별하는 것,

진리 : 이것은 안에서 표현된다

논리학이 말하는 논리적 사고

범용한 머리에 가장 좋은 진리가 있다

15   결론 : 어떤 기이한 단순화인가!

새로운 오이디푸스.

내가 이해하는 바의 가상.

《인간적인, 너무나 인간적인》 II장 **도덕**.

20   "우리의 최고의 통찰은 어리석은 짓이나 파렴치한 행동 같은 것
일 수밖에 없으며 ― 그러한 짓이어야만 한다"

"모든 시대가 있는 한, 그러한 인간이 있으며, 또한 무리 역시 있
다"

"도덕은 주요한 수단이다"

"어떤 사람이 있을 때, 그 사람까지도 모욕하게 된다"

"믿음과 지식에 관한 오래된 신학적 문제"

"일반적인 것. ― 낱말들은 개념들의 음성 기호다"

"도덕주의적인 문헌 등보다 더 한탄해 마지않을 것은 없다"

5 "인간의 다양성은 단지 상품 목록에서 나타나는 것은 아니다"

"근본적으로 도덕은 학문에 대해 적대감을 품고 있다"

《인간적인 너무나 인간적인》. 종교.

"인간의 영혼과 그 한계"

10 "철학자들은 스스로 또한 종교로 변한다"

"유대인의 구약 성서 ―"

"영국인들, 음산하고 관능적이다"

결론 "최상의 그리고 가장 고귀한 인간 친구들에게"

15 《인간적인 너무나 인간적인》. 4 예술

전체적으로 나는 예술가들에게 더 많은 권리를 부여한다 : 염세
주의.

결론 : R.바그너에 반대하며. 바그너주의의 퇴보에 대해.―

독일 문체는 얼마나 음향이 적은가

20

《인간적인 너무나 인간적인》. 5. 보다 높은 문화.

낭만주의로서의 독일 철학

독일인은 깊이 있다고 불린다.

바그너와 파리

가장 섬세한 문화는 오늘날에도 여전하다

빅토르 위고 "문화에서의 선동가들

유럽에서 칸트의 영향

우리가 스스로를 정신적인 교육자로서의 철학자로 생각한다고

5   가정하면

신념과 정의에 대해(끝에서 두 번째)

교제하는 인간.

만일 철학자들이 *인간들*homines 안에서

10

《인간적인 너무나 인간적인》. 여성과 어린아이

보다 큰 감성

우리는 여성들에 대해 충분히 높이 생각할 수 없다

우아함의 감소. ―

15

《인간적인 너무나 인간적인》. 국가.

사회주의는 끝난 것이다

이러한 모든 민족 전쟁, 새로운 제국에 대해

혈통 귀족이 있다

20   저 우려할 필요 없는 열광하는 자

그들의 독일 조상에게서 독일인들,

독일계 유대인. ― 훌륭한 유럽인.

독일인들은 아직 아무것도 아니다. 왜냐하면 그들은 그 무엇으로

변해가고 있기 때문이다.

《인간적인, 너무나 인간적인》. 홀로 있는 인간.

　　― 뛰어난 정신의 위험

　　위대함을 추구하는 인간

　　― 많은 사람들이 사물에 대해 말한다는 것, 즉 그 어떤 것에 대

해서

　　― 은둔자, 보다 높은 철학적 인간.

I 그 점에 대해 : "자유 사상가"

끝에서 세 번째 "자유 정신"과 고독

III₂ (끝에) 강한 정신

IV 결론 : 제네바에서 : 오 나의 친구들이여. 그대들은 이러한 "그럼에도 불구하고"를 이해하고 있는가?

42[4]

　　1 인식하는 자

　　2 선악의 저편

　　3 신에 대한 새로운 우화

　　4 남성과 여성

　　5 친구, 적 그리고 고독

42[5]

　　혼자 혹은 두 사람씩 ― 6, 13, 14, 24, 36, 48

　　희생자 ― 19, 18

　　여성의 경멸 ― 20, 16, 17, 23, 37

너무 많은 말을 하지 말 것 — 22, 15

어린아이 남성 여성 — 28

창조하는 자들 — 29, 30

자기 인식에 대해서 — 38, 45

사랑받기 위해 — 46

의도 — 57

무리 — 62

결혼 — 60, 53, 18, 17

악마 신 — 47

시간과 미래 — 76, 102

42[6]

1쪽. 공동의 선이란 존재하지 않는다 : 이 용어는 스스로 모순된다. 왜냐하면 공동으로 될 수 있는 것은 언제나 공동의 가치에 의해 그렇게 좋은 것이 되지 못하기 때문이다.

1 독단주의자. 플라톤과 "순수 정신".

독단주의자들에 의한 멋진 긴장

2 회의주의자.

명령하는 자는 드물다. 결국 철학에서 가장 범용한 자들이 지배한다

의지는 여전히 어디에 있는가?

3 비판가 :

독일 철학은 비판적 운동에 속하는가 아니면 회의적 운동에 속하는가? 칸트. 아니다. 그것은 반대 운동이다. 근본적으로 신학적

운동이다

"정열적 만족이 없는 상태."

4 영국인과 철학, 전적으로 도덕적 "사냥"에 부적합하다.

프랑스인들. 리하르트 바그너.

5 5 무리 도덕.

그리스도교 구약 성서를 축소하는.

사회주의. 자유 사상가. "계몽주의"

6 새로운 가능성을 시도하는 자로서의 철학자

교육을 위한 부도덕성의 가치

10 그 잔인성

그 고립.

타이히뮐러

7 내 준비하는 자.

내 "반시대적 고찰"에 대해

15 염세주의에 대해 한마디.

예술가에 대해 한마디 : 디오니소스적인 것.

유럽 영혼의 형성.

그리스인들과 그들의 발견의 의미

역사의 의미

20 8 디오니소스적인 것.

42[7]

— 내 환영과 혼동할 정도로 유사한

— 오만 년 전에 나무는 이미 초록색으로 보였는가?

— 시간이 흐름에 따라, 논리에 앞서 동일한 사례들의 형성이, 즉 동화가 놓여 있다

— 유기적 연속 속에 있는 기억

— "생득" 관념

— 위선은 그것을 바라보는 것이 재미없다면, 없애야만 할 것이다. 에피쿠로스가 아니라, 호메로스에 따른 신들 : 혹은 갈리아니

— 원자가 그들에게 필요하게 될 때까지, 가두어놓는 수학자들! 그러나 인간들은 훨씬 조잡한 형태로 언제나 그것을 그렇게 만들었다. 현실이 우리 집에 필요하기 전에, 그것이 왜 중요하단 말인가!

42[8]

그렇다. 법철학이다! 이것은 모든 도덕학처럼 아직 한 번도 기저귀를 찬 적 없는 학문이다!

예를 들어 스스로 자유롭다고 생각하는 법률가들 사이에서도 가장 오래되고 가장 가치 있는 형벌의 의미는 언제나 여전히 잘못 생각되고 있다 — 그것은 전혀 이해되지 못하고 있다 : 법학이 새로운 지반 위에, 즉 역사나 민족의 비교 위에 세워지지 못하는 한, 그것은 오늘날 "법철학"이라고 생각되고, 전체적으로 현대인에게서 뽑아낸 근본적으로 잘못된 추상의 쓸데없는 논쟁에 머물게 될 것이다. 이러한 현대인은 그러나 뒤엉킨 구조이며, 그 법적인 가치 판단에 관해서도 그렇기에, 그는 그지없이 다양한 해석을 허용하는 것이다.

[42 = Mp XVII 2a. 1885년 8월~9월] 555

〔43 = Z I 2c. 1885년 가을〕

43[1]

초안.

첫 번째 문제는 다음과 같다 : "진리에의 의지"가 얼마나 깊이 사물 안으로 들어가는가? 사람들은 유기체의 보존 수단과 연관 지어 무지(無知)의 가치 전체를, 이와 동시에 단순화 일반의 가치를, 그리고 예를 들어 논리적 허구와 같은 규제적 허구의 가치를 측정한다. 사람들은 특히 해석의 가치를 숙고하되, 대체로 "그것이 존재하는가"가 아니라, "그것이 의미하는가"에 대해 숙고하는 것이다 ———

이렇게 사람들은 해결에 이르게 된다 : "진리에의 의지"는 "힘에의 의지"에 종사하며 전개된다 : 정확히 보면 특정한 종류의 비진리가 승리하고 지속되도록 돕는 그 본래적 과제는 서로 연관되는 위조 전체를 특정한 종류의 유기체를 보존시키는 기반으로 여길 수 있다.

문제 : 선에의 의지는 얼마나 깊게 사물의 본질로 내려가는가. 사람들은 도처에서, 즉 식물이나 동물에게서 그 반대의 것을 보게 된다 : 즉 무관심이나 혹독함이나 잔인성을. "공정함", "처벌". 잔인성의 전개.

해결. 동감(同感)은 보다 큰 전체가 또 다른 전체에 대해 스스로 보존하고자 하는 결과로서 사회적 교육에만 (그 살아 있는 개별적 존재가 서로를 느끼는 인간의 몸은 이러한 것에 속하는 것이다) 있는 것일 뿐이다. 다시 말하면 몰락이나 상실 없는 세계의 총체적 가계 운영에서 선은 불필요한 원리가 될 수 있기 때문이다.

문제 : 이성은 얼마나 깊게 사물의 근거에 다가서게 되는가? 목적과 수단(— 사실적 관계가 아니라, 항상 투사된 해석의 관계일 뿐이다)의 비판에 따르면, 낭비나 기이함의 특성은 총체적 가계 운영에서 정상이다. "지성"이란 비이성의 특별한 형식이며, 거의 그것의 그지없는 악의적인 희화로 보인다.

문제 : "미에의 의지"는 어느 정도까지 충분한 것인가. 가차 없는 형식의 발달 : 가장 아름다운 사람이란 가장 강한 사람일 뿐이다 : 승리에 찬 사람으로서 그들은 스스로 매달리며, 그들의 유형, 즉 생산에 기뻐한다. (철학마저 일종의 승화된 성욕이나 생산욕일 것이라는 플라톤의 믿음.)

즉 우리가 지금까지 최고로 평가해왔던 것들은, 즉 "진", "선", "이성적인 것", "미"로서, **전도된** 힘들의 개별적 사례로서 드러난다 — 나는 그것 때문에 인간이라는 종이 자기 자신을 관철하는 어마어마한 관점주의적 위조를 비웃는다. 인간들이 자기 자신에 대해 따라서 관심을 갖는 것은 그들의 삶의 조건이다(인간은 자신을 보존하는 수단에 대해 즐거워한다 : 그들이 가지고 있는 문제는 인간이 기만하고자 할 수 없다는 점이며, 인간들은 서로 돕고, 스스로 이해할 수 있다는 사실이며, 전체적으로 성공한 유형들이 잘못된 자들을 부담해 사는 법을 알고 있다는 점이다). 모든 것에서 위조의 수단들을 걱정하지 않고 파악할 수 있는 힘에의 의지가 표현된다 : 스스로 경탄하는 인간을 바라보면서 어떤 신이 느낀다는 것을 생각할 때, 이는 악의적인 즐김이다.

　즉 : 힘에의 의지.

　결론 : 우리에게 이러한 생각이 적대적이라면, 왜 우리는 그러한 생각에 굴복하는가? 이러한 아름다운 착각으로 다가선다는 것! 우리는 인간을 속이는 기만하는 자이자 아름답게 꾸미는 자다! 본래 철학자란 무엇인가라는 사실.

43[2]

　논리의 오해 : 그것은 설명하는 것이 아무것도 없다. 그 반대로 역사적 발전의 오해 : 연속적 계기는 하나의 기술(記述)이다

　우리의 인과적 감각의 피상성.

　"인식" — 생성의 세계에서 어느 정도까지 불가능한 것인가?

　관점주의적 영역은 유기체의 세계와 더불어 주어졌다.

　세계의 인식 가능성 — 그 자체로 인간에 대한 불손함.

　본능의 해결 — 형식과 형식적 인간으로의 변화. 자연주의와 기계론에 대해. 세계의 "계산 가능성", 소망할 만한 것인가? 이것으로 인해 창조적 행위 역시 "계산 가능"할 것인가?

　역학, 일종의 이상, 규제적 방법으로서 — 그 이상은 아니다.

　그들 스스로 "선"하고 "고양"되었다고 느끼는 곳에서 "진리"를 믿는 이상주의자들에 대해. 고전적인 것 : 부르제Bourget에 의해 인용된 르낭.

　텅 빈 공간의 부정과 역학의 눈과 촉각의 폭력으로의 환원.

　거리감 속에 있는 행위의 부정. 압력과 충격에 대해.

　그 순환 과정의 원인으로서 세계의 형태. 구형이 아니다!

힘이 지속된다.

라플라스-칸트에 대해.

개인들에게서처럼 원자의 투쟁, 그러나 어떤 강함의 차이에서 두 개의 원자는 하나가 되며, 두 명의 개인들은 한 사람이 된다. 내적 인 상태가 힘-중심의 분리를 수행할 때면, 마찬가지로 정반대로 하 나가 둘이 된다. — 즉 "원자"나 "개인"이라는 절대적 개념에 대해!

원자는 자신의 상태를 위해 싸운다. 그러나 다른 원자들은 그 힘 을 증대시키기 위해 그것을 붙잡는다.

두 가지 과정들 : 해소의 과정과 응축의 과정을 힘에의 의지의 작 용으로 파악하는 것. 가장 작은 단편에 이르기까지 그는 스스로 응 축되려는 의지를 갖는다. 그러나 그는 스스로 그 어느 곳을 향해 응 **축하도록**, 다른 곳에서 점점 희석화되도록 강제된다.

천체와 원자는 단지 크기가 다를 뿐, 그러나 동일한 법칙이다.

43[3]

자신들의 게르만족 조상들에게 있는 어떤 *비밀Tacitus*도 정신이 나, 또한 오직 정신적인 것만을, 즉 *언어적 명료성argute loqui*에 대한 관심만을 자랑할 줄 몰랐던 독일인들은 여러 세기를 통해 여 전히 스스로를 어리석게 만드는 모든 일들을 해왔다. 독일을 적대 시하며 — 아마도 그들의 예정된 무신론이나 신들의 황혼에 대한 두려움 속에서 그런 것인가? — 그들을 지배하는 악의적인 신은 그 들에게 순수한 경향성을 제공했는데, 이러한 경향성을 가지고 어떤 민족은 또한 정신의 도래를 위해 문들을 닫아버린다 : 예를 들어 그 신은 그 경향성을, 즉 너무나 뜨거운 침대에서 땀을 내고, 답답하고 비좁은 방에서 웅크려 앉아 있고, 감자로 만든 공 모양의 요리처럼 순전히 소화시키기 어려운 것이나 아주 기름진 고기 수프를 그들의 평생 요리로 만드는 것이라고, 특히 그들이 주저앉을 때까지 술을 마시는 것이라고 명명했다 : 그래서 잠자러 가고 술에 취하는 것은 오랜 시간 동안 독일 두뇌가 가지고 있는 이웃의 관념에 속했다. "독일 정신"처럼 그럼에도 불구하고 결국 그 무엇이 있어야만 했을 때, 그는 탈독일화를 통해서야, 내가 생각하는 바로는 외국 피와의 혼혈을 통해서야 가능하게 되었다고 사람들은 거의 믿고 싶어 한다. 독일이 정신화되는 데 있어서 슬라브인이나 켈트인이나 유대인들 모두에게 신세 졌다는 것을 누가 다시 계산해보겠는가! 혼혈이 언제나 단지 하나의 가슴속에 있는 "두 가지로 분리된 스무 개의 영혼"이 아니라 동일한 인간 안에서 다양한 본능을 생육했다면, 그러나 혼혈 자체는 가장 중요한 것이 되었을 수도 있다. 즉 유럽에서 그와 같은 것을 갖지 못하고 마침내 독일에서 모든 것을 이해하며, 모든 것을 따라서 느끼고, 스스로 적응하는 중간의, 매개하는 민족을 만들었던 종족의 저 어마어마한 피의 부패 — 이제부터 "어떠한 것도 불가능하지 않은" 효소(酵素)와 같은 종족. 독일 영혼의 역사를 다시 산출해보자. 〈얼마나〉 스스로 불균형하고 다양하게 분열된 복합적인 이러한 인간들이 외적으로는 나약하고 굴종적이며 안일하고 서툴고, 내적으로는 정신적인 유혹이나 투쟁의 놀이터가 되었는지 파악해보자 : 마침내 최소한 일종의 봉기하는 농민 정신이나 목사 정신이 어떻게 폭발했는지를(루터는 그에 대한 가장 훌륭한 예인데, 그는 르네상스의 "보다 높은 인간"에 대한 정신의 농민 전쟁을 이끌었다 —), 이러한 농민 정신이나 목사 정신이 후에 어떻게 공격할 준비가 되어 있고, 자르고 무는 것을 즐기는 시민 정신이나 비판가 정신으로 변했는지 파악해보자 : (레싱은 다시금 그것에 대한 가장 훌륭한 예인데, 그는 "시민 전쟁"을, 프랑스 문화라는 귀족 정신에 대항하는 독일 부르주아 전쟁을 이끌었다 : 코르네유에 반대하는 레싱, 디드로의 옹호자로서의 레싱) : 마침내 우리의 마지막 발전된 이중적 유형인 헤겔과 괴테가 모든 것을 포괄하는 보아boa의 괄약근인 "정신 자체"와 그 발효 본성을, 독일인의 세계 시민적 신정(神政)적 민감성을, 그들의 추상의 우월성을, 제 것으로 만드는 역사의 영리한 유연성을 드러냈다 : 그들의 마지막 가장 고상한 성질, 하나의 중국 고관 같은 우월성과 "저편 세계" ― ― ―

― 전 유럽이 놀라서 무릎을 꿇었다 ―

― 물론 이와 마찬가지로 또한 그리스적인 의미에서의 한계나 절도가, 모든 의미에서의 "양식"이, 본래의 내용이 ― 내가 생각하는 바로는 새로운 가치 설정, 가치 창조가 완전히 결여된 것이다.

결국 : 이러한 마지막 커다란 유럽의 특징이나 "독일 정신"과 연관해서, 순간적으로 그렇게 중요하게 여긴 "독일 제국"은 최소한 철학자의 눈에는 진지한 관심의 대상이 아니다. 새로운 제국이 새로운 사상에, 그럼에도 불구하고 최소한 새로운 어리석음에 기초하지 않는다면, 왜 모든 세계에 필요한 것인가? 그러나 다시 한번 이러한 오래된 어리석음 ― 한 국가의 기초로서 동일한 정치적 권리, 민중 대표, 의회주의, 신문 ― 다시 한번 바보처럼 만드는 끊임없는 정치의 유럽 병은 하나의 위대한 민족에게서 더욱 확산된다 : 그렇다면 철학자는 무엇을 새로 배워야 하며, ― 혹은 심지어 경시할 수 있을 것인가! ―

〔44 = Mp XVII 2b. 1885년 가을〕

44[1]

장(章).

해석에 대해.

위계 질서에 대해.

성자에 이르는 길.

영원 회귀.

비판 철학자들의 미신.

파스칼의 비판 : 그는 이미 인간의 본성에 관한 그리스도교적 – 도 덕적 해석을 가지고 있으며, "사실"을 이해하고자 한다. 생트 뵈브 역시

44[2]

파스칼 이래 아무 일도 일어나지 않았으며, 독일 철학자들은 그 에 대해 고찰하지 않고 있다.

44[3]

독일인들은 소리가 울리면서 뛰어오르는 산문을 가지고 있지 않 다.

44[4]

1648년의 프랑스인들의 고전 산문 : 만나야만 하는 것.

44[5]

도덕적 훈육의 부재. 사람들은 인간을 성장시켜왔다. 아마도 포르루아얄과 같은 인간은 인공 정원과 같다.

권위가 없다.

조용한 지평선 안에 절도가 없다.

— 사람들은 무한성으로부터 일종의 명정(酩酊) 상태를 만들었다.

판단에 **섬세함**이 없다.

모순된 가치 판단의 카오스가 지배한다.

44[6]

"자연에 반해"라는 그리스도교인의 이러한 투쟁이란 도대체 무엇인가? 우리는 그 말이나 해석에 속아서는 안 된다! 이것은 자연이라고 하는 그 무엇에 반하는 자연이다. 다수에게 있는 공포, 많은 사람에게 있는 구토, 또 다른 사람들에게 있는 어떤 정신성, 최고의 인간에게 있는 육체와 욕망이 없는 이상에 대한, "자연의 제거"에 대한 사랑 — 이러한 욕구는 마치 그들의 이상처럼 그것을 수행한다. 자존감 대신에 있는 겸손함, 욕망에 대해 불안해하는 조심성, 일상적 의무로부터의 해방(이것에 의해 다시 우월감의 보다 높은 감정이 만들어진다), 엄청난 것을 얻으려는 끊임없는 투쟁의 흥분, 감정 유출의 습관 — 이 모든 것이 하나의 유형을 형성한다는 것은 자명하다 : 이 유형에서는 쇠약한 몸의 **민감성**이 압도적이지만, 그러나 신경증과 그 영감은 달리 해석된다. 이러한 종류의 본성을 가지고 있는 사람의 취향은 언젠가 1) 궤변을 늘어놓는 것, 2) 미사여구, 3) 극단적인 감정을 향한다. ― 자연적 성벽은 어쨌든 만족되기는 하지만, 그러나 이는 예를 들어 "신 앞에서의 변녕", "은총 인에서의 구원 감정"(― 거절하기 어려운 모든 만족감은 이렇게 해석된다! ―), 긍지, 관능적 쾌락 등과 같은 새로운 형식 아래서 그런 것이다. ― 일반적인 문제 : 자연적인 것을 무시하고, 실제로 부정하며 위축하게 만드는 인간은 어떤 인간이 될 것인가? 사실 그리스도는 자기 지배의 과장된 형식으로 드러난다 : 자신의 욕망을 제어하기 위해, 그는 그 욕망을 없애거나 십자가에 매달릴 필요가 있는 것처럼 보인다. ―

에피쿠로스적인 기질의 그리스도교인들과 스토아적인 기질 ― 프랑수아 드 살François de Sales은 전자에 속하며, 파스칼은 후자에 속한다

에피쿠로스의 승리 ― 그러나 바로 이러한 종류의 인간은 나쁘게 이해되며 잘못 이해되어야만 한다. 스토아적 기질은 (이들은 매우 투쟁할 필요가 있으며 따라서 지나치게 투쟁하는 자의 가치를 평가한다 ―) 언제나 "에피쿠로스"를 비방한다!

44[7]

그리스적 로마적 고대는 폭력적이고 과장된 반(反)-자연-도덕을 필요로 한다. 독일인들도 다른 관점에서 보면 이와 마찬가지다.

우리의 현재적 종류의 인간은 원래 훈육과 엄격한 훈련 없이도 잘 지낸다. 이때 위험은 그렇게 크지 않다. 왜냐하면 이러한 종류의

인간은 앞쪽이나 다른 쪽보다 훨씬 더 나약하기 때문이며, 무의식적인 훈육의 선생들(근면처럼, 발전 속에 있는 명예욕, 시민적 존경)이 매우 망설이면서 활동하며 억누르기 때문이다. — 그러나 파스칼 시대의 인간은 어떻게 결속되어야만 했던가!

5   **넘쳐흐르는 그리스도교** : 그곳은 극단적인 수단이 더 이상 필요하지 않은 곳이다! 그곳에서 모든 것이 잘못되고, 온갖 말이나 모든 그리스도교적 관점은 하나의 위선이자 아첨이 된다.

44[8]

10   새로운 일본.

    나는 내심 심한 악의를 지닌 채 어떤 독일 무정부주의자가 "자유로운 사회"라는 개념 아래 — — — 했던 것을 읽었다.

    "자유로운 사회" — 별 볼일 없는 종류의 무리 동물에 대한 기이한 말과 색깔의 치장으로서의 모든 특징들.

15   "정의"와 평등한 권리의 도덕 — 도덕적 술어의 위선.

    "신문", 그 이상화.

    "노동자의 해고"

    "아리아 이전의 종족이 나타난다" : 대체로 가장 오래된 종류의 사회

20   여성의 몰락

    지배 종족으로서의 유대인들.

    고상한 문화와 천박한 문화.

    학자는 과대평가한다 : 그리고 승리에 찬, 보다 사랑스럽고 고상한 가슴의 충일

— 내가 이 모든 것을 보아왔듯이, 아마도 사랑 없이, 그러나 그럼에도 불구하고 또한 조롱하지 않고, 그리고 이것과 연관해 아마도 놀라면서 — 가장 뒤섞여 있으면서도 가장 사랑스러운 온갖 요지경 앞에 서 있는 어린아이의 호기심으로. ———

44[9]*

사람들은 모든 고통이 인간을 자기 자신으로 얼마나 되돌리는지를, 그것이 영리하게 만든다고 할 때, 손상은 확실히 그와 같은 정도에서 또한 나쁘게도 만든다는 것을 깊이 생각할 것이다 (협소하고, 사소하고, 의심하고, 사랑 없이 ———

왜냐하면 그들의 숫자는 언제나 작기 때문이다 : 그러나 다른 사람들은, 즉 고통받는 자들은 그들이 많은 고통의 나쁜 결과에 비례해서 치유해주는 것이 아무것도 없다. 그리고 ———

---

* 1886년 2월에 씀.

〔45 = W I 6b. 1885년 가을〕

45〔1〕

마음의 훈육

45〔2〕

추방된 왕자
노래와 사상.

프리드리히 니체.

45〔3〕
헌사와 마지막 노래

45〔4〕

왕자의 추방
노래와 사상.
프리드리히 니체

45〔5〕
불행은 도피하는 자를 뒤쫓는다 ─
가련한 손의 황금 고뇌로서든지,

영원히 베푸는 자의 슬픔으로든지 :
불행은 도피하는 자를 붙잡는다 ―
걱정도 없고, 스스로 생각하지 않든지
그는 진주를 던졌다

5

패자를 강제로 쓰러뜨린다는 것
온갖 자부심을 눈물로 끝낸다는 것 :
섬뜩한 모습, ―
너는 진주를 모래사장에 던졌다 ―
10 바다는 그것을 입으로 휘감았다!
삶은 소모하는 자에게 무엇을 감사하는가

45[6]
어떻게 사람들은 자기-파괴를 넘어서는가. 욕심꾸러기 괴물인
15 하르피아들. 벗어남. "자유 정신"의 역사에 대해. 자유 정신의 기술
(記述).

2) 명랑함 3) 가면 4) 고귀함

20 여성의 문제
예술가의 염세주의

45[7]
낮이 점차 사라진다. 행복과 빛이 노랗게 변한다.

정오는 멀리 있다.
아직 얼마나 더? 그때 달과 별이 다가온다
바람과 서리가 : 이제 나는 더 이상 지체하지 않는다.
나무의 피부를 부수는 열매처럼

정오의 철학과 사유 일기

김정현

I

　니체의 유고는 우리에게 어떤 의미가 있을까? 왜 우리는 니체의 사상을 이해하기 위해 니체의 유고를 읽어야 하는가? 니체가 생전에 출간한 저서들만으로 니체 사상의 전모를 파악하는 것은 과연 불가능한 일일까? 또한 니체의 평생 친구이자 음악가였던 페터 가스트와 여동생 엘리자베트 푀르스터 니체에 의해 편찬된 1,067개의 단편글 모음집인 《힘에의 의지 *Der Wille zur Macht*》와 알프레트 보이믈러에 의해 2권으로 편찬된 《생성의 무죄 *Die Unschuld des Werdens* 1, 2》(제1권은 1,334개의 단편글을, 제2권은 1,415개의 단편글을 담고 있다), 혹은 프리드리히 뷔르츠바흐가 편집한 《모든 가치의 전도 *Umwertung aller Werte*》(2,397개의 유고들이 수록되어 있다)로는 니체의 사상을 제대로 이해할 수 없는 것일까? 니체가 남겨놓은 미완성의 수고(手稿)들은 과연 니체 사상에서 어떤 위치를 차지하고 있을까? 이러한 물음들은 우리가 니체 사상을 이해하는 것뿐만 아니라, 니체의 저작 및 사상의 이해에서 유고의 자리를 가름하는 데 중요한 단서가 된다.

　유고는 니체의 지성적 일기다. 즉 유고는 막 형성되어가는 그의 사유가 단편이나 단상의 형식으로 기록된 것이자, 작품의 계획을 미리 적어놓은 그의 내면적 의도가 담겨 있는 철학적 사유의 일기인 것이다. 이러한 철학적 일기로서의 유고 속에는 그가 책을 읽으며 중요하게 메모했던 인용이나 그에 대한 평가, 무수히 많은 사유 단상들, 시나 잠언구들, 작품 구상의 내용, 저서 계획 속에서 기록했던 목차나 내용들이 마치 원석처럼 담겨 있다. 야스퍼스가 말했듯이, 유고는 건축물을 짓기 위해 폭파한 암석의 엄청난 파편 덩어리처럼 잠언이나 단상, 상징이나 비유, 시나 구상의 형태로 니체 사상에 관한 심연의 수수께끼를 감추고 있다.

《힘에의 의지》나 《생성의 무죄》, 《모든 가치의 전도》처럼 편집자 임의로 유고를 주제별로 편집하거나 첨삭하지 않고 니체의 수고 기록을 시대별로, 있는 그대로 온전하게 담고 있는 《고증판 니체전집 *Nietzsche Werke, Kritische Gesamtausgabe*》은 독자가 임의로 니체 사상의 원석을 발췌해 자의적으로 해석하거나 그의 개별적 이론을 고립시켜 독자적으로 체계화하는 해석의 오류를 막아준다. 출간된 니체의 저작이나 유고에 대한 정밀한 분석 없이 해석자가 임의대로 몇몇 구절을 발췌해 인용하거나 주제들을 부분적으로 재구성해 그의 사상을 조립하는 것과 같은 편협한 이해를, 니체의 지성적 일기로서의 유고는 거부하고 있다. 지금까지 많은 독자들이 니체의 작품이나 사상에 대한 전체적인 조망 없이, 또 니체의 의도와 무관하게 자신의 정신적 취향 속에서 임의로 니체 저서의 구절을 인용하며 자신의 정신적 구조물을 지어온 것이 사실이다. 자신의 속내에, 때로는 열정적으로 또 때로는 처절하게 감기는 니체의 잠언구들이 좋아 니체를 좋아하며 읽어온 독자들은 그 취향을 좀더 확장시켜 이제 니체 사상의 본령이 어디에 있는지, 왜 그는 그렇게 정신의 피로 글을 쓰며 처절하게 유럽 정신을 비판하고 이를 다시 건설하려 했는지 이해할 필요가 있을 것이다. 이 유고집은 그의 사상적 의도가 무엇인지를 보다 명료하게 제시해주며, 그가 구상하고 있는 미래 철학의 설계 초안을 보여주고 있다.

콜리와 함께 《고증판 전집》을 편집한 몬티나리는 니체의 사상을 제대로 이해하기 위해 그의 유고를 읽는 방법을 두 가지로 제시하고 있다. 그 하나는 생성되고 있으면서 다소간 니체 사유의 통일적 표현을 담고 있는 수고 기록 전체를 이해하는 것이요, 또 다른 하나는 니체의 작품이 생성되는 과정이나 작품의 출판 계획, 문헌적 의도를 이해하는 것이다. 이 두 가지 방법은 니체 사유의 전체적인 해석에서 서로 보완되어야 하는 요소들이다. 이 유고집은 니체가 독서하고 평가한 문헌들, 즉 문학이나 철학서, 역사서, 자연 과학 관련 서적 등에 대한 그의 언급과 평가를 보여줌으로써 그의 독서 일기의 발자취를 보여주며, 새로운 사상의 계획을 여러 차례 수정하고 보완한 흔적을 그대로 제시함으로써 사상의 생성 과정을 비교적 명료히 보여준다. 그의 수고 기록들과 문헌적 의도를 생전에 출간된 저작들과 함께 읽어감으로써 우리는 니체 사상의 전체적인 모습에 보다 근원적으로 접근해갈 수 있을 것이다.

　　우리가 니체의 유고집에서 주목하는 것은 유고에 나타난 단상의 파편들을 수집하고 그것을 재구성함으로써 단편적인 니체 이해를 추구하는 것이 아니라, 야스퍼스의 말처럼 니체 사상의 체계 가능성을 파악하는 동시에 그 가능성을 파괴하는 데 있다. 니체는 우리에게 정신적 열정이나 취향을 만족시키는 다양한 취향의 뷔페가 준비된 공간이나 삶에 대한 단순한 정당화의 구절만을 제공하는 피난처로서의 정신적 건물이 아니라, 그 사상의 동력을 체험함으로써 우리가 가야 할 철학적 길을 제시하는 구축과 파괴, 해체와 구성의 동시적 가능성을 제시해주고 있다. 니체 안으로 들어가는 길은 그렇게 단순하지 않다. 니체는 《이 사람을 보라 Ecce homo》의 서문에서 "이제 나는 너희에게 나를 잃어버리고 스스로를 찾으라고 말한다. 너희가 나의 모든 것을 부정할 때에야 비로소 나는 너희에게 되돌아갈 것이다"라고 말하고 있는데, 이처럼 우리는 니체 사상을 유고와 더불어 비판적으로 읽을 때에만 비로소 우리에게 다가서는 그의 사상을 온몸으로 느낄 수 있을 것이다. 그러나 그에 앞서 이러한 비판적 논의는 유고와 출간된 저작 사이에, 때로는 모순적이거나 상반되는 평가의 형식으로 또 때로는 상호 보완적인 내용으로 산재해 있는 니체 사상의 체계적 조립을 요구한다. 니체의 저작들은 니체의 사상을 체계적으로 조립해 이해하는 것과 그것을 다시 비판적으로 읽는 비판 정신을 동시에 요구하는 열린 텍스트들이다.

칸트는 《순수 이성 비판Kritik der reinen Vernunft》에서 인식 체계로서의 학문의 방법론을 건축술로 표현했고, 쇼펜하우어는 《의지와 표상으로서의 세계Die Welt als Wille und Vorstellung》에서 건축학적 연관 속에서 자신의 사상 체계를 세우려 했다. 그런데 니체에게서는 이러한 형이상학적 구조물의 건축이 거부되고 있다. 비유, 상징, 단상적 단편, 잠언구의 표현이나 그의 문체의 특성에서 볼 수 있듯이, 그는 체계적이고 통일적인 형식의 글쓰기를 거부하고 있다. 그의 저서에서는 살아서 퍼덕거리는 물고기의 생명력을 담고 있는 단상들이 수없이 살아 움직인다. 그것은 논리, 개념, 체계라는 언어의 그물망을 사용하지 않고 비유, 상징, 잠언, 비체계라는 망전(忘筌)의 그물을 사용했기 때문일 것이다. 그러나 우리는 니체의 유고에 나타난 단상들을 그의 출간 저서들과 함께 비교하며 읽어감으로써 우선 니체 사상이 담고 있는 심연의 수수께끼를 언어의 그물망으로 건져 올려 그를 이해하고 우리의 철학의 동력으로 삼을 수밖에 없다. 그의 철학을 체계화함으로써 우리는 체계화되기 어려운 그의 사상에 대한 이해의 한계를 경험하며, 다른 한편으로는 체계를 거부하는 그에게서 그의 사상 읽기의 난파를 체험할 수밖에 없다. 유고 읽기는 니체의 내밀한 철학적 의도를 엿볼 수 있는 창과 같다. 공공적 영역에 표출된 출간 저작이라는 밖과, 니체의 내밀한 의도가 숨어 있는 안이 동시에 연결된 중간 지대로서의 유고라는 창은 확실히 니체 읽기의 길라잡이 역할을 해준다. 우리는 이 창을 통해 니체 이해의 편협성에서 탈출하는 출구를 찾는 동시에 난파의 위기에서 구출되어 니체 읽기로 들어가는 입구를 동시에 찾을 수 있을 것이다. 이 유고집은 니체의 후기 사상, 즉 차라투스트라 이후의 사상으로 들어가는 창의 역할을 해주고 있다. 우리는 이 유고들을 통해 니체의 철학적 의도나 후기의 저서 계획, 사상의 단편들, 편지의 초안, 생활 일기, 사상시 등을 다양하게 접할 수 있다. 이 유고는 이해하기 어려운 니체의 후기 사상을 보다 명확히 해석하는 실마리를 제공해줄 것이다.

Ⅱ

이 유고집은 1884년 가을에서 1885년 가을 사이에, 즉 대략 1년 동안에 쓰인 글들로 이루어져 있다. 이 글이 쓰인 시기는 니체가 《차라투스트라는 이렇게 말했다*Also sprach Zarathustra*》의 제3부를 쓴 시기(1884년 1월)와 《선악의 저편*Jenseits von Gut und Böse*》(1886)이 나온 시기 사이에 해당된다. 이 유고를 쓰던 시기에 니체는 스위스의 질스마리아(1884년 5월 18일~9월 25일, 1885년 5월~9월 말), 취리히(1884년 9월 26일 ~10월 말), 프랑스의 망통(1884년 11월), 니스(1884년 12월~1885년 4월 9일), 이탈리아의 베네치아(1885년 4월 10일~5월 6일), 독일의 나움부르크와 라이프치히(1885년 9월 중순~10월 말) 등 유럽의 여러 도시들을 전전하며 유랑인의 고독한 삶을 살았다. 건강 때문에 공기의 습도 차이마저 민감하게 느껴야만 했던 그는 이때 계속해서 거처를 옮기며 살아야만 했고, 유고집(34[13])에서도 보이듯이 음식물이나 섭생에 대해서도 꽤나 예민해져 있었다. 이 시기는 건강이 좋지 않은 때였을 뿐만 아니라, 또한 그의 저작의 출판 때문에 꽤 심한 스트레스를 받던 때였다. 그러나 외적 삶의 조건이나 경제적 조건의 어려움에도 불구하고 그는 이 시기에 지속적으로 활발한 저작 계획을 세우고, 이를 수고의 형태로 기록해나갔으며, 나아가 이를 출간하려고 시도했다.

우리는 이 유고가 쓰였던 1884년에서 1885년 사이의 니체의 지적 체험이나 일상 생활의 사건을 몇 가지로 나누어 살펴봄으로써, 니체의 저작이나 사상 가운데서 이 유고집이 차지하는 위치를 가름해볼 수 있을 것이다.

첫째, 니체는 1884년 가을에 더 이상 철학자나 문헌학자가 아니라 시인으로서 등단하려고 시도했다. 독일 신문 〈도이체 룬트샤우Deutsche Rundschau〉의 편집자인 율리우스 로덴베르크Jullius Rodenberg에게 보낸 지금까지 잘 알려져 있지 않은 편지 초안에서 보이듯이, 니체는 자신의 사상을 시적 형식으로 표현하면서 이를 출간하려 했다. 이 시기에 그는 프랑스 남부의 찬 북서풍을 의미하는 미스트랄을 소재로 한 〈미스트랄에게. 하나의 춤의 노래An den Mistral. Ein Tanzlied〉라는 시를 페터 가스트에게 보냈으며(1884년 11월 22일), 이는 서문과 제5권, 후곡(後曲) 시 〈추방된 왕자의 노래〉를 덧붙여 1887년에 다시 출판한《즐거운 학문Die fröhliche Wissenschaft》의 후곡에 실리게 된다. 또한 그는 11월 말에는 니스에서 하인리히 폰 슈타인에게 〈은둔자의 동경Einsiedlers Sehnsucht〉이라는 시를 보내 평가받고자 했다. 이 시는 후에《선악의 저편》의 후곡의 기초가 되는 것으로, 니체는 슈타인의 답신에 대해 '어두운 편지'라고 표현하며 실망을 나타냈고, 1885년 3월 중순에 그에게 보내는 편지 초안에서 다음과 같이 썼다. "내가 누구인지를 아는 것은 어려운 일이다. 우리는 백 년을 기다려야 한다 : 아마도 그때까지는 프리드리히 니체를 발굴하는 천재적인 인간 전문가가 있게 될 것이다." 자신의 사상이 제대로 이해되지 못하는 것에 대해 니체는 실망했고 자기 스스로를 미래의 사상가로 자리매김하게 된다. 그는 자신의 사상을 단편적인 잠언구나 단상뿐만 아니라, 주변 사람들도 제대로 잘 이해하지 못했던 시의 형태를 빌려 표현하려 했는데, 이러한 시도의 일환으로 기술된 것이 이 유고집의 [28 = 시와 시 단편들]에 해당한다. 시인으로서 시집을 출판하려는 니체의 시도는 결국 포기되었고, 이는 후에 《선악의 저편》, 《인간적인 너무나 인간적인 II *Menschliches, Allzumenschliches II*》, 《즐거운 학문》 등에 후곡의 형태로 편집되어 발표된다.

둘째, 이 시기에 완성한 글이 바로 차라투스트라의 제4부였다. 그는 페터 가스트에게 보낸 편지(1884년 9월 2일)에서 이 글을 그해 여름에 매듭지었음을 다음과 같이 알리고 있다. "나는 특히 당신에게 소개했던 이번 여름의 주요 과제를 완전히 끝마쳤습니다 — 앞으로 6년은 내가 내 철학의 윤곽을 그려왔던 구도를 확장하게 될 것입니다." 이는 46세가 되는 1890년까지 자신의 철학을 완전히 완성해보겠다는 거대한 정신적 포부를 밝히는 것이었으며, 실제로 1889년 1월 3일 이탈리아 토리노에서 그의 정신이 붕괴되기 전까지 그는 대략 자신의 사상의 전체 윤곽을 완성했다. 1885년 9월에 니체는 질스마리아에 네 번째로 체류하는 동안 페터 가스트의 취리히 시절 지인인 루이제 뢰더 비더홀트Louise Röder-Wiederhold를 만나 그녀에게 매일 몇 시간씩(1885년 5월 8일~6월 6

일) 후일 《선악의 저편》의 중요한 부분을 형성하는 잠언들에 대해 설명하기도 했고, 《인간적인 너무나 인간적인》을 개정하려는 계획과 《반시대적 고찰 *Unzeitgemäße Betrachtungen*》 중 바그너에 대한 부분을 수정하려는 계획을 세우기도 했다.

차라투스트라 4부의 완성 및 이후의 왕성한 저작 계획에도 불구하고, 니체는 이 시기에 출판 및 경제 사정의 어려움과 그의 저작에 대한 세간의 몰이해로 인해 상당한 심리적 우울증을 겪었던 것처럼 보인다. 차라투스트라 제1부가 1883년 2월 이탈리아 라팔로에서, 제2부가 1883년 6월 26일~7월 6일까지 스위스 질스마리아에서, 제3부가 1884년 1월 프랑스 니스에서 완성되었는데, 이처럼 3부까지는 각각 10일이라는 짧은 시간에 완성된 것에 비해, 차라투스트라 4부는 1884년 10월 말에서 1885년 2월까지의 비교적 긴 시간 동안 프랑스 망통과 니스에서 기술되었다. 그는 처음에 이 책을 '정오와 영원성'이라는 제목으로 출판하려 했으나 곧 출판사와의 관계 악화로 출판이 벽에 부딪히게 된다. 그는 1885년 2월 14일에 페터 가스트에게 보낸 편지에서 "이 겨울의 '열매'로서 새로운 것이 있지만, 그러나 나는 출판업자를 찾을 수 없으며, 특히 내 글을 인쇄해보려는 관심을 전혀 찾을 수 없다"고 하소연한다. 이전에 니체의 저서들을 출판했던 슈마이츠너 출판사는 당시 눈에 띌 정도로 반유대주의적 선동 활동을 했으며, 경제적으로도 부도의 위기에 처한 상황을 감추고 있었기에, 니체의 저서들을 다른 출판사에 2만 마르크에 팔고자 했다. 니체는 출판사의 이러한 시도에 대해 자신을 팔아넘기려 한다며 분개했고, 나아가 독일과 결별하겠다고 말하기까지 했다. 그는 이 출판사에서의 출판이 좌절되자 자비 출판을 결심하고 오랜 친구인 게르스도르프에게 출판 보조를 요청하지만, 이것마저 여의치 않게 된다. 니체는 이후 라이프치히에 있는 나우만 출판사에서 20부 정도의 견본만을 인쇄해 주위 사람들에게 주고 난 뒤, 그 실망감으로 페터 가스트에게 "차라투스트라 4부가 존재했다는 것에 대해 쓰지도 말하지도 말 것"을 부탁한다(1885년 3월 14일 하인리히 쾨젤리츠에게 보낸 편지).

니체 사상의 정점에 자리하는 '정오와 영원성의 사상'은 이렇게 초라한 모습으로 주위 사람에게만 공개된 것이다. 니체 스스로 《이 사람을 보라》의 서문에서 그 누구도 자신에게 귀 기울이지 않고 아무도 자신의 글을 읽지 않는다고 말했듯이, 그는 평생 자신의 저서나 사상이 사람들의 무관심과 오해 속에 버려져 있다는 느낌을 가지고 있었고, 차라투스트라의 부제가 말해주고 있듯이 '모든 사람을 위한, 그러면서도 그 어느 누구를 위한 것도 아닌 책'을 쓰고 있었던 것이다. 이는 니체의 사상이 모든 사람에게 열려 있지만, 동시에 그 누구도 제대로 이해할 수 없는 미궁 같은 것을 담고 있다는 것을 말해준다. 그의 차라투스트라 제4부는 내용의 어려움으로 인해 커다란 출산의 진통을 겪었고, 주변 사람들 몇몇을 제외하고는 그 글의 탄생조차 알지 못한 채 세상에 나왔던 것이다. 이 유고는 초기 수고의 모습을 그대로 담고 있다.

셋째, 이 유고는 니체 정오 사상의 핵심적인 내용들을 담고 있다. 《인간적인 너무나 인간적인 I》이 자유 정신이 쾌활하게 생각에 잠기는 '오전의 철학die Philosophie des Vormittages'으로서 저술되었다면, 그 이후 나온 《아침놀Morgenröthe》이나 《즐거운 학문》은 이 주제들을 이어받으면서도 도덕의 평가, 원한의 분석, 신의 죽음, 영원 회귀, 자연성과 건강 등 니체의 중심 사상들을 준비하고 있으며, 차라투스트라를 기점으로 사상의 핵심 내용들을 완숙한 형태로 표현하고 있다. 니체 스스로 차라투스트라 제4부가 나온 뒤부터 6년간 자신의 사상을 완성하겠다는 포부를 밝혔듯이, 니체는 이 유고들을 쓰면서 정오, 영원 회귀, 위버멘쉬 등 자신의 사상을 본격적으로 표현해내고 있다. 이 유고의 글이나 계획은 문체나 내용상 차라투스트라뿐만 아니라, 《인간적인, 너무나 인간적인 II》, 나아가 《선악의 저편》과도 직접 연결된다. 따라서 이 유고는 이후 니체의 후기 작품들이 쏟아져 나오는 길목에서 '정오의 철학die Philosophie des Mittages'을 이끄는 안내 역할을 하고 있다.

III

이 유고집은 28번에서 45번까지의 번호가 붙은 18개의 글들로 구성되어 있다. 그중 28번에 해당하는 부분은 주로 시로 구성되어 있으며, 29번~33번의 유고는 주로 차라투스트라 제4부와 관계된다. 34번~41번, 43번, 45번은 《선악의 저편》과 관계되고, 42번과 44번은 《인간적인 너무나 인간적인 II》와 연관된 글이다. 그러나 이것은 곧 하나의 번호 아래 모여 있는 모음글 속에 하나의 작품 초안이나 단상, 계획만이 담겨 있다는 것을 의미하는 것은 아니다. 왜냐하면 이 글들은 1년 사이에 쓴 글을 모아놓은 것이며, 하나의 번호로 모인 글 속에는 이후 나오는 여러 작품들의 초안적 성격의 글들이 혼재해 있는 경우도 있기 때문이다. 예를 들면, 31번 유고에는 《차라투스트라는 이렇게 말했다》와 관련된 글들뿐 아니라 《선악의 저편》과 관련된 글들도 함께 실려 있으며, 38번 유고에는 《선악의 저편》뿐만 아니라 《도덕의 계보Zur Genealogie der Moral》와도 관련된 글들이 함께 있다. 그러나 대체로 이와 같이 구분될 수 있으며, 이를 염두에 두고 출간된 저작과 이 유고들을 읽으면 니체 사상을 이해하는 데 많은 도움이 될 것이다.

이 가운데 '시와 시 단편들'은 니체가 독자적인 출판을 포기하면서 차라투스트라 제4부에 흡수되었다. 그중 일부인 28[9], 28[27]은 차라투스트라 제4부 '마술사'의 탄식 내용으로, 28[3]과 28[14]는 '우수의 노래'로, 28[1], 28[14]는 《디오니소스 송가 *Dionysos-Dithyramben*》로 흡수되어 시적 형식으로 기술되어 있다. 그러나 이 시들 가운데는 간단히 해석하기 어려운 부분들도 있다. 괴테의 《파우스트》의 마지막 글귀인 "영원히 여성적인 것이 우리를 이끈다"라는 구절을 패러디해 "영원히 남성적인 것이 우리를 이끈다"(28[1])라고 표현하고 있는 니체의 의도를 이 유고집에서 확정하기는 어렵다. 왜냐하면 니체는 《이 사람을 보라》에서 자신을 '영원한 여성적인 것das Ewig-Weibliche'을 밝히는 최초의 심리학자로 규정하며, 《즐거운 학문》이나 《선악의 저편》에서는 진리와 생명의 세계를 디오니소스, 아리아드네, 스핑크스, 바우보 등으로 비유적으로 표현하기 때문이다. 데리다의 존재론적 진리 해석이나 코프만의 정신 분석학적 언어 물신주의 분석은 니체의 이러한 여성적 진리관에 토대를 두고 이성 중심주의나 남근 중심주의에 대한 해체 작업을 진행한다. 니체의 저작에는 이같이 서로 모순되거나 상반되는 견해들이 산재해 있다. 여기에서는 고통, 대지, 정오, 창조, 진리, 자유 정신, 시대 비판 등의 내용이 시적 형식으로 표현된다.

29번 유고에서는 니체는 자기 자신뿐만 아니라 인간에 대해서도 고통스러워하며 자기 자신을 창조하는 '보다 높은 인간'과 영원 회귀, 정오의 사상을 언급한다. 30번~33번 유고에는 도덕적 가치 평가에 대한 비판과 그 극복의 가능성이 차라투스트라 4부의 계획과 더불어 언급되는 가운데 자기 파괴와 번개, 웃는 사자나 위버멘쉬, 치유의 가능성 등이 묘사되어 있다. 특히 우리가 기존의 관습적 도덕관에서 벗어나 고통스럽게 자기를 파괴하고 새로운 위버멘쉬로 다시 태어나기 위해 번개를 맞아야 한다는 니체의 말은 이미 책세상 니체전집 제13권으로 출간된 《차라투스트라는 이렇게 말했다》 중 여섯 곳(19, 22, 28, 66, 134, 466쪽)에서 언급되고 있는데, 이는 우리가 언어의 뗏목kola이나 사물에 대한 집착에서 벗어나 인식 과정에서 번개와 같이 모든 것을 파괴할 때에만 참된 지혜를 완성할 수 있다는 《금강경(金剛經)》의 내용을 연상시킨다. 니체와 불교 사상과의 비교 가능성은 영원 회귀나 윤회 사상뿐만 아니라 양자의 인간관에서도 찾을 수 있을 것이다.

34번~41번, 43번, 45번 유고에서는 새로운 미래 철학의 가능성을 시도하는 《선악의 저편》에 나오는 다양한 주제들이 스케치되고 있다. 소크라테스, 플라톤, 칸트, 쇼펜하우어, 벤담이나 공리주의 등이 비판적으로 논의되고 있으며, 자아와 몸의 관계, 감각, 본능, 의식의 문제가 인과성의 문제로 환원되어 제기되기도 하고, 프로이트의 정신 분석학에 영향을 주게 되는 인간의 정동 문제가 소개되기도 하며, 나아가 조아해지는 유럽 정신이나 독일 정신에 대한 비판, 민주주의, 역사적 감각이나 인간의 위계 질서, 디오니소스, 정오와 영원성 등의 주제들이 변주된다. 42번과 44번 유고에서는 자유 정신 및 유럽 영혼 비판과 연관해《인간적인 너무나 인간적인 II》의 새로운 출판을 위한 기록들, 즉 계획, 초안, 단편들이 소개되고 있다.

니체의 작품에서 이 유고가 차지하는 위치와 성격을 총괄해 살펴보면 다음과 같이 특징지을 수 있을 것이다. 첫째, 이 유고집에서는 시를 통해 자신의 사상을 표현하려는 니체의 새로운 시도를 엿볼 수 있다. 이는 차라투스트라 제4부뿐만 아니라, 《선악의 저편》이나 《즐거운 학문》(제2

판)의 후곡에 다소 변형된 형태로 다시 수록되는데, '사상의 시적 표현 Poetisierung'이라는 새로운 시도를 그의 문체의 문제와 더불어 주목해 볼 필요가 있다.

둘째, 이 유고에서 특히 주목할 만한 것은 정오의 사상과 영원 회귀의 문제다. 니체는 특히 《차라투스트라는 이렇게 말했다》를 통해 이를 문학적인 형식으로 표현했는데, 정오의 사상은 니체가 각별히 신경 쓰며 하나의 작품으로 서술하고자 한 것이었다. 그림자가 자기와 통합되는 깨달음의 순간, 독수리가 뱀과 친구처럼 하나 되어 비상하는 시간, 순간과 영원이 통합되는 역리(逆理)적 지점, 벼락이 떨어져 진리 전체를 보며 새로운 인간(어린아이)으로 태어나는 탄생의 비밀을 말하는 정오의 사상은 인간의 자기 파괴(죽음)와 재탄생(생명)이라는 생성의 비밀을 가르친다. 따라서 이는 위버멘쉬라는 니체의 이상적 인간 이해와 자연스럽게 연결된다.

셋째, 니체의 몸 철학의 기본적인 테제들이 이 유고에서 다양하게 소개되고 있다. 《차라투스트라는 이렇게 말했다》에서 제기된 이 문제는 주체와 영혼, 사유와 정동, 의지의 상관 관계, 본능의 역할을 규명하는《선악의 저편》이나 자연적 도덕의 복원을 시도하는《도덕의 계보》를 거쳐 그 이후 철학을 영혼의 의학으로 규명하면서 몸의 자연성을 논의하는 《즐거운 학문》에 이르기까지 다양한 형태로 변주되며 논의되고 있다. 이 유고집에서는 니체의 여러 저작에 산재해 있는 이러한 몸 철학적 주제들이 초안의 형태로 원석처럼 소개된다. 그렇기 때문에 주제의 연속성을 보여주는 이 유고집은 니체의 후기 사상을 이해하는 데도 상당한 도움을 주고 있다.

넷째, 니체의 초기 저서부터 후기 저서까지 지속적으로 논의되는 사회 철학적 테마들이 여기에서도 다양한 형태로 계속 언급되고 있다. 즉 유럽 정신이나 독일 정신, 시대 비판, 민주주의나 사회주의에 대한 비판, 역사 비판, 예술 비판(특히 바그너주의에 대한 비판적 논의) 등이 그것이다. 이러한 주제들은 전 저서들을 관통하는 주제적 연속성을 보여주고 있다.

다섯째, 이 유고집을 살펴보면 니체가 의도하고 또 다시 수정한 작품의 계획이나 목록, 내용 등을 확인할 수 있다. 이 유고집에서 니체 사유의 생성 과정과 변화 과정, 그리고 마지막으로 작품의 형태로 태어나는 과정, 즉 그 사유의 원석이 가공되는 과정을 살펴봄으로써 그의 본래적인 의도를 살펴볼 수 있을 것이다. 또한 일부이기는 하지만 니체 생애의 문제를 엿볼 수 있는 일기 형식의 글도 우리가 니체의 인간적인 면모나 삶의 상황을 재미있게 엿볼 수 있는 단서를 제공해주고 있다.

IV

니체의 유고를 번역하는 일은 쉽지 않다. 유고는 단편적인 사유 일기이자 계속 수정되는 사유의 설계도이며, 여기에는 여러 가지 사유의 초안이나 계획, 단상들이 어지럽게 산재해 있기 때문이다. 양피지 위에 쓰고 지웠다 다시 쓰는 고대의 글처럼 이 유고집에는 썼다가 다시 계획하고 지속적으로 수정하는 사유의 흔적이 고스란히 남아 있다. 따라서 때로는 그 수정된 흔적의 내용을 분석하는 일이, 또 때로는 갑작스레 돌출하는 단상들을 그의 전체 사상에서 자리매김하거나 맥락이 닿지 않는 내용을 옮기는 일이, 또 때로는 사전에도 없는 조어를 사용하며 자신의 사상을 표현하려는 니체의 의도를 따라잡는 일이 여간 곤혹스러운 일이 아니었다. 또한 원문에 쉼표 등이 제대로 표기되어 있지 않아 일어나는 번역상의 어려움 또한 적지 않았다. 그리스어, 라틴어, 불어, 스페인어 등의 언어뿐만 아니라 여러 예술가들의 창작 활동이나 작품과 연관된 평가의 해석을 이해하는 데 적지 않은 어려움이 있었던 것도 사실이다.

기본적으로 중요한 번역어는 책세상 니체전집 편집 위원회의 원칙을 따랐으며, 문장의 생략이나 단축 등은 원문에 충실하게 표현하려고 노력했으나, 도저히 문맥이 통하지 않는 경우에 한해 원문 내용에 부합되는 옮긴이의 첨가 문장을 { }의 형식으로 덧붙였다. 원문에 나오는 머무름표는 문맥에 따라 앞 문장과 연관해 번역하기도 하고, 내용을 별도로 구분하는 것일 경우 가능하면 그침표로 바꾸었다.

이 유고집이 번역돼 나오는 데는 옮긴이가 독일을 오가며 손으로 옮긴 원고의 일부를 컴퓨터로 다시 옮겨준 원광대 박사 과정의 전성택, 석사 과정의 김용민, 소병선, 임하경 등 제자들의 정성 어린 노고가 있었다. 또한 그리스어 번역을 확인해준 고려대 손병석 교수의 도움도 있었다. 번역의 어려움을 함께해주며 항상 옮긴이의 건강을 염려해준 아내와 부모님, 옮긴이의 학문과 일상을 따뜻하게 배려해준 김학권, 김도종 교수님과 학과 교수님들 그리고 주변의 많은 분들에게도 감사의 마음을 전하고 싶다. 또한 한글판 고증판 니체전집이라는 한국 최초의 철학 전집 완간을 기획한 책세상과, 오랜 시간 인내를 가지고 따뜻한 마음으로 기다려주면서 이 책이 나올 때까지 수고를 아끼지 않은 출판사의 모든 분들께도 진심으로 감사를 드리고 싶다.

연보

1844년

10월 15일, 목사였던 카를 루트비히 니체Carl Ludwig Nietzsche와 이웃 고장 목사의 딸 프란치스카 욀러Franziska Öhler 사이의 첫아들로 뢰켄에서 프리드리히 니체가 태어났다. 1846년에는 여동생 엘리자베트가, 1848년에는 남동생 요제프가 태어난다. 이듬해 아버지 카를이 사망하고 몇 달 후에는 요제프가 사망한다.

1850년

가족과 함께 나움부르크로 이사한다. 그를 평범한 소년으로 교육시키려는 할머니의 뜻에 따라 소년 시민학교Knaben-Bürgerschule에 입학한다. 하지만 학교에 적응하지 못하고 곧 그만둔다.

1851년

칸디다텐 베버Kandidaten Weber라는 사설 교육 기관에 들어가 종교, 라틴어, 그리스어 수업을 받는다.

이때 친구 쿠룸의 집에서 처음으로 음악을 알게 되고 어머니에게서 피아노를 선물받아 음악 교육을 받기 시작한다.

1853년

돔 김나지움Domgymnasium에 입학한다.

대단한 열성으로 학업에 임했으며 이듬해에 이미 작시와 작곡을 시작한다. 할머니가 사망한다.

1858년

14세 때 김나지움 슐포르타Schulpforta에 입학하여 철저한 인문계 중등 교육을 받는다. 고전어와 독일 문학에서 비상한 재주를 보였을 뿐만 아니라 작시도 했고, 음악 서클을 만들어 교회 음악을 작곡할 정도로 음악적 관심과 재능도 보인다.

1862년

〈운명과 역사Fatum und Geschichte〉라는 글을 쓴다. 이것은 이후의 사유에 대한 일종의 예견서 같은 역할을 한다. 이외에도 다양한 문학적 계획을 세운다.

이처럼 니체는 이미 소년 시절에 창조적으로 생활한다. 그렇지만 음악에 대한 천부적인 재질, 치밀한 분석 능력과 인내를 요하는 고전어에 대한 재능, 문학적 능력 등에도 불구하고 그는 행복하지는 못했던 것 같다. 아버지의 부재와 여성들로 이루어진 가정, 이 가정에서의 할머니의 위압적인 중심 역할과 어머니의 불안정한 위치 및 이들의 갈등 관계, 자신의 불안정한 위치의 심적 대체물로 나타난 니체 남매에 대한 어머니의 지나친 보호 본능 등으로 인해 그는 불안스러운 어린 시절을 보내게 되며 이런 환경에서 아버지와 가부장적 권위, 남성상에 대한 동경을 품게 된다.

1864년

슐포르타를 우수한 성적으로 졸업한다. 본Bonn 대학에서 1864/65년 겨울 학기에 신학과 고전문헌학 공부를 시작한다.

동료 도이센과 함께 '프랑코니아Frankonia'라는 서클에 가입하며, 사교적이고 음악적인 삶을 살게 된다. 한 학기가 지난 후 신약 성서에 대한 문헌학적인 비판적 시각이 형성되면서 신학 공부를 포기하려 한다. 이로 인해 어머니와의 첫 갈등을 겪은 후 저명한 문헌학자 리츨F. W. Ritschl의 강의를 수강한다.

1865년

1865/66년 겨울 학기에 리츨 교수를 따라 라이프치히로 학교를 옮긴다. 라이프치히에서 리츨의 지도하에 시작한 고전문헌학 공부와 쇼펜하우어의 발견에 힘입어 학자로서의 삶을 시작한다. 하지만 육체적으로는 아주 어려운 시기를 맞게 된다. 소년 시절에 나타났던 병증들이 악화되었으며, 그는 류머티즘과 격렬한 구토에 시달리고 매독 치료를 받기도 한다. 늦가을에 우연히 고서점에서 쇼펜하우어의 《의지와 표상으로서의 세계》를 발견해 탐독하고 그의 염세주의 철학에 한동안 매료되었으며, 이러한 자극 아래 훗날 《음악의 정신으로부터의 비극의 탄생Die Geburt der Tragödie aus dem Geist der Musik》(이하 《비극의 탄생》)을 쓰게 된다. 또한 이 시기에 문헌학적 공부에 전념한다.

1866년

로데E. Rhode와 친교를 맺는다. 시인 테오그니스Theognis와 고대의 철학사가인 디오게네스 라에르티오스Diogenes Laertios의 자료들에 대한 문헌학적 작업을 시작한다. 디오게네스에 대한 연구와 니체에 대한 리츨의 높은 평가로 인해 문헌학자로서의 니체의 이름이 알려지기 시작한다.

1867년

디오게네스 논문이 《라인문헌학지 *Rheinische Museum für Philologie*》, XXII에 게재된다. 1월에 아리스토텔레스 저작의 전통에 대해 강연한다. 호메로스와 데모크리토스에 대한 연구를 시작하고 칸트 철학을 접하게 된다. 이어 나움부르크에서 군대 생활을 시작한다.

1868년

여러 편의 고전문헌학적 논평을 쓰고 호메로스와 헤시오도스에 대한 학위 논문을 구상한다. 이렇게 문헌학적 활동을 활발히 해나가면서도 문헌학이 자신에게 맞는가에 대해 계속 회의한다. 이로 인해 그리스 문헌학과 관련된 교수 자격 논문을 계획하다가도 때로는 칸트와 관련된 철학 박사 논문을 계획하기도 하고(주제 : 칸트 이후의 유기체의 개념 Der Begriff des Organischen seit Kant), 칸트의 《판단력 비판 *Kritik der Urteilskraft*》과 랑게 G. Lange의 《유물론의 역사 *Geschichte des Materialismus*》를 읽기도 하며, 화학으로 전공을 바꿀 생각도 잠시 해본다. 이 다양한 논문 계획들은 1869년 초에 박사 학위나 교수 자격 논문 없이도 바젤의 고전문헌학 교수직을 얻을 수 있다는 리츨의 말을 들은 뒤 중단된다. 3월에는 말에서 떨어져 가슴에 심한 부상을 입고, 10월에 제대한 후 라이프치히로 돌아간다. 11월 8일, 동양학자인 브로크하우스 H. Brockhaus의 집에서 바그너를 처음 만난다. 그와 함께 쇼펜하우어와 독일의 현대 철학 그리고 오페라의 미래에 대해 의견을 나눈다. 이때 만난 바그너는 니체에게 깊은 인상을 심어준다. 이 시기에 나타나는 니체의 첫 번째 철학적 작품이 〈목적론에 관하여 Zur Teleologie〉다.

1869년

4월에 바젤 대학의 고전어와 고전문학 원외 교수로 위촉된다. 함부르크 대학으로 자리를 옮긴 키슬링A. Kiessling의 후임으로, 그가 이후 독일 문헌학계를 이끌어갈 선두적 인물이 될 것이라는 리츨의 적극적인 천거에 따라 초빙된 것이었다. 5월 17일에 트립셴에 머물던 바그너를 처음 방문하고 이때부터 니체는 자주 트립셴에 머물게 된다. 《라인문헌학지》에 발표한 논문과 디오게네스 라에르티오스의 자료들에 대한 연구를 인정받아 라이프치히 대학에서 박사 학위를 받는다. 부르크하르트Jacob Burckhardt를 존경해 그와 교분을 맺는다. 스위스 국적을 신청하지 않은 채 프로이센 국적을 포기한다.

1870년

1월과 2월에 그리스인의 악극 및 소크라테스와 비극에 대한 강연을 한다. 오버베크F. Overbeck를 알게 되고 4월에는 정교수가 된다. 7월에는 독불 전쟁에 자원 의무병으로 참가하지만 이질과 디프테리아에 걸려 10월에 다시 바젤로 돌아온다.

1871년

〈Certamen quod dicitur Homeri et Hesiodi〉를 완성하고, 새로운 《라인문헌학지》(1842~1869)의 색인을 작성한다. 2월에는 《비극의 탄생》의 집필을 끝낸다.

1872년

첫 철학적 저서 《비극의 탄생》이 출판된다. 그리스 비극 작품의 탄생과 몰락에 대해서 쓴 이 작품은 바그너의 기념비적인 문화 정치를 위한 프로그램적 작품이라고 여겨지기도 하지만 니체의 독창적이고도 철학적인 초기 사유를 제시하고 있다고 평가받는다. 그렇지만 이 시기의 유고들을 보면 그가 문헌학적 문제와 문헌학에 대한 근본적인 비판에 얼마나 전념하고 있었는지를 알 수 있다.

《비극의 탄생》에 대한 학계의 혹평으로 상심한 후 니체는 1876년 바그너의 이념을 전파하는 데 전념할 생각으로 바이로이트 축제를 기획하고 5월에는 준비를 위해 바이로이트로 간다.

1873년

다피트 슈트라우스에 대한 첫 번째 저작 《반시대적 고찰*Unzeitgemäße Betrachtungen : David Strauss, der Bekenner und der Schriftsteller*》이 출간된다. 원래 이 책은 10~13개의 논문들을 포함할 예정이었지만, 실제로는 4개의 주제들로 구성되었다. 다피트 슈트라우스에 대한 1권, 삶에 있어서 역사가 지니는 유용함과 단점에 관한 2권, 교육자로서의 쇼펜하우어를 다룬 3권은 원래의 의도인 독일인들에 대한 경고에 충실하고, 바그너와의 문제를 다룬 4권에서는 바그너에 대한 긍정적 평가가 이루어진다. 여기서 철학은 진정한 삶을 가능하게 하는 예술의 예비 절차 역할을 하며, 다양한 삶의 현상들은 문화 안에서 미적 통일을 이루는 것으로 제시된다. 이러한 시도는 반 년 후에 집필되는 두 번째 《반시대적 고찰》에서 이루어진다.

1872년 초에 이미 바이로이트에 있던 바그너는 이 저술에 옹호적이었지만 그럼에도 양자의 관계는 점점 냉랭해진다. 이때 니체 자신의 관심은 쇼펜하우어에서 볼테르로 옮겨 간다. 이 시기에 구토를 동반한 편두통이 심해지면서 육체적 고통에 시달린다.

1874년

《비극의 탄생》 2판과 《반시대적 고찰》 2, 3권이 출간된다. 소크라테스 이전의 사상가에 대한 니체의 1873년 강의를 들었던 레P. Ree와의 긴밀한 관계가 형성되기 시작한다. 10월에 출간된 세 번째 《반시대적 고찰》인 《교육자로서의 쇼펜하우어Schopenhauer als Erzieher》에서는 니체가 바그너와 냉정한 거리를 유지한다는 사실이 드러난다.

1875년

《반시대적 고찰》 4권인 《바이로이트의 바그너Richard Wagner in Bayreuth》(1876년 출간)는 겉으로는 바그너를 위대한 개인으로 형상화하고 있지만, 그 행간에는 니체가 청년기의 이 숭배 대상을 그 스스로 이미 오래전에 멀리해버린 일종의 기념물쯤으로 생각하고 있다는 사실이 숨어 있다. 이것이 출판된 지 한 달 후인 1876년 8월 바이로이트 축제의 마지막 리허설 때 니체는 그곳에 있었지만, 바그너에 대한 숭배의 분위기를 더 이상 견뎌내지 못하고 축제 도중 바이로이트를 떠난다.

겨울 학기가 시작될 때 쾨젤리츠Heinrich Köselitz라는 한 젊은 음악가가 바젤로 찾아와 니체와 오버베크의 강의를 듣는다. 그는 니체의 가장 충실한 학생 중의 하나이자 절친한 교우가 된다. 니체한테서 페터 가스트 Peter Gast라는 예명을 받은 그는 니체가 사망한 후 니체의 여동생 엘리자베트와 함께 《힘에의 의지》 편집본의 편집자가 된다. 이 시기에 건강이 눈에 띄게 악화된 니체는 10월 초 1년간의 휴가를 얻어 레와 함께 이탈리아로 요양을 하러 간다. 6월과 7월에 니체는 《반시대적 고찰》의 다른 잠언들을 페터 가스트에게 구술해 받아 적게 하는데, 이것은 나중에 《인간적인 너무나 인간적인Menschliches, Allzumenschliches》의 일부가 된다.

1876년

《인간적인 너무나 인간적인》을 집필한다. 3월에 제네바에 있는 '볼테르의 집'을 방문하고 그의 정신을 잠언에 수록하려 한다.

1877년

소렌토에서의 강독 모임에서 투키디데스, 〈마태복음〉, 볼테르, 디드로 등을 읽으며 8월까지 요양차 여행을 한다. 9월에는 바젤로 돌아와 강의를 다시 시작한다. 페터 가스트에게 《인간적인 너무나 인간적인》의 내용을 받아 적게 했는데, 이 텍스트는 다음해 5월까지는 비밀로 해달라는 부탁과 함께 12월 3일에 출판사에 보내진다.

1878년

5월에 바그너가 《인간적인 너무나 인간적인》1부를 읽으면서 니체와 바그너 사이의 열정, 갈등, 좌절로 점철된 관계는 실망으로 끝난다. 12월 말경에 《인간적인 너무나 인간적인》의 2부 원고가 완결된다.

《인간적인 너무나 인간적인》1, 2부는 건설의 전 단계인 파괴의 시기로 진입함을 보여주며 따라서 문체상의 새로운 변화를 보여준다.

1879년

건강이 악화되어 3월 19일 강의를 중단하고 제네바로 휴양을 떠난다. 5월에는 바젤 대학에 퇴직 의사를 밝힌다. 9월에 나움부르크로 오기까지 비젠과 장크트모리츠에 머무르며, 《인간적인 너무나 인간적인》의 2부 중 한 부분인 《혼합된 의견과 잠언들 Vermischte Meinungen und Sprüche》을 출간한다. 장크트모리츠에서 지내는 여름 동안 2부의 다른 부분인 《방랑자와 그의 그림자*Der Wanderer und sein Schatten*》를 집필해 1880년에 출간한다.

1880년

1월에 이미 《아침놀*Morgenröthe*》을 위한 노트들을 만들고 있었으며, 이 시기에 특히 도덕 문제에 대한 독서를 집중적으로 한다. 가스트와 함께 3월에 베네치아로 간 후 여러 곳을 돌아다니다가 11월에 제노바로 간다.

1881년

다른 작품들과 마찬가지로 《아침놀》의 원고들이 페터 가스트에 의해 옮겨 적혀 7월 1일에 출간된다. 7월 초 처음으로 질스마리아로 간다. 그곳의 한 산책길에서 영원 회귀에 대한 구상이 떠올랐다는 이야기는 유명하다. 10월 1일 제노바로 다시 돌아간다. 건강 상태, 특히 시력이 더욱 악화된다. 11월 27일 처음으로 비제의 〈카르멘〉을 보고 감격한다. 《아침놀》에서 제시되는 힘의 느낌은 나중에 구체화되는 《힘에의 의지》를 준비하는 단계다.

1882년

《아침놀》에 이어 1월에 페터 가스트에게 첫 3부를 보낸다. 이것들은 4부와 함께 8월 말에 《즐거운 학문*Die fröhliche Wissenschaft*》이라는 책으로 출판된다. 3월 말에는 제노바를 떠나 메시나로 배 여행을 하고, 그곳에 4월 20일까지 머무른다. 〈메시나에서의 전원시*Idyllen aus Messina*〉에 대한 소묘들은 이 여행 며칠 전에 구상되었다. 이것은 니체가 잠언적인 작품 외에 유일하게 발표한 시가로서 《인터나치오날레 모나츠슈리프트 *Internationale Monatsschrift*》 5월호에 실린다(267~275쪽). 4월 24일에 메시나를 떠나 로마로 가고, 모이센부르크의 집에서 살로메를 소개받는다. 5

월 중순에는 타우텐부르크에서 여동생과 살로메와 함께 지낸다. 27일 살로메가 떠난 뒤 나움부르크로 돌아온다. 10월에 라이프치히에서 살로메를 마지막으로 만난 후 11월 중순부터 제노바를 거쳐 이탈리아의 여러 곳을 돌아다니면서 《차라투스트라는 이렇게 말했다》의 첫 부분을 구상하기 시작한다.

지속적인 휴양 여행, 알프스의 신선한 공기, 이탈리아나 프랑스의 온화한 기후도 육체적인 고통을 덜어주지는 못한다. 그는 아주 한정된 사람들과 교제한다. 살로메와의 만남으로 인해 교제 방식이 변화의 조짐을 보였었지만, 그는 다시 고독한 삶의 방식으로 돌아갈 수밖에 없었다.

1883년
《차라투스트라는 이렇게 말했다》의 1부를 쓴 후 아주 빠른 속도로 3부까지 쓴다.

1884년
1월에 《차라투스트라는 이렇게 말했다》의 4부가 완성된다.

건강은 비교적 호전되었고, 정신적인 고조를 경험하면서 그의 사유는 정점에 올라 있었다. 그러나 이 시기에 여동생 및 어머니와의 화해와 다툼이 지속된다. 여동생이 푀르스터B. Förster라는, 반유대주의자이자 바그너 숭배자이며, 파라과이에 종족주의적 원칙에 의거한 독일 식민지를 세우려는 계획을 갖고 있는 사람과 약혼하기로 결정하면서, 가까스로 회복된 여동생과의 불화는 다시 심화된다.

1885년

《차라투스트라는 이렇게 말했다》의 4부를 출판할 출판업자를 찾지 못해 자비로 출판한다. 5월 22일에 여동생이 결혼하지만 그는 결혼식에 참석하지 않는다. 6월 7일부터 9월까지 질스마리아에서 지내고, 그 후 나움부르크, 뮌헨, 피렌체를 경유해 11월 11일 니스로 온다. 질스마리아에서 여름을 보내면서 《힘에의 의지》라는 책을 쓸 것을 구상한다. 이 제목 '힘에의 의지'는 1885년 8월의 노트에 처음으로 등장한다. 이후의 노트들에는 '힘에의 의지'라는 제목으로 체계적이고 일반적인 내용을 서술하겠다는 구상들이 등장한다. 이 구상은 여러 번의 변동을 거치다가 결국에는 니체 자신에 의해 1888년 8월에 포기된다.

1886년

《선악의 저편 *Jenseits von Gut und Böse*》 역시 자비로 8월 초에 출판된다. 니체는 이전의 작품들을 다시 출간하는 데 관심을 가지고 이전 작품들에 대한 새로운 서문을 쓰기 시작한다.《인간적인 너무나 인간적인》의 서문, 《비극의 탄생》을 위한 〈자기 비판의 시도 Versuch einer Selbstkritik〉라는 서문, 《아침놀》과 《즐거운 학문》의 서문들이 이때 작성된다.

1887년

악화된 그의 건강은 6월에 살로메의 결혼 소식을 접하고서 우울증이 겹치는 바람에 심각해진다. 이런 상태에도 불구하고 그의 의식은 명료했다.

6월에 《아침놀》과 《즐거운 학문》,《차라투스트라는 이렇게 말했다》의 재판이 출간된다. 6월 12일 이후 질스마리아에서 《도덕의 계보 *Zur Genealogie der Moral*》를 집필하고 11월에 자비로 출판한다.

1888년

4월 2일까지 니스에 머무르면서 '모든 가치의 전도'에 대한 책을 구상하고 이 책의 일부를 《안티크리스트Der Antichrist》라는 책으로 출판한다. 7월에는 《바그너의 경우Der Fall Wagner》를 출판사에 보낸다. 6월에 투린을 떠나 질스마리아에서 《우상의 황혼Götzen-Dämmerung》을 쓴다. 투린으로 다시 돌아가 《이 사람을 보라Ecce homo》를 11월 4일에 끝내고 12월에 출판사로 보낸다. 그사이 《바그너의 경우》가 출판된다. 《디오니소스 송가Dionysos-Dithyramben》를 포함한 이 시기에 쓰인 모든 것이 인쇄를 위해 보내진다.

1887~1888년이라는 그의 지적 활동의 마지막 시기의 유고들에서도 니체는 여전히 자신을 실현하고자 하는 강한 저술적 의도를 보인다. 그렇지만 그는 파괴와 건설 작업에서 그가 사용했던 모든 도구들이 더 이상은 쓸모없다는 생각을 한다.

1889년

1월 3일(혹은 1월 7일) 카를로 알베르토 광장에서 졸도하면서 심각한 정신 이상 신호가 나타나기 시작한다. 오버베크는 니체를 바젤로 데리고 가서 정신 병원에 입원시킨다. 1월 17일 니체는 어머니에 의해 예나 대학 정신 병원으로 옮겨진다. 《우상의 황혼》, 《니체 대 바그너Nietzsche contra Wagner》, 《이 사람을 보라》가 출판된다.

1890년

3월 24일에 병원을 떠나 어머니 옆에서 머무르다가 5월 13일에 나움부르크로 돌아온다.

1897년

4월 20일 어머니가 71세의 나이로 사망하고, 니체는 여동생을 따라 바이마르로 거처를 옮긴다.

페터 가스트는 1892년 니체 전집의 편찬에 들어가, 그해 가을에 차라투스트라 전4부를 처음으로 한 권으로 출판했다. 1894년 초에 여동생은 페터 가스트에게 전집 작업을 중지할 것을 종용하고, 니체 전집의 편찬을 담당할 니체 문서보관소Nietzsche Archiv를 설립했다.

1900년

8월 25일 정오경에 사망했다.

■ 옮긴이 김정현

고려대학교 철학과와 같은 대학 대학원을 졸업하고, 독일 뷔르츠부르크 대학교 학위를 취득했다. 세계표준판 니체전집 한국어본(전21권, 책세상)의 편집위원과 회장, 한국철학회 · 대한철학회 · 범한철학회 부회장 등을 역임했고, 현재 원광대 수이며 중앙도서관장을 겸하고 있다.

저서로 《Nietzsches Sozialphilosophie》(Würzburg, K&N, 1996), 《니체, 생명과 《철학과 마음의 치유》 외 다수가, 옮긴 책으로 《프로이트와 현대철학》(알프레 《선악의 저편 · 도덕의 계보》(니체), 《유고(1884년 가을~1885년 가을)》(니체), 사』 (야스퍼스) 외 다수가 있다.

니체전집 18(KGW VII₃) 유고(1884년 가을~1885년 가을)

■ 초판 1쇄 펴낸날 2004년 7월 30일
■ 초판 4쇄 펴낸날 2017년 9월 5일
■ 지은이 프리드리히 니체
■ 옮긴이 김정현

■ 펴낸이 김현태
■ 펴낸곳 책세상
서울시 마포구 잔다리로 62-1, 3층(04031)
전화 02-704-1251 팩스 02-719-1258
등록 1975. 5. 21. 제1-517호
E- Mail bkworld11@gmail.com
홈페이지 chaeksesang.com

ISBN 978-89-7013-454-3 04160
      978-89-7013-542-7(세트)

* 책값은 뒤표지에 있습니다.
* 저작권자와 협의하여 인지는 붙이지 않습니다.
* 잘못되거나 파손된 책은 구입하신 서점에서 교환해드립니다.

* 이 도서의 국립중앙도서관 출판시도서목록(CIP)은 서지정보유통지원시스템 홈페(
(http://seoji.nl.go.kr)와 국가자료공동목록시스템(http://www.nl.go.kr/kolisnet
이용하실 수 있습니다. (CIP제어번호: CIP2017020735)